PODER, VOZ E SUBJETIVIDADE NA LITERATURA INFANTIL

**coleção
ida e volts**

Dirigida por
Isabel Lopes Coelho
Mell Brites
Renata Nakano.

Coordenação de texto Luiz Henrique Soares e Elen Durando
Preparação Gabriela Ubrig Tonelli
Revisão Thereza Pozzoli
Projeto gráfico e concepção de capa Karina Aoki
Produção Ricardo W. Neves e Sergio Kon.

PODER, VOZ E SUBJETIVIDADE NA LITERATURA INFANTIL

maria nikolajeva

tradução de Camila Werner
apresentação de Elisabeth Cardoso

Copyright © Todos os direitos reservados. Tradução autorizada da edição em inglês publicada pela Routledge, membro do Taylor & Francis Group LLC.

CIP-Brasil. Catalogação-na-Fonte
Sindicato Nacional dos Editores de Livros, RJ

N611p

Nikolajeva, Maria, 1952-
  Poder, voz e subjetividade na literatura infantil / Maria Nikolajeva ; tradução Camila Werner ; [apresentação Elisabeth Cardoso]. - 1. ed. - São Paulo : Perspectiva, 2023.
  320 p. ; 23 cm. (Ida e volta ; 1)

  Tradução de: *Power, voice and subjectivity in literature for young readers*
  Inclui bibliografia e índice
  ISBN 978-65-5505-164-3

  1. Literatura infantil - História e crítica. 2. Literatura infantil - Aspectos psicológicos. I. Werner, Camila. II. Cardoso, Elisabeth. III. Título. IV. Série.

23-85939   CDD: 809.89282
               CDU: 82.09-053.2

Gabriela Faray Ferreira Lopes - Bibliotecária - CRB-7/6643
01/09/2023   08/09/2023

1ª edição
Direitos reservados em língua portuguesa à
EDITORA PERSPECTIVA LTDA.

Al. Santos, 1909, cj. 22
01419-100 São Paulo SP Brasil
Tel.: (11) 3885-8388
www.editoraperspectiva.com.br
2023

Sumário

Apresentação – *Elisabeth Cardoso* — ix

Introdução: — 1
Por Que Píppi Dorme Com os Pés no Travesseiro?

1 Harry Potter e os Segredos da Literatura Infantil — 17

O Carnaval Começa: As Premissas da Literatura Infantil [20]; O Carnaval Continua: O Herói no Auge [23]; O Carnaval Termina: O Triunfo dos Adultos [26]; A Reiteração do Carnaval: O Propósito das Continuações [28]; Questionando o Carnaval: A Permanência da Aetonormatividade [31]

2 A Outrização do Sentido: Linguagem e (Des)Comunicação — 35

Poder e Opressão no Bosque dos Cem Acres [44]

3 A Outrização do Gênero Literário: Fantasia e Realismo — 55

A Fantasia Como Carnaval [55]; O Poder do Tempo [60]; Ficar do Lado da Criança [66]; O Carnaval Diário [70];

4 A Outrização da Criança: Os Contos de Fada de George MacDonald — 77

A Criança em Foco [81]; O Narrador e a Personagem [85]; Gênero [91];

5 A Outrização do Futuro: Os Estereótipos da Distopia — 99

Em Nenhum Lugar e em Toda Parte [100]; Felicidade Total(itária)? [104]; Estruturas de Poder [107]; Poder, Memória e Linguagem [111]; Voz e Sujeito [116]; De Onde Você Tem Saudades [120];

6 A Outrização do Cenário: Orientalismo e Robinsonadas — 123

Violência, Honra, Lealdade e Amor [125]; Robinsonadas Masculinas [131]; Robinsonadas Femininas [133];

7   A Outrização do Gênero: 143
Novas Masculinidades, Novas Feminilidades

A Nova Masculinidade [145]; As Garotas Assumem o
Comando [152]; Encontrar uma Voz Genuína [157];

8.   A Outrização da Voz: 165
Crossvocalização e Performance

A Voz Pública e a Privada [167]; Confiabilidade e
Autoridade [173]; Identidade de Gênero e Gênero
Literário [177]; Androginia, "Crossdressing" e
Metamorfose [182]; Subjetividade e Performance [186];

9   A Outrização da Ideologia: 189
A Literatura a Serviço da Sociedade

Lições de Moral Simples [190]; O Reverso da
Normatividade [195]; Condenando o Passado [200];
Ideologia e Realismo Mágico [206]

10   A Outrização das Espécies: 209
O (Ab)Uso dos Animais

Gatos Como Adereços [212]; Gatos Como Gatos [214];
Gatos Como Malandros [216]; Gatos Como Guias [219];
Gatos Como Adolescentes Confusos [223];

11   A Outrização Visual: 227
Estruturas de Poder nos Livros Ilustrados

Heroísmo, Desobediência e Conformismo [231]; Sonhos
(Des)Empoderadores [236]; Poder e Ambiguidade [238];
O Triunfo de uma Criança [243];

12   A Outrização do Leitor: 247
A Falácia da Identificação

O Terror e a Idealização [250]; O Holandês Voador e os
Judeus Errantes [253]; O Eu Distanciado [255]; O Eu
Amalgamado [262]; O Narrador Dissolvido [266];

Conclusão: 271
A Autonegação dos Adultos

Notas   275
Bibliografia   283
Índice   293
Agradecimentos   299

Apresentação

ELIZABETH CARDOSO*

Poder, Voz e Subjetividade na Literatura Infantil, de Maria Nikolajeva, constrói uma robusta discussão sobre a capacidade de autores e autoras colocarem crianças e jovens no comando de seus destinos e narrativas literárias. O argumento central é parcialmente evidente, pois se é do conhecimento de todos que a literatura lida por crianças e jovens é escrita, ilustrada, selecionada, comprada, ensinada e mediada por adultos, não é recorrente a reflexão sobre essa literatura constituir-se como espaço de opressão da infância e da juventude, um campo de imposição das perspectivas sociais, emocionais e políticas dos adultos, seus valores, desejos, medos, preconceitos, limitações, linguagens e estéticas. Tal fenômeno pode ser chamado de adultismo em contraposição ao criancismo (*niñimos*, no espanhol, e *childist*, em inglês. A tradução para o português ainda está por ser determinada) e ecoa a oposição entre machismo e feminismo, por exemplo. Já adianto que Nikolajeva não reivindica uma literatura infantil escrita por crianças, mas sim discute as possibilidades de uma literatura infantil e juvenil com qualidade que seja capaz de complexar seus aparatos constitutivos estéticos – éticos e poéticos – e atribua poder à infância e à juventude.

Tal possibilidade é explorada em alguns exemplos durante esta obra. São como ilhas rodeadas de um manancial enorme e prevalente de textos forjados dentro do ponto de vista do adulto. Por isso, Nikolajeva centra toda sua força argumentativa em torno da ideia de que a criança e o jovem formam um grupo minoritário (tal como as mulheres, os afrodescendentes, a comunidade LGBTQIA+, a população periférica, os indígenas) e sofrem com o resgate e o silenciamento de sua "voz e subjetividade", visto que a literatura a elas direcionada é narrada por não crianças e não jovens.

Trata-se de argumento iniciado com as pesquisas empreendidas pelos estudos culturais, que desde a década de 1960 vêm questionando a prevalência do homem, hetero, branco, europeu, na

---

* Doutora em Teoria Literária pela Universidade de São Paulo – USP. Professora do Programa de Estudos Pós-Graduados em Literatura e Crítica Literária na Pontifícia Universidade Católica de São Paulo (PUC-SP). É vice-líder do Grupo de Pesquisa Voz Escrita Infantil e Juvenil: práticas discursivas (CNPq-PUC-SP) e líder do Grupo de Pesquisa Literatura de Ancestralidade Negra – LAN (PUC-SP).

produção cultural, em especial na literatura. Com a expansão desse exercício crítico, hoje é frequente a perspectiva de que um romance centrado na vida de uma mulher negra deva ser escrito prioritariamente por uma mulher negra. Nikolajeva resume bem: "um autor adulto não consegue 'ficar do lado da criança' completamente, [...] um autor branco não consegue ficar do lado de uma personagem negra completamente, ou um autor homem não consegue ficar do lado de uma personagem feminina completamente" (p. 67).

Claro que tal posição não está isenta de polêmicas e contra-argumentos. O principal deles é de que a boa literatura tem caráter universal e que os autores estão imbuídos de uma espécie de empatia acompanhada de técnicas de escrita literárias que os capacitam a acessar o outro, daí a ideia de cânone universal. Sendo assim, espera-se que o bom escritor (repare no argumento valorativo que também é estabelecido pelo mesmo homem-hetero-branco-europeu) esteja apto a desenvolver narrativas sobre qualquer pessoa – mulheres, crianças, negros, indígenas, animais etc. Enfim, o contra-argumento ronda a tese de que seria desmerecedor da capacidade humana de imaginar, fabular, ficcionalizar se acreditássemos que alguém tem que viver de fato a experiência para podê-la narrar. Arrisco dizer que Nikolajeva tende a pensar assim, visto que sua crítica vai até ao ponto de cobrar que o sistema vigente se reinvente e admita o outro, e não avança na proposta de que o outro assuma o sistema – o que ao meu ver seria ainda mais interessante e necessário. Obviamente, sem a eliminação de voz alguma, mas com espaços equitativos para todas, visto que a infância e a juventude são múltiplas e diversas. Haja vista a floração de uma rica e inovadora literatura escrita por mulheres, por gays e trans, por afrodescendentes, por indígenas e pessoas periféricas (completamente ausentes do *corpus* aqui analisado, diga-se), evidenciando a necessidade de todos terem representatividade de voz e subjetividade na literatura para essa ser de fato universal. Neste caso, realiza-se a universalidade não pelo que temos de igual, mas pelo que temos de diferente.

No entanto, e com relação à criança, como pensar as questões de representatividade e lugar de fala em literatura, se ela supostamente não desenvolveu suas capacidades de linguagem, se ela não tem repertório cultural. Será mesmo? Não era exatamente este o argumento usado para silenciar as demais minorias? É algo para pensarmos e, sem dúvida, este livro de Nikolajeva é um ótimo caminho, pois está ancorado no prestígio, no talento e no enorme repertório de uma das mais relevantes pesquisadoras da área.

O nome de Nikolajeva é obrigatório em toda bibliografia de curso, pesquisa, estudos e crítica sobre literatura infantil e juvenil, no Brasil e no mundo. Junto com Perry Nodelman e Peter Hunt, Nikolajeva forma a trindade basilar da teoria literária dedicada à literatura destinada às crianças e aos jovens.

Maria Nikolajeva (1952) foi professora de Educação na Universidade de Cambridge (Reino Unido), já presidiu as principais instituições internacionais dedicadas à literatura infantil e recebeu diversos prêmios e condecorações por sua pesquisa. O mais cobiçado deles é o International Brothers Grimm Award, que ela ganhou em 2005. Com uma carreira desenvolvida ao longo das primeiras duas décadas do século XXI, ela publicou mais de trezentos artigos e uma dezena de livros. Destaco *From Mythic to Linear: Time in Children's Literature* (2000) e *Reading for Learning: Cognitive Approaches to Children's Literature* (2014). Além, é claro, de o *Livro ilustrado: Palavras e Imagens* (2011), escrito em 2001, em parceira com Carole Scott, e único livro dela traduzido no Brasil, até então. Agora nos chega a tradução de *Poder, Voz e Subjetividade na Literatura Infantil*, obra escrita em 2009.

E como recebê-lo? Antes de tudo, como uma bela tentativa de recolocar a teoria nas análises de literatura infantil e juvenil, posicionando-se claramente contra a ideia de que estamos em uma época do pós-teoria, ponto de vista defendido por Hunt, e que Nikolajeva contesta já de início.

Nos estudos literários, os limites entre história, teoria e crítica literária são opacos e em várias obras que se propõem a estabelecer uma teoria, a história quase sempre é a disciplina que prevalece, o exemplo clássico é a teoria do romance, de György Lukács, que poderia facilmente ser intitulada de "história do romance". Em outras obras, a crítica é contemplada apenas com comentários, e as análises surgem lateralmente frustrando o que esperamos de uma obra crítica. E no campo dos estudos literários dedicados à literatura infantil e juvenil se dá o mesmo, apesar de as demandas teóricas se acumularem. Basta lembrarmos que não resolvemos questões básicas sobre o nosso objeto de pesquisa e seu público.

Uma dessas questões é o que chamo de crise permanente de identidade. Dificilmente você vai ler um ensaio dedicado à análise de um romance no qual o crítico ou estudioso comece sua reflexão questionando o que é um adulto ou a maturidade, o que é literatura para adultos, ou mesmo se existe uma literatura para adultos. Porém, nos estudos da literatura infantil sempre começamos por questionar o que é infância, o que é criança, o que constitui a literatura infantil e se ela existe. Até mesmo a nomeação dessa literatura é indefinida (infantojuvenil, infantil-juvenil, infantil, para infância, de infância, para crianças, para jovens, juvenil – acredite, cada versão traz implicações relevantes).

São indagações como essas que impulsionam a elaboração de teorias, se concordarmos com Nikolajeva quando define teoria como "um parâmetro da posição dos pesquisadores acadêmicos diante de seu objeto, uma postura geral em relação a ele e um enquadramento para o assunto com o qual estão trabalhando" (p. 3). Para em seguida concluir com precisão que não é possível estudar, pesquisar, analisar literatura sem assumir perspectivas críticas sobre questões prévias à leitura.

Cabe salientar que toda teoria dedicada à literatura infantil e juvenil deve considerar seu valor estético, poético e artístico específico pois sua constituição verbovocovisual atrai os leitores para uma interação corporal fazendo surgir uma quarta dimensão – a da materialidade do livro. Sobre esse ponto, Nikolajeva trouxe contribuições valiosíssimas em seu *Livro Ilustrado: Palavras e Imagens* ao relacionar com rigor e método a imagem e a literatura infantil para evidenciar que esse objeto combina o visual e o verbal sem hierarquias, nas suas melhores versões. Já na obra que temos em mãos, a maior contribuição (após o reavivamento da importância da teoria) é imprimir definitivamente a ideia do leitor criança e jovem como pessoa portadora de voz e subjetividade complexas e únicas e que por isso mesmo seu poder, comando e autonomia de imaginação, narrativa e leitura devem estar representados na literatura infantil e juvenil de qualidade.

Se no primeiro foco (teoria) o diálogo de Nikolajeva se dá principalmente com Nodelman e Hunt, no segundo (poder) ela conversa com Roberta Trites, que em seu *Disturbing the Universe* segue Michael Foucault para estabelecer a disputa do poder na literatura para jovens. Nikolajeva acompanha o rastro e amplia a reflexão para a literatura infantil. E chegamos assim ao coração da obra (que apesar de ser composta por artigos e conferências elaboradas originalmente em momentos e contextos diferentes, aqui ganham uma organicidade argumentativa): o poder, sua disputa e sua representação e reprodução dentro da norma adulta.

Para operar tal discussão Nikolajeva articula três conceitos centrais para seu argumento. O primeiro é a heterologia de Michel de Certeau (para indicar o discurso sobre o Outro), que aqui apoia a discussão das relações de poder entre o autor adulto e o leitor criança e jovem. O segundo conceito está derivado do primeiro, trata-se da aetonormatividade (normatividade da idade adulta) com inspiração na teoria *queer*, muito elogiada por ela por não pregar a substituição de uma norma por outra, mas sim de aclamar pela coexistência de múltiplas normas. O terceiro é a carnavalização de Bakhtin, frequente nos estudos de nossa área, para analisar os exageros, as desproporções, os mundos invertidos, o grotesco etc. Nikolajeva fará um novo uso do conceito bakhtiniano, pois abordará a carnavalização como recurso de disfarce da transgressão da criança e do jovem nos livros a eles dirigidos.

Ao longo dos doze capítulos, Nikolajeva movimenta tais conceitos para elencar e discutir os principais recursos utilizados pelos autores e autoras da literatura infantil e juvenil que tentam (e algumas vezes conseguem) questionar o poder dos adultos e empoderar as crianças e os jovens. O desenvolvimento segue o *script* clássico de análises ao priorizar os gêneros literários e elementos da narrativa – linguagem, personagem, foco narrativo, tempo-espaço. Para tanto, ela lança mão de quase duzentas obras clássicas da literatura infantil e juvenil como *Alice no País das Maravilhas*, de Lewis Carroll, *O Ursinho Pooh*, de Christopher Robin, *Píppi Meialonga*, de Astrid Lindgren, *Onde Vivem os Monstros*, de Maurice Sendak, a série Harry Potter, de J.K. Rowling, *Crônicas de Nárnia: o Leão, a Feiticeira e o Guarda-Roupa*, de C.S. Lewis, entre outras amplamente conhecidas, incluindo obras das brasileiras Lygia Bojunga e Ana Maria Machado, além de muita literatura sueca, o que pode causar certo estranhamento ao leitor, já que são obras sem tradução tanto para português quanto para o inglês.

Sabemos da árdua tarefa de selecionar o *corpus* de estudo diante do mar de livros, pois sempre haverá ausências a serem lamentadas. Mas em uma obra como esta, robustamente crítica às normatividades, causa estranheza a predominância de autores homens no *corpus* de análise e o eurocentrismo das obras, pois apesar das referências às autoras brasileiras, não temos nada sobre a literatura infantil coreana (salvo rápida menção à sul-coreana Linda Sue Park), ou a japonesa ou a africana, por exemplo. Aliás, sente-se falta também de uma discussão mais aprofundada sobre a questão racial enquanto tema, construção de personagem protagonista e narradora, além de obras produzidas por autores (escritores e ilustradores) afrodescendentes.

Tratam-se de lacunas que, longe de desmerecerem o livro, evocam sua necessidade e a urgência de ler, estudar, pesquisar, mediar e produzir literatura infantil e juvenil com o rigor da teoria, o encantamento da poética e a correção da ética. Fica aqui mais uma importante contribuição de Nikolajeva, pois após este livro você nunca mais vai ler, escrever ou mediar a literatura infantil e juvenil da mesma maneira.

Introdução
Por Que Píppi Dorme Com os Pés no Travesseiro?

Em 1984, Peter Hunt chamou a atenção para a necessidade de uma teoria específica para a literatura infantil[1]. Este chamado ainda é válido. Durante os últimos vinte ou trinta anos, pesquisadores da literatura infantil de todo o mundo têm aplicado diversas ferramentas teóricas a livros escritos e vendidos para crianças e jovens ou lidos por esse público. Ainda assim, enquanto muitas literaturas marginalizadas conseguiram desenvolver seus campos teóricos – como as teorias feminista, pós-colonial e *queer*, por exemplo –, a literatura infantil não elaborou a sua própria teoria até agora. Isso pode parecer um paradoxo se levarmos em consideração o número de estudos sobre literatura infantil que trazem a palavra "teoria" em seus títulos ou subtítulos: Peter Hunt, *Criticism, Theory and Children's Literature* (Crítica, Teoria e Literatura Infantil, 1991); Jill May, *Children's Literature and Critical Theory* (Literatura Infantil e Teoria Crítica, 1995); Roderick McGillis, *The Nimble Reader: Literary Theory and Children's Literature* (O Leitor Ágil: Teoria Literária e Literatura Infantil, 1996); Margery Hourihan, *Deconstructing the Hero: Literary Theory and Children's Literature* (Desconstruindo o Herói: Teoria Literária e Literatura Infantil, 1997), entre outros. Contudo, a palavra "teoria" é quase sempre acompanhada pela conjunção "e", como se a teoria fosse justaposta à literatura infantil. No entanto, para que uma teoria surja e se desenvolva, suas questões específicas precisam ser delineadas e seu objeto de pesquisa precisa ser identificado.

Não vou relembrar as numerosas tentativas de definir o objeto de nossos estudos, pois recentemente isso foi muito bem feito em um livro de Perry Nodelman: *The Hidden Adult: Defining Children's Literature* (O Adulto Escondido: Definindo Literatura Infantil, 2008). Meu esforço neste estudo não é para tratar da questão de o que é literatura infantil e o que ela faz, algo que já fiz em diversos trabalhos anteriores, especialmente em *From Mythic to*

Linear: Time in Children's Literature (Do Mítico ao Linear: Tempo na Literatura Infantil, 2000). Em vez disso, gostaria de explorar possíveis abordagens para a literatura infantil a partir de uma perspectiva teórica, e assim responder à recente tendência de rejeição da teoria como tal. O editorial provocador de Nodelman na *Canadian Children's Literature* (CCL)[2] apresenta um panorama do espaço acadêmico pós-teórico e traz argumentos interessantes a favor e contra a teoria. Na verdade, Nodelman já havia começado esse debate dez anos antes, na conferência de 1995 da International Research Society for Children's Literature, em Estocolmo, na sua apresentação intitulada "Fear of Children's Literature: What Is Left (or Right) After Theory" (Medo de Literatura Infantil: O Que Sobrou [ou Está Correto] Depois da Teoria, 1997). Talvez em nossa área específica não tenha havido questionamentos tão acalorados quanto os que Nodelman destaca no editorial da CCL; no entanto, diversas opiniões foram e são manifestadas em muitas publicações e conferências.

Nodelman afirma com certa razão que, considerando a amplitude das discussões sobre o declínio da teoria, "é surpreendente que haja pouco consenso sobre o que era a teoria antes de ela acabar"[3]. Como não concordo com "o consenso de que estamos depois da teoria"[4] nem compartilho da experiência de Nodelman da época em que "não havia teoria. Não havia necessidade de teoria"[5], acredito que disponho de ideias relativamente bem definidas sobre o que é teoria e para quê ela pode ser usada, o que tenho tentado expressar e disseminar de maneira consistente ao longo de minha pesquisa[6].

A controvérsia seguinte na CCL é surpreendente em sua própria contradição. Rod McGillis afirma de maneira categórica que estamos "depois da teoria"[7], como já havia afirmado em um artigo anterior[8]. Por outro lado, Peter Hunt argumenta, como faz com frequência[9], que os estudos teóricos pertencem exclusivamente à academia, e por isso são de pouco uso na discussão sobre a literatura infantil, que faz parte da vida real[10]. Essa afirmação impressionante contradiz o reconhecimento anterior de Hunt, de que a teoria forneceu ferramentas analíticas adequadas aos pesquisadores da literatura infantil[11]. De fato, sem teoria não há aplicação. Mas a teoria sem aplicação também não vale muito, o que talvez seja algo que os adversários da teoria sugiram.

É possível que a própria palavra "teoria" tenha sido contaminada por conotações indesejadas, pelo menos na América do Norte, e em menor grau na Europa. Além disso, ela começou a indicar construções e argumentos abstratos que nunca tiveram como objetivo ser aplicados a textos literários concretos; ou, como Nodelman ressalta, citando Fredric Jameson, a teoria suplanta a filosofia[12]. Essa "metateoria e metametateoria" que os críticos temem talvez seja parecida com as "belas equações" dos matemáticos; ainda assim, sempre fomos um pouco mais pragmáticos em nossa área. A magnitude do influente trabalho de Gérard Genette, *Figures III* (Figuras III, 1972), está no fato de que apresenta uma base teórica sólida ao mesmo tempo que mostra como aplicá-la, o que é enfatizado pelo subtítulo "Um Ensaio em Método"[13]. Uma teoria que não possa ser usada na análise de texto concreta é como uma bicicleta com rodas quadradas: radical e desafiadora, mas nada funcional.

Portanto, é necessário retomar algumas definições básicas. No sentido mais fundamental, a teoria, nesse caso, a teoria literária, é um parâmetro da posição dos pesquisadores acadêmicos diante de seu objeto, uma postura geral em relação a ele e um enquadramento para o assunto com o qual estão trabalhando. De modo diferente do que acontece nas ciências naturais, nas quais novos paradigmas teóricos ocasionalmente invalidam os anteriores, nas ciências humanas uma teoria não pode estar certa ou errada, não pode ser provada ou refutada, e nenhuma teoria é melhor do que qualquer outra. Uma teoria em ciências humanas é um conjunto de perguntas fundamentais que colocamos a respeito do que estamos fazendo e por que estamos fazendo. Podemos não estar cientes de que estamos adotando uma teoria (embora eu acredite que essa é uma condição essencial para qualquer trabalho acadêmico) ou, por algum motivo, podemos negar que estejamos fazendo isso, mas não podemos abordar uma obra literária sem adotar certa posição em relação a ela, pois não conseguimos ler um texto de maneira crítica se não soubermos quais tipos de questões deveríamos ter em mente enquanto o lemos.

Por exemplo, a teoria mimética – em especial o marxismo, que Nodelman examina em seu artigo na CCL – defende que os textos literários refletem a sociedade na qual foram criados. A partir disso surgem, por exemplo, modelos sociais de análise dos contos de fada, dos quais a obra de Jack Zipes é o melhor exemplo[14].

A tese de que a literatura reflete a realidade também é a premissa principal do livro *Language and Ideology in Children's Fiction* (Linguagem e Ideologia na Ficção Infantil, 1992), de John Stephens, por exemplo, cujas áreas de investigação nas quais o estudo se baseia incluem a linguística, a sociolinguística e a teoria dos atos de fala. Isso permitiu que Stephens apontasse questões sobre como os textos manipulam a compreensão de seus leitores, mantendo o foco concreto da análise no gênero literário, na estrutura narrativa e em outras questões mais ou menos formais. Ele usa ferramentas analíticas da teoria narrativa para investigar como se pode revelar a ideologia embutida. No entanto, a ideologia é uma dimensão de um texto literário que se encontra na tensão entre o texto em si, a realidade por trás dele, os autores e suas intenções ou visões implícitas, e também entre os leitores e sua capacidade de criar significado a partir dos textos. Se Stephens não tivesse se posicionado em relação ao material com que trabalha (ou seja, adotado um posicionamento teórico), ele não saberia que perguntas fazer. Esse é o tipo exato de "inocência pré-teórica"[15] que poderíamos esperar de estudantes de graduação, mas não de pesquisadores experientes.

Northrop Frye, injustamente negligenciado hoje em dia, tem um posicionamento que difere de modo radical em relação à literatura: não a vê como um reflexo da realidade, mas como um deslocamento (ou corrupção) do mito[16]. Essa perspectiva fundamental cria um conjunto de ferramentas analíticas que permite a Frye propor um sistema original de gêneros literários, mostrando como determinados gêneros operam com padrões e estruturas narrativos específicos, tais como movimentos do enredo para cima ou para baixo, personagens românticos ou miméticos, e assim por diante. Essas ferramentas são muito pertinentes à literatura infantil.

Mikhail Bakhtin, que às vezes é erroneamente considerado um crítico marxista, apresentou o que talvez seja a visão mais abrangente sobre o romance como uma forma literária que reflete o pensamento do ser humano moderno, algo nem sempre fácil de perceber a partir de seus estudos e fragmentos aparentemente desconexos. Em sua obra seminal "Epos e Romance" e em diversos outros ensaios complementares[17], Bakhtin mostra a principal diferença entre o romance como uma forma literária eclética, sintética, com muitas camadas e vozes, e dialógica, e as formas anteriores, as quais ele chama de épicas; assim como a diferença entre a personagem de um romance e o herói épico. Trabalhos posteriores destacam os diversos aspectos do romance, tal como sua natureza completamente carnavalesca – não mimética[18] –, a linguagem polifônica[19] e a intertextualidade[20], o tempo e o espaço[21], e em especial a intrincada relação entre o autor, o narrador e a personagem em *Author and Hero in Aesthetic Activity* (Autor e Herói na Atividade Estética, 1990); este último, muito antes da noção de narratologia ser cunhada. A dialógica, que questiona uma subjetividade única e fixa, antecede em muitos anos as visões pós-estruturalistas sobre a literatura, assim como o carnaval enquanto estratégia de interpretação antecede as ideias pós-modernas sobre o relacionamento entre arte e realidade.

Como o surgimento e o estabelecimento da literatura infantil são paralelos ao surgimento e à evolução do romance ocidental, a teoria abrangente de Bakhtin é muito relevante para nosso campo de estudo. Apesar de não oferecer ferramentas analíticas que sejam fáceis de aplicar, os pesquisadores da literatura infantil conseguiram empregar e desenvolver os conceitos de Bakhtin com sucesso, como o carnaval e a intertextualidade[22], a heteroglossia e a subjetividade[23], a transformação do herói épico em personagem moderno[24], e muitos outros.

Entre os melhores estudos críticos atuais sobre literatura infantil encontramos aqueles baseados nas teorias de Julia Kristeva sobre literatura[25], em Michel Foucault[26] e em Jacques Lacan[27]. Nem Kristeva[28], Lacan[29] ou Foucault[30] oferecem ferramentas prontas para lidar com textos literários; em vez disso, sugerem uma maneira genérica de pensar os textos literários que os pesquisadores adotam e a partir da qual moldam seus próprios métodos e abordagens. Da mesma maneira, a desconstrução como teoria não passa de uma falácia a não ser que produza ferramentas eficientes para abrir novas dimensões dos textos. E, mais importante do que isso, a desconstrução não pode ser colocada em oposição a posições teóricas anteriores como uma simples "afirmação da multiplicidade de significados"[31] e assim legitimar interpretações arbitrárias. Nenhuma teoria é a resposta definitiva. É ridículo criticar uma teoria específica por não oferecer respostas para todas as perguntas.

Os pesquisadores da literatura infantil que afirmam que a teoria saiu de moda direcionam seu ceticismo principalmente contra a teoria crítica geral, sem reconhecer que a teoria da literatura infantil como tal ainda não surgiu. Será que as acusações contra a teoria insinuam que retornamos – ou somos incentivados a retornar – aos estudos puramente empíricos (o que crianças e jovens leem) e descritivos (sobre o que tratam os livros), nos quais a pesquisa da literatura infantil começou com seriedade há cinquenta anos? Ou, pior ainda, que estamos de volta ao estágio prescritivo (o que crianças e jovens deveriam ler), quando a literatura infantil era julgada a partir do ponto de vista de seus objetivos educativos? Teríamos então conseguido fazer a ponte entre a conhecida cisão entre literatura e didática, o conflito entre o povo do livro e o povo das crianças, mas apenas para rejeitar o último em favor do primeiro, o que se alinha de alguma forma com a "crítica criancista" de Hunt[32].

Levada ao extremo, a ideia central da crítica criancista significa que as crianças deveriam escrever a sua própria literatura, ou, indo além, que apenas crianças poderiam criar literatura infantil de verdade, assim como defendem os adeptos radicais das teorias *queer* ou pós-colonial a respeito de seus respectivos grupos marginalizados. A consequência é que, aparentemente, apenas crianças e jovens poderiam estudar e avaliar a sua própria literatura. Nesse ponto, a literatura infantil supostamente apresenta características diferentes de outras expressões artísticas antes silenciadas. Aparentemente, autores adultos escrevem livros para crianças, e críticos adultos os avaliam a partir de uma experiência mais ampla, um vocabulário maior, uma capacidade cognitiva maior – fatos biológicos e psicológicos difíceis de ignorar[33]. Ainda assim, talvez um dia o termo "literatura infantil" seja reservado para a literatura feita *por* crianças, assim como a cultura infantil hoje inclui histórias, desenhos e brincadeiras criados pelas próprias crianças. Deveríamos, então, fazer uma distinção entre "literatura infantil" e "literatura para crianças"? Inegavelmente, isso tornaria o objeto de estudo ainda mais indefinido. Deveríamos então aceitar a "crítica criancista" como nossa plataforma teórica, tentando adotar a percepção dos jovens leitores a respeito dos livros criados para eles por outro grupo social? Ou, ao contrário, deveríamos tirar vantagem da nossa posição de adultos para explorar e revelar as especificidades temáticas, narrativas e ideológicas dos livros direcionados às crianças e aos jovens? Não vejo motivos para limitar nossa posição crítica a apenas uma perspectiva.

Em sua contribuição para a CCL, McGillis parece rejeitar os estudos centrados no texto não apenas para si mesmo, mas também para a comunidade científica como um todo, atitude que soa um tanto mesquinha. Também contrapõe a alta teoria a teorias (baixas?) como o feminismo, a ecocrítica e a teoria *queer*. Esse posicionamento presta um desserviço a esses campos de pesquisa e, por extensão, aos estudos da literatura infantil, por classificá-los, por definição, como inferiores: no final das contas, alto e baixo é um binarismo orientado por valores. Como muitos outros pesquisadores, McGillis defende abordagens interdisciplinares. Recentemente, os estudos da literatura infantil se aproximaram dos estudos da infância, o que foi bem recebido por muitos críticos[34]. Os estudos literários com certeza ganham muito com os estudos da infância, mas há o perigo de serem engolidos por eles, ou pelos estudos de gênero, ou pelos estudos culturais, assim como seria uma pena limitar a pesquisa da literatura infantil a questões puramente pragmáticas.

Para resumir as discussões recentes do ser ou não ser da teoria, grande parte dos pesquisadores mais importantes do mundo gostariam de ver maior contextualização histórica, cultural, social, ideológica e assim por diante; são aspectos dos quais os estudos da literatura infantil centrados no texto têm tentado se manter afastados, principalmente para legitimar seu próprio trabalho diante dos colegas de estudos literários. O debate da CCL tratava sobretudo da teoria em si, não da teoria em relação à literatura infantil e muito menos da teoria específica da literatura infantil. Voltamos então à questão colocada inicialmente: afinal de contas, isso existe? As teorias feminista, pós-colonial, *queer* e ecocrítica, às quais McGillis se refere como "baixas", tornaram-se profundamente ancoradas nos estudos literários, porém não existe uma teoria comparável que tenha surgido a partir das condições específicas da literatura para jovens leitores. Zohar Shavit lançou, já na década de 1980, o conceito de "ambivalência", que ela aplica, entretanto, principalmente a textos específicos e seus *status* dentro do polissistema cultural[35]. A ideia de "híbrido" de David Rudd segue as mesmas linhas, ainda que ampliando-as de maneira substancial para abranger todos os textos ligados aos jovens leitores de alguma maneira[36]. Jean Perrot propõe que nosso campo se baseie na ludicidade, na teoria do brincar[37], o que mais uma vez empresta sua noção central de outro lugar, e de fato a ludicidade é um sinal decisivo da chamada arte pós-moderna, mas é menos pertinente em textos infantis mais antigos, instrutivos. Testemunhamos diversas posições críticas que são, não importa quais sejam nossos julgamentos concretos, igualmente legítimas. A literatura infantil é um veículo educativo, a mais comum; na crítica geral dizemos que a literatura é um veículo ideológico. A literatura infantil é um reflexo do *status* da infância na sociedade que a produz[38]. A literatura infantil são as memórias nostálgicas da infância do próprio autor adulto[39]. A literatura infantil é o tratamento terapêutico dos traumas da infância do autor adulto[40]. E, o que não é nada surpreendente: não existe uma coisa chamada literatura infantil.

Todas as nossas pesquisas sobre literatura infantil são baseadas em uma dessas premissas (ou talvez em alguma outra que eu tenha esquecido), estejam elas declaradas explicitamente em nossas pesquisas ou não. Não é possível realizar uma leitura atenta sem esses posicionamentos básicos. Se não nos posicionamos em um campo teórico e não nos colocamos em relação a pesquisas anteriores, continuamos no mesmo lugar. Qualquer texto literário, até mesmo um bem curto de um álbum ilustrado que contém apenas algumas palavras, é complexo o suficiente para permitir múltiplas posições acadêmicas, e nenhuma análise literária pode ser completamente abrangente, já que novas questões teóricas sempre podem ser apontadas. A partir disso, podemos seguir e colocar questões que tenham a ver com ideologia, estrutura, apelo para o leitor, ou qualquer outro foco de nosso interesse.

Assim, nunca poderemos chegar além da teoria, ou depois dela, ou deixá-la para trás, até que tenhamos respondido às principais perguntas sobre o nosso objeto, tais como "o que é literatura?", "o que é criança?", "o que é infância?", "como a experiência de uma criança pode ser transmitida por um autor adulto?", e assim por diante. Ainda assim, eu concordo completamente com Nodelman em sua descoberta de que "nós que estudamos literatura infantil talvez saibamos alguma coisa – ou pelo menos estamos em posição de saber algo – que outros pesquisadores não sabem."[41] Isso faz o esforço valer a pena – pelo menos para mim.

Uma pergunta recorrente na pesquisa sobre literatura infantil é se a literatura infantil enquanto campo de pesquisa pertence à educação ou à arte, como fica evidente no título do estudo do pesquisador dinamarquês Torben Weinreich, *Children's Literature:*

Art or Pedagogy? (Literatura Infantil: Arte ou Pedagogia?, 2000). Essa talvez seja uma das questões centrais de todos os estudos de literatura infantil, se não for *a* questão central: deveríamos considerar, e por consequência estudar, a literatura escrita e vendida para crianças e jovens como uma obra prioritariamente literária ou como uma ferramenta prioritariamente educativa? Digo "prioritariamente" por ser óbvio, como muitas vezes se argumenta, que a literatura infantil é, ou pelo menos pode ser, ambas as coisas; e esses dois pontos de vista opostos sempre tiveram seus defensores fervorosos, nessa questão ainda relevante hoje em dia. Muitas vezes, a crítica da literatura infantil se refere a isso como a "cisão, ou oposição, entre a literatura e a didática". Como apontei, muitos pesquisadores sugeriram que a literatura infantil reflete as visões nostálgicas do autor adulto sobre a infância e não descrição confiável dela. Em outras palavras, os autores de literatura infantil dizem aos seus leitores como suas infâncias deveriam ser, em vez de dizer como são. Isso não impede que a literatura infantil seja arte, mas pressupõe um forte propósito pedagógico.

Obviamente, a resposta não é "um ou outro" mas "ambos", um híbrido, como David Rudd propõe chamar[42]. Entretanto ainda não estou preparada para usar a combinação literário-didática da literatura infantil como um critério para distingui-la do que normalmente chamamos de "literatura", mas que no contexto da literatura infantil temos de especificar como "literatura geral ou adulta". Na verdade, eu me atreveria a afirmar que toda a literatura é "ambos", isto é, tanto uma forma de arte quanto um veículo didático, ou melhor, ideológico. Por exemplo, tanto a Igreja quanto os regimes totalitários reconheceram o poder ideológico da arte e o usaram para seus objetivos. Nesse respeito, a literatura infantil não é única. Talvez a intenção ideológica, ou pedagógica, muitas vezes seja mais explícita na literatura infantil, mas é uma questão de intensidade, não de natureza.

No entanto, há outro aspecto na caracterização da literatura infantil que, de modo diferente da controvérsia literário-pedagógica, só foi percebido pelos críticos em época recente. Trata-se do poder, que aparece no subtítulo do estudo de Roberta Trites sobre a ficção para jovens adultos (*young adult*, ou YA)[43], um estudo que concorda por completo com a afirmação exaustivamente explorada de Michael Foucault: "O poder está em todo lugar". Ainda que Trites enfatize o poder como atributo e tema inerentes à literatura adolescente, eu argumentaria que ele está presente de alguma maneira em toda a literatura infantil, dos abecedários aos romances para jovens adultos, o que, talvez sem surpresa, torne-a incrivelmente parecida com as outras literaturas que lidam com grupos sociais historicamente subalternizados: a literatura feminina, a literatura negra, a literatura indígena ou a literatura *queer*[44]. Em qualquer um desses casos, a essência da obra literária é a análise das posições de poder, a afirmação ou questionamento da ordem de poder do momento. A "descoberta" de cada um desses grupos reprimidos levou ao surgimento de uma teoria crítica: a teoria feminista, a teoria crítica sobre raça, a teoria pós-colonial e a teoria *queer*. Por mais específicas que pareçam, essas teorias têm muito em comum ao questionarem posições de poder e aquilo que a teoria *queer* em especial chama de "norma" e "normatividade". Roberta Trites observa repetidas vezes que um protagonista adolescente tem basicamente duas opções quando se depara com a repressão: sucumbir ou tornar-se repressivo. Na verdade, muitos autores de ficção para jovens adultos parecem não saber o que fazer com seus personagens rebeldes e se livram deles por meio de uma morte violenta ou até mesmo do suicídio. Mesmo um final aberto às vezes pode sugerir a morte como uma das possíveis soluções. Mas o mais comum é que o protagonista gradualmente aceite a normatividade adulta, deixando a adolescência para trás e entrando na vida adulta, tornando-se pronto para exercer a mesma opressão a que fora submetido. A reprodução do poder é especialmente perceptível em séries escolares, nas quais os recém-chegados oprimidos logo se tornam os líderes e canalizam sua vingança para os mais novos e fracos.

Procurando desesperadamente por respostas para as perguntas básicas da minha própria busca acadêmica, e afastando-me cada vez mais do estruturalismo tradicional e da teoria narrativa pura, deparei com o termo "heterologia" ("o discurso sobre o Outro", cunhado, até onde sei, por Michel de Certeau)[45], a investigação sobre o desequilíbrio, a desigualdade e a assimetria entre diferentes grupos sociais; um conceito guarda-chuva para diversas posições críticas que lidam com o poder e a discriminação gerados pelas diferenças de gênero, classe, nacionalidade ou raça. Enquanto a teoria feminista nos tornou conscientes dos autores homens que criam personagens femininas como o Outro, e a teoria pós-colonial revela a alteridade nas imagens de etnicidade, uma abordagem heterológica da literatura infantil irá examinar as tensões de poder entre o autor adulto e a implícita audiência jovem e suas intersecções. Assim, estamos lidando com o desequilíbrio, a desigualdade e a assimetria entre crianças e jovens em relação aos adultos, a maneira como são apresentados e avaliados nos livros infantis, nos livros destinados a jovens e crianças.

Em analogia com o conceito central da teoria *queer*, a heteronormatividade, proponho o conceito de "aetonormatividade" (de *aeto-*, do latim, "relacionado à idade"), a normatividade adulta que governa a maneira como a literatura infantil foi padronizada desde seu surgimento até os dias de hoje. De fato, a teoria *queer* se mostra adequada para analisar posições de poder, desde que a apliquemos com imaginação, sem reduzi-la a relacionamentos hétero ou homossexuais. A essência da teoria *queer*, nessa interpretação abrangente, é o questionamento de uma condição única como norma. Os estudos *queer* testam como podemos trocar um padrão estabelecido, no nosso caso, a normatividade adulta, por outro, e examinar o que acontece se partirmos da criança no poder como norma e da criança desprovida de poder como desvio.

O desequilíbrio criança/adulto se manifesta de maneira mais tangível no relacionamento entre a voz narrativa ostensivamente adulta e a personagem criança central. Em outras palavras, a maneira como o narrador adulto narra a criança revela o grau de alteridade – ainda que apenas o grau, já que por definição a alteridade é inevitável na escrita para crianças. Nesse ponto, eu poderia, claro, argumentar que toda literatura reflete estruturas de poder, o que nos traria de volta à definição de literatura infantil em oposição a alguma outra coisa. No entanto, não vou explorar mais essa ideia, além de afirmar que a característica particular da literatura infantil é seu foco na hierarquia criança/adulto e suas intersecções, assim como a especificidade da literatura feminista são as estruturas de poder relacionadas ao gênero, e a especificidade da literatura pós-colonial são as estruturas de poder relacionadas à etnia. Naturalmente, existem outros fatores na literatura infantil além da discrepância cognitiva relacionada à idade, o que pode tanto reforçar quanto amenizar o efeito do desequilíbrio de poder. Ainda assim, em nenhum outro lugar as estruturas de poder estão

tão visíveis quanto na literatura infantil, o instrumento aprimorado há séculos para educar, socializar e oprimir um grupo social em particular. Além disso, diferente dos outros tipos de literatura mencionados anteriormente, a literatura infantil demonstra uma constante mudança de posição de poder: a criança de ontem cresce e se torna o opressor. Ou, como descreve Píppi Meialonga:

> É óbvio que você precisa comer seu bom mingau. Porque, se você não comer seu bom mingau, não vai crescer e não vai ficar grande e forte. E se você não ficar grande e forte, não vai conseguir obrigar *seus* filhos, no dia em que tiver filhos, a comer o bom mingau *deles*.[46]

A literatura infantil pode, entretanto, subverter sua própria função opressora, pois pode descrever situações nas quais as estruturas de poder estabelecidas são questionadas sem necessariamente serem derrubadas. Os adultos têm poderes ilimitados em nossa sociedade, se comparados às crianças, que não têm recursos econômicos próprios, não têm voz em decisões políticas e sociais, e são submetidas a um grande número de leis e regras que os adultos esperam que elas obedeçam sem questionar. Isso é visto como a norma, na vida real e na literatura. A escola é descrita nos livros infantis, de Tom Sawyer a Píppi Meialonga e outros, sobretudo como um mecanismo de opressão. Mas o que acontece se o adulto não é mais o mais inteligente, o mais rico e o mais poderoso na relação criança/adulto? O que acontece se os textos literários substituem a normatividade adulta pela normatividade infantil?

Píppi Meialonga, por exemplo, dorme com os pés sobre o travesseiro. Isso quebra uma norma apenas se a norma for dormir com a cabeça no travesseiro e os pés debaixo da coberta. Píppi questiona a norma estabelecida, tanto por meio do seu comportamento quanto ao afirmar que existem outras normas em lugares diferentes, como quando diz que no Egito todas as pessoas andam de costas ou que no Congo Belga mentir é um hábito. No final das contas, pode ser que seja mais confortável dormir com a cabeça no travesseiro ou andar para a frente; mas não é essa a questão. A teoria *queer* tenta demonstrar, em primeiro lugar, que as normas são arbitrárias, e em segundo lugar, e talvez mais importante, que toda discussão sobre "normas" e "desvios" dá prioridade à norma em relação aos desvios, portanto mais autoridade e poder. A teoria *queer* não se esforça para substituir uma norma pela outra, mas defende que todas as condições são igualmente normais. Quando Astrid Lindgren é irônica em *Píppi Meialonga* ao dizer que "todas as crianças precisam de adultos para tomar conta delas, e todas as crianças precisam ir à escola para aprender a tabuada"[47], ela insinua a teoria *queer* muito antes de a teoria existir. As normas de Píppi acabam sendo tão valiosas quanto as dos adultos. Mas Píppi é uma figura única na literatura infantil. Em comparação, a maioria das utopias infantis que substituem a normatividade adulta pela normatividade infantil de maneira incondicional têm demonstrado a inviabilidade da última. O maravilhoso e triste livro do educador polonês Janusz Korczak, *King Matt the First* (*Rei Mateusinho Primeiro*, 1923), apresenta crianças que assumem o poder e falham, em grande parte por falta de conhecimento e experiência. Assim, até Korczak, o grande pedagogo que se manteve ao lado das crianças com todo o coração, teve de aceitar que a normatividade infantil não passa de um lindo sonho.

Outra teoria que foca no poder é a teoria do carnaval, elaborada por Bakhtin como parte de sua abrangente teoria sobre o romance. Se a teoria *queer* tem sido usada principalmente para investigar a normatividade sexual, a teoria do carnaval, tanto na crítica em geral como na pesquisa sobre literatura infantil, tem sido aplicada principalmente a textos que apresentam características claramente carnavalescas: hipérboles, distorções, mundos de ponta-cabeça, o grotesco, o humor escatológico, teatros, circos, mercados, bobos fazendo truques e assim por diante. Raramente pesquisadores abraçam a visão geral de Bakhtin sobre a literatura como carnaval, uma representação simbólica do processo de liberação social, um questionamento subversivo, ou seja, disfarçado, das autoridades. Como Bakhtin viveu e trabalhou em um Estado totalitário, as questões de poder e repressão eram especialmente importantes para ele, apesar de ter conseguido esconder com maestria suas críticas ao regime em seus estudos sobre a literatura medieval e clássica. Em especial em seu livro sobre François Rabelais – um texto escolhido de maneira aleatória que usou principalmente como ponto de partida para seu argumento teórico – Bakhtin apresenta a essência do carnaval medieval (um curto período de festividades grotescas e excessos que precedia a quaresma), que era uma reversão temporária da ordem estabelecida, quando todas as estruturas de poder social mudavam. O bobo era coroado rei, enquanto reis e bispos eram destronados e desmoralizados. O carnaval era sancionado pelas autoridades e, portanto, era controlado por elas. Além disso, a natureza temporária do carnaval pressupunha a restauração da ordem inicial. Ainda assim, segundo a visão de Bakhtin, o carnaval tinha um efeito subversivo, uma vez que mostrava que hierarquias sociais não eram inquestionáveis. Bakhtin aplica o conceito de carnaval à literatura, encarando-o como uma ferramenta narrativa para descrever a realidade refletida em um espelho que distorce as imagens, em um estado temporário de desvio da ordem existente e de total libertação das restrições sociais.

Junto com a ideia de norma, central para a teoria *queer*, o conceito de carnaval é muito relevante para a literatura infantil. Na verdade, o carnaval e a quebra de normas estão entre as teorias discutidas que são relacionadas semanticamente. As crianças em nossa sociedade são oprimidas e impotentes. Mas, paradoxalmente, na literatura escrita *por adultos* para o esclarecimento e a diversão das crianças, elas podem se tornar fortes, corajosas, ricas, poderosas e independentes – *sob determinadas condições e por um tempo limitado*. A condição mais importante é o deslocamento físico e a ausência, temporária ou permanente, da proteção parental, o que permite que o protagonista criança tenha liberdade para explorar o mundo e testar os limites da independência. A criança pode ser colocada em diversas situações extraordinárias, como guerras e revoluções, cenários exóticos e distantes, isolamentos temporários em uma ilha deserta, perigos extremos, entre outros. Todas essas condições dão poder à criança ficcional, e apesar do protagonista quase sempre voltar para a segurança do lar e da supervisão parental, as narrativas têm um efeito subversivo, mostrando que as regras impostas às crianças pelos adultos são, na verdade, arbitrárias. Nos termos da teoria *queer*, a normatividade adulta é submetida a um questionamento mesmo que o adulto ainda seja apresentado como norma. Pegar emprestadas algumas ideias da teoria *queer* e da teoria do carnaval para desenvolver ferramentas heterológicas mais abrangentes se prova especialmente útil quando vamos em direção à quintessência da literatura infantil.

Em seu livro *Don't Tell the Grownups* (Não Conte aos Adultos, 1990), Alison Lurie defende que toda a literatura infantil é subversiva por definição. Essa é uma posição dúbia. De fato, a literatura infantil pode ser subversiva em relação à normatividade adulta, mas frequentemente é conservadora e a reforça em vez de questioná-la. Começando pelas hierarquias de poder relacionadas à idade e à vida adulta como norma, talvez possamos definir o objeto e o objetivo de nossos esforços de maneira mais satisfatória, seguindo a linha do que Perry Nodelman faz em *The Hidden Adult*.

A literatura infantil tem o *potencial* de questionar os adultos como norma. Escritores dessa literatura empregaram diversas estratégias para a subversão. Entre tais estratégias, há o uso de gêneros literários específicos (fantasia, aventura, distopia), cenários (robinsonianos, orientalismo) e personagens (super-heróis, anti-heróis, personagens que transgridem gêneros, animais, monstros), assim como ferramentas narrativas como voz, focalização e subjetividade. No entanto, todas essas estratégias podem, da mesma forma, intensificar a alteridade.

Nos capítulos a seguir, discutirei algumas estratégias empregadas em seus textos por escritores de literatura infantil para confirmar ou para questionar as estruturas de poder.

1

Harry Potter e os Segredos da Literatura Infantil

Neste capítulo, usarei os romances da série Harry Potter como um texto de referência da literatura infantil. Nos romances, a normatividade adulta – assim como a heteronormatividade e outros valores convencionais – é tangível, e constantemente confirmada e reproduzida. O protagonista é exposto a diversas formas de heroísmo adulto com a intenção explícita de que sirvam como modelo, mas também para enfatizar a supremacia adulta. A reiterada morte gloriosa dos pais de Harry é o exemplo mais tangível. E a exposição dos pequenos defeitos dos heróis adultos não diminui a grandiosidade deles. É intrigante explorar os romances a partir do ponto de vista de como se subordinam às convenções da literatura infantil ou de como se afastam delas; ambas as perspectivas podem, paradoxalmente, ser responsáveis pela popularidade da obra. Também é prazeroso examiná-los a partir do deslocamento do mito, na acepção de Northrop Frye[1], e do ecletismo de gênero. Na literatura infantil contemporânea ocidental, a maioria das personagens crianças parece surgir em baixos níveis miméticos e irônicos. O apelo universal de Harry Potter pode ser atribuído à feliz tentativa de reintroduzir uma personagem romântica à literatura infantil. A figura de Harry Potter tem todos os componentes necessários do herói romântico. Existem circunstâncias místicas em torno de seu nascimento, ele é deslocado e oprimido, e de repente ganha poderes ilimitados. Sua inocência e benevolência intrínsecas o tornam superior às forças – adultas – do mal. Ele traz na testa a marca dos escolhidos e é reverenciado pela comunidade dos bruxos como o futuro salvador. É fácil reconhecer os padrões das mitologias mundiais, mesmo que não se afirme que Harry é um deus ou um filho de deus, o que, na tipologia de Frye, o desqualifica como um herói genuinamente mítico, deslocando-o para o nível do romance. Mas Harry também apresenta ambiguidade nos conceitos de bem e mal, transgressões de gênero e outros símbolos da estética pós-moderna. O apelo para os adultos surge em outras camadas dos livros: as questões adultas, a riqueza de alusões, os jogos linguísticos elaborados ou a sátira social. Aqui, os romances ilustram o conceito de livros sem idade[2]. Ainda assim, para a maioria dos leitores o atrativo de Harry Potter está em sua total conformidade com a ideia do herói romântico.

Harry Potter oferece a sensação de segurança que foi subvertida por outros jovens bruxos e magos, como Ged dos romances de *Earthsea* (Terramar, 1968-2001), de Ursula Le Guin; Will em *The Dark Is Rising* (Os Seis Signos da Luz, 1973), de Susan Cooper; ou Christopher em *The Lives of Christopher Chant* (As Vidas de Christopher Chant, 1988), de Diana Wynne Jones; assim como a leitora de símbolos Lyra na série *His Dark Materials* (Fronteiras do Universo, 1995-2000), de Philip Pullman. Ao acompanhar as (des) venturas de Harry, a questão não é se ele vai ganhar, mas como vai chegar lá. Sabemos que o herói será milagrosamente salvo no último instante, e continuamos a ler para descobrir exatamente como isso vai acontecer. O conhecimento extratextual sobre a existência de continuações soma-se à nossa crença no final positivo. As continuações não podem existir sem Harry. E ele também não pode ser assassinado e ressuscitar no próximo volume, já que a mortalidade faz parte de seu universo. Harry não é um mítico "deus que retorna".

Tanto a teoria do carnaval quanto a teoria *queer* oferecem ótimas ferramentas para analisar as estruturas de poder nos romances de Harry Potter. As hierarquias de poder na série são inequívocas: os bruxos são superiores aos não bruxos. Outros escritores, como Diana Wynne Jones, também criaram mundos em que a magia se opõe à não magia, mas Jones nunca apresenta os mundos ou as pessoas não mágicas como inferiores. Muitas vezes, ela descreve uma autoridade suprema que governa as pessoas comuns sem escrúpulos, de maneira bem parecida com a do ministro da Magia ao impor suas regras aos trouxas em Harry Potter. Já nos mundos de Jones, a autoridade é repetidamente questionada, tanto de maneira explícita como por meio da posição do sujeito oferecida pelo texto.

No universo de Harry Potter, os bruxos de sangue puro são superiores aos filhos dos trouxas, e a perseguição a eles no último volume é uma reminiscência de um dos piores genocídios da história humana. Os bruxos britânicos são superiores aos bruxos estrangeiros, alguns dos quais são retratados com nomes ridículos do leste europeu. Dentro da comunidade bruxa, os estrangeiros nunca recebem papéis de destaque: as gêmeas Patil surgem na periferia, símbolos da política de oportunidades iguais de Hogwarts, e o objeto da paixão de Harry – Cho – desaparece conforme os romances avançam. Abortos, filhos de bruxos que nasceram sem poderes mágicos, são a classe mais baixa do mundo dos bruxos. Isso poderia corresponder ao desprezo pelas pessoas com deficiência intelectual no mundo real. Seres humanos são superiores a goblins, elfos, centauros e gigantes. Os homens são superiores às mulheres. Basta comparar a posição da professora McGonagall com a dos professores homens, ou considerar a constante humilhação por que passa a professora de adivinhação, Trelawney. O papel ambíguo de Hermione e em especial a sua agência restrita não sofrem nenhum impedimento (o que é especialmente destacado no episódio de *Harry Potter and the Chamber of Secrets* [Harry Potter e a Câmara Secreta], de 1998, em que ela fica literalmente petrificada). O time de quadribol da Grifinória tem algumas meninas em segundo plano. Luna é lunática e Tonks tem gênero neutro, o que é acentuado por seu nome social andrógino.

Como é de se esperar, os ricos são superiores aos pobres, e aqui a posição de Rony se torna indefinida ou esquisita: como homem e sangue puro, ele é superior a Hermione, mas como a situação financeira de sua família é desfavorável, Hermione parece estar em uma posição acima da dele. Harry tem uma situação financeira melhor e pode ser generoso com os outros, e apesar de nunca abusar de seu poder, ele é supostamente superior aos alunos com menos posses. As autoridades, representadas pelo Ministério da Magia, são naturalmente superiores às bases, e até mesmo o poderoso Dumbledore precisa agir de acordo com isso. A hierarquia etária dos alunos de Hogwarts é clara. Os alunos do primeiro e do segundo ano não podem ir até a aldeia, e os alunos mais velhos fazem *bullying* com os mais novos abertamente. Aspectos racistas, sexistas, imperialistas e ideologicamente dúbios dos romances foram detalhadamente analisados. Mas todas essas estruturas de poder são usadas para apoiar a estrutura central: os adultos são superiores às crianças.

O protagonista preenche todos os critérios de poder com a exceção de um, e por isso é apresentado como o portador da normatividade. Em relação à tensão adultos/crianças, permite-se uma superioridade carnavalesca temporária a Harry, absolutamente sob o controle dos adultos, sob as condições dos adultos e enquanto os adultos quiserem deixar as crianças brincarem sozinhas. Quando chega a hora de restaurar a ordem, o mundo adulto assume as rédeas de diversas maneiras. Para Bakhtin, a questão seria se o herói, e, portanto, o leitor, podem tirar conclusões a partir da experiência carnavalesca e perceber que as posições de poder existentes são arbitrárias, deixando consequentemente algo que pode ser modificado. Em algum grau, os livros de Harry Potter endossam os adultos como norma.

Os livros também têm sido discutidos como romances de adolescência[3]. Paradoxalmente, os romances de adolescência negam ao protagonista o poder que livros para crianças mais novas lhes dão por meio da carnavalização. Em um romance para jovens adultos, a sociedade vai ao encontro do protagonista, que aparece na transição entre ser oprimido e tornar-se o opressor – a menos que pereça no caminho. Nos livros de Harry Potter, o poder claramente se reproduz. No início, Harry e seus amigos desdenham do irmão de Rony, Percy, que aproveita todas as oportunidades para enfatizar sua superioridade. Ao longo dos livros, assistimos ao crescimento de Percy até que ele deixa a infância para trás e consegue um emprego importante no Ministério da Magia. Em *Harry Potter and the Order of the Phoenix* (Harry Potter e a Ordem da Fênix, 2003), Rony e Hermione se tornam monitores, e Percy parabeniza o irmão pelo primeiro passo na carreira burocrática. Harry nunca se torna Monitor, e assim sua posição especial é destacada e sua liberdade para quebrar as regras da escola não é questionada, entretanto a indicação para o cargo de Monitor está, acima de tudo, ligada à lealdade para com os adultos. É óbvio que o fato de serem monitores não impede que Rony e Hermione sigam Harry em suas aventuras cada vez mais perigosas, mas ambos assumem suas responsabilidades de acordo com as orientações dos adultos. Com o gosto do poder que Rony e Hermione experimentam, sua incorporação final à hierarquia adulta é antecipada.

O CARNAVAL COMEÇA: AS PREMISSAS DA LITERATURA INFANTIL

Harry é o exemplo perfeito da figura arquetípica na literatura infantil. Nascido em um mundo de humanos, ele é afastado de seu ambiente de direito. Uma criança privada de seu direito de nascença é um dos motivos míticos e folclóricos mais comuns. A convenção romântica lembra que os fracos e oprimidos serão empoderados e retornarão à sua posição apropriada na hierarquia social. Harry é reintroduzido na comunidade da qual tinha sido temporariamente expulso e recebe poderes que parecem ilimitados, apesar de que, em um toque maravilhosamente irônico, ele ainda precisa aprender a usá-los. Além disso, embora tenha retornado a seu lugar de direito, Harry ainda precisa provar que o merece, e por isso é submetido a diversas provações. Cada volume é uma duplicação desse padrão de provações[4], apesar de o último volume se diferenciar dos restantes por não mais apresentar Hogwarts como um lugar seguro. As convenções do modelo romântico dizem que o herói deve passar pela provação. Harry está acompanhado por um exército de mestres e apoiadores, e tem um oponente imensamente mau e poderoso. No entanto, sua inocência e sua benevolência intrínsecas fazem com que ele seja superior aos poderes malignos – dos adultos.

A remoção dos pais é a premissa da literatura infantil. A ausência da autoridade dos pais dá o espaço que a criança ficcional precisa para se desenvolver e amadurecer, para testar (e experimentar) sua independência e para descobrir o mundo sem a proteção adulta. Mas a criança não pode ser totalmente abandonada sem supervisão adulta; há, portanto, substitutos que oferecem segurança, mas que também mantêm as regras criadas pelo mundo adulto. Livrar-se dos responsáveis causa menos mal-estar do que livrar-se dos pais biológicos, mas em muitos sentidos esses substitutos são essenciais. Especialmente quando o protagonista se aproxima da adolescência, as figuras parentais são necessárias para que ele possa se rebelar contra elas. Conforme os romances avançam, novos pais substitutos surgem, tanto positivos quanto negativos: além do tio Valter, há Voldemort, Dumbledore, Hagrid e Snape, presentes desde o começo; aparecem também Sirius, Lupin, Alastor "Olho-Tonto" Moody, Lúcio Malfoy e outros.

O fato de o herói ser órfão enfatiza o tema da busca pela identidade e também permite que ele seja exposto a provações mais sérias do que seria possível com a proteção dos adultos. No entanto, ele nunca está completamente sozinho, pois o mundo adulto precisa manter controle sobre a criança. Em comparação aos pais reais, os substitutos suavizam o poder adulto sem aboli-lo.

Portanto, os romances são baseados na convenção fundamental da literatura infantil. Do ponto de vista psicológico, não parece razoável que Dumbledore abandone o pequeno Harry com seus parentes terríveis (apesar de isso ser explicado mais tarde). Da mesma maneira, os professores de Hogwarts parecem irresponsáveis ao deixarem Harry e seus amigos andarem por aí à noite, em vez de usarem um feitiço para trancá-los no dormitório. No entanto, essa negligência é indispensável tanto para a trama (o que poderia acontecer se Harry fosse obediente e ficasse dormindo em sua cama?) como também para a constelação de personagens. É bastante significativo que mais e mais substitutos dos pais sejam eliminados, inclusive Dumbledore ao final. No último livro, amigos e apoiadores são sacrificados a torto e a direito.

A esmagadora maioria dos romances de fantasia apresenta crianças comuns temporariamente empoderadas por meio de um agente mágico, e Harry parece desviar do padrão. No entanto, assim como os jovens bruxos e magos que vieram antes dele – Ged, Will e Christopher –, Harry precisa aprender a usar a magia, não basta simplesmente balançar uma varinha. Como bruxo, Harry é onipotente apenas se comparado aos trouxas, em especial à sua família adotiva. Ele é superior aos seus iguais em Hogwarts de muitas maneiras: famoso desde o nascimento, imbatível no quadribol, e sem dúvida mais ativo e travesso – o que é uma virtude aos olhos de seus colegas de classe, talvez também aos de seus professores. Ele é mais corajoso, mas de uma maneira típica do herói: age como herói porque é um herói. Em alguns aspectos, Harry é inferior aos colegas; por exemplo, não se sai particularmente bem nas conquistas acadêmicas. Harry e os outros bruxos não são deuses onipotentes, imunes às leis da natureza: eles podem se machucar, ficar doentes e morrer. Alguns bruxos são mais poderosos que outros: Dumbledore está entre os mais poderosos, e, como descobrimos depois, ele não está imune de abusar de seu poder. Harry nasceu com um poder gigantesco se comparado com outras personagens de fantasia, mas ainda assim seu poder é submetido a uma série de regulações. A criança pode ter a ilusão de ter poderes ilimitados durante o carnaval, quando na verdade é limitada pelos adultos. Apesar de empoderada, a criança não tem controle total; e mesmo que todos acreditem que Harry é o único à altura da força maligna de Voldemort, Harry tem de obedecer às regras impostas pelos adultos até a batalha decisiva. No fim, Dumbledore, o substituto paterno, tem a palavra final.

A escolha de um protagonista masculino não é uma coincidência. A narrativa romântica é masculina por definição[5], e as tentativas contemporâneas de colocar uma personagem feminina em uma trama masculina resultam apenas em uma simples permuta de gêneros, criando uma "quase-fêmea", "um herói travestido"[6]. Apesar da nossa consciência de gênero, os homens ainda são superiores às mulheres, e ser homem coloca Harry em uma posição privilegiada por definição. Ainda assim, Harry não é um estereótipo de gênero e apresenta diversas características normalmente associadas a estereótipos femininos. Ele não é violento ou agressivo, e é emotivo, preocupado e vulnerável, o que o torna diferente dos heróis românticos convencionais. Mas ele nunca alcança a complexidade de alguns outros protagonistas da fantasia contemporânea.

O CARNAVAL CONTINUA:
O HERÓI NO AUGE

A fantasia é uma estratégia muito eficiente de empoderamento das crianças. Oprimido e humilhado no mundo comum, Harry é deslocado para um mundo mágico, onde tudo pode acontecer, sendo transportado por um trem mágico (uma invenção nada original; um dispositivo semelhante foi empregado por Edith Nesbit quase um século antes, assim como por outros escritores de fantasia). Ele passa a possuir uma grande variedade de agentes mágicos: uma fantástica vassoura voadora, uma varinha mágica – um símbolo fálico, como um crítico alinhado com a psicanálise não deixaria de notar –, uma capa da invisibilidade, um mapa mágico interativo e muito mais. Esses atributos o deixam mais bem equipado que seus colegas de classe e que a maioria de seus professores. Rony e Hermione tornam-se seus ajudantes, e seus talentos particulares, assim como os de Luna e Neville mais tarde, entram em ação quando os dele não se provam suficientes. A ascensão triunfal de Harry, a partir de sua posição oprimida junto aos Dursley rumo à fama, à riqueza eterna e à existência privilegiada em Hogwarts, é um padrão dos contos de fada fácil de reconhecer.

Assim como na maioria dos romances de fantasia, Harry é o escolhido, o messias que está chegando. Existe uma profecia a respeito de sua missão, exatamente como em outros romances de fantasia, desde *The Chronicles of Narnia: The Lion, the Witch and the Wardrobe* (Crônicas de Nárnia: o Leão, a Feiticeira e o Guarda-Roupa, 1950) à série Fronteiras do Universo. Os heróis da fantasia, ou os heróis românticos no sentido de Frye, não têm complexidade; eles não conhecem nuances, são cem por cento heroicos; nunca ficam em dúvida, sentem medo ou se desesperam. Se descritos, apresentam um conjunto de características padrão: força, coragem, inteligência, bondade ou beleza. Suas qualidades morais são impecáveis: são justos, leais e devotos à causa que defendem. A premissa para o herói romântico criança é a idealização da infância durante o romantismo, baseada na crença da criança como um ser inocente e, portanto, capaz de vencer o mal. Apesar de essa criança ideal ser questionada[7], isso afeta a maneira como os heróis infantis são construídos em certos tipos de texto. Harry não é uma exceção. Sua principal força está exatamente no fato de ser uma criança, e ressalta-se que quando bebê ele já tinha poder para se proteger de Voldemort. Sua bondade intrínseca é sua arma crucial.

Existem outras maneiras de empoderar a criança sem magia, e muitas delas estão presentes nos romances, devido ao notável ecletismo de gênero. Personagens altamente miméticas, segundo o modelo de Frye, são humanos superiores aos outros humanos, por exemplo, em termos de coragem, sabedoria ou patriotismo. Superiores aos outros jovens, personagens altamente miméticas servem de modelo não apenas para outras personagens da história, mas também para os leitores. Os leitores adultos podem considerar Harry um modelo bastante adequado para as crianças: ele é humilde, bem-educado e respeita os mais velhos, um perfeito gentleman inglês. Os jovens leitores podem admirar outras características de Harry. Como destacado antes, Harry é superior aos seus pares em termos de fama, coragem e conquistas esportivas. É favorecido pelos seus professores, por exemplo, ao ser escolhido para o time de quadribol apesar de isso ser contra as regras.

Outro gênero que permite com que Harry seja superior de uma maneira tipicamente carnavalesca é o mistério. Em cada romance, ele precisa resolver um mistério usando sua esperteza, coragem, rebeldia, curiosidade, habilidade de dedução e destreza física. As histórias de internato oferecem excelentes oportunidades para o empoderamento. Nos romances de internato, a trama gira em torno de aventuras comuns: aulas, lições de casa, esportes, celebrações do primeiro e do último dia de aula, competição entre dormitórios, travessuras, festas noturnas, saídas proibidas para lugares não autorizados, espiar inimigos, a chegada de novos alunos e professores, *bullying*, vingança e assim por diante. Além da trama em desenvolvimento, que mostra a luta entre o bem e o mal, a maior parte dos volumes de Harry Potter traz uma sequência de episódios diários, ainda que temperados generosamente com magia. Em todos eles, Harry tem permissão para ser brilhante, mesmo que a trivialidade das aventuras dilua de alguma forma sua natureza heroica. O caráter ordinário de Harry é enfatizado de maneira magnífica pelo seu nome, que se destaca claramente por ser simples e despretensioso quando comparado a Dumbledore, McGonagall ou Draco Malfoy. Ao mesmo tempo que esses nomes associativos são usados a fim de contribuir para a individualidade de quem os carrega, o nome de Harry ressalta sua natureza de "homem comum". Personagens contemporâneos não têm a intenção de serem exemplos para os jovens leitores, mas sim de serem subjetividades equivalentes. Enquanto Harry sem dúvida tem mais sorte do que a maioria de nós, sua excepcionalidade é equilibrada por suas características mais mundanas, incluindo seu problema de visão. Ainda assim, com seus óculos antigos e quebrados, Harry enxerga melhor do que qualquer outro aluno de Hogwarts, uma característica especialmente apreciada por seus companheiros de quadribol. Por meio do quadribol, os volumes aderem aos romances esportivos, outro gênero excelente para empoderar a criança que não tem habilidades no início, mas no fim acaba vencendo a competição.

A história do menino malcriado também é evidente. A força do protagonista está em sua bondade intrínseca, que permite que ele pregue peças sem ser punido. Harry quebra as regras da escola várias vezes, mas como faz isso com a melhor das intenções, sempre é perdoado. Cria-se um efeito cômico quando os professores tiram pontos da Grifinória porque Harry e seus amigos saíram depois do horário permitido, enquanto dão dez vezes mais pontos para a casa por Harry ter salvo Hogwarts de um perigo mortal. De maneira parecida, a história de aventura coloca a criança em uma situação extraordinária, um cenário exótico e perigoso no qual ela pode demonstrar melhor a sua coragem do que na vida cotidiana: ela desmascara vilões, resolve mistérios e encontra tesouros. A premissa da aventura é o acaso: o herói ouve um complô ou recebe informações importantes por acaso, uma ferramenta carnavalesca e empoderadora. Harry consegue muitas informações vitais em grande parte graças à capa de invisibilidade. As convenções do gênero da aventura exigem que o herói complete sua missão. Há até um toque dos romances de Biggles[8] quando Harry e Rony usam um carro voador para chegar à escola depois de perder o trem.

Todos esses gêneros e muitos outros estão entrelaçados, e o atrativo dos romances está justamente no fato de que não aderem claramente a nenhum gênero em particular. Mas todas as diversas características genéricas, e todos os níveis da narrativa, do mítico ao irônico, segundo os termos de Frye, cooperam para elevar o herói, oferecendo a ele uma ampla variedade de oportunidades de se mostrar superior a oferecida aos outros – desde que, ao fundo, os adultos mantenham o controle sobre a situação.

O CARNAVAL TERMINA:
O TRIUNFO DOS ADULTOS

Poderia parecer que, por ser um bruxo, Harry permaneceria empoderado para sempre. No entanto, o pré-requisito da ficção romântica é o retorno à ordem inicial, a perda do poder por parte do herói, e o reestabelecimento da autoridade dos adultos. O herói mítico clássico mata seu pai e usurpa seu lugar, o que seria bastante inapropriado em um livro infantil. Em vez disso, o pai de Harry, em concordância com a tradição da literatura infantil, morre de maneira conveniente quando Harry ainda é um bebê; e no final, Harry nem precisa matar Voldemort. Dentro do modo romântico, o herói infantil é trazido de volta das jornadas mágicas para a vida comum, muitas vezes perdendo de maneira explícita os atributos de poder que teve anteriormente, o que pode ser visto de maneira mais tangível na transformação dos reis e rainhas de Nárnia em crianças no fim de *O Leão, a Feiticeira e o Guarda-Roupa*. O assistente mágico é perdido de maneira definitiva ou perde seu poder mágico (*The*

Story of the Amulet), o ajudante mágico é retirado (*Mary Poppins*) e a personagem fica sozinha sem assistência, já não é mais um herói.

Ao final de cada ano em Hogwarts, Harry volta para a casa dos Dursley. Além de ser um elemento narrativo conveniente que fornece uma estrutura natural para cada ano escolar, o retorno é uma lembrança da saída temporária de Harry do mundo comum e seu poder temporário por meio de um sistema mágico. Para o bem da trama, sua estada com os Dursley é indispensável. Quando a família deixa de ser útil para a narrativa, é eliminada discretamente, nunca mais ouvimos falar dessas personagens.

E, mais importante, Harry também não é onipotente no mundo dos bruxos. Mesmo sendo o único com força mágica equivalente à de Voldemort, ele ainda precisa obedecer aos comandos dos bruxos adultos. O cenário da escola enfatiza essa estrutura de poder, explicitada, por exemplo, pelo apelo do sra. Weasley: "Você ainda está na escola, e os adultos responsáveis por você não deveriam esquecer isso!"[9] Harry questiona isso sem certeza ao exclamar amargamente para si mesmo: "Fique parado enquanto os adultos resolvem o problema, Harry!"[10] Mas sua revolta silenciosa não surte efeito. Dumbledore aparece como um *deus ex machina* e finaliza a vitória de Harry com uma batidinha elogiosa no ombro. Isso é especialmente perceptível em *Harry Potter e a Ordem da Fênix*: quando Harry e seus amigos lutam contra os apoiadores de Voldemort nas salas secretas do Ministério da Magia e não há mais esperanças, Dumbledore, que estava esperando nos bastidores, aparece e o narrador deixa o leitor compartilhar dos pensamentos de Harry de maneira didática: "Estavam salvos"[11]. Aqui está resumida a essência da aetonormatividade: o jovem herói pode ser o quão corajoso, inteligente e forte quiser, mas no final um adulto vai assumir a situação. E talvez aqui esteja o segredo por trás desses livros infantis muitas vezes chamados de obras-primas. De alguma maneira inacreditável eles conseguem resolver o dilema: ao mesmo tempo empoderam a criança e a protegem dos perigos da vida adulta, isto é, tentam, contra todo o senso comum, manter a criança na inocência da infância, já que isso faz parte da estratégia de poder dos adultos. Os romances de Harry Potter nem tentam conciliar esses esforços.

A REITERAÇÃO DO CARNAVAL: O PROPÓSITO DAS CONTINUAÇÕES

A estrutura carnavalesca é repetida religiosamente nos primeiros seis volumes, seguindo o principal padrão do mito e do folclore: casa – longe de casa – casa. Harry começa com sua abominável família adotiva, vai para a escola na qual uma nova aventura o aguarda, permitindo que ele confirme sua posição de herói, e justamente por isso é exilado em sua humilhante existência com os Dursley. Quando os leitores comemoram que Harry enfim terá uma família de verdade com Sirius, a personagem é convenientemente removida. Existem variações criativas ao longo dos volumes e as tarefas de Harry se tornam cada vez mais perigosas e complicadas, mas a estrutura geral da trama é a mesma. Essa repetição, ou mesmice, que alguns críticos associam à essência da literatura infantil[12], destaca-se nas séries de ficção, nas quais a ordem de leitura é irrelevante, já que cada livro é uma narrativa completa e independente. O protagonista não muda ou envelhece. Alega-se que a monotonia das séries de ficção oferece aos leitores uma sensação de segurança, tanto em relação à invencibilidade do herói quanto à estabilidade da trama e às suas próprias habilidades de leitura. Em contraste, os romances de Harry Potter pressupõem uma ordem cronológica. Apesar de o começo de cada livro trazer o resumo dos acontecimentos anteriores, detalhes e personagens reaparecem nos livros mais adiante, e espera-se que o leitor os reconheça. Apesar de ser possível ler os livros de maneira aleatória, pois cada trama é muito bem amarrada, perde-se muito do suspense se, por exemplo, a verdadeira natureza de certas personagens já for revelada ou se as circunstâncias por trás de eventos importantes já forem explicadas. Do ponto de vista da trama, os romances não são uma ficção seriada[13].

Outra característica essencial das séries é a personagem estática. Harry torna-se inegavelmente um ano mais velho a cada livro; ele não é nem Nancy Drew, que tem sempre dezesseis (ou dezoito) anos, nem William, congelado aos onze anos de idade. No entanto, o desenvolvimento da personagem pode ser de dois tipos: cronológico ou ético. Ainda que alguns críticos apontem a crescente abrangência de emoções de Harry, não temos acesso aos seus pensamentos ou sentimentos, se é que ele foi presenteado com a habilidade de sentir e pensar. Ele não é uma personagem sobrecarregada com uma vida interna complexa. Lemos que ele está com medo ou se sente sozinho, mas frequentemente essas afirmações são do narrador, não representações de estados mentais que demandem ferramentas narrativas mais sofisticadas.

Essa técnica narrativa mediada não nos permite penetrar na mente da personagem: na verdade, nos últimos volumes sabemos mais sobre a mente de Voldemort, por meio dos lampejos que Harry recebe graças à sua conexão sobrenatural com a personagem; ou sobre o estado mental de Snape por meio de suas memórias na Penseira. Harry não se desenvolve muito enquanto personagem, mas não podemos exigir credibilidade psicológica de uma personagem construída deliberadamente como um herói romântico. Os heróis são estáticos e rasos por definição. Apesar de Harry adquirir um toque de ambiguidade por meio de seus laços com Voldemort, mesmo que o garoto tenha permissão para algumas pequenas imperfeições, como explosões de humor, seu desenvolvimento é cronológico, não ético. No último volume, o Harry de dezessete anos não é radicalmente diferente do seu eu de onze anos. Ele não encontra nenhum problema relacionado à adolescência, porque está muito ocupado salvando o mundo. Mesmo sua habilidade universal de falar a língua das cobras não é uma pequena falha inerente em um herói que, de outra maneira, seria perfeito, mas faz parte dos danos causados por Voldemort. Como os heróis dos contos de fada, Harry dificilmente tem qualquer dilema ético ou precisa fazer escolhas morais. Ele pode errar no julgamento das pessoas ou seguir pistas falsas, mas isso é indispensável em um romance de mistério. Os modos contemporâneos de expressar estados psicológicos são exigentes, pois são ambivalentes ao permitir que o leitor determine a fonte do enunciado. Nesse quesito, os romances de Harry Potter são inequívocos e diretos. Harry reflete sobre sua identidade e sua ligação misteriosa com Voldemort, mas a maioria de seus pensamentos tem a ver com o que precisa ser feito e como fazê-lo; em outras palavras, eles impulsionam a trama, mas não contribuem para a caracterização. Os romances são claramente orientados pela ação, não pela personagem, o que, para alguns críticos, é a característica intrínseca da literatura infantil[14].

Segundo o especialista em mitos Mircea Eliade, há três aspectos essenciais para o rito de passagem: o sagrado, a morte e a sexualidade[15]. Enquanto Harry é excessivamente exposto ao sagrado no mundo mágico em que habita, sua iniciação nos dois outros componentes é mais problemática. É verdade que os pais de Harry morreram sob circunstâncias horríveis, mas, como já foi mencionado, a obrigação mais importante dos pais na literatura infantil é estarem ausentes – mortos, de preferência. A morte não é uma experiência existencial da personagem, mas uma ferramenta narrativa necessária. Pode parecer trágico que Cedrico seja assassinado diante de Harry em *Harry Potter and the Goblet of Fire* (Harry Potter e o Cálice de Fogo, 2000), mas quem é Cedrico para Harry se não um rival? Na ficção romântica, os rivais são descartáveis. Em *Harry Potter e a Ordem da Fênix*, Sirius é sacrificado, o que poderia sinalizar um passo de Harry em direção à maturidade. No entanto, Harry quase não desenvolveu grande afeto por seu novo pai adotivo: Sirius representa a promessa da família que falta a Harry, e é isso que ele realmente lamenta. Além disso, Sirius morre de maneira piedosa e fora de cena, muito mais de maneira simbólica do que física, outra convenção da literatura infantil. Os romances são consideravelmente mais cuidadosos ao descrever a morte em comparação a muitas obras contemporâneas, que trazem o confronto de uma criança com a morte tanto de modo realista quanto fantástico. O gênero da fantasia facilita o descarte de personagens. Quando amigos e inimigos são mortos na batalha final de *Harry Potter and the Deathly Hallows* (Harry Potter e as Relíquias da Morte, 2007), vemos isso de maneira natural. A única morte que realmente afeta Harry é, paradoxalmente, a de Snape.

Do ponto de vista sexual, Harry é um eterno pré-púbere. Hermione é uma ajudante, uma escudeira, uma confidente, uma colega combatente. A paixão de Harry por Cho é apenas outro atributo do herói romântico: a adoração cavalheiresca por uma mulher bonita – e exótica, se tomamos o ponto de vista implícito na narrativa. Quando Cho demonstra algum interesse, ele logo se retira para a segurança da companhia de Hermione. Gina é outro sonho romântico que Harry está pronto para sacrificar em nome de sua missão. Em uma interpretação psicológica, Harry é incrivelmente infantil e imaturo para sua idade, tanto do ponto de vista emocional quanto do psicológico. No entanto, enquanto personagem literária, ele só pode fazer o que o texto o obriga, e o texto é extremamente prudente ao descrever o despertar sexual de Harry. Em comparação com alguns adolescentes sexualmente avançados na ficção contemporânea para jovens adultos, Harry é ridiculamente mal informado. Mas isso também é uma convenção da literatura infantil. Os críticos que procuraram desenvolvimento de personagens nos romances de Harry Potter ficaram sem encontrá-lo. Como adultos, queremos que as crianças cresçam e se tornem um de nós, os poderosos. Ao mesmo tempo, queremos mantê-las inocentes e ignorantes, pois assim teremos poder sobre elas.

No volume final, todas as pontas soltas são amarradas, detalhes de volumes anteriores que se mostram muito significativos. Ainda assim, essa amarração só é visível no nível da trama. Como personagem, Harry sai do carnaval sem a sabedoria que a subversão carnavalesca normalmente pressupõe.

QUESTIONANDO O CARNAVAL:
A PERMANÊNCIA DA
AETONORMATIVIDADE

Então o que muda na hierarquia de poder do universo de Harry Potter quando a saga acaba? O que é questionado e o que é confirmado?

Obviamente os bruxos ainda são superiores aos trouxas, e não se cogita uma possível cooperação. Apesar de os trouxas serem tão ameaçados pelas forças do mal quanto os bruxos, eles não são convidados a participar da batalha. Diferente do que acontece na série *The Lord of the Rings* (O Senhor dos Anéis, 1954) ou em de *The Chronicles of Prydain* (As Aventuras de Prydain, 1964-1968), de Lloyd Alexander, os bruxos não têm nenhuma intenção de abandonar o mundo comum; pelo contrário, seu controle é mais forte do que nunca. Os bruxos crianças ainda frequentam uma escola de elite, fechada para os trouxas. Os filhos de trouxas não são perseguidos de maneira tão severa quanto durante a existência de Voldemort, mas a distinção continua. Harry ainda é rico, e por isso respeitado. Grifinória ainda é considerada melhor que Sonserina. Os monitores ainda desfrutam de seus privilégios, viajam em um vagão separado no Expresso de Hogwarts e têm um banheiro separado na escola. Gui Weasley se casou com uma garota de uma nação inferior, e ela nunca aprende a falar inglês corretamente, um verdadeiro símbolo de condescendência. O único elfo-doméstico libertado, Dobby, morre por uma boa causa, enquanto os outros elfos provavelmente voltaram para a cozinha de Hogwarts, mais felizes do que nunca em servir aos seus mestres. Monstro, o elfo-doméstico que Harry herdou como um bônus da casa de Sirius, aparentemente cozinha, limpa e lava roupas na grande residência de Potter. Grope, o gigante, meio-irmão de Hagrid, demonstrou sua lealdade a Harry, mas os outros gigantes são maus e provavelmente foram abatidos ou exilados junto com outros apoiadores daquele que não deve ser nomeado. Os goblins mais uma vez demonstraram sua natureza não confiável. Em outras palavras, não há nenhum indicativo de direitos iguais.

Hermione, Gina e outras personagens femininas demonstraram seu valor durante as batalhas, mas é Neville que recebe a honra de matar a cobra de Voldemort, o que o coloca no mesmo nível de Harry em termos de heroísmo (especula-se anteriormente se Neville seria o "escolhido" e não Harry). As meninas encontram a felicidade no casamento e, se seguirem o modelo de esposa e mãe, a sra. Weasley, esperarão por seus maridos com jantares quentinhos quando eles chegarem do trabalho e verificarão se os filhos fizeram bem as malas antes de partirem para Hogwarts. Aparentemente, nem Hermione nem Gina seguiram qualquer vida acadêmica em sua antiga escola. Em vez disso, Neville substitui a professora Sprout nas aulas de herbologia. E, enquanto Rony e Hermione têm um menino e uma menina, Harry e Gina são abençoados com dois meninos que já agem com superioridade em relação à irmã mais nova. Seja lá o que aconteça com os trouxas, não existe espaço no mundo dos bruxos para a diversidade, para pais solteiros ou do mesmo sexo: os valores da família tradicional são permanentes.

Em geral, os valores dos romances são tradicionais. Suas ideias cristãs são nítidas, junto com seus muitos outros níveis, e são especialmente ampliadas no último volume. E não é só porque os bruxos celebram o Natal e a Páscoa ou a certa altura os fantasmas cantam "Ó, vinde, adoremos". Os feriados cristãos combinam pouco com um mundo da magia que, tirando esses detalhes, é pagão; talvez alguma autoridade do Seção de Controle do Mau Uso dos Artefatos dos Trouxas tenha achado que valia a pena importar as festividades do mundo dos trouxas, junto com o rádio e os motores a vapor. Em todo caso, as celebrações são descritas apenas do ponto de vista das crianças, que focam nos presentes e na comida. Além disso, no cristianismo as cobras são associadas ao mal, e essa ideia é completamente desenvolvida nos romances. As alusões cristãs, no entanto, encontram-se bem mais abaixo da superfície e quem quiser pode lê-las como uma alegoria cristã muito mais forte do que as *Crônicas de Nárnia*. Apesar de Harry não ser filho de uma virgem, existem circunstâncias milagrosas em torno de sua primeira infância. Existe uma profecia a seu respeito, e ele é escolhido para carregar nos ombros as dores e os lamentos de seu povo. Ele é repetidamente tentado pelo Diabo e resiste à tentação; consegue um grupo de discípulos e é perseguido pelos infiéis. Durante a hora de descanso que Voldemort lhe concede em um dos capítulos finais, Harry fica, assim como Cristo no Jardim das Oliveiras, dividido entre o desejo de que o cálice passe adiante e o senso de dever. Ele morre em sacrifício, de forma voluntária, e Voldemort apresenta seu corpo com um triunfante "Ecce Potter"[16] para uma multidão que lamenta. Ele ressuscita e liberta o mundo do mal (apenas o mundo dos bruxos, mas essa é outra questão). Ele também é poupado de ter um assassinato em sua consciência: a força que ganha do mal é o amor. Se isso não é uma mensagem cristã, o que seria? Além do mais, o cristianismo prescreve o perdão àqueles que nos ofendem, e por consequência o arqui-inimigo de Harry, Draco Malfoy, é perdoado. Até mesmo Percy, o filho pródigo dos Weasley, volta para a família. Dumbledore promete a Harry a vida eterna no paraíso dos bruxos, onde os fiéis se encontrarão novamente. Em *Fronteiras do Universo*, Pullman questiona não apenas a Igreja como instituição, mas qualquer autoridade celestial. Os livros de Harry Potter confirmam a ordem social baseada em valores ocidentais convencionais, em crenças sólidas de dogmas indiscutíveis e em autoridades inquestionáveis.

No entanto, o mais importante em termos de hierarquias de poder é o eixo adulto/criança. Quando Dumbledore morre no final de *Harry Potter and the Half-Blood Prince* (Harry Potter e o Enigma do Príncipe, 2005), parece que Harry finalmente é deixado sozinho, apenas com o legado de seus muitos pais substitutos para finalizar sua jornada. No final das contas, todo o seu sucesso, não apenas no último volume, mas ao longo da série inteira, dependeu integralmente da proteção de Snape, o que por sua vez é sinal do eterno amor dele pela mãe de Harry, um assunto um pouco além das prioridades de uma criança. Na verdade, a partir do que as memórias de Snape na Penseira revelam para Harry, o foco de toda a história poderia facilmente mudar para Snape. Sua devoção ao filho de sua falecida amada é tão imensa que ele está pronto para carregar a marca das Artes das Trevas em seu corpo, viver uma vida como agente duplo, uma vida de mentiras e fingimento, de desprezo e ódio por parte de seus colegas professores, assim como por parte dos estudantes, incluindo o objeto de seus cuidados. Enquanto a vida de Harry é cheia de riscos e perigos, apesar das grandes chances de vencer, a vida de Snape é de total sofrimento sem nenhuma recompensa. Sob essa luz, o épico de sete volumes não parece a história de um herói padrão e previsível da mitologia, dos contos de fada e da literatura infantil, mas uma complexa narrativa existencial sobre a vida e a morte de um homem patético que sente saudades do filho que nunca teve, e que, apesar de todas as circunstâncias, permanece fiel a seu único amor. O livro infantil mais celebrado dos últimos anos revela-se, ao ser examinado com mais atenção, exatamente aquilo que alguns críticos, ao lado de títulos como *Alice in Wonderland* (Alice no País das Maravilhas, 1865), *Peter and Wendy* (Peter e Wendy, 1911) e *Winnie-the-Pooh* (O Ursinho Pooh, 1926), julgam como "na realidade, um livro que não é para crianças". Depois de anos de debates, voltamos à "impossibilidade da ficção infantil".

O uso irresponsável que Dumbledore faz de Harry "para o bem maior", revelado no último volume, corrobora a ideia de que a criança é secundária e instrumental aos desejos e motivações dos adultos. Exatamente como nos volumes anteriores, Dumbledore convoca Harry – do além-túmulo, tão forte é seu controle sobre o pobre menino – para explicar ao menino tudo o que ele não havia entendido, tudo o que os adultos ocultaram dele "para o seu próprio bem", tudo o que acharam que não era maduro o suficiente para entender, tudo sobre o que haviam mentido para ele, o tanto que abusaram dele para que agisse em benefício dos adultos. O didatismo desse diálogo final com o principal guru de Harry ecoa e amplifica a carga ideológica de toda a saga.

O epílogo mostra Harry vivendo feliz para sempre, casado e pai de três filhos, para quem agora ele pode dar lições e cujos destinos ele decidiu de maneira definitiva. A roda do poder fez a volta completa. A normatividade adulta se consolida de maneira irreversível.

2 A Outrização do Sentido: Linguagem e (Des) Comunicação

Em uma passagem muito citada de *Alice Through the Looking Glass* (Alice Através do Espelho, 1871), de Lewis Carroll, acontece o seguinte diálogo:

> – Quando *eu* uso uma palavra – Humpty Dumpty disse, em tom de troça – ela quer dizer apenas o que eu quero que ela queira dizer... nem mais, nem menos.
> – A questão é – disse Alice – se você *consegue* fazer as palavras dizerem tantas coisas diferentes.
> – A questão é – disse Humpty Dumpty – quais você domina... só isso.[1]

Essa conversa foi bastante utilizada pelos críticos para ilustrar a natureza arbitrária dos signos verbais na linguagem da ficção. Assim como Humpty Dumpty, um escritor atribui significado às palavras e o leitor precisa compartilhar do código para poder entendê-las. Alice, no entanto, também aprende uma lição importante com Humpty Dumpty: a linguagem é um veículo de poder, e quem possuir esse poder também pode reprimir e governar outras pessoas.

Devemos lembrar que o próprio Humpty Dumpty é um significante vazio. A figura aparece em uma canção de ninar inglesa:

> Humpty Dumpty em cima do muro:
> Humpty Dumpty, que tombo duro.[2]

Originalmente, as palavras "Humpty Dumpty" não tinham um significado: são um significante sem significado. Ainda assim, Alice "viu claramente que era o próprio HUMPTY DUMPTY em pessoa"[3]. Desse modo, o escritor fornece um significado para um signo verbal até então vazio.

Da mesma maneira, em *Alice no País das Maravilhas*, diversas personagens são nomes vazios, como o Grifo (o narrador recomenda que o leitor olhe a ilustração se não souber o que é um grifo), a Falsa Tartaruga, a Lebre Aloprada e até o Chapeleiro, já que é apenas uma representação do tropo *mad as a hatter*[4]. Quando a rainha pergunta se Alice já ouviu a história da Falsa Tartaruga, a garota tem de admitir que nem sabe o que é uma Falsa Tartaruga, ao que a rainha dá uma explicação: "Ora essa, é aquilo de que é feita a Falsa Sopa de Tartaruga"[5]. Alice e o leitor não ficam mais inteligentes a partir dessa informação.

Mas essas criaturas vazias, às quais falta substância – Humpty Dumpty, o Grifo, a Falsa Tartaruga e outras figuras bizarras dos livros de Alice – podem mandar em Alice porque têm mais autoridade no mundo estranho em que ela foi parar de maneira involuntária. Ao entrar nesse mundo, ela é desempoderada, mesmo em comparação com o poder relativo que podia ter como criança e irmã mais nova em seu próprio mundo (quando Alice volta do País das Maravilhas, ou acorda de seu sonho, sua irmã começa a dar ordens). Ela não conhece as regras do jogo, perde o controle sobre o próprio corpo, mas, muito mais importante do que isso, a lógica normal da linguagem e da comunicação não existe mais.

Um dos representantes mais notáveis do poder não é, por incrível que pareça, a Rainha de Copas com seus caprichos e ordens inúteis, mas sim o Gato de Cheshire. Já se escreveu muito a respeito dessa personagem, mas pouco sobre sua conexão com o mundo de Alice fora do País das Maravilhas, o que joga alguma luz sobre as hierarquias de poder na realidade ficcional infantil. Alice tem uma gata de estimação, Diná. Não sabemos muito sobre essa figura a não ser que é uma boa caçadora de ratos, o que leva a um conflito entre Alice e o Rato no País das Maravilhas. Quando Alice recebe ordens do Coelho Branco, ela fica pensando se um dia receberá ordens de Diná e o que os adultos pensariam disso. Ela também tem uma visão em que ela e Diná andam de mãos dadas, enquanto Alice busca uma resposta para sua pergunta absurda: "Os gatos comem morcegos?" Diná é a parceira de brincadeiras de Alice, a quem a menina confere inteligência e a habilidade de andar sobre duas patas. Como humana, Alice tem poder sobre Diná, mas em sua imaginação a gata é uma figura liminar, gata e humana ao mesmo tempo; e além disso, uma ligação mais tangível entre o estranho País das Maravilhas e o lar seguro. (A propósito, na continuação, um dos filhotes de Diná se transforma em uma rainha de xadrez no mundo através do espelho).

Se o País das Maravilhas, como às vezes se sugere, é um refúgio fruto da imaginação de Alice, ou, como diz a interpretação mais tradicional, um sonho dela, seria natural que a projeção do gato real e conhecido mantivesse seu gênero. Em tal construção, a gata hipotética do mundo dos sonhos de Alice acabaria sendo sua Velha Sábia, a Progenitora que guia a protagonista pelo rito de passagem. Todos os outros símbolos de iniciação estão presentes na história: a degradação na forma de uma queda física, passagens obscuras, florestas sinistras, portas trancadas difíceis de abrir, o desafio de experimentar comidas diferentes, transformações incontroláveis do corpo, o encontro com uma série de monstros, o desmembramento simbólico ("Cortem a cabeça dela!"), a ressureição final e a emergência a partir do mundo (literalmente) subterrâneo, supostamente como um ser completo. Mas, em vez de uma Velha Sábia em forma de gata, encontramos um pregador de peças mais adequado a uma história masculina e parricida.

Claro que em muitos aspectos *Alice no País das Maravilhas* está longe de ser um romance tradicional, e o autor tem liberdade para quebrar os padrões convencionais nele. Já foi apontado que Alice pode ser interpretada como a ânima do autor, e assim toda a história seria uma espécie de confissão autoterapêutica. É igualmente possível ver o Gato de Cheshire como um autorretrato, um companheiro benevolente que age como protetor de Alice em um mundo desconhecido e bizarro. O Gato de Cheshire, assim como Humpty Dumpty em *Alice Através do Espelho*, realmente tem a função do guia mítico, relatando à Alice pelo menos alguns dos fatos necessários sobre o lugar ao qual ela chegou de maneira involuntária:

– Nós somos todos loucos por aqui. Eu sou louco. Você é louca.
– E como você sabe que eu sou louca? – perguntou Alice.
– Bem, deve ser – disse o Gato – ou então você não teria vindo parar aqui.[6]

O Gato explica as regras do jogo, ou melhor, a ausência das regras; mas ele também conforta Alice, que precisa sentir que não é a única que ficou louca. No campo de croquet, ela fica genuinamente feliz ao encontrar alguém que conhece para conversar, como se de fato ela e o Gato fossem as únicas pessoas sãs presentes no local.

O Gato de Cheshire, assim como Humpty Dumpty, faz malabarismos verbais com Alice, fazendo com que ela – e o leitor – contemplem o convencionalismo da linguagem e a natureza ilógica da lógica:

– Você poderia me dizer, por gentileza, como é que eu faço para sair daqui?
– Isso depende muito de para onde você pretende ir – disse o Gato.
– Para mim tanto faz para onde quer que seja... – respondeu Alice.
– Então, pouco importa o caminho que você tome – disse o Gato.
– ... contanto que eu chegue em *algum lugar*.... – acrescentou Alice, explicando-se melhor.
– Ah, então certamente você chegará lá se continuar andando bastante... – respondeu o Gato.[7]

Como indicação de caminho, seja literal ou metafórica, tal informação com certeza não ajuda muito, e a essa altura as instruções do guru parecem mais confusas do que esclarecedoras. Quase parece que o Gato zomba de Alice e a humilha, assim como fazem as outras criaturas. A não ser por um detalhe: aqui o Gato está testando a capacidade lógica de Alice, que é muito desafiada em sua experiência no País das Maravilhas. E ele ainda oferece orientação espiritual à sua pupila, que não deve ser ignorada: certamente você chegará a algum lugar se continuar andando bastante. Assim, entre os infinitos trocadilhos e jogos de palavras do Gato, uma grande sabedoria está escondida, e ele é o único no País das Maravilhas que trata Alice bem. Ao final do livro, Alice adquiriu tanta prática e tornou-se tão corajosa que consegue facilmente mudar seu discurso no meio de uma frase para parecer que deixa de ser rude com a Rainha e passa a elogiá-la; e responde de maneira impertinente, explicando que um gato pode olhar para um rei, uma expressão idiomática que ela, de maneira bastante apropriada, interpreta de forma literal[8]. Em outras palavras, ela aprendeu sua lição com o Gato, pelo menos no que diz respeito às habilidades linguísticas.

Além disso, o Gato de Cheshire, assim como Humpty Dumpty, é ele próprio uma figura de linguagem ("to grin like a Cheshire Cat")[9]. Retirado da expressão idiomática, ele se torna um significante sem um significado. Por consequência, não tem um corpo físico. É verdade que, a não ser pelo seu sorriso, parece um gato comum quando Alice o encontra pela primeira vez na casa da Duquesa. É descrito como grande, mas não excepcionalmente grande, e se deita perto da lareira, como qualquer gato. Mas fora da casa, de repente, ele é como uma imagem gigante projetada em uma tela, especialmente quando aparece no céu sobre o campo de croquet, uma miragem que desaparece e aparece ao seu bel prazer. Se ele é o autorretrato de Carroll, nessas cenas é uma imagem de uma imagem, distante e misterioso como os próprios sonhos. O argumento do executor de que não podia cortar uma cabeça a não ser que houvesse um corpo do qual cortá-la está entre as coisas mais sensatas que alguém diz no livro, e mostra como o Gato está bem adaptado à vida absurda do País das Maravilhas. O famoso "sorriso sem um Gato" é apenas um dos muitos paradoxos, provavelmente refletindo o tributo do matemático Dodgson à abstração da matemática pura.

Curiosamente, o Gato é removido da trama e não tem papel na ascensão final de Alice e na sua volta para casa, ao contrário, por exemplo, do gato preto de *Alice Através do Espelho*. Nas ponderações da irmã de Alice sobre o curioso sonho da irmã mais nova, quando ela tenta ligar os eventos do sonho com os movimentos e sons ao redor da garota, o Gato de Cheshire não aparece. Ele desaparece sem deixar pistas, como um verdadeiro guia espiritual deve fazer quando a iniciação acaba.

Mas existe outro aspecto que vai além da comunicação entre as personagens ficcionais e tem a ver com a comunicação entre o autor e o leitor implícitos. Este último, quando confrontado com as normas distorcidas do País das Maravilhas, é tão indefeso quanto Alice; os acontecimentos são imprevisíveis, causa e efeito são invertidos, e a vulnerabilidade de Alice é igualmente compartilhada pelo leitor, sobretudo o jovem leitor. Assim o autor dos livros de Alice exerce poder em relação a seus leitores, como as personagens das histórias o fazem em relação à protagonista. Além disso, enquanto a declaração de Humpty Dumpty é explícita e pertence às duas relações – personagem/personagem e autor/leitor –, os atos de (des)comunicação nos livros de Alice são, na maioria, implícitos e podem facilmente colocar o leitor inexperiente em um estado de enorme confusão.

Ao cair pela toca do Coelho, Alice pensa:

> qual deve ser a latitude ou a longitude em que eu vim parar? (Alice não tinha a menor ideia de o que fossem latitude ou longitude, mas achou que eram palavras muito bonitas para se dizer.)[10]

Não há ninguém por ali para Alice impressionar com a sua falsa erudição, mas ela sabe que palavras difíceis conferem *status* a uma pessoa. Aparentemente, ela aprendeu as palavras com os adultos, que não se preocuparam em explicá-las, demonstrando assim a superioridade deles. Podemos interpretar essa passagem como uma intenção de despertar a curiosidade do leitor e enriquecer o seu vocabulário, encorajando-o a descobrir o significado das palavras. Mas há certa arrogância na atitude do autor, já que ele insinua que usar palavras difíceis sem saber o que querem dizer é um ato de vaidade.

A condescendência do autor para com o leitor se torna ainda mais tangível conforme Alice continua seu solilóquio:

> — Será que eu vou *atravessar* a Terra? Seria engraçado ir parar no meio daquela gente que anda de cabeça para baixo! Os Antipáticos, eu acho... (ela ficou contente por não haver *ninguém* para escutá-la, pois lhe pareceu que essa não era a palavra correta).[11]

O autor não fornece a palavra correta para os leitores, aparentemente presumindo que eles, ao contrário de Alice, a conhecem. No entanto, dificilmente os leitores implícitos conhecem as duas palavras e as diferenças entre elas, sendo então o jogo de palavras do autor mais voltado para os adultos. Assim, a linguagem é usada para desempoderar os leitores e zombar deles. (Algumas traduções de Alice usam notas de rodapé e boxes com textos para explicar o significado das palavras. Nesses casos, os tradutores adultos demonstram sua superioridade tanto em relação à protagonista quanto aos leitores, que eles julgam como ignorantes sem salvação.)

Mas ocasionalmente o autor se torna consciente de sua própria importância linguística, quando permite que uma de suas personagens comente o uso obscuro da linguagem:

— Nesse caso — disse o Dodó, pondo-se de pé e falando num tom de respeito —, eu proponho que a reunião seja interrompida para a formulação de providências mais eficazes...
— Fale de um jeito que se entenda — disse o filhote de Águia. — Eu não entendi nem metade das palavras complicadas que você disse. E tem mais: acho que nem você entendeu.[12]

Todas as criaturas que Alice encontra no País das Maravilhas e através do espelho exercitam seu poder por meio da linguagem, apresentando para Alice — e para o leitor — quebra-cabeças verbais, paradoxos e contradições lógicas. O Rato finge não entender o que Alice diz, forçando a menina a lembrar de seu francês quase inexistente. Ele também atormenta Alice e as outras criaturas com uma aula de história ("a história mais secante que eu conheço")[13] e usa palavras e uma sintaxe incompreensíveis. O Periquito resolve uma disputa afirmando "Eu sou mais velho que você, e portanto sei melhor como as coisas devem ser"[14], uma reação típica dos adultos aos questionamentos de uma criança. O Dodó propõe uma corrida de Convenção sem ser capaz de explicar o que isso significa. O Chapeleiro propõe à Alice uma adivinha absurda: "Qual é a relação entre um corvo e uma escrivaninha?"[15] A lagarta menospreza Alice com sua lógica sólida:

> — Eu acho que não consigo *me* explicar, minha senhora, pois não sou mais eu mesma, como a senhora pode ver.
> — Não vejo nada... — disse a Lagarta.
> — ... ficar de tantos tamanhos diferentes num dia só é uma coisa que deixa a gente muito confusa.
> — De jeito nenhum — disse a Lagarta.
> — Só que a gente não gosta de ficar mudando assim o tempo todo, sabe?
> — Eu *não* sei — disse a Lagarta.[16]

Além da lógica absurda, a linguagem figurativa, em especial os trocadilhos e os jogos de palavra, são usados como um meio de opressão. Em alguns casos, o jogo de palavras acontece quando uma expressão idiomática é mal interpretada por uma personagem. Por exemplo, em *Alice Através do Espelho*, quando Alice diz "Perdão", o Rei responde: "Não é certo ficar pedindo perdão."[17] Em geral, Alice é o alvo dos trocadilhos:

— Minha história é como um rabisco longo e triste — disse o Rato, suspirando.

— É, *de fato*, um rabicho muito longo — comentou Alice, entendo mal o que o Rato havia dito e olhando surpresa para o rabinho dele. Mas por que você diz que ele é triste?[18]

Em alguns casos, no entanto, não fica claro se Alice entende o jogo de palavras ou se é esperado que o jovem leitor o compreenda. O título do capítulo "The Rabbit Sends in a Little Bill" (O Coelho Envia uma Pequena Conta)[19], por exemplo, é baseado na homonímia entre a palavra "bill" (que significa "conta, recibo") e o nome da personagem, "Bill". Da mesma maneira, Alice e o leitor podem ficar perplexos com as palavras de sabedoria da Duquesa: "Cuide do sentido, e os sons das palavras cuidarão de si mesmos."[20] Para entender a piada, o leitor precisa reconhecer o ditado original: "Take care of the pence and the pounds will take care of themselves" (Cuide dos pences, e as libras cuidarão de si mesmas)[21]. O aforismo da Duquesa, uma de suas muitas lições de moral, parece completamente deslocado em um mundo em que não há sentido e em que os sons assumiram o controle.

O episódio de abuso verbal mais ultrajante acontece nos capítulos que descrevem o encontro de Alice com a Falsa Tartaruga. Como já foi dito, a própria personagem é um paradoxo linguístico: uma representação física de uma palavra que denota uma falsa descrição de outro fenômeno físico. Alice fica completamente confusa com a história da Falsa Tartaruga sobre sua época na escola, com disciplinas como:

— Língua Pétrea e Taburrada, para começar, é claro! [...] E depois os diferentes ramos da Aritmética: Ambição, Distração, Enfeiação e Gozação. [...] Sim, havia Mistória, Antiga e Moderna. E havia também Marografia. E depois havia Desdenho. A professora de Desdenho era uma velha enguia, que costumava vir apenas uma vez por semana. *Ela* nos ensinou Desdenho, Esticamento Linear e Desmaio em Espirais.[22]

A distorção de palavras que existem proporciona um forte efeito cômico, amplificado pela ligação das disciplinas com as personagens, como uma enguia que ensina Esticamento Linear e Desmaio em Espirais. Mas a Falsa Tartaruga e o Grifo aproveitam todas as oportunidades para ressaltar a ignorância de Alice:

A professora era uma velha tartaruga: nós costumávamos chamá-la de Tetrarruga...
— Mas porque vocês a chamavam de Tetrarruga? — perguntou Alice. — É um nome tão esquisito que eu nunca vi.
— Nós a chamávamos de Tetrarruga porque, sendo uma tartaruga velha, tinha quatro rugas no pescoço, é lógico — disse a Falsa Tartaruga, irritada. — Realmente, você é muito burra, hein![23]

Quando Alice confessa que nunca ouviu falar em Enfeiação, o Grifo conclui: "Você é realmente uma bestalhona."[24] E, como que antecipando Humpty Dumpty na continuação, quando Alice pergunta timidamente se a personagem quis dizer "purpose" em vez de "porpoise", a Tartaruga Falsa responde com prontidão: "Eu quero dizer o que eu disse."[25] Em um capítulo anterior, Alice tem uma discussão com o Chapeleiro e a Lebre Aloprada:

— Você quer dizer que acha que consegue adivinhar essa? — perguntou a Lebre Aloprada.
— Isso mesmo, exatamente — disse Alice.
— Então você deve dizer o que acha — continuou a Lebre Aloprada.
— Eu digo o que eu acho... — apressou-se em responder Alice — ... ou pelo menos... pelo menos eu acho o que digo... É a mesma coisa, não é?
— Não é nem um pouco a mesma coisa — disse o Chapeleiro.[26]

A discrepância entre palavra e significado é enfatizada mais uma vez, e ao jogar as palavras de Alice contra ela, as criaturas do País das Maravilhas conseguem diminuí-la e humilhá-la.

Alice no País das Maravilhas pode parecer o exemplo perfeito de um carnaval na acepção de Mikhail Bakhtin, um mundo de pernas para o ar, repleto de corpos grotescos. Mas o carnaval é subversivo e catártico, dá poder temporário aos oprimidos, apesar de no final a ordem existente ser recuperada. Na verdade, a experiência de Alice é de total desempoderamento, e o abuso verbal é o grande motivo disso.

Na literatura infantil ocidental, *Alice no País das Maravilhas* é um dos raros textos que, ao invés de empoderar a criança ficcional por meio do deslocamento para um mundo alternativo, desempodera-a de maneira explícita (e até a humilha). Alice parece pouco um modelo a ser seguido, e suas aventuras são pesadelos, não sonhos agradáveis. Suas constantes mudanças corporais não são apenas perturbadoras e desconfortáveis; refletem a rejeição, o descontentamento de uma jovem com seu corpo e o medo das mudanças eminentes pelas quais ele vai passar. A posição do sujeito oferecida no texto é bastante ambivalente, e os leitores implícitos são livres para responder de diversas maneiras. Eles têm a opção de se distanciar tanto de Alice quanto do País das Maravilhas, e perceber o livro como é, com a falta de uma trama verdadeira, com as figuras bizarras, o brilhantismo linguístico e o final decepcionante. A partir do ponto de vista de um sujeito externo, a experiência de Alice é a descrição comovente de uma criança solitária e confusa no perturbador e confuso mundo adulto. Nesse sentido, o livro é realmente subversivo. Mas, para um leitor menos sofisticado, a obra pode causar uma sensação de desconforto, frustração e aversão, caso se sinta humilhado junto com a protagonista.

PODER E OPRESSÃO NO BOSQUE DOS CEM ACRES

Ursinho Pooh[27] é outro livro infantil famoso que, junto com os livros de Alice, costuma ser classificado como *nonsense* por causa do excesso de trocadilhos e jogos de palavras. Mas a linguagem superficialmente nonsense dos livros do Ursinho Pooh também é usada para zombar da criança, tanto dentro quanto fora do texto. Além disso, os livros demonstram que o poder tende a reproduzir a si mesmo, que os oprimidos facilmente tornam-se os opressores. Na realidade fictícia do livro, Christopher Robin sente-se burro e ignorante. Basta observar sua postura na ilustração em que ele desce as escadas, com a cabeça baixa, os olhos ocultos do observador: uma criança assustada submetida a regras e regulamentos, a quem foi permitida uma curta visita ao pai onipotente em seu escritório e que logo é exilada no quarto das crianças mais uma vez. Comparado à essa imagem, o retrato de Christopher Robin em seu próprio lugar de domínio, o Bosque dos Cem Acres, mostra-o como um rei e um deus: feliz, sorridente, confiante e dinâmico. Ele não usa mais a roupa de bebê. É inteligente e poderoso; surge toda vez que seus pequenos e burros súditos se envolvem em problemas insolúveis; ele sabe tudo, entende tudo, consegue – supostamente – ler e escrever, e está sempre ao lado de seus amigos desprivilegiados. Mas se lermos a história com atenção, o Christopher Robin dentro do Bosque dos Cem Acres está longe de ser benevolente. Pelo contrário, o menino humilha e oprime seus brinquedos, assim como seu pai o oprime, de maneira muito parecida como Max de *Where the Wild Things Are* (Onde Vivem os Monstros, 1963), de Maurice Sendak, transfere o comportamento opressivo de sua mãe para os monstros, quando os submete ao que é submetido e os manda para cama sem jantar.

No capítulo "No qual Pooh e o Leitão vão à caça e quase pegam um Vuslo"[28], as duas personagens, uma delas um Urso de Muito Pouco Cérebro, seguem alguns rastros na neve. Primeiro acham que estão caçando um Vuslo, depois dois Vuslos, então "dois Vuslos e, por assim dizer, um Vislo, ou talvez dois Vislos e um Vuslo, por assim dizer"[29].

Como de costume, Christopher Robin, o Todo Poderoso, surge para salvá-los, dizendo:

– Urso bobo – ele disse –, o que vocês estavam fazendo? Primeiro você deu duas voltas na mata sozinho, depois o Leitão foi atrás de você e vocês deram mais uma volta juntos, e agora estavam dando uma quarta volta...
– Espere um pouco – disse Ursinho Pooh.[30]

Aqui, a ambiguidade das posições do sujeito do texto é levada ao extremo. O autor implícito permite que a criança seja superior ao brinquedo, mas a subjetividade esperada do leitor é, de alguma forma, obscurecida. Para leitores não sofisticados, os livros do Ursinho Pooh são sobre um ursinho de pelúcia chamado Pooh. Como críticos, podemos ter outras interpretações sofisticadas, mas para o jovem leitor – e certamente para muitos leitores adultos – o Ursinho Pooh é a única opção de protagonista. O mundo é apresentado através dos olhos de Pooh, por meio de uma visão ingênua, curiosa e questionadora que todas as crianças têm até que os adultos imponham a elas suas próprias ideias inteligentes. Um jovem leitor se envolverá com a personagem Ursinho Pooh, sentirá suas alegrias e tristezas, seu medo dos Pesofantes e sua admiração por Christopher Robin. Mas no capítulo sobre a caça aos Vuslos, a posição subjetiva do leitor definitivamente apresenta um problema. Se ele compartilhar completamente da percepção do Ursinho Pooh, irá, junto com Pooh e Leitão, acreditar que os dois amigos estão perseguindo animais ferozes e perigosos. Ao ouvir o comentário de Christopher Robin, o leitor se sentirá "Idiota e Tolo"[31] como Pooh. Naturalmente, há ilustrações para ajudar; o leitor ainda precisa se sentir pelo menos um pouco superior a Pooh para apreciar essa cena, assim como muitos outros episódios. Por exemplo, quando Pooh finge ser uma pequena nuvem, Christopher Robin pode ser mais inteligente outra vez, mas ainda assim mima Pooh como um adulto mimaria uma criança tola.

No capítulo em que as personagens vão em busca do polo norte, quando Christopher anuncia a viagem a Pooh, o urso pergunta:

– O que *é* o polo norte?
– É só uma coisa que a gente descobre – disse Christopher Robin, fingindo indiferença, mas sem saber se era isso mesmo.[32]

A voz autoritária e didática zomba da criança que usa palavras difíceis que não compreende. Mas a criança imediatamente transfere sua ignorância para alguém inferior.

Mais tarde, Christopher Robin é obrigado a perguntar para o Coelho:

– Como é o polo norte? [...] Acho que é uma coisa que fica ao norte.
– É, deve ficar ao norte mesmo – disse o Coelho –, porque se não ficasse ao norte não se chamaria norte.[33]

O Coelho provavelmente estudou, e pode até ser interpretado como um adulto, mas na verdade é tão ignorante quanto o menino e precisa fingir para poder manter sua posição de poder. Normalmente, uma criança escolhe um significado mais concreto de um homônimo. Nesse episódio, Christopher Robin é obrigado a admitir que tem usado uma palavra cujo significado desconhece[34]. O que pode parecer uma simples ferramenta estilística mostra-se um caso explícito de opressão por parte do autor em relação à personagem e, por extensão, ao leitor. Pode-se argumentar que o autor espera que o leitor saiba o que é polo norte e assim sinta-se superior à personagem, o que acontece de maneira recorrente nos livros do Ursinho Pooh, mas não é provável. Pelo contrário, o leitor se sentirá confuso e desacreditado. Além disso, a menos que os leitores realmente saibam o que é polo norte, ficarão relativamente satisfeitos com a descoberta de Pooh, já que o equívoco nunca é explicado.

Segundo a maioria das interpretações críticas das histórias do Ursinho Pooh, as personagens representam as diversas características do verdadeiro protagonista, Christopher Robin: Pooh representa sua gula incontrolável, Leitão representa seus medos, Tigre representa sua alegria saltitante que precisa "ficar sem pulo". Coelho e Corujão são especialmente interessantes do ponto de vista do poder, pois agem como projeções das necessidades do menino de oprimir os outros assim como ele é oprimido pelo adulto, seu pai, o suposto narrador das histórias. Tanto Corujão quanto Coelho são expostos várias vezes, como quando tentam decifrar a mensagem que Christopher Robin escreveu errado: "SAI UM POCO. JAVOUTO."[35] Como é inconcebível para eles que seu mestre cometa um erro, eles, assim como Pooh, dão um significado para uma palavra que não querem confessar que não conhecem:

– [...] Você viu ultimamente algum Javouto aí pela Floresta?
– Não sei – disse o Coelho. – É isso que vim perguntar. Como é que eles são?
– Bem – disse o Corujão –, os Javoutos Malhados ou Herbáceos são...[36]

Em vez de admitir sua ignorância, Corujão a esconde com um conjunto de palavras complexas. No mesmo episódio, no final se descobre que Corujão está blefando quando, incapaz de ler a mensagem de Christopher Robin, convence o Coelho a lê-la em seu lugar.

Ao longo dos dois livros, o Corujão é apresentado como uma personagem verdadeiramente prolixa, caracterizada pelo uso de palavras bizarras: "E o Corujão estava contando para Can uma história interessante cheia de palavras compridas, como Enciclopédia e Rododendro [...]."[37] Para os adultos, as duas palavras são incompatíveis, ao passo que, para o jovem leitor, provavelmente não fazem sentido. Can resiste aos ataques linguísticos de Corujão ao ignorá-los. Pooh desenvolve uma estratégia diferente: quando não sabe o significado de uma palavra difícil usada pelo Corujão, como "procedimento de rotina", encontra o significado mais próximo possível, transformando a expressão em "apodrecimento de cortina", o que também reflete sua obsessão por comida[38]. Da mesma maneira, ao ouvir a palavra "emboscada", Pooh interpreta que algo deve ser "buscado". Não é por acaso que Pooh, que representa uma criança muito pequena, não sabe o significado de noções abstratas e escolhe em seu lugar um significado que entende como concreto e tangível, apesar do significante talvez não existir.

Pooh é um grande poeta, mas sua poesia é baseada na linguagem imaginária e não na simbólica, no sentido lacaniano: os sons, as rimas e os ritmos são mais importantes que o significado, ao contrário da máxima da Duquesa em *Alice no País das Maravilhas*. A linguagem simbólica, correta e organizada está muito além do horizonte de Pooh. Por outro lado, Christopher Robin já foi exposto à linguagem simbólica, e a usa como um instrumento de poder de maneira habilidosa.

– Hoje eu vi um Pesofante, Leitão.
[...]
– Eu já vi um – disse o Leitão. – Pelo menos, acho que vi. A não ser que não fosse.
– Eu também – disse Pooh, tentando imaginar como seria um Pesofante.[39]

Assim como "Humpty Dumpty", "Pesofante" é um significante sem um significado. Ao contrário de "polo norte", não é uma palavra que Christopher Robin teria ouvido de um adulto; ele a inventa apenas com a intenção de mostrar sua superioridade. Tanto Pooh quanto Leitão entram no jogo, relutantes em admitir sua ignorância. Ambos preenchem o significante vazio com um conteúdo correspondente a seus piores medos: no caso de Pooh, como um monstro que vai privá-lo de comida; e no caso de Leitão, como um monstro que é "agressivo com porcos"[40]. Em ambos os casos, Christopher Robin conseguiu aumentar a ansiedade de seus súditos.

Pooh consegue transferir sua estratégia de poder para Leitão quando sugere que as criaturas que estão supostamente caçando são vuslos e vislos, significantes que, na mente de Leitão, imediatamente se transformam em "Animais Hostis [...] com Intenções Hostis"⁴¹. Por sua vez, Leitão inventa um avô para si quando explica a placa quebrada na frente de sua porta: "INVASORES S". Leitão afirma que seria o nome de seu avô, "abreviatura de Invasores Será, que era abreviatura de Invasores Serafim"⁴². A palavra "avô" não está ali por acaso. No capítulo sobre a caçada de vuslos, Pooh imagina se ele e Leitão estão seguindo dois avôs, e como um avô deve ser. Essa é uma inversão de valores completa, em que uma palavra perfeitamente normal para o leitor não tem significado algum para a personagem, assim como "vuslo" não tinha significado para o leitor. Dessa forma, o autor chama a atenção do leitor para a natureza arbitrária da linguagem. "Avô" é um significante vazio para Pooh, pois não há nenhum referencial no mundo dele. Por um lado, os leitores podem se sentir superiores uma vez que sabem o que é "avô", mas ao serem confrontados com a palavra "vuslo", se sentirão despreparados. Assim, a hierarquia opressor/oprimido entre as personagens é invertida com constância. Além disso, a hierarquia de poder no texto em si é extremamente complicada, pois também envolve várias agências, incluindo os eixos autor implícito/leitor implícito, narrador/narratário e personagem/personagem. Nessa complexidade, o leitor parece ser deixado desempoderado muitas vezes.

Para confirmar sua autoridade, Christopher Robin chama Pooh de "urso bobo" constantemente, referindo-se tanto ao comportamento de Pooh quanto à sua compreensão equivocada das palavras. No entanto, em muitos casos, é obvio que o menino trata seu ursinho de pelúcia dessa maneira para esconder a própria ignorância. Quando o pai, o narrador explícito do primeiro capítulo, diz: "Ursinho Pooh morava sozinho numa floresta, sob o nome de Sanders"⁴³, a criança que ouve interrompe a história e pergunta "O que quer dizer 'sob o nome'?", e recebe a explicação: "Quer dizer que o nome dele estava escrito em cima da porta, em letras douradas, e ele morava embaixo do nome."⁴⁴ Outro exemplo da interpretação equivocada por parte de uma personagem aparece no capítulo final de *The House at Pooh Corner* (Ursinho Pooh Constrói uma Casa) quando Christopher Robin conta a Pooh sobre todas as coisas que aprendeu em suas aulas, incluindo "Cavaleiros que recebiam títulos"⁴⁵. Confuso, Pooh pergunta: "É uma coisa muito Importante ser... o que você

disse?"⁴⁶ Por não ser alfabetizado, Pooh recorre ao som e não à grafia da palavra, e escolhe a que lhe é mais familiar, "cavalo" em vez de "cavaleiro". É mais provável que o engano tenha se originado na leitura do menino, mas Pooh é maltratado mais uma vez.
No capítulo sobre a descoberta do polo norte, Christopher Robin critica e caçoa de seus brinquedos diversas vezes. Primeiro, o menino anuncia que eles vão partir em uma expedição. Essa palavra é difícil para um Urso de Muito Pouco Cérebro, então Pooh a transforma em "expotição".

– Expedição, Urso Bobo. É com "x".
– Ah! Eu sei – disse Pooh. Mas na verdade ele não sabia.⁴⁷

"Expotição" também tem um "x", mas não ocorre a Pooh apontar isso, ou ele simplesmente está admirado com a autoridade de seu mestre.
Mais adiante, Christopher Robin declara que todos devem levar provisões.

– Levar o quê?
– Coisas para comer.
– Ah! – disse Pooh, satisfeito. – Pensei que você tivesse dito Provisões.⁴⁸

Então Pooh imediatamente transfere o ataque verbal para Leitão:

– Descobrir o quê?
– Ora, alguma coisa.
– Alguma coisa feroz?
– Christopher Robin não disse se era feroz. Só disse que tinha um "x".
– Bom, se o Christopher Robin vai junto, não tenho medo de nada [...].⁴⁹

Ao mesmo tempo que a passagem é mais um exemplo da abundância de jogos de palavras presentes nos livros do Ursinho Pooh, ela enfatiza a rapidez com que as personagens aprendem o uso opressivo da linguagem. Ao encontrar o rabo perdido de Ió, Pooh diz que Ió gostava muito dele, que na verdade "não desgrudava"⁵⁰ dele. O sentido literal e o sentido que foi transferido para a palavra "desgrudar" estão misturados, mas não é óbvio que o jovem leitor irá compreender isso⁵¹.

No entanto, o autor chega a ponto de deixar Corujão se vingar de Christopher Robin, e com frequência ajuda seus leitores traduzindo o discurso rebuscado de Corujão para uma linguagem mais cotidiana:

– Ultimamente as condições atmosféricas têm sido muito desfavoráveis – disse o Corujão.
– As o quê?
– Tem chovido muito – explicou o Corujão.
– Ah, é, tem mesmo – disse Christopher Robin.
– O índice pluviométrico atingiu níveis extraordinários.
– Quem?
– Tem muita água por aí – explicou o Corujão.⁵²

Corujão trata Christopher Robin exatamente como o menino havia tratado Pooh ao usar a palavra "provisões" em vez do familiar "coisas para comer".

Os livros do Ursinho Pooh também refletem a resistência da criança pequena em relação à opressão da linguagem, ao quebrar as regras para testá-las, e ao explorar as fronteiras e as possibilidades da linguagem. Pooh representa a cultura oral, em que a linguagem não é restringida por regras sobre erros de gramática e a ortografia não importa (Pooh escreve "MÉU" em seus potes e sabe exatamente o que essa palavra quer dizer) e novas palavras podem ser inventadas com facilidade. Por outro lado, a educação que Christopher Robin recebe no mundo externo (leia-se: "adulto") é escrita, organizada e fortemente regulada; não tem espaço para Javoutos Malhados ou Herbáceos. No começo da continuação *Ursinho Pooh Constrói uma Casa*, o menino pergunta ao pai:

– E a história que você ia me contar sobre o que aconteceu com o Pooh quando...
Eu respondi bem depressa:
– Quanto são nove vezes cento e sete?
Depois que fizemos essa, havia uma outra sobre umas vacas que passaram pela porteira, duas por minuto, e havia trezentas no campo, então quantas sobraram depois de uma hora e meia?⁵³

Esse é um ótimo exemplo de como uma autoridade adulta reprime a imaginação de uma criança.

A supremacia da linguagem escrita sobre a oral é pontualmente demonstrada nos livros do Ursinho Pooh. Quando o livro começa, tanto Christopher Robin quanto seus brinquedos estão no estágio pré-verbal, mas ao longo da história muitas vezes testemunhamos como Christopher Robin é treinado na linguagem verbal, simbólica. Diversos capítulos giram em torno da falta de habilidade dos brinquedos em ler e escrever. Se os habitantes do Bosque dos Cem Acres são, como a interpretação psicanalítica sugere, a projeção das características do menino, então as dificuldades de ortografia de Corujão quando lhe pedem que escreva "feliz aniversário" ou sua falta de habilidade ao ler a mensagem de Christopher Robin é uma mera transferência dos problemas do próprio menino. Obviamente Christopher Robin trapaceou para que pudesse de fato sabe ler e escrever nesse cenário, mas essa atitude lembra a confissão ingênua de Pooh: "O Christopher Robin me disse o que estava escrito, e aí eu consegui ler."[54] As placas deixam claro que o menino tem bastante dificuldade com a escrita, e podemos extrapolar e assumir que, fora do mundo secundário, ele é atormentado pelo pai por causa de tal questão. Ao escrever as placas, ele ainda faz uma ligação entre o nome das letras e sua pronúncia, escrevendo "por favor" como "FVOR" e "urgente" como "URZENTE"; ainda assim, é reconhecido como "o único da Floresta que sabia escrever"[55].

Da mesma forma, Corujão tem a fama de ser instruído, apesar de que com algumas limitações: ele "lia e escrevia o nome dele, CORUGAO, mas não conseguia escrever palavras mais complicadas, como SARAMPO ou AMANTEIGADO"[56]. Espera-se que os leitores entendam que o nome está grafado errado, mas a ironia pode facilmente passar despercebida por eles. Dessa forma o autor mais uma vez transfere, habilidosamente, a falta de aptidão do menino para seus amigos animais, o que se percebe em especial no capítulo sobre o aniversário de Ió. Aparentemente, Corujão não sabe ler e escrever, mas reluta em admitir isso. Ele pergunta a Pooh se ele poderia ler os cartazes na porta, e Pooh explica que pode ler se alguém disser a ele o que eles significam. Aliviado, Corujão diz que contará a Pooh o que escreveu, então Pooh conseguirá ler. Ele escreve: "FEFEILLISZ LILISZ ANANE ANENIVAVESSAREIO."[57] Do ponto de vista da Ordem

Simbólica, isso é bobagem. No Imaginário, pode muito bem significar "feliz aniversário", se essa é a intenção. Se o significante "FEFEILLISZ..." for ligado ao significado "feliz aniversário" pelo emissor, o destinatário só precisa de um código para entendê-lo de maneira adequada. No entanto, para voltar a Humpty Dumpy, uma palavra significa aquilo que o emissor escolher. Por meio da alfabetização, o emissor tem poder ilimitado sobre o destinatário.

No entanto, o exemplo mais claro da discrepância entre Imaginário e Simbólico está no capítulo cinco de *Ursinho Pooh Constrói uma Casa*, "O que Christopher Robin faz de manhã". Leitão vai visitar Ió, que está completamente absorto observando três gravetos no chão diante dele. "As pontas de dois pauzinhos se tocavam, e o terceiro cruzava os dois."[58] Leitão, que não é alfabetizado e não se preocupa com isso, "achou que talvez fosse algum tipo de Armadilha"[59]. Quer dizer, Leitão vê o valor icônico e Imaginário do signo em vez de seu valor simbólico. Ió esclarece Leitão, agindo como porta-voz de um adulto sábio: "Sabe o que quer dizer o A, Leitãozinho? Quer dizer Estudo, quer dizer Instrução, quer dizer todas as coisas que você e o Pooh não têm."[60] Aqui, Ió recebe o papel de adulto autoritário que pode rebaixar completamente a criança em sua capacidade de ser ou não alfabetizada, mas o conhecimento inicial, e por consequência o poder, vem de Christopher Robin: "Christopher Robin disse que é A, então é A...".[61] Ironicamente, a alfabetização de Ió não passou da primeira letra do alfabeto, e ele, assim como as outras personagens, usa palavras que não entende: "Christopher Robin... está instigorando... *acho* que é essa palavra que ele mencionou... ele está instigorando Conhecimento."[62] Nesse capítulo, Christopher Robin escreve seu primeiro bilhete corretamente, dando assim um passo definitivo para longe da inocência da infância, do Imaginário rumo ao Simbólico. A mensagem do autor parece ser que, por mais prazeroso que seja, o Imaginário tem de ser deixado para trás. O poder adulto do mundo "real" finalmente alcança a criança escapista, na figura de sílabas e tabuadas, mais a partida eminente para um colégio interno. Diferente de Píppi Meialonga, por exemplo, Christopher Robin não tem nada para se defender dos ataques do mundo adulto. No final, a normatividade adulta ganha.

3 A Outrização do Gênero Literário: Fantasia e Realismo

Ao longo da minha discussão sobre os livros da série Harry Potter como modelos de texto da literatura infantil, destaquei que o modo fantástico em si é uma ótima ferramenta de alteridade[1]. Dentro dos modos não miméticos, todas as outras hierarquias de poder se tornam menos perceptíveis por causa das convenções genéricas. Mas, ao contrário de muitos outros pesquisadores, não encaro a fantasia como o oposto do realismo. O realismo é um conceito extraordinariamente complexo, como demonstrado com clareza por Erich Auerbach em sua obra *Mimesis*; e, apesar de realismo muitas vezes significar uma narrativa desprovida de elementos sobrenaturais no contexto dos estudos da literatura infantil, há uma ampla variedade de modos miméticos nessa literatura que apresentam estratégias específicas de outrização. Mas os modos não miméticos também são de tipos diferentes, e o grau e a natureza dos elementos fantásticos apresentam um amplo *continuum*. O termo "realismo mágico" é um bom exemplo dessa complexidade de conceitos.

John Stephens, que identifica a distinção entre fantasia e realismo como "a distinção de gênero literário mais importante da ficção infantil"[2], descreve a fantasia em termos de metáfora, e o realismo, em termos de metonímia. Ao mesmo tempo que posso admitir a legitimidade dessa afirmação, poderia alegar que em muitos casos isso é uma questão de interpretação. Todos os gêneros literários podem ser percebidos como metafóricos ou metonímicos, dependendo do nível de sofisticação do leitor. Portanto, não vejo motivo para atribuir à fantasia um maior potencial de subversão *a priori*. Em vez disso, gostaria de analisar os diferentes gêneros literários como estratégias para a alteridade.

A FANTASIA COMO CARNAVAL

É verdade que a fantasia constitui a ferramenta carnavalesca mais comum na literatura infantil, pois uma criança comum se empodera ao ser transportada para um reino mágico, ao possuir um agente mágico (objeto ou ajudante) e ao adquirir um conjunto de características de heroísmo ou força mágica impossíveis (ou pelo menos improváveis) dentro da ordem existente das coisas (o que normalmente chamamos de "mundo real"). O carnaval, ao inverter a ordem existente, eleva a criança ficcional a uma posição superior à dos adultos. Essa visão de uma criança onipotente é baseada na ideia romântica da infância como um tempo de inocência, antes que o mal da sociedade exerça sua influência. Na maioria dos romances de fantasia para jovens leitores existe uma profecia sobre uma criança que irá derrubar a ordem estabelecida por um governante cruel. Mas o reestabelecimento inevitável da ordem no final de uma história carnavalesca infantil reduz as personagens para níveis nos quais são apenas um pouco mais poderosas que o seu entorno, iguais ou inferiores.

A fantasia para crianças, em particular, sempre desfrutou de um *status* mais elevado na literatura infantil do que a fantasia na literatura em geral, em que normalmente é tratada como uma ficção estereotipada. Ao que parece, considera-se a fantasia adequada para crianças a partir das mesmas premissas que as histórias do folclore e os contos de fada – mais como um veículo de socialização. As personagens devem aprender alguma coisa, amadurecer e, em alguns casos, tornam-se adultas. Mas, paradoxalmente, os melhores exemplos de fantasia infantil foram questionados enquanto livros para crianças, como *Alice no País das Maravilhas* e *Ursinho Pooh*. Essa tendência culminou no fenômeno contemporâneo dos livros sem idade, cujos melhores exemplos são as obras de Philip Pullman e J.K. Rowling.

Ao analisar algumas das principais diferenças entre a fantasia infantil e a fantasia para adultos, não é suficiente afirmar que a primeira tem uma criança como protagonista. No máximo, a fantasia para crianças oferece orientação moral e espiritual para elas, dirigindo-se a uma audiência que ainda não descobriu nenhuma distinção rígida entre a realidade e a imaginação, que não descarta palavras e acontecimentos mágicos como se não fossem plausíveis, que tem um potencial mais forte para crenças secundárias. Enquanto boa parte da fantasia pode ser vista como mero entretenimento, os melhores exemplos de fantasia para crianças usam a forma fantástica como ferramenta narrativa, como uma metáfora para a realidade.

O modo fantástico permite que o escritor para crianças lide com importantes questões psicológicas, éticas e existenciais de maneira um pouco distanciada, o que com frequência se mostra mais eficiente com os leitores jovens do que o realismo direto. Por exemplo, a batalha entre o bem e o mal pode ser menos perturbadora, e por isso mais persuasiva, quando descrita em um mundo imaginário, do que se descrita no contexto imediato do leitor. O crescimento espiritual do protagonista pode ser apresentado de maneira mais tangível quando descrito em lutas contra forças mágicas externas do que se apresentado como tensão interior. Em particular, a fantasia pode empoderar uma criança protagonista de uma maneira que a chamada prosa realista é incapaz. Nesse aspecto, a fantasia tem, de fato, um potencial subversivo muito maior, pois pode questionar as relações de poder existentes, incluindo aquelas entre crianças e adultos, sem necessariamente destruir a ordem real do mundo.

Se olharmos para a história da literatura, a fantasia para crianças, em grande parte como a literatura infantil, não pôde surgir até que a infância fosse reconhecida como um período da vida humana específico e especialmente formador. No entanto, enquanto o Iluminismo produziu mais obras de instrução para jovens leitores, o romantismo, com seu interesse tanto pelo folclore quanto pela criança como ser primitivo e intocado pela civilização, forneceu um solo rico para as primeiras histórias de fantasia publicadas especificamente para crianças, apesar de casos marginais, como as obras de George MacDonald's, continuarem a surgir.

Nussknacker und Mausekönig (O Quebra-Nozes e o Rei dos Camundongos, 1816), de E.T.A. Hoffmann, é reconhecida em numerosos países como a primeira fantasia explicitamente direcionada às crianças, já que a protagonista é uma menina, o ponto de partida é o quarto das crianças e muitas personagens são brinquedos. No entanto, a criança é instrumental à história, que na verdade é sobre um brinquedo vivo, o Quebra-Nozes, e sua busca pela princesa na terra encantada. Sugere-se que exista uma ligação entre o Quebra-Nozes, um príncipe encantado, e o velho enigmático no mundo real. Os jogos e as brincadeiras, associados à infância, tornam essa história diferente dos outros romances fantásticos de Hoffmann, mesmo trazendo muitos aspectos filosóficos e éticos bastante além da compreensão de uma criança. Da mesma maneira, *Le avventure di Pinocchio* (As Aventuras de Pinóquio, 1881), de Carlo Collodi, com seu boneco como personagem central, sempre foi considerada uma história para crianças, apesar de sua complexidade narrativa e moral. Seu maior legado, no entanto, está completamente de acordo com o principal propósito dos primórdios da literatura infantil: educar e socializar a criança.

Edith Nesbit com frequência recebe os créditos por ter criado a fantasia moderna para crianças. Em vez de enviar suas personagens crianças para reinos mágicos, Nesbit introduziu a mágica no cotidiano. Ela certamente trouxe diversão e humor para o gênero, mas seu principal propósito continuava sendo educativo e relacionado ao poder. *Five Children and It* (Cinco Crianças e um Segredo, 1901), *The Phoenix and the Carpet* (A Fênix e o Tapete, 1904), *The Story of the Amulet* (A História de um Amuleto, 1906), *The Enchanted Castle* (O Castelo Encantado, 1907) e *The House of Arden* (A Casa dos Arden, 1908) apresentam agentes mágicos (objetos ou criaturas) que zombam das crianças e demonstram a inferioridade delas por serem incapazes de controlar a magia. Ao aprenderem lições amargas com suas aventuras, as crianças voluntariamente abrem mão de seus instrumentos empoderadores. Ao mesmo tempo que isso oferece um encerramento necessário para a trama, dá a mensagem da incompetência da criança quando encontra limitações e a coerência da magia. Em *Mary Poppins* (1934), de Pamela Travers, e suas continuações, o agente mágico (uma verdadeira herdeira da Psammead de Nesbit, apesar de aparentemente humana) também é arrogante e convencida, sempre lembrando as crianças de sua própria superioridade, não apenas por suas habilidades mágicas, mas, antes de tudo, por ser adulta. Essa hierarquia de poder entre o autor adulto, o protagonista criança e o leitor é o símbolo máximo da fantasia para crianças do começo do século vinte. Por algum tempo revestidas de poder, as crianças protagonistas são inevitavelmente trazidas de volta para a dependência em relação aos adultos.

Uma estratégia diferente de negociação de poder é mantida em *The Wizard of Oz* (O Mágico de Oz, 1900), de L. Frank, uma típica fantasia de mundo secundário. Dorothy se vê em um país estrangeiro, onde realiza ações que seriam impossíveis na sua vida cotidiana no Kansas. Como é característico, a menina se considera fraca e impotente, além de depender da ajuda de outras pessoas. Seus três companheiros, que podem ser interpretados do ponto de vista psicanalítico como três projeções de seu *self*, buscam algum atributo: cérebro, coração e coragem, que são exatamente os que Dorothy revela várias vezes durante a jornada. Inteligente, amorosa e corajosa, ela ainda assim acredita que apenas um adulto pode enviá-la de volta para casa, e, por ser uma criança muito nova, anseia voltar para casa e para a proteção de seus pais adotivos. O que nem Dorothy nem o leitor sabem é que, desde seu primeiro dia em Oz, ela tem o poder de voltar para casa sem ajuda: os Sapatos de Prata. É sugerido que os sapatos tenham muitos atributos maravilhosos, e quando a Bruxa Má do Oeste tenta pegá-los, deveria ficar óbvio que são um instrumento de poder, mas esse segredo logo é escondido de Dorothy. O Chapéu Dourado que governa os Macacos Voadores ainda lhe confere mais poderes, mas ela precisa dá-lo à Bruxa do Sul em troca do segredo dos Sapatos de Prata. Finalmente, Dorothy volta para o Kansas, é privada de seu poder (perde seus Sapatos de Prata durante o voo) e nunca saberemos se ela pôde usar seus conhecimentos recém-adquiridos. Na Terra de Oz, ela é respeitada e mesmo temida pelos adultos, até pelo próprio Grande e Terrível Oz, como se fosse uma poderosa bruxa. Já no Kansas, retorna à posição de criança e mulher, duplamente oprimida.

Crônicas de Nárnia: O Leão, a Feiticeira e o Guarda-Roupa, de C.S. Lewis, apresenta um empoderamento de crianças comuns ainda mais intenso, transformando-as literalmente em heróis. Enquanto as duas vitórias de Dorothy sobre as duas bruxas más são acidentais, deixando sua consciência livre do peso do assassinato, Pedro precisa participar de uma batalha real, que inclui mortes propositais. Além disso, o menino e seus irmãos são literalmente coroados no final, ocupando a posição mais alta possível no mundo medieval de Nárnia. Mas o coroamento das personagens é temporário: depois de muitos anos de um reinado feliz em Nárnia, elas são trazidas de volta para o seu mundo, retornam à forma de crianças e aparentemente não são apenas privadas de seus poderes, mas também da sabedoria que adquiriram durante a temporada em Nárnia. A partir das continuações, fica claro que Nárnia também volta à ordem normal, na qual os governantes são adultos (e homens, sem exceção). Na verdade, o primeiro rei de Nárnia, coroado por Aslam, era um adulto, Franco, o cocheiro em *The Magician's Nephew* (O Sobrinho do Mago, 1955).

Um dos exemplos recentes de uma história fantástica na qual a normatividade adulta é endossada em cada detalhe, sem nunca ser questionada, é um romance publicado depois de Harry Potter e, que por um curto período, ameaçou atingir a mesma histeria globalizada da série do bruxo: *Shadowmancer* (Shadowmancer: O Feiticeiro das Sombras, 2004), de G.P. Taylor. Nessa chamada fantasia cristã, as duas crianças protagonistas obedecem cegamente aos adultos, que lhes dizem o que fazer; de acordo com a vontade do autor, elas primeiro entram em contato com as forças do bem; senão provavelmente teriam seguido as ordens do lado das trevas de maneira igualmente cega. Os adultos vêm salvá-las sempre que a situação parece não ter saída; quando o protagonista masculino ouve a verdadeira voz de Deus, promete que irá sempre seguir e obedecer. Assim, a autoridade suprema – adulta e masculina – não apenas priva a criança do livre arbítrio, da independência de pensamento e da habilidade de distinguir entre o bem e o mal, mas exige obediência e fé totais. A Igreja sempre teve consciência do poder da literatura e, nesse caso, os divulgadores do romance usaram o rótulo de "resposta cristã a Harry Potter" para manipular os leitores.

O PODER DO TEMPO

Aparentemente, a fantasia com viagem no tempo tem um forte potencial para subverter a aetonormatividade. Viajantes do tempo, endossados por conhecimentos históricos, ganham a supremacia sobre os adultos, mas com frequência, como no livro *The Story of the Amulet* (A História do Amuleto, 1906), de Nesbit, não têm poder para usar seu conhecimento. Além disso, várias vezes o narrador ridiculariza a educação inadequada dos protagonistas, exercitando assim o poder adulto sobre as personagens jovens. Tanto nas obras de Nesbit quanto nas de seus sucessores, os adultos também são usados para explicar a natureza do tempo para as crianças ignorantes.

Em muitos romances sobre viagens no tempo que vieram depois, esse dispositivo empodera os protagonistas para que explorem suas identidades por meio do deslocamento no tempo. Por outro lado, o deslocamento no tempo pode desempoderar os protagonistas e tornar-se bastante traumático, pois eles ficam perdidos no passado, sem a certeza de que poderão voltar para seu próprio tempo; e, como seu próprio tempo raramente tem a promessa de alguma coisa agradável acontecer, muitas vezes eles consideram a possibilidade de ficar no passado. O forte envolvimento com o passado e os laços afetivos com pessoas de uma época distante têm um efeito perturbador. Por exemplo, o jovem protagonista de *Tom's Midnight Garden* (O Jardim da Meia-Noite, 1958), de Phillipa Pearce, descobre que suas excursões noturnas para o passado são causadas pelas memórias nostálgicas de uma velha senhora. O foco é transferido de uma experiência infantil em uma época remota para um medo adulto do envelhecimento e da morte.

O deslocamento no tempo pode estar diretamente ligado ao poder, quando a história, e não mais a experiência pessoal, se torna a maneira como a autoridade manipula as massas. *A Tale of Time City* (Uma Lenda da Cidade do Tempo, 1987), de Diana Wynne Jones, descreve um regime totalitário representado por uma estrutura fora da história, na qual uma minoria escolhida tem privilégios materiais, incluindo pessoas escravizadas, mais o conhecimento e a experiência de toda a história da humanidade, desde a Idade da Pedra até a Despopulação, sendo que esse último período histórico dá a entender que a humanidade abandonou a Terra, após ter se tornado inabitável, e partiu em direção a outros planetas e estrelas. Os habitantes da Cidade do Tempo importam da história tudo o que precisam para satisfazer suas necessidades em troca de propriedade intelectual. Eles se beneficiam de um amplo turismo pelo tempo e coletam todas as raridades da civilização humana. São condescendentes com os habitantes da história, e a pior punição em sua sociedade é ser exilado nela. Ao mesmo tempo, as melhores mentes e talentos são recrutados dos diversos períodos históricos para ocasionalmente serem plantados de volta e introduzirem ideias à frente de seu tempo, "para garantir que a ciência siga o rumo certo"[3]. A língua da Cidade do Tempo é universal. Os governantes se escondem atrás de postos e títulos como Sempitern, e ruas e construções têm nomes intimidantes como Chronologue, Annuate Palace, Continuum, Perpetuum, Aeon Square e Pendulum Gardens. A autoridade suprema é o Conselho do Tempo. A Patrulha do Tempo monitora todos os movimentos no tempo. Observadores são plantados na história para fazer relatórios para a Cidade do Tempo.

Os soberanos da Cidade do Tempo não mudam a realidade, como acontece, por exemplo, no romance de ficção científica de Isaac Asimov *The End of Eternity* (O Fim da Eternidade, 1955); pelo contrário, esforçam-se para manter a história o mais estável possível. Eles tiveram êxito em grande parte dos séculos e milênios, chamados Eras Fixas, mas ainda existem Eras Instáveis, antes do século XIV e em diversos outros períodos de declínio da civilização, chamados de Idade das Trevas. A Cidade do Tempo não tem controle sobre as Eras Instáveis, mas deseja fortemente ganhar esse controle: "precisamos que as Eras Instáveis permaneçam como são para manter as Eras Fixas estáveis"[4]. Em uma análise mais detalhada, essa política colabora para o bem-estar da elite dominante. Vivian, a protagonista, reflete: "as pessoas estudadas da Cidade do Tempo observavam o restante da história e tentavam fazer com que ela se comportasse do jeito que a Cidade do Tempo queria"[5]. Mas o texto permite que um dos governantes declare: "Não iremos sacrificar a arte dos anos setenta ou privar a humanidade de sua expansão para as estrelas."[6] Os anos setenta a que se refere aqui não significam os anos 1970, mas o tempo entre os anos 7000 e 8000, um simples momento de transição para os habitantes da Cidade do Tempo.

Para indicar a instabilidade do multiverso, o texto sinaliza desde a primeira página que a história de Vivian é diferente daquela que os leitores conhecem, pois a Segunda Guerra Mundial começa no Natal de 1938. Esta realidade distorcida e desconhecida se esclarece mais adiante no romance, pois o começo da guerra acontece antes, causando transtornos no restante do *continuum* temporal. Por exemplo, a Primeira Guerra Mundial se fundiu com a Guerra dos Bôeres. Sem surpresas, as autoridades da Cidade do Tempo estão mais preocupadas com que "diversas invenções importantes" (provavelmente a fissão nuclear) sejam feitas na década de 1940 e não no século XXIII. De passagem, uma erupção vulcânica inesperada em 79 a.C. perto de Pompeia é mencionada como um efeito retroativo.

A Cidade do Tempo não é permanente, mas tem sua própria existência temporal, movendo-se em um grande ciclo desde a criação até a destruição. Essa visão do universo reflete conceitos acadêmicos contemporâneos sobre o tempo, em especial a discussão atual sobre o universo ser finito ou infinito. No momento da chegada acidental de Vivian, a Cidade do Tempo está à beira da destruição e parece que os governantes estão tentando preservar a ordem a qualquer preço. Depois descobrimos que a queda da Cidade do Tempo era previsível e inevitável, e que ela precisa ser ressuscitada para que um novo Grande Ciclo, ou Ano Platônico, possa começar. A tarefa da protagonista se torna ambivalente: suas tentativas de salvar a Cidade do Tempo para poder voltar a sua própria história na verdade levam ao fim da cidade. O apoio involuntário de Vivian à ditadura é consequência natural de seu envolvimento com o tempo.

Assim, a novela se aprofunda em algumas questões éticas fundamentais. A protagonista tem uma missão especial; ela é a escolhida, única, e a existência das estruturas repressivas do tempo está em suas mãos. Na verdade, Vivian é o fator que desestabiliza a história; apesar de nunca se explicar com exatidão porque e como. Além disso, Vivian é extremamente dedicada à família. Apesar de estar ocupada salvando a Cidade do Tempo, seus pensamentos sempre se voltam para seus pais: "minha mãe em Lewishan com as bombas caindo e a história cada vez mais errada em torno dela"[7]. Quando descobre que as rupturas temporais podem mudar o curso da história de maneira radical, suas preocupações diferem daquelas dos governantes da Cidade do Tempo, ocupados com as consequências em algum lugar do século XXXV ou mais adiante. "Se a Cidade do Tempo for destruída, isso poderia prejudicar o resto da história de maneira terrível. Nesse caso, o que seria da minha mãe e do meu pai?"[8] Vivian pensa em seus pais e por fim em si mesma. Os maiores medos dela nunca são expressos, mas a linha de argumento leva o leitor a algo como: "E se a história mudar tanto que meus pais nunca se conheçam? O que vai acontecer comigo? Talvez eu nunca nasça!" A continuidade e a interligação da história e a casualidade da nossa própria existência é um pensamento perturbador. A protagonista assim tem interesses pessoais para resistir ao regime, e suas questões estão ligadas com a condição humana e com o tornar-se adulta. A morte, parte natural do ciclo da vida, apesar de nunca ser mencionada, paira entre as linhas.

Além do nível pessoal, existem níveis sociais e morais. A experiência de Vivian com a história mostra-se muito próxima, dramática e envolvente. Ela é deslocada no tempo, assim como é deslocada no espaço, evacuada por causa dos ataques aéreos em Londres. A guerra é uma experiência traumática para uma criança, pois quebra a ordem habitual. A vida se torna instável, as rotinas mudam constantemente, cada dia traz novas regras, o futuro é incerto e ameaçador, valores comuns como a vida humana são questionados, o bem e o mal podem trocar de lugar tão rápido quanto os aliados de ontem podem se tornar os inimigos de hoje. O modo fantástico contribui para o retrato do trauma, sugerindo que o Outro Mundo é uma projeção – no sentido junguiano, isto é, uma externalização – de medos e ansiedades da protagonista à sombra da guerra. A distorção que acontece no *continuum* do tempo reflete o caos na mente da jovem. Suas imagens mentais tornam-se cenários e pessoas concretos no Outro Mundo. A ideia de que o tempo é maleável e não é linear – claramente um elemento pós-moderno para o Ocidente – aumenta a sensação geral de insegurança.

Não se trata apenas de Vivian ter sido deslocada fisicamente, separada de seus pais, enviada para a casa de um parente que ela nunca viu, para um cenário campestre que parece tão estranho para uma menina de Londres quanto a futurística Cidade do Tempo. Em Duração, que é o engenhoso nome da escola fundamental da Cidade do Tempo, os colegas de classe de Vivian, que nunca viveram "na história", têm curiosidade de ouvir sobre a guerra. Para eles, a guerra é exótica e empolgante. Eles imaginam batalhas e invasões, aparentemente motivados por filmes de época. Para Vivian, a guerra é o racionamento de comida, as cortinas escuras, ansiedade e incerteza. As autoridades ocultaram informações históricas essenciais dos cidadãos, fazendo com que ignorem as preocupações de outras pessoas.

Em sua acusação impetuosa contra a Cidade do Tempo, Vivian explode:

> Eles *não* são a história! Eles são pessoas reais! Vocês da Cidade do Tempo me deixam *enojada* com a maneira como estudam as coisas. Vocês nunca levantam um dedo para *ajudar* alguém. Isso tudo é culpa da Cidade do Tempo! Foram vocês que mexeram com a história...[9]

Por trás dessa declaração bastante explícita está o projeto didático implícito da autora, que segue as convenções da literatura infantil.

No entanto, permite-se que uma criança, e não um adulto ponderado, verbalize o julgamento.

Além disso, o messias desse romance é, novamente de acordo com as convenções, uma criança ignorante e inocente, e Faber John, a figura paterna, destaca de maneira muito autoconfiante: "eu acreditava que algumas crianças chegariam a tempo para a renovação"[10]. Os vilões superficiais da história são, previsivelmente, dois adultos que planejam usurpar o governo da Cidade do Tempo. Seu objetivo é multiplicar a riqueza material, o que o regime vinha fazendo todo o tempo, então é apenas uma redistribuição. Numa análise mais atenta, os adultos salvadores, Faber John e a Senhora do Tempo, os criadores da Cidade do Tempo, mostram-se os verdadeiros vilões, frios, indiferentes e cruéis. A ligação entre os criadores da Cidade do Tempo e Vivian é sutilmente enfatizada por seus nomes: Faber e Smith (o que é explicado em palavras simples para facilitar aos jovens leitores)[11]. A ligação entre a Senhora do Tempo e Vivian é sugerida pela confusão no início do romance, quando se acredita que Vivian é a Senhora do Tempo e que pode salvar a Cidade do Tempo (Vivian é também o nome de uma das traiçoeiras amadas de Merlin no ciclo arturiano, uma camada subjacente do romance). Mas a única preocupação de Faber John é construir a Cidade do Tempo a partir de suas ruínas e reestabelecer a ordem do universo. A restauração da Cidade do Tempo implica na restauração da ordem existente. Faber não é um redentor, mas um tirano que retorna, assumindo o lugar de seus emissários provisórios. Apesar de nunca ser dito de maneira explícita, Faber John e a Senhora do Tempo não são muito diferentes do casal do mal que tenta assumir o controle na Cidade do Tempo para atender seus próprios interesses.

A cena da celebração nos capítulos finais é revoltante por conta de seu retrato da ditadura vitoriosa, e aqui talvez a autora seja confiante demais que seus leitores irão perceber a ironia do desfecho. Mas o destino de Vivian estimula a avaliação crítica do leitor. Vivian não pode ser reintroduzida na própria história sem perturbá-la, já que ela era a fonte inicial de perturbação. A sábia decisão de Faber John é bani-la para uma era remota o suficiente, de forma que não afetará o fluxo subsequente da história humana. A Idade da Pedra parece um lugar adequado para a deportação. Os pais substitutos de Vivian na Cidade do Tempo, assim como seus pais biológicos no século XX, têm permissão para acompanhá-la.

Na maioria de suas obras, Diana Wynne Jones acentua uma rendição individual inevitável às autoridades supremas, talvez de maneira mais evidente em *The Homeward Bounders* (Os Caçadores de Casa, 1981). Nesse contexto, o final de *A Tale of Time City* (Um Conto da Cidade do Tempo) é desencorajador, mas subversivo de alguma maneira. Vivian é vítima de um governo autoritário. Por isso ela tem um forte incentivo para resistir à opressão. Seus laços emocionais com seu próprio tempo são essenciais. Como existimos no tempo e na história, nós, leitores, podemos nos identificar com a sua situação.

Mas se uma ditadura pode ser destruída, é provável que possa ser reestabelecida, e a Cidade do Tempo de fato é. O desfecho aparentemente satisfatório do romance, a queda das hierarquias totalitárias, ligado com firmeza aos interesses pessoais da protagonista, serve, como em muitas obras literárias, como um aviso. A história pode se repetir, dentro ou fora do tempo. Vivian foi manipulada em seu protesto contra as autoridades, mas ainda assim o objetivo de sua revolta parece ser assegurar a restauração da ditadura.

FICAR DO LADO DA CRIANÇA

Píppi Meialonga (1945) é um dos exemplos mais convincentes da literatura infantil de empoderamento incondicional da criança. No entanto, Píppi não anseia ou luta pelo poder. Desde o começo ela está equipada com tudo o que uma criança normalmente não tem: força, riqueza, autoconfiança e independência, o que lhe permite desafiar as instituições sociais e os indivíduos que não conseguem aceitar sua condição.

Nos livros de Píppi, os adultos são representados como ridículos e hipócritas, incluindo os pais e parentes de Tom e Aninha, como a tia Laura, as senhoras que vêm para o famigerado café da tarde, a professora, o policial, o bombeiro, as pessoas do circo e do teatro, o senhor elegante que quer comprar a casa de Píppi, sem falar na famosa sra. Rosenblom. A autora critica de maneira indiscriminada: cidadãos respeitáveis e criminosos, homens e mulheres... todos recebem o mesmo julgamento implacável. A mensagem parece ser a de que os adultos são inferiores às crianças em termos de inteligência e em qualquer outro aspecto, e por isso a vida adulta não é uma coisa pela qual as crianças devam ansiar. Isso é o que muitos críticos consideram ofensivo nas histórias de Píppi, sem conseguir enxergar a complexidade da questão. Frequentemente, argumenta-se que Astrid Lindgren fica do lado da criança em *Píppi Meialonga*. Na verdade, ficar do lado da criança, emprestar sua voz às crianças silenciadas e semelhantes metáforas de poder têm sido usadas para enfatizar a posição ímpar da autora ao escrever para crianças. No entanto, um autor adulto não consegue "ficar do lado da criança" completamente, assim como um autor branco não consegue ficar do lado de uma personagem negra completamente, ou um autor homem não consegue ficar do lado de uma personagem feminina completamente, e assim por diante, como os estudos heterológicos nos alertam.

Píppi questiona o poder adulto e a normatividade adulta em tudo o que faz. Mas ela não se esforça de nenhuma maneira para derrubar o poder adulto, ela simplesmente zomba dele e o ridiculariza. No final, as pessoas da vila estão preparadas para dar o poder a ela, dizendo que não precisam da polícia ou dos bombeiros quando a têm. Píppi participa com alegria da celebração de sua coragem e inteligência, mas, no que diz respeito à tomada de poder, ela é uma eterna criança, que, como Peter Pan, prefere brincar.

Há muitos elementos carnavalescos superficiais em Píppi, incluindo o circo, o teatro, o castigo na ilha dos canibais e a verdadeira gulodice rabelaisiana. Mas, como figura carnavalesca, Píppi parece, à primeira vista, uma exceção. O poder não lhe é outorgado no começo do livro, nem retirado no final. Ela é rica além da imaginação de uma criança comum; não tem pais para obedecer e não obedece a nenhum adulto que tenta controlá-la. Então Píppi representa o carnaval que se tornou permanente?

A peculiaridade da natureza carnavalesca de Píppi Meialonga está no fato de que ela própria não é afetada pelo carnaval, e sim é o fator carnavalesco que afeta a vida e os comportamentos de duas crianças comuns, Tom e Aninha, e, por meio deles, do leitor. Tom e Aninha, assim como o leitor, sabem que Píppi é única e que nunca poderão ser como ela. Eles não são os mais fortes do mundo, não são ricos nem são poderosos. A temporalidade de seu carnaval sugere que são expostos por alguns anos, supostamente os anos mais formadores de suas vidas, ao fator carnavalesco representado por Píppi. Mas, de novo, Píppi não é um carnaval permanente? Tendo a interpretar o final do romance como a afirmação da necessidade de crescer, não como o anseio nostálgico de voltar à infância eterna.

Ao contrário de Píppi, Tom e Aninha terão de crescer. Assim como os jovens leitores – e assim eles foram, junto com diversas gerações de leitores ao redor do mundo, inspirados e motivados por Píppi não a se comportarem mal, como muitos educadores temeram, mas a serem críticos, questionadores e criativos. Crescer é o tema central da literatura infantil, e também dos livros de Astrid Lindgren. Em diferentes níveis e graus, todos os seus livros refletem a passagem traumática da infância para a vida adulta. Os protagonistas têm tudo diante deles, mas ainda não amadureceram; suas tentativas são, por enquanto, apenas brincadeiras, faz de conta, um teste de valentia, honra e bondade. Eles ainda estão no processo. Provavelmente este é o segredo de Astrid Lindgren. E também o atrativo de seus livros que relemos quando adultos, e neles encontramos promessas de possibilidades não realizadas, se não para nós mesmos, pelo menos para nossas crianças.

Junto com Píppi, *Lillebror Och Karlsson På Taket* (Karlsson no Telhado, 1955) talvez seja o livro de Lindgren que mais zomba dos adultos. Superficialmente, Lillebror tem uma infância feliz e idílica. Não conhece a fome nem a miséria. Os pais estão sempre por perto e seus dois irmãos mais velhos podem até implicar com ele, mas o apoiam quando necessário. Sua mãe é perfeita, como uma mãe de um mundo idílico deveria ser: ela o conforta com chocolate quente e bolinhos de canela depois de ele ter participado de uma briga, sempre tem um bolo no forno. Lillebror acha isso perfeitamente normal: a tarefa das mães é garantir que seus filhos nunca fiquem sem bolo. Isso pode ser visto como um estereótipo de gênero obsoleto, mas na verdade é a visão da criança sobre a função da mãe em sua vida.

Contudo parece que falta algo na existência segura de Lillebror. Ele sonha em ter um cachorro – um tema recorrente nas obras de Astrid Lindgren. O cachorro, por exemplo, no conto "Allrakäraste Syster" (Querida Irmã), torna-se uma compensação para a falta de atenção dos adultos. Esperando por um cachorro, o solitário e autocentrado Lillebror se consola com outro tipo de companhia. Lillebror é uma criança gentil, bem-comportada e submissa, não é um menino travesso. Ele está completamente socializado, isto é, adaptado às normas que os adultos criam para as crianças. Entre outras coisas, essas normas têm a ver com a comida e os comportamentos em relação à comida: o que deve ser comido, quando e em que quantidade. Para compensar seus desejos reprimidos, Lillebror inventa uma figura fantástica e transpõe sua própria fome insaciável por doces para esse "homem razoavelmente robusto em seu auge". O retrato de Karlsson confere exatamente com o conceito de corpo grotesco de Bakhtin.

Assim, Karlsson representa uma criança pequena que não consegue controlar seus impulsos alimentares. Apesar de sua aparência adulta (ele é criado de acordo com a imagem que uma criança tem da posição de poder superior do adulto), não tem idade ou gênero, ou pelo menos sexualidade ligada à vida adulta. Ao contrário, sua única satisfação é, como para qualquer criança pequena, oral. A comida é um mecanismo importante para Karlsson. Por exemplo, ele engana Lillebror várias vezes para conseguir doces, bolinhos e almôndegas. Ele não tem boas maneiras à mesa. E ainda acusa os outros de gula. Em um episódio central, Karlsson finge estar doente e ordena que Lillebror o cure com bolos, biscoitos, chocolates e pirulitos. Lillebror esvazia seu cofrinho para atender o amigo. O fato de Lillebror atender a todas as injustiças de Karlsson apoia a interpretação de que a figura é uma projeção dos problemas do menino com as regras adultas. Lillebror mima Karlsson do mesmo jeito como gostaria de ser mimado por sua mãe.

Em outras palavras, Karlsson é o reflexo de Lillebror, e o espelho que a autora segura diante de sua personagem é o espelho carnavalesco de Bakhtin, que amplifica e distorce as características humanas para torná-las mais tangíveis, enquanto isso também se torna libertador, uma vez que pode ser recebido com risos. Lillebror logo aprende a compreender a verdadeira natureza de Karlsson – uma projeção de suas próprias limitações – e sente-se irônico em relação a seus desejos, o que significa que Lillebror acaba superando seus próprios problemas e com isso sua dependência dos bolos e pães da mãe. Quando, no final do primeiro volume, os pais são forçados a admitir que Karlsson é real, Lillebror ganha sua primeira batalha contra a hegemonia adulta: eles precisam reconhecer o mesmo direito da criança de existir.

Karlsson obviamente é o oposto direto de Píppi: Píppi prefere dar, Karlsson prefere receber. Mas existe outra diferença essencial entre o relacionamento das crianças com seus companheiros sobrenaturais nesses livros. Píppi não é uma amiga imaginária, não é criada pelas necessidades compensatórias de uma criança. Karlsson é uma criança inferior fingindo ser um adulto. Píppi é um adulto superior fingindo ser uma criança. Ainda assim a amizade com Karlsson cria tanto uma sensação de segurança em Lillebror quanto desafia os limites de sua submissão. Ao observar Karlsson aterrorizar a Senhora Bock apenas por diversão, Lillebror experimenta a ideia terrível de que ele mesmo pode ser igualmente mal-educado com um adulto. A Senhora Bock é a madrasta malvada da história, a mãe que não apenas negligencia mas que também maltrata a criança. Em vez de dar bolinhos de canela para Lillebror, ela prefere comê-los, trancando Lillebror no quarto. Ela admite abertamente que odeia crianças. Karlsson, no entanto, não se intimida, e sua vitória contra a mulher beligerante também se torna a vitória de Lillebror contra a norma adulta.

O CARNAVAL DIÁRIO

John Stephens escolhe ilustrar a ideia de carnaval, ou de *time-out*, como ele prefere chamar, exclusivamente por meio de romances de fantasia[12]. Mas é óbvio que o carnaval é tão pertinente para as chamadas histórias realistas quanto para a fantasia, apesar de a criança ficcional ser empoderada de maneiras diferentes. Assim como muitos heróis da literatura infantil, Tom Sawyer em *The Adventures of Tom Sawyer* (As Aventuras de Tom Sawyer, 1876), de Mark Twain, tem a grande sorte de ser órfão (uma afirmação que é quase um sacrilégio do ponto de vista mimético, mas uma condição necessária para o carnaval) e de ter uma liberdade de movimento quase sem nenhuma restrição. As duas personagens, Tom e Huck, são empoderadas ao encontrar um tesouro que lhes dá de imediato um *status* social bem mais alto. O fato de Huck rejeitar essa elevação voluntariamente é outra questão.

Holes (Buracos, 1998), de Louis Sachar, é uma versão moderna e original do tema da caça ao tesouro, consideravelmente mais severo no retrato que faz da sociedade, assim como mais ambivalente ao refletir estruturas de poder. Stanley Yelnats tem doze anos e é enviado para um campo de trabalho forçado, por um crime que não cometeu; ele é literalmente privado da liberdade e dos direitos humanos básicos. Ele vem de um contexto desprivilegiado: seu pai é um inventor falido, sua mãe, uma dona de casa fraca e confusa. Stanley é obeso, sofre *bullying* na escola e não tem amigos. Em outras palavras, desde o começo ele está extremamente desempoderado. O narrador é bastante irônico em relação à prática do trabalho forçado: "Se você pega um rapaz mau e o obriga a cavar um buraco por dia sob o sol quente, ele se torna um rapaz bom. Isso é o que algumas pessoas acham."[13] Mas no caso de Stanley, ele realmente se beneficia da exposição ao trabalho forçado. Suas aptidões físicas melhoram, ele faz alguns amigos, o que não tinha até ser mandado para lá. Para usar um clichê, Stanley encontra sua identidade por meio do trabalho braçal. Apesar da crueldade da descrição, a prisão torna a sua situação mais tolerável.

O próprio campo apresenta uma miniatura convincente e debochada das hierarquias de poder na sociedade. A diretora tem o poder absoluto; ela força os garotos a trabalhos insignificantes, e, como se descobre mais tarde, em benefício próprio. Os conselheiros estão um nível abaixo da diretora, mas têm poderes ilimitados sobre os garotos; podem premiar ou punir como quiserem, negar comida, água e outras necessidades básicas aos jovens prisioneiros. Os garotos criam suas próprias e flutuantes relações de poder entre si, pois os humilhados e explorados também se tornam exploradores. Stanley, para começar, ensina outro garoto a ler. A alfabetização é um fator de poder que Stanley havia mantido em seu estado de degradação, que, se não fosse por isso, seria completo. Em troca, Stanley faz Zero cavar buracos para ele, exercitando o mínimo poder que tem. Por outro lado, X-Ray, o líder dos garotos, pode fazer os outros garotos trabalharem para ele pelo simples poder de sua autoridade. A diretora encoraja a reprodução de poder e a opressão pois isso a beneficia e cria antipatia e competitividade entre os prisioneiros.

Em uma trama paralela, podemos acompanhar o destino do bisavô de Stanley, um pobre garoto judeu que chega ao país de seus sonhos, os Estados Unidos, em busca de fortuna. Por coincidência, Stanley está exatamente no mesmo lugar em que seu antepassado fora assaltado por uma ladra. Ele acaba encontrando a arca do tesouro que pertenceu ao bisavô, com todos os documentos necessários, então a família pode contratar um bom advogado, comprar uma casa luxuosa na Califórnia e viver feliz para sempre. Essa promoção do protagonista parece pouco plausível se lermos o romance de maneira mimética, mas, em um nível simbólico e carnavalesco, mostra a supremacia dos valores adultos, como a riqueza e o *status* social respeitável. Em vez de mostrar a criança ganhando poder por si mesma, o romance a incorpora na ordem existente das normas adultas.

A fuga de casa é outra estratégia carnavalesca aplicada em narrativas não fantásticas. Em *As Aventuras de Tom Sawyer*, trata-se de uma piada tímida e inocente, mas que é completamente desenvolvida, e torna-se uma questão de vida e morte em *The Adventures of Huckleberry Finn* (As Aventuras de Huckleberry Finn, 1884). Assim Tom, com sua motivação específica, é empoderado temporariamente, e de fato seu carnaval não funciona pois ele fica triste e com saudades de casa quando está na ilha. Por ser uma criança, Tom ainda não está pronto para desafiar o poder da família, da escola e da sociedade em geral. Huck, por outro lado, não apenas questiona a sociedade ao abrir mão de propósito de sua inesperada fortuna, mas também logo se rebela contra a autoridade parental. Em seu conflito central, o romance reproduz uma importante questão de poder. Jim é inferior a Huck por ser um escravizado fugido, e Huck tem completa consciência disso, preparando-se para exercitar seu poder de denunciá-lo. Ao mesmo tempo, Jim é superior a Huck em termos de idade, experiência, docilidade e conciliação[14], o que este reconhece e transforma em sua escolha moral. Diferente de Tom, Huck não volta para a segurança de casa e seu carnaval se transforma em um rito de passagem. Seu conhecimento recém-adquirido nunca mais permitirá que ele veja a escravidão como uma condição normal, o que faz dele pelo menos eticamente superior aos adultos a sua volta. Esse é um modo de empoderamento muito mais sutil do que encontrar um tesouro.

Nos livros infantis policiais, os jovens heróis são mais inteligentes do que os adultos e têm a permissão do autor para estar no lugar certo, na hora certa, muitos passos à frente dos adultos. Os romances policiais para crianças dão poder aos protagonistas ao deixar que se saiam bem onde os detetives de verdade erram. Apesar de desprovidos de características sobrenaturais, os romances policiais não são mais realistas do que a maioria dos contos de fada mais incríveis, e os jovens heróis estão longe de serem comuns. Na verdade, se destacam em tudo: sabem dirigir carros e pilotar aviões, raciocinam rápido, são observadores, têm ótima intuição, sabem fazer análises químicas, operar máquinas pouco conhecidas, encontram caminhos sem mapas ou bússolas e escapam em segurança das situações mais perigosas.

Talvez de maneira inesperada, o tão desprezado gênero literário das histórias de cavalos e pôneis carrega um enorme potencial subversivo. O estábulo cria uma situação carnavalesca perfeita na qual as meninas podem ser tudo aquilo que normalmente contradiz os estereótipos femininos: fortes, independentes, competitivas e têm iniciativa, enquanto mantêm suas características femininas tradicionais de cuidado e emotividade. A natureza carnavalesca dos *pony books*[15] explica sua popularidade entre as jovens leitoras. A questão, no entanto, é se os leitores de romances policiais e *pony books* também são empoderados junto com os protagonistas. Nancy Drew é uma supermenina, e a maioria dos leitores provavelmente vai perceber que ela não é uma personagem verossímil se aplicarmos o critério do realismo. A heroína de um *pony book* está mais próxima do mundo cotidiano, mas por que ela sempre ganha as competições, doma os animais mais selvagens e consegue manter seu animal favorito ao receber um presente inesperado de um parente rico? As narrativas baseadas na coincidência raras vezes são completamente plausíveis, porém, mais importante do que isso, a coincidência como tal é, ou pelo menos pode ser, um mecanismo de empoderamento.

Nos romances psicológicos contemporâneos, as crianças e os jovens também têm permissão para ser mais inteligentes, sensíveis e empáticos do que muitos adultos. Ainda assim, as regras adultas são válidas mesmo quando a criança é superior aos adultos, e o mundo adulto se vinga duramente da criança. Vemos o tributo dos autores à normatividade adulta, livro após livro. No entanto, existem exceções, muitas delas em textos recentes que também não são, rigorosamente falando, de todo realistas. Por exemplo, *La Tartaruga che Amava Shakespeare* (Aldabra: A Tartaruga Que Amava Shakespeare, 2001), da italiana Silvana Gandolfi, aproxima-se mais da tradição do realismo mágico latino-americano em suas fronteiras sutis entre o cotidiano e o fantástico – ou apenas o imaginado. O romance tem uma alusão literária no título, que é usada na narrativa como meio de caracterização. O título cria expectativas ambivalentes no leitor, pois normalmente não associamos tartarugas a um gosto literário sofisticado. O título soa no mínimo engraçado. Mais importante do que isso, no entanto, é como a trama se conecta ao padrão arquetípico da metamorfose e ao intertexto literário da *Metamorfose* de Kafka. Elisa, a protagonista e narradora de *Aldabra*, apesar de ser mais uma dessas crianças emocionalmente abandonadas da literatura infantil contemporânea, descobre aos poucos que sua avó está se transformando. Primeiro, seus hábitos diários são afetados, depois, seu corpo começa a se transformar: ela fica de quatro, come repolho cru, uma carapaça cresce sobre suas costas; por fim, não consegue mais falar. Um dia Elisa se dá conta de que a avó está se transformando em uma tartaruga gigante. A transformação é tratada como um fato, mas para Elisa significa não apenas superar a própria ansiedade, mas se sentir superior ao mundo adulto. Não surpreende que sua mãe não acredite quando ela conta sobre a transformação da avó, mas compartilhar o segredo e cuidar da avó dão significado à vida de Elisa. A avó é a velha sábia do mito, e tais mulheres muitas vezes são conhecidas por terem poderes de metamorfose e transgredir os limites da existência humana. A figura da avó ganha proporções muito maiores e oferece interpretações que talvez nos escapem em uma leitura mais superficial. Ao tentar coletar o máximo de informações sobre a espécie, Elisa aprende que as tartarugas vivem centenas de anos. Metaforicamente, a transformação da avó pode então ser interpretada como a reconciliação da menina com a morte eminente da avó.

Em *Het Boek van Alle Dingen* (O Livro de Todas as Coisas, 2004), de Guus Kuijer, o pai do protagonista é um tirano terrível que impõe regras rígidas à esposa e aos filhos, bem como não para de bater neles. Thomas, de nove anos, morre de medo do pai, mas aos poucos aprende a questionar sua autoridade e, com um pouco de ajuda tanto de adultos quanto de outras crianças, finalmente derrota esse pai por completo. Não é à toa que exista uma figura semelhante à avó de *Aldabra* em seu papel de velha sábia. Na verdade, acredita-se que ela seja uma bruxa, mas tanto a personagem quanto o leitor são obrigados a fazer suas próprias inferências: se as sete pragas que ela roga para o pai de Thomas são bruxaria de verdade, coincidência ou resultado de um desejo. Diferente de Píppi Meialonga, Thomas não é o menino mais forte do mundo, mas seu dom especial é ver coisas que não estão lá, isto é, ter uma imaginação poderosa. Ele também encontra força e inspiração na leitura. Outros três livros infantis são mencionados em *O Livro de Todas as Coisas* – e um livro que não é infantil. Este último é a *Bíblia*, que o pai afirma ser o único livro verdadeiro, enquanto todos os outros, incluindo os que seus filhos precisam ler para a escola, são falsos. Os livros infantis que a vizinha bruxa dá para Thomas ler são *Emil und die Detektive* (Emil e os Detetives, 1929), de Erich Kästner, *Sans famille* (Sem Família, 1878), de Hector Malot. Nem o autor nem a personagem adulta comentam sobre a escolha, mas o protagonista fica pensando por que recebeu aqueles livros. Ele se dá conta de que ambos os livros são sobre crianças solitárias, que tiveram de lidar com seus problemas sozinhas; livros que o encorajavam a não ter medo. O terceiro livro é uma série de versos nonsense escritos pela grande dama da literatura infantil holandesa, Annie M.G. Schmidt, que, além de seu papel na própria narrativa, também demonstra o efeito libertador da leitura por prazer em comparação às tediosas recitações bíblicas feitas pelo pai. Assim, Kuijer descreve uma criança competente, cuja força moral e intelectual ganha da superioridade física do adulto. Quando lhe perguntam o que quer ser quando crescer, Thomas responde que quer ser feliz. De certa maneira, é uma resposta dialógica apropriada ao final afirmativo de *Píppi Meialonga*.

4 A Outrização da Criança: Os Contos de Fada de George MacDonald

Nos comentários introdutórios e nos capítulos anteriores, discuti como os autores podem empoderar e desempoderar as crianças ficcionais por meio do modo fantástico. Como demonstrei, *Alice no País das Maravilhas* é um dos textos em que a criança é ameaçada e humilhada. George MacDonald foi contemporâneo e amigo pessoal de Lewis Carroll, e suas obras explicitamente dirigidas aos leitores jovens têm muitas características em comum, não apenas na maneira como tratam as posições de poder. Neste capítulo, pretendo examinar algumas estratégias de alteridade nos textos de MacDonald e analisar a interação de seu impacto em nossa percepção.

Em sua afirmação sobre o uso do modo fantástico, a principal tese de MacDonald era a de que os contos de fada e a fantasia são como a música, em que a forma é mais importante do que o significado[1]. Assim, ele escolheu deliberadamente o modo e o gênero literário, uma estratégia para criar o maior distanciamento possível entre a experiência das personagens ficcionais e aquela do narratário e do leitor implícito, seja ele adulto ou criança.

Nos romances de fantasia adultos de MacDonald, *Phantastes* (1858) e *Lilith* (1895), existem dois mundos: o mundo ficcional "real" dos protagonistas/narradores e o mundo dos sonhos, ou Mundo das Fadas, no qual personagens/narradores entram de diversas maneiras. Na classificação que Tzvetan Todorov faz da escrita não mimética[2], as fantasias adultas de MacDonald cairiam na categoria do fantástico puro, uma vez que nem as personagens nem os leitores nunca têm certeza se os acontecimentos narrados estão mesmo acontecendo ou se são produtos da imaginação, de sonhos, de alucinações ou de pesadelos da personagem. Muitas vezes, as fantasias são chamadas de "romance de sonhos" e seus acontecimentos e imagens têm sido tratados de maneira alegórica[3] ou psicanalítica[4].

Os contos de fada, explicitamente direcionados às crianças, mostram-se, na maioria, menos ambíguos; são maravilhosos na acepção de Todorov. Uma vez que as personagens principais são princesas, é evocado o cronótopo do conto de fada distante. "The Light Princess" (A Princesa Flutuante) começa com o tópos convencional dos contos de fada, "Era uma vez", e um reino imaginário, uma convenção da qual o narratário supostamente compartilha. O contexto original desta história em particular, o romance adulto *Adela Cathcart* (1862), permite que o narrador e o narratário interajam, e a certa altura o narratário comenta sobre a credibilidade da história. O cenário é então vigorosamente removido da experiência do narratário. Da mesma maneira, "The Giant's Heart" (O Coração do Gigante) começa: "Era uma vez um gigante que morava nas fronteiras da Terra dos Gigantes...".[5] O tempo, o lugar e a personagem sobrenatural criam uma sensação de distanciamento, parecida com a descrição que Mikhail Bakhtin fez do cronótopo folclórico[6]. Em "Cross Purposes" (Motivos Cruzados), há uma fronteira entre o mundo real e o mágico que pode ser atravessada, mas o cenário ainda é desconectado do narratário:

> Certo dia, a rainha da Terra das Fadas começou a achar seus súditos bem-comportados demais e sem graça, e sentiu um desejo súbito de ter um ou dois mortais em sua corte.[7]

Em ambos os casos, a história começa no mundo mágico, para o qual foram trazidas crianças comuns. Em "The Giant's Heart", Tricksey-Wee acabou de entrar na Terra dos Gigantes a procura de seu irmão perdido, um tema folclórico bem conhecido. O cruzamento da fronteira é marcado apenas pela mudança do tamanho dos objetos feitos pelo homem: para Tricksey, o dedal gigante é tão grande quanto um balde – um eco de *Gulliver's Travels* (As Viagens de Gulliver, 1726) e antecipação de *Alice no País das Maravilhas*.

Em "Cross Purposes", o narrador afirma que "nenhum mortal, ou mesmo fada, consegue dizer onde a Terra das Fadas começa e onde termina. Mas em algum lugar perto da fronteira da Terra das Fadas existe uma adorável aldeia."[8] É preciso trazer mortais, mensageiros ou agentes mágicos para a Terra das Fadas, e os dois protagonistas fazem a passagem pela água – talvez uma alusão à *Water Babies* (Bebês da Água, 1863), de Charles Kingsley; mas provavelmente se trata de uma imagem arquetípica. Nesse conto de fada, há a introdução de um princípio temporal que muitos escritores de fantasia do século xx adotaram, começando por Edith Nesbit: o princípio de que a aventura na Terra das Fadas não dura nem uma parte do tempo principal. "Alice entrou correndo pelos fundos, e chegou ao seu quarto antes que alguém sentisse falta dela."[9] Isso não é consistente com a afirmação anterior de que ela e Richard haviam crescido na Terra das Fadas, mas pode ser interpretado de maneira metafórica, como um crescimento mental e espiritual. Por outro lado, o padrão temporal é o contrário ao dos contos folclóricos, nos quais o herói passa três ou sete dias com as fadas, e ao voltar descobre que milhares de anos se passaram em seu próprio mundo. Quando Diamond em "At the Back of the North Wind" (Nas Costas de Vento Norte) sente que esteve nas costas de Vento Norte "... anos e anos... uma centena de anos..."[10], apenas sete dias haviam se passado no seu mundo real. Ao sugerir que a Terra das Fadas tem sua própria dimensão temporal e espacial, o texto reforça o distanciamento.

"The Golden Key" (A Chave de Ouro) é um pouco diferente de outros contos de fada pois não coloca a narrativa explicitamente em um lugar distante, pelo contrário, a faz parecer comum: "Era uma vez um menino que costumava sentar ao entardecer para ouvir as histórias de sua tia-avó."[11] O entardecer, no entanto, sugere um estado liminar, assim como outros *topoi* como o solstício de verão ou de inverno. A liminaridade é confirmada de imediato pela precisão do cenário, que reconhecemos de outros contos de fada de MacDonald: "sua pequena casa ficava na fronteira com a Terra das Fadas"[12]. Parece não existir nenhum indicador que diferencie os dois mundos, mas ainda assim a Terra das Fadas é diferente do mundo real do menino, pois nela as coisas funcionam de maneira diferente, com o arco-íris, por exemplo, que é claramente mais sólido. Ao contrário de "Cross Purposes", esse conto de fada não adere ao padrão temporal tradicional: enquanto Tangle acha que esteve longe de casa por apenas um curto período, três anos se passaram em seu próprio tempo; e enquanto vagam pela Terra das Fadas, tanto Tangle quanto Mossy crescem e envelhecem, e são rejuvenescidos pelo banho oferecido pelo Velho Homem do Mar. O crescimento e o envelhecimento são apresentados como processos reversíveis; ou o banho mágico pode ser visto como rituais da morte e do renascimento. Ao mesmo tempo, esse é o único conto de fada com uma trama linear: em vez de voltar para o próprio mundo, as personagens continuam em direção ao país onde caem as sombras, e o narrador acrescenta: "a essa altura, acho que já devem ter chegado lá"[13].

"At the Back of the North Wind" é, sem dúvida, o conto de fada de MacDonald mais baseado na realidade. A não ser pelos episódios com Vento Norte, é uma história realista ao estilo de Dickens, cheia de mistérios e injustiças sociais. Por causa de seus elementos sobrenaturais, poderia ser entendida como genuinamente fantástica na acepção de Todorov, uma vez que o jovem protagonista não tem certeza sobre a natureza de sua experiência:

> ele mesmo quase não acreditou quando pensou sobre o assunto durante o dia, mas quando o crepúsculo já estava a meio caminho da noite, não teve dúvidas, pelo menos durante os primeiros dias após ter estado com [Vento Norte].[14]

Aqui, mais uma vez o crepúsculo é um *tópos* limítrofe no qual o fantástico se torna crível. O narrador nunca expressa dúvida, de maneira explícita ou implícita, de que a experiência de Diamond seja real; ainda assim ninguém além de Diamond consegue ver ou ouvir Vento Norte, então a experiência parece não apresentar uma verdade objetiva – dentro dos limites do *tópos* ficcional, é claro –, e a narrativa cai na categoria do estranho. Os primeiros voos de Diamond com Vento Norte sobre Londres e sobre o mar são, do ponto de vista objetivo e externo, seus sonhos ou talvez seus devaneios diurnos, o que é amplificado pelas palavras de Vento Norte: "primeiro você precisa ir para a cama. Não posso levá-lo até que esteja na cama. Essa é a regra para as crianças"[15]. A jornada de Diamond para o interior nas costas de Vento Norte pode ser interpretada como alucinações febris. O narrador afirma que "ele não conseguia chegar à conclusão se a coisa toda não passava de um sonho que tivera quando criança"[16]. A hesitação se mantém até quase o final da história; bastante tempo depois de Diamond ver Vento Norte, ele começa a desconfiar de novo: "Essa sensação se tornou tão forte que ele começou a duvidar se não estava em um daqueles preciosos sonhos."[17] Os contos de fada inseridos são apresentados explicitamente como sonhos das personagens – "Diamond's Dream" (O Sonho de Diamond) e "Nanny's Dream" (O Sonho de Nanny) – ou como uma hiponarrativa – "Little Daylight" (Pequena Luz do Dia).

A princesa Irene em *The Princess and the Goblin* (A Princesa e o Góblin, 1872) também sempre tem dúvidas sobre a natureza de seus encontros com a tataravó: "Às vezes ela quase concorda com a opinião da babá de que foi só um sonho"[18]; "'Então deve ser tudo um sonho', disse Irene. 'Eu meio achei que era, mas não tinha certeza. Agora eu tenho.'"[19]; "'Por favor, achei que você era um sonho'"[20]; "mesmo agora ela não tinha certeza de que não havia sonhado"[21]; "Mais uma vez, ela foi ficando assustada, pensando que... no final das contas, a senhora deveria ser um sonho."[22] Como ninguém além de Irene consegue ver a tataravó, assim como ninguém consegue ver Vento Norte, é natural interpretar que a linda fiadeira seja produto da imaginação de Irene e portanto classificar a história como estranha. (Também podemos entendê-la como uma alegoria, o que na visão de Todorov desqualifica completamente o texto como fantástico.) No entanto, na continuação, "The Princess and Curdie" (A Princesa e Curdie), o jovem mineiro também ganha o privilégio de conhecer a grandiosa Progenitrix, portanto a experiência subjetiva dá espaço para uma experiência mais objetiva, e a narrativa tende mais para o maravilhoso do que para o estranho.

De qualquer forma, a escolha do modo é a principal ferramenta de distanciamento, pois as personagens sempre se sentem honradas por terem a capacidade de atravessar a fronteira para o Outro Mundo.

A CRIANÇA EM FOCO

A segunda estratégia que gostaria de explorar é a escolha por protagonistas crianças. Os contos de fada em geral têm sido classificados como direcionados às crianças, provavelmente porque o gênero era (como ainda é) por erro associado à literatura infantil, e não houve nenhuma controvérsia sobre eles comparável à ocorrida em torno do *status* de *Alice no País das Maravilhas*. As fantasias adultas empregam protagonistas adultos, enquanto os contos de fada retratam crianças. Nisso, MacDonald não difere de muitos escritores de fantasia do Romantismo, como, por exemplo, sua referência alemã, o escritor E.T.A. Hoffmann, cujo *Nussknacker und Mausekönig* (O Quebra-Nozes e o Rei dos Camundongos, 1816) é considerado como explicitamente escrito para crianças, enquanto todas as outras obras do autor foram dirigidas aos adultos; ou como os diversos autores russos românticos, que escreviam para os dois públicos. Em todos esses casos, as tramas são um pouco parecidas, de preferência apresentam uma missão, muitas vezes misturada com uma experiência misteriosa, esquisita. A diferença não está tanto na complexidade, mas nos temas adultos, sem falar nos eróticos. Basta comparar o mundo inocente dos brinquedos em *O Quebra-Nozes* e o sinistro mundo dos autômatos em *Der Sandmann* (O Homem de Areia, 1816).

Entre as obras de MacDonald, *Lilith* tem subtons eróticos perceptíveis. No entanto, sempre é problemático decidir se certas histórias foram entendidas e, portanto, vendidas como histórias infantis porque têm protagonistas jovens, ou se o autor as direcionou de maneira consciente para o público jovem e por isso escolheu protagonistas de idade apropriada ("meus leitores crianças"). Usar uma criança protagonista como símbolo da inocência constitui a própria essência da tradição romântica, assim como a estreita associação entre infância e imaginação. Mas também é possível que MacDonald, depois da experiência de escrever *Phantastes*, tenha escolhido protagonistas crianças para evitar ou driblar os inevitáveis aspectos eróticos das narrativas oníricas. Na verdade, em "The Light Princess", o protagonista tem dezessete anos, idade para se casar, e a história de fato tem cenas eróticas bastante explícitas. Por outro lado, Anodos, em *Phantastes*, tem vinte e um, e o sr. Vane, em *Lilith*, "acabou de terminar (seus) estudos em Oxford"; a diferença, portanto, não é grande.

Em "Cross Purposes", a idade das crianças não é informada, mas conforme se apaixonam, logo surge o aspecto sexual. Então afirma-se explicitamente que "parecem ter virado homem e mulher na Terra das Fadas"[23], o que evoca o final de "The Snow Queen" (A Rainha da Neve), de Hans Christian Andersen. Em "The Golden Key", Tangle e Mossy também são crianças no começo da história; Tangle tem dez anos quando sai de casa, e treze quando chega à cabana da fada — uma mudança significativa pois trata-se então de uma jovem mulher, não de uma menininha. No final da história, depois de crescer e envelhecer, para logo em seguida tornarem-se jovens de novo, as personagens são definitivamente adultas. A princesa Irene tem oito anos "quando minha história começa"²⁴, diz o narrador, e continua: "mas ela cresceu muito rápido"²⁵. Curdie tem doze anos e, como é um menino da classe operária, quase conta como um adulto. A idade de Diamond nunca é mencionada de modo explícito, mas o narrador destaca que Nanny, que ganha a vida como *crossing-sweeper*²⁶, "não era nem um mês mais velha do que ele; mas tinha de trabalhar para ganhar seu pão, e isso logo envelhece as pessoas"²⁷. Na família de um cocheiro, é provável que um menino de sete anos tivesse de trabalhar, mas talvez não conduzindo uma carruagem sozinho, como Diamond acaba fazendo. Todos parecem achar que ele é novo demais para trabalhar.

Como o narrador permite que diversas personagens sugiram, várias vezes e de muitas maneiras, que Diamond é um palerma e também mostra a argumentação ingênua do menino, a personagem é criada como se fosse superficialmente inferior ao seu entorno, o que Northrop Frye chama de ironia²⁸. Ao mesmo tempo, a bondade extrema, a gentileza, a sabedoria intrínseca e a moral impecável de Diamond lhe dão dimensões quase míticas, e o privilégio de ter ido além de Vento Norte, seja lá qual significado dermos a essa afirmativa, faz dele alguém excepcional. Com frequência se referem a ele como "Bebê de Deus", o que sugere uma crença comum na proximidade entre a loucura e o sagrado, mesmo se excluirmos o significado cristão imediato. O Príncipe Míchkin, de Dostoiévski, é um bom exemplo; mas, no caso de Diamond, o fato de ser uma criança acrescenta uma sensação de inocência à imagem. Não importa como os leitores entendam e interpretem o protagonista, a subjetividade oferecida pelo texto é inegavelmente deslocada de Diamond.

Aqui, o autor usa a criança como um símbolo, ou arquétipo, no sentido junguiano: como a portadora da ideologia e da ética, e não como uma personagem humana. Não surpreende, então, que acabe dando a Diamond um duplo adulto um pouco mais realista, o sr. Raymond, que é um poeta, apesar de nunca ter estado além de Vento Norte. Aqui, a insanidade sacrossanta de Diamond é igualada à criatividade adulta. O sr. Raymond reconhece isso ao dizer: "'Desconfio que a criança seja um gênio... e é isso que faz com que as pessoas achem que ela seja boba'."²⁹ Em "Diamond's Dream" (O Sonho de Diamond), sugere-se que sua origem seja celestial, o que o coloca na longa lista de "crianças estrangeiras", mais uma vez voltando a E.T.A. Hoffmann e seu segundo livro para crianças, *Das Fremde Kind* (A Criança Estranha, 1818). Em outras palavras, Diamond é um agente mágico em uma trama que, paradoxalmente, não tem um herói, a menos que se possa considerar como heroína Nancy, a quem ele ajuda. Por outro lado, o sr. Raymond ou até mesmo o narrador anônimo pode ser interpretado como o verdadeiro protagonista do romance, enquanto Diamond é a "criança interior" deles.

Muitas vezes se destacou que MacDonald afirmava ter um poder especial para se dirigir às crianças, o famoso "for the childlike"[30]; no entanto, precisamos analisar melhor os textos para decidir se realmente se destinam apenas à criança. Ou se oferecem, como a maioria das obras contemporâneas, um endereçamento duplo no qual o coleitor adulto pode encontrar níveis de significado para seu próprio deleite, sejam alegóricos ou psicológicos. Os textos definitivamente não aplicam o endereçamento duplo, ou a "voz do século xx", caraterística da sucessora próxima de MacDonald, Edith Nesbit[31]. Os textos nunca descem ao nível de percepção da criança, nunca ficam do lado da criança. A criança nos contos de fada é, e continua a ser, "o outro", a imagem perfeita da pureza perdida e irrecuperável. Podemos argumentar que de fato algumas histórias, como "The Light Princess", retratam o dilema de crescer e tornar-se sério em mais de um sentido, antecipando *Peter and Wendy*. Ainda que a experiência adulta seja tratada no estilo casual do "felizes para sempre" dos contos de fada, em "The Light Princess" isso acontece de maneira um pouco mais elaborada: "o príncipe e a princesa viveram e foram felizes, e tiveram coroas de ouro, roupas de tecidos finos, sapatos de couro e filhos e filhas"[32].

Seja qual for a razão para a escolha de personagens crianças, elas são narradas a partir de um equilíbrio de forças desigual, seja de oposição simples – adulto-criança – ou mais intrincado e complexo do ponto de vista psicológico – experiência-inocência. Ainda que o ponto de vista literal em *A Princesa e o Góblin*, por exemplo, seja o de Irene, o narrador se refere a ela de maneira persistente como "a pequena princesa" e menciona sua "pequena cabeça"[33] ou seus "pequenos pés"[34], um exemplo típico da condescendência com as crianças, o que imediatamente cria uma discrepância entre o ponto de vista do "childlike" e a voz adulta e distanciada (é parecido com o uso da palavra "child" (criança) a se referir a Tangle, assim como a Diamond e Nanny). Nisso, MacDonald não é diferente de nenhum outro escritor para crianças. O que pode diferir é o grau no qual o escritor adulto consegue subverter a própria posição e empoderar a criança ficcional. Parece, entretanto, que MacDonald não tinha nenhuma intenção de ser subversivo nesse quesito. A subjetividade de seus textos permanece firmemente com o narrador adulto, e as personagens crianças são simples instrumentos para seus objetivos.

O NARRADOR E A PERSONAGEM

Isso nos leva ao próximo aspecto: o do foco narrativo. Nas fantasias adultas, MacDonald escolhe o relato pessoal, o que aproxima as experiências o máximo possível do leitor. Nos contos de fada, por outro lado, a narração é, como na maioria dos livros para crianças do século XIX, o que normalmente chamamos de impessoal, ou em terceira pessoa. Eu digo "normalmente" porque muitas vezes o narrador se explicita como uma voz no texto, e em "At the Back of the North Wind" até faz contato com o protagonista criança. Ainda assim, essa característica que parece metafísica acaba reforçando a distância entre o narrador e o narratário. Apesar de aparecer em carne e osso no capítulo 35 da história, o "eu" anônimo tem todas as características atribuídas ao narrador onisciente dos contos de fada tradicionais. Vamos analisar o famoso começo do livro:

> Pediram-me que eu lhes contasse sobre as terras além de Vento Norte. Um antigo escritor grego menciona um povo que vivia lá... Minha história não é a mesma que a dele. Não acredito que Heródoto tenha tido acesso ao relato certo sobre este lugar. Vou lhes contar o que aconteceu com um menino que foi até lá.[35]

Em primeiro lugar, o narrador tem uma voz clara e autoconfiante, e afirma ter conhecimento e autoridade além do comum. Sua fonte de informações é Diamond, que de maneira nenhuma deveria ser considerado confiável. Quando Diamond finalmente chega ao país além de Vento Norte, o narrador admite sua incapacidade de lidar com isso:

Cheguei agora à parte mais difícil de minha história. E por quê? Porque não sei o suficiente a respeito dela. E por que eu não deveria saber tanto sobre esta parte quanto sobre qualquer outra parte? Porque é claro que eu não sei nada sobre a história além do que Diamond contou. E por que Diamond não deveria contar sobre o país além de Vento Norte, assim como sobre suas aventuras para chegar até lá? Porque, quando ele voltou, já tinha esquecido grande parte. E o que ele ainda lembrava era muito difícil de contar[36].

A essa altura, no capítulo 10, o narrador ainda não havia revelado como tivera acesso à história de Diamond, dizendo que "Diamond nunca contou essas coisas para ninguém além de... Não, melhor não dizer quem era, mas quem quer que seja me contou"[37]. No final das contas, a pessoa misteriosa era o próprio narrador, o que, no entanto, não é revelado até quase o desfecho da história. Ao ver o corpo sem vida de Diamond, o narrador conclui: "Pensaram que ele estava morto. Eu sei que ele tinha ido para além de Vento Norte."[38] Como a essa altura o narrador já tinha se estabelecido como homodiegético, isto é, como parte material de seu próprio mundo ficcional, podemos considerar que essa afirmação era o que ele acreditava, não uma verdade absoluta. No entanto, o narrador menos perceptível de "The Golden Key" também conclui sua história com uma suposição sobre o destino de suas personagens. A posição ambivalente do narrador contribui para a complexidade de algumas das narrativas.

Na maioria dos contos de fada, o narrador é explicitamente onisciente e alterna com facilidade entre as personagens, mesmo com os vilões, como a fada má em "The Light Princess", revelando seus planos perversos para drenar o lago. O narrador enfatiza sua onipresença exclusiva ao dizer: "Se alguém tivesse seguido a princesa-bruxa, a teria ouvido destrancar exatamente cem portas".[39] Ele pode entrar na mente das pessoas: "não sei dizer se Diamond sabia o que ela estava pensando, mas acho que sei"[40]; ou "[o sr. Raymond] queria testar Joseph quando fez o acordo a respeito de Ruby"[41]. Sendo onisciente, o narrador pode ver o futuro em forma de prolepses, como a explicação de porque a princesa Irene não pode sair depois do anoitecer: "eles têm bons motivos, como veremos adiante"[42]; ou "quando eu disser [aos meus leitores] o que Curdie aprendeu na noite seguinte, eles poderão entender"[43].

A onisciência também inclui a onipresença e a facilidade de alternar entre diferentes lugares de ação: "E agora vou voltar para as fronteiras da floresta"⁴⁴; "Enquanto Mossy saía do lago..."⁴⁵; "Agora, enquanto [Diamond] está lá deitado, recompondo as forças com uma canja de galinha e outras coisas gostosas, direi aos meus leitores o que estava acontecendo na casa dele, porque eles precisam saber"⁴⁶; "Diamond saiu, sem suspeitar que o policial, um homem de bom coração, que tinha filhos, seguia-o de perto..."⁴⁷.

O narrador ressalta várias vezes a autoridade que possui e que lhe permite acesso a informações inacessíveis a outros mortais: "ninguém nem sabia que ela era uma fada, a não ser as outras fadas"⁴⁸. Apesar de isso ser a convenção comum da ficcionalidade, o narrador destaca seu conhecimento especial sobre os acontecimentos, como em: "Era uma vez, há tanto tempo que *eu quase esqueci a data*."⁴⁹ Assim como seu conhecimento sobre personagens, na descrição da fada má, por exemplo: "Como [seus olhos] ficavam quando ela amava alguém eu não sei, pois nunca ouvi falar ter amado ninguém fora a si mesma."⁵⁰ Por outro lado, a afirmação "Devo dizer que foi muito divertido ver [a princesa] correr"⁵¹ cria uma sensação de que o narrador está fisicamente presente nos acontecimentos que descreve, o que contradiz a localização da história como "era uma vez". Ao mesmo tempo, quando o narrador considera, em "At the Back of the North Wind": "Foi muito divertido *ver* Diamond ensinando [Nanny] como segurar o bebê"⁵², podemos nos perguntar de quem é esse ponto de vista literal do qual somos convidados a partilhar. São exatamente esses pequenos detalhes que rompem com a subjetividade ligada à personagem.

Em especial, o narrador quase se vangloria de sua familiaridade com a Terra das Fadas e seus caminhos. "Eu já vi esse mundo – apenas algumas vezes, de vez em quando... – parecer tão estranho quanto já vi a Terra das Fadas. Mas confesso que não vi a Terra das Fadas em sua melhor forma."⁵³ Podemos concluir que o narrador tem uma experiência direta com a Terra das Fadas, parecida com a de Anodos e a do sr. Vane.

Ocasionalmente, o narrador presta contas de sua autoridade: "Indico que qualquer um que duvide desta parte da minha história leia certas crônicas da Terra dos Gigantes preservadas entre as nações celtas."⁵⁴ O tema de um gigante ou um ogro cujo coração é preservado fora do corpo é comum em histórias folclóricas de todo o mundo, então essa afirmação pode soar irônica para um leitor informado.

Esse narrador intrusivo demonstra várias características típicas. Ele tem liberdade para fazer julgamentos de caráter, como em "Ela era, *de fato*, uma rainha muito boa..." (ênfases minhas)[55]; "*não era de surpreender* que seu irmão houvesse esquecido dela"[56]; "[A princesa] nunca foi levada a ver o lado sério de nada"[57]; "Ela era perfeitamente obstinada"[58]; "A *pobre* princesa quase perdeu *sua pequena cabeça*"[59]; "[Diamond] não sentia medo, pois ainda não havia aprendido como senti-lo"[60]; "[Diamond] pensou que ele não seria de nenhuma utilidade para ela. Estava enganado sobre isso"[61]; "O sr. Raymond era um dos homens mais gentis de Londres"[62]; "ela era tão corajosa quanto o que se podia esperar de uma princesa daquela idade"[63] e assim por diante.

Além disso, o narrador demonstra uma consciência metaficcional sobre o gênero literário quando afirma "Claro que esqueceram de alguém", a respeito do batizado em "The Light Princess"[64]. É interessante notar que, em "Little Daylight", o narrador é igualmente consciente do gênero literário quando comenta: "Nunca soube de nenhuma interferência feita por uma bruxa má que no final não tenha se tornado algo bom."[65] Se analisada em separado, a historia pode parecer ter exatamente o mesmo narrador intrusivo dos outros contos de fada; em seu contexto original, o capítulo 28 de "At the Back of the North Wind" é contado pelo sr. Raymond às crianças no hospital, então o comentário sobre o gênero literário é destinado a narratários muito concretos.

O narrador emprega várias vezes a abordagem direta (ou talvez perguntas retóricas): "relacionamentos ruins não ajudam você a se lembrar deles. Por que o fariam? O rei não podia ver o sótão em que [sua irmã] vivia, podia?"[66] ou "O que você acha que ela viu? Uma velha senhora sentada a fiar"[67]. Muitos comentários similares têm a função de criar um tom intimista, de conversa, muito comum na literatura infantil do século XIX: "Agora, como eu já disse."[68] Além disso, os leitores são evocados em frases como "É muito claro para cada um dos meus leitores"[69]; "caso meu leitor tenha suas dúvidas... atrevo-me a lembrá-lo"[70]; "Meus leitores não irão se surpreender com o fato de que... eu fiz o meu melhor para me tornar amigo de Diamond"[71]. Um comentário em "At the Back of the North Wind" tem um significado especial para o meu objetivo: "Agora, se algum dos meus leitores crianças quiser saber o que é um gênio – eu devo tentar explicar ou não devo?"[72] A afirmação mostra a falta de confiança do narrador, senão um desdém, em seu público leitor jovem, amplificada na página seguinte: "E se você não entender isso, infelizmente terá que se contentar e esperar até crescer e saber mais."[73]

A ironia é outra maneira de deslocar a posição de sujeito do narrador em relação à personagem, e assim em relação ao leitor:

> Se o príncipe era quase tão perfeito que tinha o direito de exigir a perfeição, não me arrisco a dizer. Tudo o que sei é que ele era um jovem bom, bonito, corajoso, generoso, bem-nascido e bem-educado, assim como todos os príncipes são.[74]

O comentário seguinte na narração também tinha a óbvia intenção de ser irônico: "Não vou garantir o que o velho cavalo estava pensando, porque é muito difícil descobrir o que qualquer cavalo velho pensa."[75] Aqui, o narrador onisciente admite seus limites, apesar de que, dentro das convenções do gênero literário, não seria mais impressionante ele entrar na mente de um cavalo do que na de uma fada. Na verdade, Diamond consegue ouvir a conversa entre os dois cavalos mais tarde.

De vez em quando, o narrador se esforça para explicar o acontecimento que descreve: "Sua tia cruel havia privado a criança de toda a sua gravidade. Se você me perguntar como isso foi feito, eu respondo: 'Do jeito mais fácil do mundo. Ela apenas teve de destruir a gravidade'."[76] Essa explicação provavelmente deixaria um leitor criança bastante confuso, mas dá à voz narrativa uma quase autoridade. Por outro lado, o narrador pode afirmar que não consegue explicar para a princesa como a gravidade funciona: "A preposição exata que expressa essa relação, eu não sei dizer"[77] ou "Se isso acontecia porque a água havia sido usada como forma de causar os danos, eu não sei"[78].

Os contos de fada não estão livres do didatismo comum à literatura infantil do século XIX (totalmente ausente nas fantasias adultas de MacDonald). Pode ser uma simples frase como "quem usa as roupas da avó nunca pensa como ela ou ele parece, mas sempre pensa como as outras pessoas são bonitas"[79], ou "notei que a coisa mais incrível do mundo é quando uma pessoa consegue entender algo"⁸⁰, e todo o relato dos infortúnios do sr. Coleman no capítulo 12 de "At the Back of the North Wind" é um sermão didático sobre a virtude, assim como as reflexões sobre os elogios a respeito de si próprio no capítulo 16 e a história do condutor bêbado no capítulo 18.

Os comentários metaficcionais do narrador sobre o processo narrativo são importantes para a compreensão de sua função: "faltava algo em seu sorriso. O que era, não me sinto capaz de descrever."⁸¹; "Há quanto tempo estava planejando isso, não sei dizer"⁸²; "É quase impossível para mim descrever o que ele viu"⁸³; "Não devo continuar a descrever o que não pode ser descrito"⁸⁴; "O que o sr. Raymond pensou, eu quase não me atrevo a contar aqui"⁸⁵; "Não irei descrever os diversos sentimentos do grupo"⁸⁶. Curiosamente, o narrador hipodiegético de "Little Dayligh" usa várias vezes a mesma fórmula que o narrador principal: "Não tentarei descrever aquilo por que eles passaram"⁸⁷; "Não tentarei descrever seu sofrimento"⁸⁸. Tais afirmações podem ser usadas para inspirar a imaginação do leitor, mas também nos lembram da presença constante do narrador. Em um nível mais profundo, representam a frustração do escritor, que é mais evidente nas fantasias.

Os exemplos mais tangíveis da consciência do narrador a respeito de seu próprio *status* narrativo são seus repetidos pedidos de desculpas pelas liberdades que toma ao usar palavras corretas nas experiências de suas jovens personagens. Ao refletir sobre as memórias que Diamond tem do país além de Vento Norte, afirma: "Não quero dizer que ele pensou exatamente essas palavras. Talvez sejam muito adultas para que tenha pensado nelas, mas representam o que estava em seu coração e em sua mente."⁸⁹ Ele é ainda mais explícito ao lidar com a hiponarrativa de Nanny:

> Meus leitores não devem supor que a pobre Nanny tinha capacidade de dizer o que queria expressar tão bem quanto como eu escrevi aqui. Ela nunca foi à escola e não ouviu quase nada além da linguagem vulgar... Mas eu frequentei a escola, e... isso me tornou capaz de contar o sonho dela melhor do que ela própria.⁹⁰

Isso no mínimo revela a posição superior do narrador em relação às personagens – assim como em relação aos leitores, que supostamente precisam de uma explicação sobre as convenções do discurso ficcional. Em um nível mais sofisticado, o narrador recorre à criança ou ao "inocente", que pode ainda não ter dominado com perfeição a linguagem, e ele também empresta sua voz para aqueles que não têm voz própria. Stephen Prickett chama a dificuldade de MacDonald com a linguagem de uma "atividade teológica"[91] e conclui que, para MacDonald, a insuficiência da linguagem para transmitir uma experiência metafísica é a própria essência da fantasia. Jacques Lacan iria se referir a esse dilema como a tensão entre o imaginário e o simbólico. MacDonald tenta então traduzir o imaginário para o simbólico, e como o imaginário é aquele da criança, a missão significa distanciar a criança de sua forma natural de experiência.

Mas deveria ser bastante evidente, a partir da minha argumentação, que a voz adulta autoritária tem um efeito muito maior do que o ponto de vista da personagem criança. Eu não vejo nenhum convite para os leitores crianças participarem de um diálogo em termos de igualdade[92]. Ao contrário, os textos são transmitidos de maneira monológica pelo narrador adulto para os narratários crianças, seja de maneira explícita ou implícita.

Além disso, é muito raro que as personagens crianças sejam usadas como focalizadores, e quando o são, usa-se principalmente a focalização externa. É tentador testar minhas ideias sobre gênero e alteridade neste momento. É de se esperar que seja mais provável que o autor reflita as experiências dos protagonistas masculinos de maneira mais profunda.

GÊNERO

A característica intrigante dos contos de fada é o uso alternado de protagonistas masculinos e femininos, o que não é tão comum quanto pode parecer. Na verdade, estatisticamente, os autores homens tendem a escolher protagonistas masculinos, e as autoras, protagonistas femininas. Se analisarmos alguns dos contemporâneos de MacDonald, Charles Kingsley tem um protagonista masculino em *Water Babies*, a sra. Molesworth tem uma protagonista feminina em *The Cuckoo Clock* (O Relógio Cuco, 1877), enquanto Lewis Carroll tem uma protagonista feminina nos dois livros de Alice. A sucessora imediata de MacDonald, Edith Nesbit, introduziu o protagonista múltiplo, um grupo de meninas e meninos, uma ferramenta que contornou a questão do gênero com sucesso. Ao analisar MacDonald, assumo que a heterofocalização, o uso de um focalizador do gênero oposto, envolveria ferramentas narrativas diferentes que a homofocalização; isto é, as meninas seriam narradas de maneira diferente dos meninos. Então minha hipótese é que MacDonald escolhe personagens femininas para poder distanciar ainda mais a agência narrativa da agência experimentadora (mais uma vez, ao contrário das visões estabelecidas).

Em uma interpretação psicanalítica da heterofocalização[93], figuras malignas na ficção são baseadas na percepção subconsciente do autor a respeito do mal como pertencente ao gênero oposto, um caso claro de outrização relacionada ao gênero. MacDonald é um dos exemplos de Veglahn, juntamente com os livros de Alice, *The Wonderful Wizard of Oz* (O Mágico de Oz, 1900) e as histórias de Nárnia. Ela demonstra que, para contrabalançar os monstros femininos, os autores homens usam personagens femininas fortes, tipicamente associadas à função junguiana de ânima do autor. Estou longe de me filiar à teoria psicanalítica da literatura, mas, ainda assim, acho os padrões de Veglahn fascinantes. Mas é óbvio que ela negligenciou o fato de que MacDonald emprega os dois gêneros em seus contos de fada (desviando-se, assim, do modelo de Veglahn nas fantasias, pelo menos no que diz respeito aos protagonistas). O paradigma do autor masculino/monstro feminino/protagonista feminina de Veglahn serve, além dos exemplos dela, para os livros de princesa, bem como para "The Light Princess" e "Little Daylight".

Vento Norte é um monstro no sentido junguiano, como um Outro misterioso e ambivalente; no entanto, é, ao mesmo tempo, o princípio positivo feminino, misturando os arquétipos junguianos de Ânima e da Velha Sábia. Em relação ao protagonista, Diamond, ele é masculino, pelo menos superficialmente. Essa afirmação pode soar estranha, já que a personagem é sem dúvida chamada de "menino" e por pronomes pessoais masculinos; no entanto, o gênero é uma construção social, enquanto as crianças ficcionais são construções literárias – o gênero na ficção faz parte da caracterização e pode ser construído sem as restrições do sexo biológico. As características de gênero atribuídas aos personagens e seus comportamentos de gênero, ou performances, são mais importantes do que sua descrição formal como homem ou mulher.

Mudar o gênero da personagem em "At the Back of the North Wind" como exercício mental ou teste narratológico comutativo claramente irá demonstrar que não é necessário fazer nenhuma grande mudança. Algumas sugestões eróticas sutis podem se perder, mas a magnitude de Vento Norte como a imagem da morte ultrapassa sua possível atração erótica (de modo diferente da figura de Lilith). A história seria viável com uma protagonista feminina. Na verdade, Diamond é uma figura indefinida em termos de gênero, descrito com muitas características femininas e que atua de maneira feminina. O texto apoia a percepção geral de Diamond como alguém ligado ao feminino por meio de diversas afirmações diretas:

> Ele nunca tocava nenhuma flor ou botão, pois não era como certos meninos, que não sabiam apreciar uma coisa sem destruí-la – o que evitava que os outros pudessem apreciá-la depois deles.[94]

E os que estão ao seu redor também o percebem como feminino, como quando o condutor diz: "Você é corajoso, apesar de parecer uma menina!"[95]

A Princesa e o Góblin pode ser visto como a versão feminina de "At the Back of the North Wind", com Irene encontrando o monstro que ao mesmo tempo é um mentor. Da mesma maneira, Irene pode ser substituída por um menino sem que a história precise de grandes revisões. Alguém poderia argumentar que o simbolismo do ato de fiar, ligado ao feminino, seria perdido; no entanto, já que ele também funciona com Curdie, ainda seria válido. As crianças nos contos de fada de MacDonald são de um gênero mais ou menos neutro, "crianças" genéricas em vez de meninos e meninas.

Nos capítulos de "The Light Princess" em que a princesa age como focalizadora, sua experiência se baseia nos sentidos exteriores: visão, audição e, em primeiro lugar, toque. Ela é descrita pelo narrador como alguém que aprecia a própria leveza ou o toque da água; no entanto, suas emoções internas nunca são retratadas. Pode-se argumentar que a focalização externa é normal na literatura infantil do século XIX, mas ainda assim parece que o autor de *Phantastes* não deveria ter problemas em adentrar a mente de uma personagem. A escolha pela focalização externa então deve ser deliberada e servir a um objetivo artístico. Eu vejo que o objetivo seria contribuir para a outrização. Além disso, ao invés de ver, a princesa é vista – pelo príncipe, sem mencionar o narrador, com o conhecido olhar masculino, além do olhar vitoriano que erotiza a criança. A objetificação é um dos maiores indicadores da alteridade. Quando o príncipe conhece a princesa, a cena é explicitamente voyeurística:

> Olhando para o lago, ele viu algo branco na água... Não havia luz suficiente para enxergar que era uma princesa, mas o suficiente para notar que era uma dama, pois não é preciso muita luz para ver isso.[96]

Conforme a história continua, o salvador – de maneira muito parecida com as histórias folclóricas – substitui a protagonista feminina, sacrificando a própria vida e tornando-se o herói. As conotações cristãs do sacrifício são óbvias e foram observadas muitas vezes; e, enquanto alguns elementos de paródia também são evidentes, a história se transforma em uma narrativa convencional sobre o amadurecimento feminino, em que a mulher enfeitiçada espera pelo homem certo para salvá-la. Na verdade, as emoções do príncipe, apresentadas por meio de um simples monólogo citado[97], pelo menos permitem dão uma ideia de seus pensamentos sobre a vida, como ele a vê e sobre a moral. A princesa, apesar de ganhar importância, permanece completamente achatada como personagem. Muito parecido com o que acontece em "Little Daylight".

No entanto, podemos perceber uma estratégia semelhante na descrição de Diamond. Em suas viagens com Vento Norte, ele é um observador: olha, vê ou espia, mas raras vezes reflete sobre o que vê. Quando está viajando para o Norte, a paisagem é descrita com um discurso figurado, enfatizado especialmente pela afirmação: "Quanto tempo durou, Diamond não fazia ideia."[98] Mas, em geral, Diamond é, como mencionei antes, mais um arquétipo que uma personagem de verdade.

O título de *A Princesa e o Góblin* sugere que a princesa Irene seja a protagonista, enquanto o góblin é o antagonista (aqui pode-se argumentar, com Nancy Veglahn, se a rainha góblin não seria a vilã principal e a imagem da percepção pervertida de MacDonald sobre o sexo oposto). Irene é focalizada externamente em um pouco mais da metade dos capítulos; no restante, com algumas poucas exceções, assume o ponto de vista de Curdie. Curdie tem a função de ajudante na trama, mas por meio da focalização se torna quase tão importante quanto Irene. Na descrição da fuga de Irene e Curdie pelos túneis subterrâneos, o episódio mais dramático da história, o ponto de vista é alternado entre os dois. Na continuação, Curdie supera Irene e torna-se o herói. Na verdade, *A Princesa e o Góblin* apresenta um protagonista múltiplo, que também aparece em "The Giant's Heart", "Cross Purposes" e "The Golden Key", antecipando Edith Nesbit. No entanto, enquanto Nesbit quase sempre tem um grupo de criança no centro (o que é enfatizado por títulos como *Cinco Crianças e um Segredo* ou *The Railway Children*, As Crianças da Ferrovia), MacDonald apresenta um actante crossgênero, que consiste em um menino e uma menina.

"The Giant's Heart" apresenta a irmã e o irmão, com os significativos nomes de Tricksey-Wee e Buffy-Bob, que em grande parte atuam como um só actante na história. Tricksey tem um papel mais substancial e ativo, mas nas diversas versões do conto folclórico no qual "The Giant's Heart" se baseia o papel mais trapaceiro pode ser representado por um agente feminino ou masculino. Em "Cross Purposes", a oposição de classes se soma à de gênero, pois Alice é filha de um escudeiro e Richard é o filho de uma pobre viúva, um conflito heterológico que é desenvolvido integralmente em *A Princesa e o Góblin*. O padrão é comum nos contos folclóricos, assim como nos romances populares da época; a diferença de classes é enfatizada ao se dar para cada criança o mensageiro apropriado para levá-la à Terra das Fadas: uma linda fada para a menina e um góblin feio para o menino. Apesar de no começo da narrativa cada um ganhar um capítulo que descreve separadamente suas travessias para a Terra das Fadas, e apesar de Alice ser apresentada primeiro, nesse conto de fada ela recebe o tradicional papel de "princesa" no sentido proppiano, o objeto da missão, desprovida de agência, o que é enfatizado várias vezes quando Alice cai no choro enquanto Richard pensa em soluções, assim como em afirmações como: "ele pegou Alice em seus *braços fortes*"[99]. Richard também olha para Alice através de seu "olhar masculino" quando descobre que está apaixonado. Antes disso, Alice havia sido apresentada, pelo ponto de vista do narrador, como mimada e desagradável. No entanto, temos um vislumbre dos pensamentos de Alice: "Será que estou apaixonada pelo pobre filho da viúva?"[100] e as duas personagens mais ou menos se amalgamam em um actante único com o objetivo comum de voltar para casa.

As duas crianças são igualmente objetificadas, apresentadas como brinquedos à disposição da Rainha das Fadas. Apesar de seus ritos de passagem serem bem-sucedidos, elas não estão unidas e precisam se separar, já que as fronteiras de classe parecem impenetráveis, ao contrário das fronteiras da Terra das Fadas. Em vez disso, "como recompensa por sua coragem, a Rainha das Fadas deu a eles a permissão de visitar a Terra das Fadas sempre que quisessem"[101]. Este é um final ambíguo; como a Terra das Fadas pode representar tanto uma terra dos sonhos quanto o reino da morte, os jovens apaixonados têm a promessa de que podem se encontrar apenas na sua imaginação ou na morte. Ao acrescentar dois parágrafos curtos sobre o destino da fada Peaseblossom e o góblin Toadstool, o texto definitivamente descola a sua posição de sujeito para longe dos jovens protagonistas. Em outras palavras, o autor implícito é bastante indiferente a eles e tampouco convida o leitor a ter empatia.

Em "The Golden Key", ao contrário de em "Cross Purposes", a personagem masculina é apresentada primeiro. Quando ela encontra a chave de ouro, o leitor é encorajado a vê-la como o herói da história e compartilhar de sua subjetividade. É interessante notar que essa estratégia é em parte abalada pois no início a personagem não tem um nome, e por isso fica com uma identidade bastante vaga. Ao mesmo tempo, "The Golden Key" chega incrivelmente perto do discurso figurado, assim como o discurso indireto livre expressa as reflexões do menino sobre a chave de ouro: "Onde estava a fechadura à qual pertencia esta chave? Deve estar em algum lugar, pois como alguém poderia ser tão bobo a ponto de fazer uma chave para a qual não exista fechadura? Onde ele deveria procurar por ela?"[102] O discurso figurado cria uma sensação de intimidade e proximidade com a personagem.

A protagonista feminina, que a princípio também não tem nome, é apresentada como alguém sem agência, negligenciada e quase desagradável, apesar de o narrador ressaltar que não é culpa dela. Então é de imediato colocada em uma posição objetificada, e embora seja focalizada de maneira externa, a onisciência do narrador se manifesta constantemente: "apesar de não saber, este era o melhor caminho que ela poderia ter tomado"[103]. Quando as personagens partem em sua missão, Tangle ganha mais espaço, mas, por outro lado, tem de passar por mais provas do que Mossy, o que não apenas mostra que as iniciações feminina e masculina assumem formas diferentes como também dá preferência para o menino como "o escolhido" e deixa o papel passivo para a menina: "Sete anos foi o tempo que ela precisou ficar lá esperando."[104] Ao mesmo tempo que a história mostra enorme semelhança com "A Rainha da Neve", de Andersen, a atuação de gênero das personagens de MacDonald é oposta à de Andersen.

Meu argumento deveria mostrar que nos contos de fada de MacDonald as personagens crianças são intercambiáveis no que diz respeito ao gênero, e, quando são usados múltiplos protagonistas, a permutação de gênero funciona. A escolha do gênero do protagonista parece arbitrária, pelo menos do ponto de vista narratológico, e não é possível detectar uma diferença significativa entre a homofocalização e a heterofocalização. Entre muitos outros detalhes, a palavra "criança", com os subtons ambivalentes de admiração e condescendência, é usada para se referir a meninos e meninas de maneira indiscriminada. A percepção geral do equilíbrio de poder em qualquer texto depende do efeito sinergético entre os diversos aspectos da alteridade. As leituras de MacDonald baseadas em Kristeva[105] e em Lacan[106] desenvolvem a ideia da "precariedade da posição do sujeito". Parece que o eixo de tensão de poder adulto/criança é tão significativamente mais forte do que o eixo do gênero que o último pode ser quase ignorado. A normatividade adulta é o principal ponto de partida, ainda que inconsciente. Já foi sugerido que MacDonald está fazendo uma leitura *queer* do gênero em suas obras, atribuindo ao conceito o significado original de "estranho", "peculiar", "diferente"[107] e, por extensão, Outro. Eu defenderia esse argumento dizendo que MacDonald faz uma leitura *queer* de seus protagonistas, no mesmo sentido, não importa o gênero; uma criança por si só é estranha, peculiar e diferente.

5 A Outrização do Futuro: Os Estereótipos da Distopia

Durante os anos 1990 e adentrando o século XXI, testemunhamos o florescimento de tendências distópicas na literatura infantil e juvenil por todo o mundo. Mas a distopia é (ou deveria ser) por definição um gênero literário impossível na ficção para crianças. Como muitos críticos diversas vezes apontaram, a literatura infantil é utópica por natureza. Por consequência, a ficção para crianças mantém o mito de uma infância feliz e inocente, aparentemente baseado nas memórias nostálgicas do escritor adulto, e em reflexões amargas sobre a impossibilidade de retorno ao idílio infantil. Com uma nova tendência que apresenta traços perceptíveis das distopias, a literatura infantil parece ter chegado à sua antítese. Como críticos e mediadores de literatura infantil, ainda tentamos ver isso de maneira otimista, com uma forte fé no futuro. Mas dificilmente encontramos uma dessas características positivas nos romances contemporâneos para crianças que se passam no futuro próximo ou distante. Ao invés disso, encontramos descrições impiedosas da destruição da humanidade e do fim da Terra, de decadência moral e crescente divergência social.

Nos romances distópicos para crianças, o mundo adulto é questionado, pois parte-se do pressuposto de que foram os adultos que criaram a sociedade extremamente organizada e hierárquica, porém sem graça, que serve de cenário para a trama. Na verdade, tal questionamento é um dos muitos estereótipos dos romances distópicos para jovens leitores. Além disso, de acordo com as convenções da literatura infantil, uma criança ou um jovem questiona a sociedade e chega a uma conclusão sobre suas injustiças, mas é a sociedade adulta que reprime a revolta. Neste capítulo, escolhi ilustrar características distópicas recorrentes usando diversos romances do final do século XX e do início do século XXI como exemplo, tais como *The Giver* (O Doador de Memórias, 1993), de Lois Lowry; *The Denials of Kow-Ten* (As Negações de Kow--Tem, 1998), de Jenny Robson; *Noughts and Crosses* (*Jogo da Velha*, 2001), de Malorie Blackman; *Dit Man Längtar* (De Onde Você Tem Saudades, 2001), de Ylva Karlsson; e *Feed* (2002), de M.T.

Anderson. Como esses livros vêm de diferentes partes do mundo, acho sintomático que tenham tanto em comum.

Muitos críticos tratam as utopias e as distopias como duas categorias literárias intimamente interligadas. Fredric Jameson[1] não faz distinção entre utopia e distopia; além disso, com seus espetáculos políticos, a utopia é distópica por definição. O crítico vê a utopia como uma ideia política, não como um gênero literário; o mais perto que ele chega de um critério de gênero literário é a sátira. A maior parte de seu material é ficção científica em sua interpretação política. Um volume recente de crítica de literatura infantil[2] também trata a utopia de maneira bastante abrangente. Mas eu acho necessário distinguir utopia de distopia. Se a literatura utópica descreve uma sociedade ideal, ainda que inacessível, uma distopia é um retrato do medo, um retrato de uma sociedade que preferiríamos evitar, um aviso. Ambos os gêneros literários podem ser empregados para investigar as questões de poder e opressão, mas de maneiras radicalmente diferentes.

As distopias contemporâneas para jovens leitores apresentam uma série de estereótipos que se prestam a uma interessante investigação do ponto de vista do poder. Tais estereótipos são fortes indicadores de poder, uma vez que confirmam a ordem existente. A distopia é construída em torno de um efeito de estranhamento duplo: o leitor não tem familiaridade com as regras da sociedade apresentada no romance, ao mesmo tempo que as personagens não têm consciência do mundo "normal". Só isso já faz da ficção distópica uma excelente estratégia para subverter a normatividade. No entanto, poucos escritores para crianças e jovens usam o gênero de maneira consistente.

EM NENHUM LUGAR E EM TODA PARTE

Já que a palavra "utopia" significa "em nenhum lugar", o contrário, a distopia, ou antiutopia, deveria ser o oposto. O que é, no entanto, o oposto de nenhum lugar? Pelo menos, em um contexto distópico, isso não pode ser entendido literalmente como "em toda parte", apesar da ameaça global de uma sociedade totalitária e do pensamento totalitário ser onipresente nas distopias. Na verdade, parece que o totalitarismo é uma característica indispensável à distopia, e nunca li um romance distópico que retratasse uma democracia. Já que a distopia, em especial na ficção juvenil, é usada principalmente como uma história de aviso, seu ponto de partida precisa ser sempre um desenvolvimento negativo da sociedade atual.

O cronotopo, ou tempo e espaço da distopia, é afastado do leitor por um lapso do futuro. Esse isolamento temporal e espacial em si já é um fator muito potente para gerar alienação. No entanto, os romances que têm impacto mais forte no leitor descrevem um futuro tão próximo que é quase percebido como presente, algo que pode acontecer a qualquer momento, em qualquer lugar e com qualquer um, e que talvez já esteja acontecendo, como em *Dit Man Längtar*: "Ainda não, mas logo, em um curto espaço de tempo, em pouco tempo. Está nos esperando na esquina...".[3] Percebe-se isso em especial em *The Denials of Kow-Ten*, que começa com a comemoração do novo milênio – que, na época da publicação, ainda estava em um futuro próximo. Apesar de a história seguir para sessenta e cinco anos à frente, basicamente para explicar o avanço da tecnologia, os atores da narrativa que servem de pano de fundo ainda estão vivos e presentes na trama principal. *Feed* acontece em um futuro remoto, a julgar pelo nível da tecnologia. O narrador, Titus, não sabe há quanto tempo existem os *feeds*[4]: "há cinquenta ou cem anos. Antes disso, eles tinham que usar suas mãos e seus olhos. Todos os computadores ficam fora dos corpos"[5]. *Jogo da Velha* não é uma distopia propriamente dita, mas um romance contrafactual cuja premissa é o desenvolvimento invertido da história humana: as pessoas negras dominaram por séculos, enquanto as pessoas brancas foram oprimidas e escravizadas até época recente. Em um romance contrafactual, a ação fica profundamente distante do leitor, e é desnecessário dar indicações exatas do tempo. O cenário futurista de *Dit Man Längtar* não oferece nenhuma indicação temporal direta no romance: pode ser daqui a vinte anos ou ainda mais; mas a geração mais velha se lembra de como as coisas eram.

Do ponto de vista geográfico, uma sociedade distópica é necessariamente isolada do resto do mundo; é um enclave, um conceito usado muitas vezes em *The Denials*. A consequência disso é que os cidadãos são mantidos na ignorância sobre o que acontece fora de sua comunidade. O enclave de Kow-tem, obviamente situado no sul do continente africano, é cercado por um muro no qual imagens falsas do mundo exterior são projetadas de maneira incessante: "silêncio suspenso no ar e a floresta densa, profunda e misteriosa... Pequenas trilhas que se estendem pelo emaranhado de sombras verdes à luz do brilhante sol da tarde"[6]. A descrição cria uma sensação de idílio e inocência, com a qual o protagonista cresceu. Na verdade, atrás do muro existe apenas o deserto. Há diversos enclaves semelhantes na Terra, incluindo Lund-Sixty, Athi-Nine, Burl-Ninety-Two, Jeneev-Eighty, Kiyro-Seventy e Mosk-Forty--Nine. Cada um deles é cercado por uma muralha que reflete coisas que não existem há muito tempo, como vistas intocadas dos Alpes suíços ou oceanos vastos em torno de Toke-Twenty-Two e Syd-Ninety-Three. Atrás das muralhas, porém, a paisagem está irremediavelmente destruída.

O tempo e o espaço de *O Doador de Memórias* não são determinados e não se sabe como a comunidade isolada se transformou no que é. A distopia em *Feed* é situada na América do Norte e está isolada do resto do mundo, conhecida como Aliança Global; no entanto, é óbvio que o enclave trava guerras coloniais na América do Sul e em outros países que não compartilham de sua política e ideologia. *Jogo da Velha* não menciona o lugar de maneira explícita, mas indica indiretamente o Reino Unido, desconectado por completo da Comunidade Econômica Pangea, onde a segregação racial não é mais praticada. Em ambos os romances o enclave distópico se opõe ao resto do mundo. Além dos muros de *The Denials* se encontra "Outside" ("Do lado de fora"), um paralelo a "Alhures", de *O Doador de Memórias*. As personagens estão satisfeitas em sua ignorância a respeito do mundo exterior ou convictas de que ele é mal. Em uma análise mais detalhada, na melhor das hipóteses a distopia oferece luxo para poucos, enquanto o resto da população vive em extrema miséria. Essa característica é destacada em *Feed*, em que Titus, o protagonista e narrador, vive em uma casa luxuosa com ar-condicionado central, que inclui brisa sintética e um sol que pode ser ligado e desligado. Ele possui uma conta bancária ilimitada, pilota uma nave sofisticada e passa os finais de semana na Lua, em Marte ou em Júpiter. Violet, a garota que ele conhece por acaso, vive em um bairro pobre muitos níveis abaixo da terra; seu pai economizou por um ano para mandá-la de férias para a Lua e não tem condições de pagar um bom plano de saúde para ela. Em *Jogo da Velha*, Sephy, a filha de um político rico, desfruta de todos os privilégios da classe dominante, enquanto os zeros, brancos pobres, fazem trabalhos domésticos e servem aos Cruzes, que moram em casas extravagantes. Sephy reflete sobre sua situação: "A casa de campo dos meus pais. Sete quartos e cinco salas de recepção... para quatro pessoas."7 As refeições nas casas de Sephy e Callum são comparadas várias vezes de maneira minuciosa, com detalhes reveladores: suco de laranja versus leite desnatado com água, jantares chiques versus macarrão com carne moída. Os ricos Cruzes frequentam escolas de elite; aos zeros são negados educação e qualquer emprego de prestígio. Os zeros são constantemente humilhados no transporte público, suspeitos de furtar em lojas, apresentados nos noticiários a partir de um ponto de vista desfavorável, e só aparecem nos filmes como bêbados e criminosos. O ódio mútuo é um fato. Em *O Doador de Memórias*, pode-se acreditar que a sociedade retratada é igualitária e não apresenta diferença de classes; no entanto, uma análise mais atenta mostra que a severa hierarquia mantém a mesma injustiça social dos outros romances.

Em *The Denials*, Shiyne descobre que a classe trabalhadora, que construiu o enclave, tinha sido traída pelos arquitetos da elite que criaram o projeto e abandonada do lado de fora do muro, onde os poucos sobreviventes vivem de maneira miserável. Os que ficaram do lado de fora são chamados de "Others" ("Outros"), e são apresentados como seres não civilizados, como se não fossem completamente humanos e representassem uma ameaça à segurança do enclave. Do lado de fora de Kow-Ten, eles se escondem na floresta; em Jeneev, nas montanhas dos Alpes. A constante alteridade é uma das premissas do projeto do enclave.

A paisagem é podada, nivelada e unificada; o clima é monitorado. No enclave de Kow-Ten, o sol tropical é barrado por uma névoa artificial, e a chuva começa todos os dias pontualmente às sete horas da noite. As nuvens necessárias para produzir a chuva são atraídas por torres meteorológicas, por isso os enclavistas são conhecidos do lado de fora como *pula-diefs*, ou ladrões de chuva. Em *Feed*, a natureza está destruída, os oceanos, poluídos, e as florestas foram cortadas para dar espaço a fábricas de ar artificial e fazendas de carne nas quais o filé-mignon é criado por meio da clonagem. As cidades são protegidas por domos de plástico, e as pessoas precisam usar trajes protetores e capacetes para sair. Todos sofrem lesões quando as peles descascam. As autoridades transformam essa tragédia em uma jogada comercial, dizendo que as lesões são a última moda. Em comparação, o mundo de *Jogo da Velha* parece ter praias particulares e praças públicas limpas, e nenhum problema ecológico é mencionado. Ao contrário, o foco está nas questões sociais. De maneira ainda mais aberta, *Dit Man Längtar* mostra idílicas ilhotas naturais em contraste com a decadência urbana.

O nível de industrialização varia nos diferentes textos, desde um nível primitivo em *O Doador de Memórias* até altamente desenvolvido em *The Denials*, e ainda mais em *Feed,* no qual naves supervelozes transitam em tubos por todo o país, e para cima e para baixo, por conexões entre as pistas. No entanto, a característica comum é a gigantesca incongruência entre a tecnologia avançada e a ética.

FELICIDADE TOTAL(ITÁRIA)?

Outra característica particular das sociedades distópicas é a ausência de fome, desemprego ou doenças, o que os habitantes das distopias tomam como algo natural. Para alguns poucos felizardos a comida é fornecida automaticamente. Em *Feed*, a comida é produzida em sintetizadores domésticos e fala-se em pratos, talheres e até mesmo mesas de jantar descartáveis. Em *O Doador de Memórias* a comida é entregue de cozinhas comunitárias. Ela é racionada e não é especialmente gostosa ou nutritiva; mas como as personagens não conhecem outra coisa, não têm com o que comparar. A ausência de padrões de referência é o fundamento para que as autoridades manipulem os cidadãos.

Não existe dinheiro em *O Doador de Memórias*, já que todas as necessidades são atendidas mesmo que de maneira básica, como roupas unificadas ou bicicletas, que são o único meio de transporte. Dinheiro também não é um problema em *The Denials*, já que os enclavistas têm tudo o que desejam, enquanto a população que mora do lado de fora do enclave vive do que a terra pobre pode dar. Não se dá muita atenção para as necessidades diárias dos cidadãos, pois isso tem pouca importância para a focalização das personagens. É apenas ao se ver diante do velho shopping abandonado que Shiyne reflete "onde ficavam todos os bens para venda? Onde ficavam os leitores de impressões digitais?"[8], revelando como as necessidades enclavistas são nutridas. Inversamente, *Feed* traz um excesso de descrições de consumo, e ganha destaque o desejo insaciável de Titus de comprar roupas novas e caras. Em *Jogo da Velha*, o pai de Callum percebe que o vestido de Sephy deve custar mais do que seu rendimento anual; Sephy possui uma conta bancária e ganha mesada do pai. Os pais de Callum não têm condições financeiras para mandar os dois filhos à escola. O dinheiro é um problema palpável.

As doenças são eliminadas por uma variedade de drogas, e o menor machucado é tratado imediatamente com analgésicos. A ausência de doenças e sofrimento faz com que as personagens não estejam preparadas quando se deparam com eles; Jonas, em *O Doador de Memórias*, por exemplo, implora por analgésicos quando encontra pela primeira vez uma leve dor em uma das memórias do Receptor. A mãe de Shiyne toma Eezies, aparentemente o nome comercial dos ansiolíticos do futuro.

Tanto em *O Doador de Memórias* quanto em *The Denials* os empregos fixos são atribuídos à força na juventude, o que muitas vezes é acompanhado pelo afastamento da família. Assim a hierarquia social é estabelecida de uma vez por todas. *The Denials* descreve o irmão mais velho de Shiyne, a protagonista, ao receber seu primeiro emprego como "Trainee Enhancer" ("Trainee de Realçador"), um futuro membro da elite governante. Seu pai é engenheiro. Shiyne frequenta uma escola privilegiada para crianças especialmente inteligentes. Em *Feed*, grandes corporações direcionadas ao consumidor "empregam todas as pessoas do mundo"[9]. O pai de Titus trabalha com "alguma coisa que tem a ver com bancos", e sua mãe "trabalha com design"[10]. O pai de Sephy é um político e torna-se Ministro do Interior. O pai de Violet é um professor universitário que luta contra a pobreza, o que diz muito sobre a visão da sociedade a respeito do trabalho intelectual. Os pais de Callum têm empregos servis, e Callum e seu irmão não têm perspectivas muito boas.

Em *O Doador de Memórias*, todas as crianças, mesmo as mais novas, participam do chamado "trabalho voluntário", que na verdade é um trabalho forçado. O texto é cuidadoso ao evitar a descrição dos trabalhos braçais de fato, mas espera-se que alguém esteja coletando o lixo, preparando as refeições e lavando as roupas. Em vez disso, temos uma noção das condições de trabalho em uma casa de repouso, um pretexto para que o jovem protagonista comece a refletir sobre a hierarquia da sociedade em que vive. Os pais de Jonas são, como era de se esperar, uma advogada e um enfermeiro. O desprezo pelo trabalho braçal é algo de que a sociedade compartilha em muitas distopias: "ele não tinha inveja nenhuma dos Operários"[11], "Encarregada de Criação de Peixes. Jonas ficou feliz por *aquela* Atribuição já ter dono; ele certamente não gostaria de recebê-la..."[12]. O protagonista é designado para um trabalho intelectual e não para um serviço; nenhuma das memórias dolorosas e traumáticas que ele recebe do Doador tem a ver com trabalho, porque o trabalho pelo menos é algo bastante conhecido na sociedade de Jonas. No entanto, é mais gratificante criar personagens inteligentes e intelectuais do que aquelas que ficariam confinadas em um emprego como o de encarregado de criação de peixes. Apesar de Callum em *Jogo da Velha* vir de uma classe operária e pobre, nem ele nem os membros de sua família são retratados no trabalho. Em vez disso, Callum é aceito em uma escola privilegiada.

Nas distopias, as famílias são aparentemente perfeitas, mas disfuncionais do ponto de vista contemporâneo. *O Doador de Memórias* descreve composições familiares artificiais e crianças criadas em fábricas. Em *Feed*, um amigo de Titus foi clonado a partir do DNA de Abraham Lincoln por um preço inacreditável. O próprio Titus foi produzido em um "concepcionário", onde seus pais disseram aos engenheiros genéticos exatamente que tipo de criança queriam. Isso não é uma questão em *The Denials of Kow-Ten*, mas tanto nesse romance quanto em *O Doador de Memórias* as crianças só vivem com os pais até terem idade suficiente para irem para educação profissionalizante. Em *The Denials* os pais vivem separados de suas famílias. Os idosos são colocados em asilos, e em *O Doador de Memórias*, confortavelmente eliminados.

Um dos estereótipos recorrentes na descrição das famílias é que os pais das crianças ricas e privilegiadas são frios, indiferentes, autoritários e muitas vezes com ideias morais duvidosas. Os pais das crianças desfavorecidas são carinhosos, preocupados e compreensivos, mesmo quando não aprovam a amizade de seus filhos com as crianças ricas. O conflito entre pais e filhos, no qual as crianças percebem as mentiras dos pais e dos outros adultos, sempre foi um tema de destaque na ficção para crianças; no entanto, combinado com um cenário distópico, gera um novo tipo de literatura carregada de consciência social e ética. Os textos defendem que as gerações futuras terão a mesma mentalidade de hoje daqui a cinquenta ou duzentos anos. Em todos os romances, os membros dos grupos sociais privilegiados são maus, egoístas e destrutivos. Os ricos e poderosos ignoram os problemas ecológicos e realizam experimentos médicos antiéticos. A vida humana não tem valor. A indignação contra os adultos é evidente, e os adultos são responsabilizados, enquanto os autores implícitos fingem ficar do lado dos jovens protagonistas. Mas a questão permanece: quando começa a responsabilidade de cada indivíduo? Por que um garoto de doze anos em *O Doador de Memórias* recebe memórias traumáticas quando os adultos não conseguem lidar com elas? Seria ainda a fé cega e romântica na criança pura e inocente que conseguiria resistir ao mal do mundo em nome dos adultos? Ou a culpa é do autor adulto por causa de sua sensação de impotência? Muitas vezes pelo menos um adulto benevolente é apresentado como se fosse uma autodefesa e fica com a função do mentor, que explica a verdade para o adolescente confuso: o Receptor, em *O Doador de Memórias*; Igitur, o gêmeo bom, em *The Denials*; ou o pai de Violet em *Feed*.

ESTRUTURAS DE PODER

A maioria das tramas distópicas são construídas em torno de preocupações heterológicas: etnicidade, classe e gênero. Em *The Denials*, Shiyne observa a diferença da cor da pele dele e de seus amigos. Torna-se evidente que ele é negro e sua amiga Blinda é branca; ainda assim, a etnicidade não parece ser um problema. A Implementação do Enclave de Blueprints (como a ditadura é chamada) foi criada por uma conspiração multinacional e multiétnica. Ainda assim, as mulheres não têm acesso ao poder – como Shiyne percebe na cerimônia do irmão, não há mulheres entre os líderes nem garotas entre os *trainees*. *O Doador de Memórias* tem abordagem diferente: a Anciã-Chefe é uma mulher.

Em *Feed* e *Jogo da Velha*, o conflito se baseia nas diferenças de classes. Desde o começo existe um abismo entre os ricos, chamados de Cruzes, e os pobres, desdenhosamente chamados de zeros – a diferença de *status* é reforçada pelo fato de "Cruzes" ser escrito com a letra inicial maiúscula, e "zeros", somente em letras minúsculas. No entanto, apenas muitas páginas adiante é que se declara explicitamente que a pele dos Cruzes é escura, enquanto os zeros são brancos. Uma aula na escola é utilizada para explicar ao leitor o desenvolvimento contrafactual da história, uma história escrita pelos Cruzes como se fosse a história real que sempre foi escrita pelas classes dominantes. As distinções de classe, comparáveis à escravidão nos Estados Unidos ou ao Apartheid na África do Sul, nunca são questionadas, exceto pela organização terrorista clandestina. Em uma conversa com Sephy, Callum diz "nós zeros e vocês Cruzes", ao que Sephy responde, muito magoada "Faz parecer que... que você está num lugar e eu estou no outro, com uma parede enorme entre nós"[13], e é exatamente o que acontece, como em *The Denials*. Depois descobrimos que os Cruzes são os seguidores de uma religião mundial e por isso estão mais próximos de Deus. O título "Cruzes" não tem apenas a ver com o jogo da velha, uma alusão à constante luta de classes, mas também com uma forma invertida de cristianismo, no qual Deus é uma divindade apenas dos Cruzes, celebrado no Cruztal. Zeros não têm deuses.

Em *Feed*, além dos privilégios financeiros, a classe dominante tem acesso a um chip implantado que mantém a vida, coisa que as classes inferiores não têm condições de comprar. Quando Titus tenta defender as autoridades ao apontar os benefícios dos *feeds*, Violet informa, para total surpresa do garoto, que apenas setenta e três por cento dos americanos possuem *feeds*. Na maioria das distopias, as autoridades de alto escalão manipulam as personagens para que acreditem que levam uma vida luxuosa, uma vez que não dispõem de outras referências. Violet, entretanto, mostra muita consciência de sua posição desprivilegiada e não compartilha da filosofia idealista do pai, mas diz a Titus: "Você leva essa vida como eu sempre quis."[14] Em uma das discussões finais, Titus a repreende por tirar sarro dele e de seus amigos: "lá no fundo você tem esse desejo de ser um de nós o tempo todo"[15]. Da mesma maneira, Callum sonha em estudar: "ter uma casa grande, dinheiro no banco, não precisar trabalhar e ser respeitado onde quer que for"[16]. Ao visualizar seu futuro, ele o constrói de acordo com as normas dos Cruzes. As aspirações que os jovens das classes mais baixas cultivam ligam-se a deixar sua classe social para trás assim que possível. A irmã de Callum, Lynette, certa vez namorou um Cruz, que foi morto por zeros ressentidos. Na loucura que a moça entra como forma de escapar do trauma, ela se imagina como uma Cruz que foi criada por uma família de zeros por engano. Jude, o irmão mais velho, expressa os sentimentos dos irmãos: "Vi você odiando a casa, odiando a gente e odiando a si mesma porque não nasceu como um deles."[17]

Em todos os textos existe um outro adolescente normalmente distante do protagonista pelo gênero, pela etnicidade ou pela classe, e às vezes por todos esses fatores. Violet até tenta resistir à pressão de receber um *feed*, o chip implantado que dá às autoridades total controle sobre ela. Em um de seus sermões explícitos para Titus, no qual se torna porta-voz do autor para equilibrar a ignorância e a presunção do garoto, ela diz: "Eles tentam descobrir quem você é e tentam fazer você se adequar a um dos seus tipos para facilitar o marketing. É uma espiral: eles continuam a fazer tudo muito básico para que tenha um apelo para todos. E, aos poucos, todos se acostumam a serem básicos, então nos tornamos cada vez menos diversos enquanto povo, mais simples."[18] Violet é engajada em questões políticas e ambientais, tenta explicar a Titus como o resto do mundo odeia os americanos "pelo que fizeram"[19]. Em *The Denials*, Blinda acaba se dando conta da lavagem cerebral quando percebe que a memória de Shiyne foi apagada.

Irrelevantes em *O Doador de Memórias* e de todo ausentes em *The Denials*, as histórias de amor entre pessoas de classes diferentes em *Feed* e em *Jogo da Velha* inevitavelmente realçam outras diferenças relacionadas ao gênero – ou à raça. *Dit Man Längtar* leva o conflito além, pois também aborda questões de heteronormatividade, quando apresenta uma história de amor lésbico na qual uma jovem da classe dominante do subúrbio rico do norte de Estocolmo conhece uma "garota comum" do subúrbio proletário do sul da cidade (tradicionalmente uma região de operários, que se torna um dos bairros mais chiques entre os jovens intelectuais). O tema retoma a trama literária clássica, de maneira bastante evidente em algumas das distopias discutidas aqui, envolvendo relacionamentos amorosos entre pessoas de grupos sociais diferentes. O tema leva inevitavelmente a conflitos, e no máximo o parceiro da classe dominante toma consciência das diferenças de classe e da injustiça social. No entanto, em *Dit Man Längtar*, a indignação social e o engajamento de Hedvig se apoiam em seu amor por Marija, um dilema comum na ficção. A grafia do nome, Marija[20], não serve apenas para destacar que ela é pobre, mas também implica que é imigrante ou filha de imigrantes; assim, outro eixo da alteridade é trazido à cena. Não surpreende que Hedvig seja intelectual e ame poesia, enquanto seus companheiros menos privilegiados mal saibam ler.

Hedvig não sente nenhum remorso em relação à sua noiva rica, mas não gosta nada quando seu computador é usado para acessar e roubar contas bancárias de pessoas ricas, incluindo a dos próprios pais dela. Ao mesmo tempo que a revolta contra os pais é algo normal para qualquer jovem, a lealdade à classe social é algo que não pode ser ignorado tão facilmente, como também acontece em *Jogo da Velha*. Enquanto mora por algum tempo em uma comunidade pobre no sul da cidade, Hedvig sente empatia pelos que sentem fome e frio, pelos que estão desempregados; ela até faz uma contribuição prática ao colocar crianças sem-teto sob os cuidados de sua avó em uma mansão no arquipélago de Estocolmo. Ao mesmo tempo, Hedvig sente saudade da comida boa e saudável, dos banhos quentes, e como não cortou os laços com a vida que levava antes, a qualquer hora pode viajar de volta para casa na primeira classe de um trem e curtir algumas horas em uma cama macia, um banho com óleos perfumados, escova e pasta de dentes, música clássica, uma muda de roupas limpas. Apesar de sua vergonha por sentir falta do conforto, a aversão à pobreza começa a tomar conta dela. O mundo dos necessitados é descrito, por meio da focalização da protagonista, com adjetivos recorrentes como "tedioso", "imundo", "nojento", "velho", "fedorento" e "contagioso". Ao observar crianças sujas brincando nas ruas, idosos com dentes apodrecidos e barracos deploráveis, Hedvig comenta várias vezes que não sabia que lugares como aqueles existiam. Seu mundo é, assim como o enclave em *The Denials*, cercado e vigiado. A experiência de outrização de Hedvig é parecida com a de Shiyne quando ele dá uma volta além do Muro. Destruição, sujeira, mau cheiro, violência, calor insuportável e sol escaldante, comida ruim, água contaminada e pessoas cruéis são seus primeiros contatos com o mundo desconhecido sobre o qual estava curioso. Além disso, ele aprende que Outside tem seus próprios conflitos e hierarquias de poder; a harmonia do enclave é desconhecida ali. Mas, ao contrário do que acontece no interior de Kow-Ten, as memórias do passado são mantidas e celebradas, para nunca serem esquecidas. Quem mora lá não passou por uma lavagem cerebral.

PODER, MEMÓRIA E LINGUAGEM

A lavagem cerebral é uma característica comum de qualquer sociedade distópica, sendo que em *Feed* o caso é mais extremo, pois as autoridades têm total controle sobre os cidadãos por meio de chips implantados. Seus hábitos, em especial os de compra, são monitorados para oferecer aos cidadãos mais e mais produtos; como Titus observa, um *feed* "sabe tudo o que você quer e deseja, às vezes até antes de você saber o que são essas coisas. Ele pode te dizer onde consegui-las, e ajudar a tomar decisões nas compras mais difíceis"[21]. A educação é focada na arte de comprar e consumir, uma vez que as escolas são administradas por corporações; Titus mal sabe ler e sua mente é constantemente bombardeada por propagandas agressivas. Violet sabe ler e escrever porque estudou em casa, mas seu conhecimento não vale nada no mundo em que vive. Quando os *feeds* de Titus e seus amigos são hackeados e precisam ser desligados por um tempo, Titus se sente completamente desligado da vida. Durante este ataque realizado por um ativista anti-*feed*, o *feed* de Violet sofre um dano permanente, e não é apenas a fonte de um fluxo constante de informações, mas também está ligado à atividade cerebral em si, aos movimentos do corpo e até às emoções. Quando seu *feed* falha, Violet definha e morre. Sua perda gradual de memória, da fala e de inteligência torna-se um poderoso símbolo da decadência da sociedade como um todo.

Em *O Doador de Memórias*, a sociedade é caracterizada pela falta de memória; lembranças traumáticas do passado, da guerra, da fome e da miséria, mas também de felicidade, amor, amizade e todas as emoções. Não por acaso, a memória perdida de uma noite de Natal com uma família amorosa é amplificada. O Natal representa os laços familiares e não uma festa religiosa, já que outra característica fascinante das distopias é a ausência de religião. Em *Jogo da Velha*, as classes privilegiadas são supostamente "escolhidas por Deus", mas a fé tem pouca influência na ideologia e as práticas religiosas não são descritas. Em *The Denials*, os enclavistas juram por "Haran", mas qualquer memória sobre a que essa entidade se refere está perdida. Da mesma maneira, a exclamação recorrente "Omigod"[22], em *Feed*, perdeu seu significado original. Em *Feed*, o consumismo é a religião, e em *O Doador de Memórias* não há nenhuma indicação de religiosidade. Os protagonistas das distopias nunca refletem sobre esse fato porque simplesmente não sabem o que é religião; ela foi apagada da sociedade junto com a moral, a consciência e todas as convicções pessoais.

As diferenças entre o conhecimento, o entendimento das coisas e as experiências físicas e mentais entre personagens e leitor é a chave de qualquer ficção distópica, mas um jovem leitor precisa fazer um esforço adicional para compreender o significado das decisões éticas dos protagonistas. É quase impossível imaginar um mundo sem cor, e até Jonas perceber que tinha sido privado disso e que vê tudo em preto e branco, existem motivos para acreditar nisso. Da mesma forma, não há por que questionar a realidade da selva e do leão em *The Denials* até que Shiyne, protagonista e focalizador, comece a duvidar. Um leitor atento talvez suspeite de que algo está errado quando o leão pisa todos os dias na mesma pegada. Shiyne não percebe que o leão é uma imagem projetada; mas se espera que o leitor seja superior à personagem ingênua. Além disso, por ter informações prévias fornecidas pela narrativa, o leitor compreende melhor o passado do enclave. Os cidadãos, no entanto, confiam completamente nas autoridades que "guardam todo o conhecimento secreto do enclave"[23]. A palavra de ordem do Domo, o centro das autoridades, diz: "O conhecimento é chave." Mas o conhecimento é reservado para a elite mais seleta. Todas as informações a respeito de "Outside", "os Outros" e "Antes" são indisponíveis para os cidadãos comuns. Ao fazer uma busca na web, Shiyne encontra a seguinte resposta: "Mais informações são desnecessárias." Os adultos sempre são responsabilizados pelo estado atual das coisas. Isso só pode ser feito de maneira implícita, já que a premissa da distopia é uma forte focalização, por meio da qual a sociedade diferente é descrita sem a intervenção discursiva do narrador. Mas a decadência moral dos adultos é a principal conclusão a que as personagens jovens chegam. Em *The Denials*, os adultos que criaram a distopia ainda estão vivos, mas suas memórias foram deliberadamente apagadas.

Em uma sociedade totalitária, denunciar é uma virtude, e Shiyne, jovem como é, já fez essa prática, denunciando seu melhor amigo Dayvid por contar para ele sobre a vida em Oustide.

A sociedade encoraja a lealdade e explica a necessidade pela forma FGG, "for the greater good"[24]. A explicação da abreviação só aparece muitas páginas depois de ser usada pela primeira vez, mas espera-se que o leitor compreenda o sentido. O slogan é herança do lema supostamente atribuído aos jesuítas "Os fins justificam os meios", que também foi apropriado pela ideologia comunista e é usado de maneira explícita pelos terroristas em *Jogo da Velha*. Mas, no fundo, Shiyne sabe que não está agindo de maneira correta, e ao aprender o significado da palavra "consciência", ele se dá conta de que estava com a consciência pesada em relação ao amigo. Aqui, assim como em todos os romances distópicos, o episódio chama a atenção do leitor para o poder manipulador da linguagem. *O Doador de Memórias* descreve uma sociedade em que a linguagem foi expurgada de todas as palavras que se referem a fenômenos indesejáveis aos olhos das autoridades, na qual uma "linguagem precisa" é usada como meio de opressão. Não existem palavras para descrever emoções e relacionamentos humanos, por exemplo. Quando Jonas pergunta a seus pais se eles o amam, eles respondem: "você se expressou de forma muito generalizada, com uma palavra tão sem sentido que já se tornou quase obsoleta"[25]. Em vez disso, sugerem que o filho pergunte se eles se orgulham de seus talentos. Jonas tinha aprendido a palavra "amor" com o Doador, mas ela já havia sido eliminada do vocabulário comum muito tempo atrás. Quando não existem palavras para descrever sentimentos, eles desaparecem da mente humana. Perto do final do romance, Jonas se pergunta se as pessoas ao seu redor já experimentaram algum sentimento ou se apenas usam palavras vazias.

Métodos de controle parecidos aparecem em *The Denials*. A eliminação de certas palavras significa que os conceitos que essas palavras representavam também foram eliminados. Shiyne não entende a palavra "consciência" quando Igitur explica que ele não poderia viver com sua consciência tranquila dentro do enclave. O leitor conhece o significado e o uso da palavra, mas caso a mensagem não seja clara, Igitur conclui: "Sim, claro. Essa palavra não faz mais parte do vocabulário do enclave. Meu querido irmão acredita que se você não tem uma palavra para algo, essa coisa deixa de existir."[26]

Além disso, muitas palavras são usadas de maneira eufemística. Na sociedade de *O Doador de Memórias*, os eufemismos são usados para ocultar aspectos menos atrativos da existência.

As unidades familiares indicam pessoas que foram reunidas de acordo com o desejo das autoridades. As profissões são chamadas de "tarefas" e são impostas a todos os cidadãos de maneira definitiva. Horas de trabalho voluntário significam trabalho forçado. O desejo sexual é chamado de "atiçamento" e é tratado como uma doença grave. O exemplo mais marcante, no entanto, é a "dispensa", o eufemismo para execução. A dispensa é praticada em cidadãos idosos que se tornaram um fardo para a sociedade, em bebês que nascem muito fracos e especialmente em dissidentes políticos. Mas o leitor leva um tempo, assim como Jonas, para chegar a essa conclusão. Primeiro, Jonas acredita, como foi treinado a acreditar, que "dispensar" um cidadão que errou é enviá-lo para Alhures. Mais tarde fica claro que Alhures é apenas outro eufemismo. A dispensa dos idosos é apresentada como "um momento de celebração por uma vida plena e bem vivida"[27], e Jonas mais uma vez demora a entender que sua amiga Fiona, que é designada para um trabalho na Casa dos Idosos, logo será introduzida à "refinada arte da dispensa"[28], dando injeções letais em idosos.

Jogo da Velha[29] pode parecer não ter a linguagem manipuladora, mas uma análise mais atenta mostra que as palavras do título original são eufemismos: Cruzes para a elite governante negra e zeros para os brancos pobres e oprimidos. Além disso, cada classe tem apelidos desdenhosos para a outra: os Cruzes são chamados de "cruzetas" e os zeros são chamados de "desbotados". Não surpreende que isso leve a conflitos, e Sephy de repente se dá conta disso: "*Desbotados*... Que palavra horrível! Uma palavra maldosa. Meu amigo Callum não era um desbotado. Não era...".[30] Tendo ela mesmo usado essa palavra no calor do momento, reflete: "uma palavra que havia machucado meu melhor amigo... eu não havia percebido totalmente como as palavras podiam ser poderosas"[31].

Mesmo palavras comuns podem ser usadas para indicar outras coisas. Em *O Doador de Memórias*, Jonas chama seus pais de mãe e pai, mas eles não têm ligação biológica. Ninguém na comunidade sabe o que é um animal, mas a palavra é usada "para descrever pessoas mal-educadas ou desajeitadas, que destoavam da comunidade"[32]. A linguagem figurativa é banida por ser imprecisa. Quando Jonas diz "Estou morrendo de fome", ele é imediatamente corrigido pelo professor. A expressão "morrer de fome" é uma hipérbole, e Jonas a está usando em sentido figurado, querendo dizer que está com muita fome. Mas as autoridades não querem mal-entendidos: "Ninguém na comunidade morria de fome, nunca estava morrendo de fome, jamais morreria de fome. Dizer 'morrer de fome' era falar uma mentira."³³ A linguagem correta é importante para garantir que nenhuma memória desagradável de fome extrema possa incomodar a comunidade.

Em *The Denials*, palavras conhecidas também significam outras coisas. Um *Calmer* ("Acalmador") é um policial, *Guides* ("Guias") são professores e *Enhacers* ("Potenciadores") são os ditadores que governam o enclave. Para mostrar como a linguagem se desenvolveu, algumas palavras são escritas da mesma maneira que são pronunciadas, por exemplo, *sokka* é "soccer" ("futebol"), quilômetros são "kays", e centímetros, "cems". A divindade Hanran refere-se a Ayn Rand. Tudo isso reforça a sensação de estranhamento e distanciamento do leitor. Por outro lado, novas palavras são criadas e seu verdadeiro significado é obscuro, pelo menos no começo: *magroads* (estradas magnéticas nas quais rodam bicicletas à propulsão), *lume-dials* (relógio-celular) ou *nitrograms* (imagens tridimensionais). Ao mesmo tempo que contribuem para a descrição de um cenário futurista, esses detalhes também demonstram como a linguagem funciona. *Feed* mantém palavras que são em parte do jargão adolescente e em parte pertencem ao idioma futurista: *lo-grav*, *upcar* – uma nave particular usada para todo o tipo de transporte –, *units* e *unettes* para garotos e garotas, *meg* para todas as gradações de "bom", *mal* – abreviação de "brain malfunction" ("mal funcionamento cerebral") –, referindo-se à intoxicação por álcool e drogas.

As riquezas da linguagem natural, incluindo os sinônimos, também são eliminadas para manipular os cidadãos. Quando todos usam as mesmas roupas, é desnecessário ter diversas palavras para as várias peças de vestimenta. Quando a comida é sempre a mesma, não são necessárias palavras para se referir a diversos pratos. Quando não há diferenças entre casas e apartamentos, é mais fácil usar a palavra "dwelling" ("habitação"). Ou, como o próprio Jonas coloca: "Se tudo é igual, então não existem opções."³⁴ A conformidade da linguagem enfatiza a conformidade da própria sociedade.

VOZ E SUJEITO

Feed emprega a narração em primeira pessoa e não só é escrito na linguagem casual e oral de um adolescente sem estudos, como o próprio vocabulário do narrador é limitado de propósito. Quando Titus ouve uma palavra que não conhece, pode procurá-la imediatamente na base de dados de um dicionário; assim o texto contém um estilo um pouco mais variado, mas os episódios revelam de maneira deliberada a pobreza do glossário de Titus. O texto também é contaminado por slogans publicitários que Titus recebe sem parar em seu *feed*. O nível de sofisticação linguística de Titus e seus amigos é melhor ilustrado pelo título de seu programa favorito: *Oh? Wow! Thing!* (Oh! Uau! Coisa!). Ao visitar a casa de Violet, ele fica surpreso com a presença da linguagem escrita: "Tudo tem palavras. Há papeis com palavras, e livros, e até os pôsteres nas paredes têm palavras."[35] O pai de Violet é um especialista em línguas mortas – não latim ou sânscrito, mas Basic e Fortran, as primeiras linguagens de programação. Ainda assim, ele é bem consciente sobre o empobrecimento que acontece nas linguagens naturais e resiste a esse fato usando frases extravagantes que Titus acha incompreensíveis: "Estou tomado por surpresa com a regularidade de suas aparições e a bela generosidade demonstrada à minha filha. Vocês dois são próximos, o que me alegra o coração, próximos como duas asas arrancadas da mesma borboleta."[36]

Jogo da Velha é narrado por diversas personagens, alternando capítulos a partir da perspectiva de Callum e de Sephy. Essa ferramenta cria um contraponto poderoso não apenas em relação a suas visões diferentes sobre as coisas, mas também no desenvolvimento de sua língua, em especial no caso de Callum, conforme ele se distancia do mundo dos Cruzes. Esse uso da linguagem é extremamente sutil e mais eficiente do que o jargão explícito usado em *Feed*.

Ao menos em aparência, a exploração da Outridade, por meio da linguagem entre outras coisas, conduz à revelação do protagonista. Jonas, em *O Doador de Memórias*, não tem nenhuma opção quando é indicado como Receptor de memórias. Ele é selecionado entre muitos jovens porque as autoridades o classificaram como alguém de personalidade forte e imune à dissidência. Até então, ele não questiona a sociedade em que vive – simplesmente não tem razões para fazê-lo. A princípio ele se mostra totalmente submisso, tornando o contraste ainda mais forte. Shiyne é questionador por natureza: "as perguntas começaram a girar em sua cabeça... Sua cabeça sempre fora cheia de perguntas – porque sempre há algo incrível sobre o que refletir"[37]. O protagonista é um dissidente em potencial desde o começo, o que torna sua derrota final ainda mais efetiva. No início da trama, Shiyne é castigado pelo chefe dos Realçadores, Gaudeamus:

> Quando você era criança, tinha a liberdade de perguntar o que lhe vinha à cabeça... Mas agora você tem catorze anos, Shiyne, e sua curiosidade infantil deve ficar para trás. Agora, ao fazer perguntas, elas precisam fazer sentido e ter um propósito.[38]

Por ter um futuro promissor como *trainee* de realçador, Shiyne decide parar de fazer perguntas sem sentido, do ponto de vista do enclave, até para si mesmo. As únicas perguntas que merecem ser feitas são aquelas que "poderiam melhorar o bem-estar de Kow-Ten"[39]. Este é seu primeiro passo para o conformismo. Mas seu espírito ainda não está completamente destruído; como um verdadeiro rebelde, ele percebe que "não precisava parar com as perguntas. Não! Só precisava parar de verbalizá-las... O que estava escondido em sua cabeça era secreto e particular"[40]. Aparentemente, a tecnologia do enclave ainda não tinha aprendido como acessar os pensamentos das pessoas, como é retratado em *Feed* e em *O Doador de Memórias*, ainda que com menos destaque.

A epifania dos protagonistas das distopias pode causar diversas ações que demandam o posicionamento ético do leitor: eles podem tentar mudar a sociedade em que vivem, escapar dela ou se conformar. Callum, em *Jogo da Velha*, se rebela contra as injustiças sociais, mas, ao fazer isso, trai sua namorada. A concessão é inevitável, pois ele precisa escolher entre duas lealdades, e a lealdade à sua classe se mostra mais forte. Seguindo ordens de sua organização terrorista, ele sequestra Sephy, apesar de depois ajudá-la a fugir. Neste episódio, Sephy é usada para representar uma mensagem didática: "Se você tentar mudar o mundo usando violência só vai passar de uma injustiça para outra...".[41]

Em *Feed*, Violet tem a intenção de mudar o mundo, mas morre porque seu pai não tem condições de pagar pelos cuidados necessários. Titus, no entanto, a havia traído muito antes de sua morte iminente, pois não queria se envolver. Forçado por Violet a levá-la a uma excursão noturna, ele não consegue ter relações sexuais, porque em sua cabeça o corpo dela já estava em decadência. Sentado ao lado dela na cama, Titus olha para o relógio para não perder o encontro com a nova namorada. Ele não sente remorso, e o *feed* não permite que ele passe pelo luto; em vez disso, enche sua cabeça com novas e tentadoras propagandas. De modo semelhante, Hedvig, em *Dit Man Längtar*, abandona Marija como se fosse um brinquedo velho.

Jonas não é apenas empoderado por sua inteligência, que permite que ele perceba a hipocrisia de seu mundo. Ele é o escolhido, a pessoa que acabará se tornando a mais influente em sua macabra sociedade. Mas o poder tem seu preço; na verdade, os adultos escolheram Jonas para carregar seus fardos, para acumular e preservar as memórias traumáticas do passado. Jonas foge quando percebe que seu irmão mais novo está em perigo. Esse ato altruísta, no entanto, leva os dois à morte. Assim a criança é usada – e abusada – pelos adultos como uma lata de lixo mental, e, por causa de todas as suas descobertas, Jonas não pode escapar e deve morrer. Esta é uma ideia perturbadora, pois justifica o direito dos adultos de manipular e abusar das crianças, e ainda que a intenção do texto seja causar indignação, a criança desobediente é punida de maneira eficiente. O conformismo forçado pode ocasionalmente assumir formas violentas; no entanto, também pode ser apenas uma questão de covardia. Em tais casos, o julgamento moral fica por conta do leitor, que precisa se desligar do protagonista para poder fazer um julgamento justo.

Ao voltar para o enclave cheio de novos conhecimentos e consciente, Shiyne está determinado a lutar contra as injustiças. Enquanto isso, sente dor e exaustão, coisas das quais os cidadãos do enclave são poupados. Ao caminhar até a casa do outro lado das montanhas, algo que não existe em seu mundo plano, ele resolve compartilhar suas descobertas com a autoridade mais importante do enclave, o irmão gêmeo de Igitur, Gaudeamus. Então ele se lembra dos agradáveis analgésicos, dos lençóis macios da cama, do conforto de seu mundo e de seu desejo anterior de se tornar um dos líderes. Acima de tudo, ele começa a questionar a história que Igitur lhe contou. Ao voltar para a segurança de sua casa, ser cuidado, estar cercado por sua família amorosa, ele sente que sua experiência em Outside está sendo esquecida. Ele fala com Gaudeamus, mas não encontra a reação esperada. E, quando a perspectiva da história deixa de ser de Shiyne e passa a um narrador onisciente, o leitor descobre que o jovem protagonista recebeu uma dose de uma droga que apaga memórias e voltou a seu estado inocente anterior. O romance então retorna de maneira cíclica para um Shiyne refletindo sobre as repetidas ações do holograma do leão.

Quando Hedvig, em *Dit Man Längtar*, volta para o ambiente de sua família de classe alta, a pergunta natural é o que o leitor deveria inferir a partir disso. A protagonista havia estudado cuidadosamente como vivem as classes menos privilegiadas e decidido que ser rica era mais confortável. O amor entre fronteiras de classe acabou — não necessariamente por causa das diferenças de classe, apesar do arrefecimento dos sentimentos de Hedvig estar intimamente ligado à sensação de sujeira, mau cheiro, fome e miséria. Sua consciência pesada é apaziguada com uma dose suportável de caridade. Isto é uma traição, assim como a de Callum e a de Titus, mas essa questão moral não é levada a diante. O que se espera que os leitores pensem a respeito de Hedvig? Devemos culpá-la? Por outro lado, é difícil se libertar da subjetividade do texto, pois pudemos acompanhar as fortes e contraditórias emoções de Hedvig. Devemos atribuir a solidariedade falha de Hedvig ao fato de ela ter crescido em uma sociedade futurista com extremas diferenças de classe? A falta que aparece no título é, a princípio, a falta de estar longe de sua vida regulada, de viver algo diferente e mais empolgante; mas, ao experimentar do fruto proibido, ela admite para si mesma que esse algo de que sente falta não existe. O final parece o de um romance convencional, no qual os protagonistas ricos ficam pobres por um golpe do destino, mas acabam recuperando seu legítimo *status* superior e sua riqueza. Ou então é uma reminiscência da filha pródiga, que volta para casa para receber o perdão do pai. Em outras palavras, Hedvig volta para sua classe social, etnicidade e heteronormatividade sem nem mesmo questionar sua escolha, como se seu período com os pobres tivesse sido um excitante videogame em um cenário exótico.

DE ONDE VOCÊ TEM SAUDADES

A distopia é, portanto, um veículo potente para alienar os leitores, tornando-os conscientes tanto da ingenuidade quanto das falhas morais das personagens. O final de *O Doador de Memórias* poupa o protagonista da humilhação de passar por outra lavagem cerebral. A morte de Jonas ecoa a prática do século XIX de matar crianças fictícias antes que tivessem a oportunidade de pecar. Callum em *Jogo da Velha* tem uma morte violenta que sinaliza a impossibilidade de reconciliação, mas Sephy leva seu filho no ventre, ele ainda poderá mudar o mundo (existem continuações do romance, das quais não vou tratar aqui). *Feed* deixa o protagonista sem mudança alguma e reduzido ao semi-robô que era antes de conhecer Violet. O final de *The Denials of Kow-Ten* mostra a derrota completa do jovem protagonista. O porta-voz do romance, Igitur, afirma: "Diferente das histórias, não existe um capítulo final no mundo real. O sofrimento apenas continua...".[42] Mas, apesar desse comentário metaficcional, o texto tem um capítulo final, ou epílogo, ligado ao prólogo, sugerindo que em outro universo paralelo o desdobramento fatal na Terra não acontecera. Esta é a corda de segurança que o autor implícito usa para dar alguma esperança ao leitor, e seu cenário hediondo mostra-se como um conto admonitório.

Cada um à sua maneira, os romances colocam uma barreira entre o protagonista e o leitor, convencendo o último a adotar uma posição de sujeito independente. A menos que isso aconteça, os leitores ficarão presos a personagens inocentes que estão completamente cegas em relação ao seu próprio comportamento, assim como ao mundo que as cerca. Entre outras coisas, a resistência do leitor aos finais que desempoderam o protagonista é um fenômeno comum: por exemplo, muitos leitores de *O Doador de Memórias*, até mesmo leitores adultos, preferem interpretar o final de maneira otimista, afirmando que o protagonista chegou a uma posição melhor e vai viver feliz para sempre. Uma leitura mais sofisticada do romance exclui tal interpretação: ao longo da história, Alhures, aonde Jonas está tentado chegar, é usado como um eufemismo para a morte. A representação de Jonas lutando contra o frio e a fome, e tendo alucinações é uma descrição precisa da agonia da morte. Assim, como demonstrei, o único caminho que o autor enxerga para seu herói rebelde é acabar com ele, matando-o.

A leitura apurada dos romances nos leva a conclusões pessimistas. A essa altura, parece natural que voltemos à questão do poder, assim como à diferença entre a ficção para crianças utópica e a distópica. A representação da infância na ficção convencional para crianças reflete o ponto de vista do escritor adulto, com frequência muito idealizado, às vezes nostálgico. Paradoxalmente, a visão do futuro nos romances para crianças provavelmente também é muito diferente das ideias que os jovens de hoje podem ter a respeito de seu próprio futuro. Apesar de os escritores adultos poderem tentar se libertar de sua experiência, "dar uma voz" à criança protagonista, "falar em nome da criança", ainda ouvimos em grande parte a voz e os valores do adulto vazando pelo deliberado ponto de vista inocente dos jovens protagonistas. Isso significa que, no evidente medo do futuro que existe na ficção contemporânea para crianças e jovens, vemos o reflexo dos medos dos próprios adultos e seu próprio sentimento de culpa.

6 A Outrização do Cenário: Orientalismo e Robinsonadas

O termo "orientalismo" está associado a Edward Said[1]. O fenômeno, no entanto, data de muito antes, do período em que o mundo ocidental entrou em contato com o Oriente pela primeira vez e ficou deslumbrado com a mentalidade, a cultura e a arte completamente diferentes. A *chinoiserie* e o "japonismo" como tendências específicas da arte, da arquitetura e de parte da literatura ocidentais foram uma mistura de admiração e apropriação. A última tem sido duramente criticada na teoria pós-colonial. O orientalismo na literatura infantil tem sido estudado com conceitos e ferramentas da teoria pós-colonial[2], ainda que sem um contexto heterológico completo.

Os contos de fada de Hans Christian Andersen oferecem bons exemplos de orientalismo explícito. Em "A Pastora e o Limpa-Chaminés", quem impede a felicidade dos amantes é o avô da pastora, que por acaso é uma figura chinesa, uma bugiganga de porcelana que estava na moda na época em que a história foi escrita. Aqui, as tradicionais imagens ocidentais – as duas estatuetas pastorais – entram em conflito com uma figura oriental. Não é necessário para a trama que o antagonista seja oriental, mas Andersen obviamente introduz uma figura que era tão provável de ser encontrada nas salas de estar dinamarquesas quanto as miniaturas de pastoras bucólicas. No entanto, o avô chinês é apresentado como mau, como o vilão da história, na verdade; assim, na tensão entre Ocidente e Oriente, o segundo é de pronto outrizado. O exemplo mais impressionante do orientalismo de Andersen está em "O Rouxinol", um evidente tributo à *chinoiserie*. Ao contrário de "A Pastora e o Limpa-Chaminés", a narrativa se passa na China e enfatiza os modos e hábitos orientais. No entanto, o cenário oriental não está integrado à trama, e os valores por trás da história refletem um tema recorrente de Andersen: a arte falsa versus a arte verdadeira.

Vários romances de fantasia para crianças usam cenários em parte ou quase orientais em seus mundos alternativos, como *The Story of the Amulet* (A História do Amuleto, 1906), de Edith Nesbit; *The Horse and His Boy* (O Cavalo e seu Menino, 1954), de

C.S. Lewis; *The First Two Lives of Lukas-Kasha* (As Duas Primeiras Vidas de Lukas-Kasha, 1978), de Lloyd Alexander; *The Lives of Christopher Chant* (As Vidas de Christopher Chant, 1998) e *The Castle in the Air* (O Castelo Animado, 1990), de Diana Wynne Jones; e *The Firework Maker's Daughter* (A Filha do Fabricante de Fogos de Artifício, 1995), de Philip Pullman. A alteridade generalizada do cenário torna o tom orientalista menos perceptível.

The Remarkable Journey of Prince Jen (A Notável Jornada do Príncipe Jen, 1991), de Lloyd Alexander, se passa em um país oriental imaginário, mas cujos nomes próprios e topônimos fazem referência à China. Existem algumas características que podem ter se originado na mitologia chinesa, e o conceito de sábios errantes é inconfundivelmente oriental. Ainda assim, o cenário não está integrado à trama. O romance é uma entre diversas obras de Alexander que apresentam cenários como a Grécia Antiga, a Índia, uma Europa vagamente histórica e os semi-míticos Illyria, Eldorado, Drackenberg e Jedera. A trama e o conjunto de personagens de *Prince Jen* podem ser facilmente reconhecidos em outros romances; seus atrativos estão na riqueza de detalhes, no humor, na ironia e na linguagem. Ele de fato retrata uma interessante evolução de personagem e traz uma mensagem humanista e existencial. Em outras palavras, é um livro excelente em todos os aspectos. Ainda assim, o cenário tem como função única contribuir para tornar a alteridade exótica.

Em outra tendência parecida, os romances empregam cenários orientais em tramas históricas. *A Single Shard* (Por um Simples Pedaço de Cerâmica, 2001), de Linda Sue Park, se passa na Coreia do século XXII e apresenta a minuciosa arte da cerâmica, mais especificamente das incomparáveis cerâmicas céladon da Coreia. A trama é vaga. O protagonista, um órfão com o apelido de Orelha-de-Pau, torna-se aprendiz de um importante ceramista, mas, por não ser filho de Min, não deve continuar os negócios do mestre. No último quarto do livro, Orelha-de-Pau decide levar uma amostra do trabalho de Min para a corte real, é atacado por assaltantes, mostra um caco do vaso quebrado para o oficial da corte e consegue uma encomenda para seu mestre. Também existe uma tensão entre a lealdade do protagonista ao seu mestre e a dedicada a um "velho aleijado" que tomou conta dele desde bebê, uma arquetípica progressão órfão-guia-pai. O cenário é essencial, pois a cerâmica céladon com decorações incrustradas só foi produzida na Coreia durante o período descrito no romance. Dessa forma, o livro tem uma forte intenção educativa. O protagonista está descolado no tempo e no espaço, ainda assim a narrativa é totalmente apresentada a partir de sua perspectiva. Ele ascende da condição de órfão à de herdeiro de seu mestre, e até ganha um nome novo. Supõe-se que seja o criador do vaso mais famoso preservado daquele período.

Da mesma maneira, *The Kite Rider* (O Empinador de Pipas, 2001), de Geraldine McCaughrean, que se passa na China conquistada por Kublai Khan, é uma história convencional com um forte toque oriental, e a profissão que o jovem protagonista aprende é a de fazer e empinar pipas.

VIOLÊNCIA, HONRA, LEALDADE E AMOR

Katherine Paterson escreveu diversos romances em cenários orientais que são ótimos exemplos das variedades de outrização por meio do cenário. Todos esses romances são históricos e, portanto, descolados no tempo e no espaço.

Rebels of the Heavenly Kingdom (Rebeldes do Reino Celestial, 1983) se passa na China, durante a década de 1850, e tem como pano de fundo a luta da população nativa para derrubar o odioso Império Manchu. A religião monoteísta importada une um grupo de pessoas atraídas pela ideia da paz celestial, que adota com entusiasmo a crença estrangeira. No entanto, os dez mandamentos – ou os Dez Preceitos Celestiais, como os neófitos preferem chamar – não combinam em nada com as terríveis intenções dos insurgentes ou com suas práticas cotidianas. O autoproclamado líder espiritual do grupo, alegando agir sob as ordens de Deus, torna-se um ditador impiedoso. Os dois líderes impõem regras de conduta totalmente opostas à doutrina cristã. Alimentos são queimados com uma oferenda para Deus enquanto as pessoas morrem de fome. Os adoradores de Deus profanam e destroem os templos, e estraçalham imagens esculpidas, isto é, esculturas de tradicionais divindades chinesas. Eles pregam o amor, mas agem com ódio, intolerância e desrespeito pela vida humana. Na verdade, se comportam quase da mesma maneira que o detestado inimigo, as forças do Império Manchu. Saques, assassinatos e estupros tornam-se práticas comuns, mas justificadas pelos fins: "Os horrores e os sofrimentos dos dois últimos anos serão apagados pelo esplendor do Reino Celestial. Em breve haverá Grande Paz para todos na China."[3] Apesar das declarações formais de igualdade, homens e mulheres primeiro são separados em reuniões, e depois totalmente proibidos de se reunir. Famílias são separadas, maridos e esposas são mortos se forem vistos juntos. Os membros da seita são encorajados a denunciar seus amigos. Qualquer desvio das regras é punido com uma morte dolorosa. Assim, os tiranos governam por meio do terror e da violência. É de pouca importância que o objetivo de Paterson seja apresentar uma alegoria da China comunista do século XX, pois a imagem se mostra muito mais universal e reflete qualquer sociedade construída sobre o fanatismo e o ódio. A alegoria poderia muito bem ser da Revolução Francesa ou do regime bolchevique na União Soviética.

Grande parte do romance se focaliza por meio de um jovem camponês chamado Wang Lee. Forçado a se juntar aos rebeldes, ele reluta a aceitar o dogma estrangeiro a princípio, personificado na brutal Lin Mei. Quando se encontram pela primeira vez, Lin Mei está disfarçada de homem, e Wang Lee afirma que ela é vulgar. Seus pés não foram amarrados, como seria apropriado a uma garota chinesa. Além disso, Lin Mei sabe ler e escrever, uma habilidade inapropriada para uma mulher. Wang Lee sabe muito bem da importância dos estudos, que está enraizada na tradição chinesa; quando ainda era o filho de um pobre camponês, já sonhava em "ter o maior tesouro de todos: ser capaz de ler e escrever"[4]. A alfabetização, no entanto, é um bem ambivalente. Lin Mei ensina os caracteres chineses para Wang Lee, mas a mensagem que ele recebe por meio do aprendizado é cristã. Criado por seus piedosos pais, Wang Lee tem dificuldade em aceitar que o grande Confúcio seja condenado pelo Deus do Reino Celestial. Ele se recusa a reconhecer que o líder da seita chame a si mesmo de Rei Celestial e afirme ser o escolhido pelo próprio Deus para essa posição. Toda essa ideologia é abominável e incompreensível para ele.

Conforme Wang Lee se apaixona por Lin Mei, ele também se torna mais tolerante com as novas ideias, o que o texto mostra de maneira sutil. Primeiro ele se ressente por Lin Mei ser "tão masculina"[5]; ele se nega a ser "repreendido por uma simples mulher"[6] e não "dá a mínima para a opinião de uma mera mulher"[7]. Ele odeia que ela lhe tire o nome "Wang", porque significa "rei" e só há um rei na nova ideologia. Em sua opinião, e com razão, Lin Mei lhe roubou a identidade. Mas quando ele percebe como Lin Mei é respeitada pelos outros rebeldes, homens e mulheres, ele "quase esquece que ela era feia e masculina"[8]. Quando ela começa a lhe ensinar os elementos da nova religião, ele reluta: "Memorizar as palavras pomposas dos adoradores de Deus. Como ele poderia fazer isso?"[9] Ele é persuadido a se arrepender e no fim a ser batizado. Sua transição se torna, na própria cabeça de Wang, um rito de passagem: "Agora, de repente, ele se tornara um homem, um soldado do Exército Celestial."[10] Quanto mais firmes suas crenças se tornam, menos problemática a violência parece. Na verdade, o texto nos informa que Wang Lee matou seu primeiro homem. Dezenas virão a seguir, e agora Wang Lee os vê como demônios malvados que ameaçam a nova fé. Os sentimentos humanos o abandonaram por completo: "ele atirou no menino. Sem fazer sujeira. Ele tinha orgulho disso."[11]; "Seu braço já não tremia sob o peso da espada"[12]. Wang Lee se torna um exterminador, não um soldado. A morte de seus companheiros rebeldes é comemorada ao invés de lamentada, pois é vista como uma passagem para o paraíso. Quando um amigo começa cautelosamente a questionar a ideologia, Wang Lee a defende com entusiasmo e denuncia o suposto traidor. Os valores coletivos são colocados na frente dos individuais: "O Reino Celestial era maior do que qualquer sentimento ou obrigação de um único soldado."[13] Wang Lee se torna uma engrenagem na máquina ideológica. Mas aos poucos ele começa a reconhecer as diferenças entre seu discurso e suas ações. Ainda restou humanidade suficiente nele para reconhecer seus verdadeiros sentimentos por Lin Mei, o desejo proibido que no fim o torna um desertor e um foragido.

Lin Mei, por sua vez, tinha escapado da escravidão e do abuso sexual, e a nova ideologia a atrai por causa do lema da igualdade de gêneros. "No Reino Celestial não há diferença entre homens e mulheres", ela diz a Wang Lee[14]. Essa referência a Colossenses 3:1 ("já não há diferença entre grego e judeu") soa irônica, uma vez que as mulheres são exploradas pelos líderes da seita. O cristianismo atrai Lin Mei porque não condena as mulheres "perdidas", mas ela não se dá conta de que está sendo usada de outra maneira que não a sexual. Neste contexto, a igualdade significa o mesmo direito de morrer pela causa. Lin Mei vai de capitã do exército a coronel, liderando suas irmãs para a batalha e a morte. Ao participar da rebelião ao lado dos homens, Lin Mei se considera emancipada, mas acaba se deparando com o pior tipo de patriarcado oriental, ao ser forçada a um casamento polígamo.

Ao acompanhar de maneira alternada o ponto de vista dos dois protagonistas, é fácil ficar ao lado deles não apenas contra o regime imperial, mas também contra os ocidentais narigudos, que trouxeram a nova ideologia. Ao testemunhar e compreender de maneira errada a Sagrada Comunhão, os chineses do romance acreditam que os cristãos são canibais: comem a carne "cortada em pedacinhos e de onde o sangue foi extraído. Eles bebem o sangue à parte"[15]. Wang Lee se sente superior aos "bárbaros narigudos"[16]. No entanto, o cristianismo distorcido pode alienar o leitor ocidental implícito. A visão de mundo do autor implícito pode ser ainda percebida como abominável, e como um dos exemplos mais horrorosos de orientalismo, em que chineses selvagens estão em oposição aos cristãos civilizados, como se os valores cristãos fossem apropriados para salvar o mundo. A outrização mútua das duas culturas é evidente. Conforme o romance avança, no entanto, a situação se torna cada vez mais complexa. É óbvio que os líderes exploram a nova religião de acordo com seus próprios interesses, tanto materiais como relacionados ao poder. Eles nadam em riquezas e na autoindulgência. Ao mesmo tempo que impõem regras para seus subordinados, eximem-se de qualquer uma. Propagam as ideias de igualdade, propriedade comunitária, castidade e honra, mas não para eles mesmos. No final das contas, o único líder que sobrevive, depois de se livrar de todos os seus rivais, força Lin Mei a se casar com ele, alegando que esse era o desejo de Deus.

Wang Lee e Lin Mei resolvem seus problemas pessoais, voltam para uma vida rural simples e rejeitam o terror que acompanha uma fé fanática. Mas ainda acham que não estão à altura da fé, não que a doutrina seja corrupta: "escolhemos um caminho diferente"[17].

Nesse romance, o cenário, que compreende o tempo e o espaço concretos, é parte integrante da trama, ao mesmo tempo que significativamente mais universal e alegórico. A outrização funciona no sentido contrário, apresentando uma perspectiva de dentro e engajando o leitor, em vez de aliená-lo. Ainda assim, para acessar a maleabilidade dos protagonistas, os leitores precisam se desligar da subjetividade do texto.

Os outros três romances orientais de Paterson, que se passam no Japão em diferentes períodos históricos, são escritos a partir de premissas artísticas e educativas completamente diferentes. Não há conflito entre ideologias estranhas, e as tramas giram em torno de valores humanos muito mais gerais e refletem padrões conhecidos da literatura infantil. *The Sign of the Chrysanthemum* (O Signo do Crisântemo, 1973) é uma aventura que apresenta um órfão arquetípico em busca de seu pai perdido. De maneira típica, Muna criou uma imagem do pai a partir dos relatos fragmentados da mãe, uma figura fantasmagórica na qual ele pode projetar sua revolta adolescente. No final, ele admite que seu pai biológico está definitivamente perdido e aceita um pai substituto, que a princípio ele ressente, mas depois mostra ter todas as características que seu pai imaginário teria.

The Master Puppeteer (O Mestre das Marionetes, 1975) é um romance de mistério, no qual a trama a la Robin Hood é ofuscada pela experiência cotidiana do protagonista como aprendiz em um teatro de bonecos japonês, no qual os aspectos técnicos são o pano de fundo. Os cenários em ambos os romances permitem uma riqueza de detalhes históricos e contribuem para o sabor singular. Os dois protagonistas masculinos, principalmente Jiro, em *O Mestre das Marionetes*, são introduzidos com cuidado em suas profissões, o que também oferece ao leitor lampejos do empolgante mundo específico. Os modos e as tradições do Japão em épocas tão distantes criam um pano de fundo original; ainda assim, as duas histórias poderiam facilmente se passar em outro cenário, até mesmo imaginário.

Of Nightingales That Weep (Sobre Rouxinóis Que Choram, 1974) é uma narrativa de iniciação feminina que segue os padrões convencionais de separação – isolamento – ressurgimento. A trama inclui elementos reconhecíveis como a morte do pai, o conflito entre mãe e filha, uma figura paterna substituta, a remoção da família, o primeiro amor e a reconciliação. A garota até se veste de menino por um curto período. Para Takiko, não muito diferente de Muna, o pai morto é um herói cuja memória ela carinhosamente valoriza. Ela ressente seu padrasto deformado, que ela no fim aprende a respeitar e até a amar, mas tem de passar por outra separação para ser incorporada na hierarquia feminina. Isto, no entanto, mostra-se insustentável, pois a comunidade feminina pertence ao lado perdedor de um conflito armado. O objeto da paixão de Takiko representa um clã inimigo, então se coloca uma questão de lealdade. Com a guerra, o exílio e o perigo, adiciona-se uma aventura empolgante à trama, mas ainda assim a narrativa é inequivocamente feminina. Ao contrário dos protagonistas masculinos, falta agência à Takiko, e ela está confinada à esfera doméstica. O cenário oriental histórico é usado para amplificar a situação de dominação da jovem. A criatividade de Takiko, canalizada para uma área de atuação de tradição masculina, a cerâmica, é oprimida pelo patriarcado, e ela mesma a rejeita por considerá-la infantil. Ela também tem talentos artísticos femininos e é uma musicista magnífica. Mas a música é uma arte não verbal, portanto de *status* inferior na sociedade. Apesar de Takiko conseguir ler e escrever, essas habilidades não têm utilidade para ela. O delicado equilíbrio entre masculino e feminino é mantido ao longo do romance, permitindo uma confiança psicológica muito mais profunda. Takiko escolhe o amor em vez do dever. Sua posição ética é questionada e, de maneira simbólica, ela é punida com a morte da mãe, do irmão mais novo e da babá favorita. A punição pelo amor proibido é um padrão recorrente nas narrativas de iniciação feminina, pois a jovem deve aprender a fazer as escolhas certas e ver além da beleza e dos valores superficiais. Especialmente em um cenário histórico, há pouco espaço na narrativa para a agência da heroína. Takiko já havia desistido da morte como uma saída para o aprisionamento. Em uma cena carregada de simbolismo, ela rasga suas delicadas roupas de seda e veste roupas simples de camponesa. Por causa de um acidente, fica com uma cicatriz horrível no rosto, enquanto meses de esforço nos campos de arroz deformam seu corpo e bronzeiam sua pele. Dessa forma ela já não é mais um objeto apropriado para o desejo masculino. O jovem guerreiro Genji a rejeita, revelando-se indigno.

A protagonista já não tem acesso à solução heteronormativa, mas a norma patriarcal é confirmada e questionada: uma mulher só é atraente enquanto for bonita e frágil. Desencadeia-se uma outra opção quando Takiko tenta entrar para um convento. Uma velha freira, uma substituta materna, também nega esse caminho e sugere que Takiko encontre seu lugar no mundo por meio da criatividade, por meio de sua música. No entanto, o mundo no qual a música era apreciada, a corte imperial do clã de Takiko, desapareceu. A única opção que resta para a protagonista é voltar para a heteronormatividade, o que pode ser visto como submissão, embora ela aja de maneira que ainda permite sua agência. Ela se casa com seu velho, pobre e deformado padrasto, um homem inferior a ela, que é ceramista e está em uma posição social inferior quando comparado a Takiko, que é filha de um samurai. Ela aceita o papel feminino convencional de cuidado, mas é a mais forte dos dois, física e mentalmente falando. Ela é empoderada ainda mais ao dar a luz a uma menina, fortalecendo assim o elemento feminino ao invés de se submeter ao masculino. É interessante notar que seu marido confirma esse fato. Quando Takiko, chateada por desapontá-lo, diz "É apenas uma menina", ele responde com admiração: "Não, é o que você é... Eu não sou páreo para vocês duas."[18] Essa maneira sutil de questionar as normas só é possível por causa do cenário oriental, que por si só tem o efeito de criar um distanciamento. Sem criar um anacronismo óbvio demais, o romance apresenta uma mensagem verdadeiramente subversiva.

ROBINSONADAS MASCULINAS

Kensuke's Kingdom (O Reino de Kensuke, 1999), de Michael Morpurgo, mistura orientalismo e robinsonada, ou uma história de sobrevivência, o que acrescenta diversas novas tensões heterológicas. O protagonista não é o portador de uma cultura dos povos originários dali, mas um homem branco e, em termos extremos, um colonizador. A perspectiva de narrativa pessoal estabelece a alteridade desde o início, uma vez que os valores ocidentais ganham prioridade. Ignorando a completa falta de credibilidade do romance no nível mimético, o melhor que podemos fazer talvez seja interpretar isso como uma representação simbólica de um rito de iniciação masculina, ou uma narrativa onírica alucinógena. De qualquer maneira, é fácil identificar o padrão de um jovem isolado de seu bem protegido ambiente habitual, guiado por um velho sábio e reintroduzido à sociedade. Como uma resposta intertextual a *Robinson Crusoé*, o romance com certeza apresenta uma ideologia mais aceitável, mas ainda assim diversos aspectos levemente imperialistas emergem. Michael é britânico, enquanto o homem que ele conhece na minúscula ilha do Pacífico é japonês. Apesar de Michael ter um conhecimento bastante vago sobre a Segunda Guerra Mundial, sabe do que se trata, e Kensuke não deixa de lembrá-lo repetidas vezes que o Japão perdeu a guerra. O inglês deficiente de Kensuke torna-o inferior ao protagonista, e, enquanto ele se esforça para aprender a língua dos conquistadores, Michael não demonstra interesse em aprender japonês, apenas afirma que os caracteres que Kensuke usa são estranhos. Kensuke só tem acesso à linguagem oral para relatar sua experiência, enquanto Michael é alfabetizado e descreve suas aventuras em discurso escrito e público. Kensuke vive entre orangotangos e aprendeu suas estratégias de sobrevivência com eles. Trata-os como amigos, conhece sua linguagem corporal e pode se comunicar com eles, deu-lhes nomes. Protege os animais dos caçadores e no final decide ficar na ilha, afirmando que os orangotangos são sua família. De maneira implícita, o texto sugere que o próprio Kensuke não passa de um macaco. Esta é uma afirmação extremamente dura sobre o romance, mas eu me arrisco a fazê-la para mostrar o quão borradas e traiçoeiras são as fronteiras heterológicas.

Por um lado, Michael depende por completo de Kensuke para sobreviver. O velho o salva de um afogamento e cuida dele quando ele fica paralisado por uma queimadura de água-viva gigante, e ainda alimenta e dá água para o menino e seu cachorro, compartilha seus mantimentos e, finalmente, seu abrigo. Ele também ensina sua arte de pintar. Além disso, descobre-se que Kensuke era médico e tivera uma posição social elevada, enquanto Michael vem de uma família da classe trabalhadora com limitações econômicas (o fato de dois trabalhadores desempregados e de classe mais baixa conseguirem pagar uma viagem ao redor do mundo não deve ser julgado como um detalhe realista). Como adulto e homem estudado, assim como guia mítico, Kensuke é absolutamente superior a Michael. O carnaval da robinsonada se transforma em um anticarnaval, pois o protagonista perde o pouco poder que tinha antes do naufrágio (afinal, fora encarregado por seus pais de conduzir a embarcação) e torna-se inútil. Kensuke logo interrompe as tentativas de fuga de Michael por meio de uma fogueira ou de uma mensagem em uma garrafa, e o rapaz precisa se conformar. No entanto, Kensuke acaba admitindo que Michael precisa voltar para a civilização, o que indica que isso é preferível à sua existência selvagem na ilha. Mas Michael não aprendeu quase nada em sua iniciação, e não retorna para se tornar independente, mas sim para retornar para a segurança da família e para o cuidado protetor dos pais. A volta para seus pais biológicos depois de passar um período com um pai substituto – ainda mais para a sua mãe de personalidade forte (simbolicamente, o capitão do barco) – indica o retorno à imaturidade. É essencial que um jovem se liberte da proteção materna e se incorpore a uma comunidade masculina. Uma figura paterna de transição constitui uma fase importante do processo. Ao invés disso, o protagonista volta para os braços seguros da mãe.

ROBINSONADAS FEMININAS

Histórias de meninas ou jovens sobrevivendo em ambientes extremos não são um gênero incomum. Mas ainda assim apresentam um dilema para o escritor de obras infantis, começando por ser um gênero literário masculino, no qual são enfatizadas as características tipicamente masculinas do protagonista: força, iniciativa, independência, racionalidade, pensamento analítico, lógico e matemático, e assim por diante. Em uma robinsonada feminina, a personagem precisa necessariamente flutuar entre manter, ou até desenvolver, características e valores masculinos de um lado, e manter ou afirmar sua feminilidade de outro.

Julie of the Wolves (Julie dos Lobos, 1972), de Jean George, relata a experiência de uma garota indígena de treze anos no Alasca, que foge de um casamento arranjado e, ao se perder na tundra, passa vários meses sozinha, perto de uma alcateia de lobos. Certa vez ela ouvira o pai dizer que os lobos eram amigáveis e sociáveis, que aceitariam um ser humano em sua comunidade e dividiriam a comida se a pessoa aprendesse o código de comportamento deles. Além de ter o apoio dos lobos, Miyax aprende a usar as habilidades de seu povo, como construir abrigos, caçar, manejar armas e ferramentas. Ao mesmo tempo, age de maneira convencionalmente feminina quando decora sua casa provisória com flores e diz com satisfação que "o interior estava acolhedor"[19].

A identidade da protagonista é ambivalente. Criada pelo pai de maneira tradicional, Miyax é arrancada de seu ambiente e reivindicada pela civilização branca, representada pela escolarização obrigatória. Ela passa por uma transformação cultural intimamente ligada à mudança de nome; torna-se Julie no mundo branco. Ela gosta dos confortos da vida urbana, mas não se sente confortável ao observar seus colegas de classe americanizados. Por um lado, admira sua educação ocidental: "As garotas de sua idade falavam e escreviam em inglês e sabiam os nomes de presidentes, astronautas e personalidades do rádio e do cinema."[20] Os colegas de classe, por sua vez, ficam indignados com sua ignorância sobre a maioria dos símbolos elementares daquela civilização. Sua confusão aumenta ainda mais quando ela arranja uma amiga por correspondência na Califórnia, que a seduz com "televisão, carros esportivos, calças jeans, biquínis, sanduíches de metro e um quarto acarpetado"[21]. A imagem do lindo quarto cor-de-rosa, prometido a ela na casa de Amy, torna-se um objetivo distante de Julie, porém realista. Quando foge de casa, Julie aos poucos se transforma em seu antigo eu, o que é expresso de maneira elegante pela retomada do nome. Como sua vida no mundo branco é narrada em *flashback* e o romance começa com o seu primeiro dia perdida, o texto estabelece sua perspectiva usando expressões indígenas como "dois sonos atrás" ou "muitos lances de arpão de distância".

Para sua sobrevivência na tundra, Miyax depende fortemente das habilidades masculinas que aprendera com o pai. Sua total confiança na superioridade do conhecimento do pai reverbera como um mantra: "Kapugen havia ensinado a ela"[22]; "Kapugen tinha dito"[23]; "Certa vez Kapugen dissera"[24]; "ela lembrava que Kapugen..."[25] Ao mesmo tempo, ela também mostra algumas aptidões femininas indispensáveis, como a costura. Em sua mochila, carrega uma faca para mulheres e uma faca para homens (não se explica por que ela tem uma faca para homens). A primeira é descrita com o típico formato da lua, um símbolo feminino. O sol, um símbolo masculino, é o inimigo de Miyax, pois ela precisa das estrelas para se orientar, e o sol não a ajuda durante o dia polar. Miyax arrepende-se de não ter trazido uma pistola.

O texto se refere a Miyax e seu povo como esquimós: "seu pai, um caçador esquimó"[26]; "crianças esquimós brincando"[27]; "os caçadores esquimós"[28]. Até ela usa o rótulo "Nós, esquimós"[29] e questiona sua identidade: "zombando de si mesma por ser uma esquimó tão antiquada"[30]. Apesar de a palavra poder soar politicamente incorreta hoje em dia, era aceitável na época em que o romance foi publicado pela primeira vez. Mas o mais importante é que raramente os portadores de uma cultura rotulam a si mesmos; em vez disso, costumam dividir o mundo entre "nós" e todas as outras pessoas e culturas. No romance, a população branca é chamada de *gussak*, e seus modos e crenças são constantemente questionados. Isso estabelece a perspectiva da protagonista. Ainda assim, o narrador objetivo, ao focalizar Miyax, tende à omnisciência didática, dando explicações como:

> Nem uma árvore *cresce* aqui... Apenas musgo, grama, líquens e algumas flores resistentes *criam* raízes na fina camada superior que *derrete* brevemente durante o verão. Nem uma espécie animal *vive* naquela terra exigente... Enxames de moscas-grua, um dos poucos insetos que *podem* sobreviver ao frio, *escurecem* os montes de musgo.³¹

A passagem obviamente se destina ao leitor implícito não indígena, que não tem familiaridade com o ambiente, o que para Miyax deveria ser óbvio. Os verbos destacados exemplificam como a voz narrativa frequentemente derrapa para o tempo presente, abandonando o tempo narrativo da personagem e falando de maneira genérica e edificante, mais apropriada à não ficção.

A longa descrição da aparência da personagem é especialmente questionável:

> Miyax tinha uma clássica beleza esquimó, com ossos pequenos *delicadamente* conectados por músculos fortes. Seu rosto tinha o formato de uma pérola, e seu nariz era chato. Seus olhos escuros, *graciosamente* estrábicos, eram úmidos e brilhantes. Assim como os belos ursos polares e as belas raposas do norte, ela tinha os membros curtos.³²

Como essa descrição aparece no início do romance, enquanto a protagonista passa fome e está completamente focada em conseguir alimentos, é pouco provável que a passagem represente um discurso figurado, ou seja, as próprias reflexões da personagem sobre sua aparência; ela está preocupada demais com sua sobrevivência. As palavras destacadas fazem uma avaliação que dificilmente alguém faria de si mesmo, enquanto a comparação revela uma habilidade linguística e cognitiva madura. A afirmação sobre membros curtos é uma visão externa, pois, para um indígena, a observação não faz sentido. Pelo contrário, o narrador extradiegético está examinando o Outro, ressaltando, provavelmente para o benefício do leitor implícito, as características divergentes da protagonista. A narrativa alterna entre o desejo por autenticidade e a necessidade de ser explicativa e instrutiva. A descrição autoral se torna ainda mais problemática quando Miyax, várias páginas adiante, observa a si própria em um lago: "Ela estava satisfeita, porque quase parecia como as garotas gussak das revistas e dos filmes – magras e esqueléticas, não com a cara de lua de uma esquimó."[33] Essa autoavaliação demonstra o impacto do contato com os brancos, impossível de apagar.

Conforme a história se desenrola, Miyax rejeita seu lado Julie e passa a ter a intenção de se manter fiel à sua cultura de origem. O conteúdo de sua mochila – agulhas, faca e botas – torna-se "mais incrível... do que aviões, transatlânticos e a grande ponte"[34]. Aos seus olhos, a tundra fica "ainda mais bonita"[35], ela se dá conta de que "antigos costumes esquimós não são tão bobos"[36], ao mesmo tempo que a "civilização se torna esse monstro que ronca pelos céus"[37]. Ela decide morar em uma vila indígena: "Talvez ela pudesse ensinar às crianças como pegar coelhos, fazer parcas e entalhar... Ela viveria como seus ancestrais, seguindo o ritmo dos animais e do clima."[38] Identificando-se completamente não só com os lobos mas também com o pequeno pássaro que domesticou e batizou, Miyax fica aterrorizada com um episódio de caçada impiedosa, em especial quando descobre que seu adorado pai havia adotado os hábitos de caça dos homens brancos. Tinha até se casado com uma mulher branca, um ato de traição que Miyax não consegue entender ou perdoar. A princípio, "nunca lhe passara pela cabeça que qualquer decisão tomada por Kapugen não fosse absolutamente perfeita"[39]. Agora ela começa a duvidar. Como era de se esperar, sua madrasta logo começa a tentar impor os costumes de seu povo à Miyax, dizendo que ela precisa ir à escola e aprender inglês. Como sempre, a alfabetização se mostra como o mais essencial mecanismo de poder. Exercido por uma mulher, esse poder está baseado na idade e na etnicidade.

Apesar de a primeira reação de Miyax ser a fuga, na última frase do romance "Julie apontou suas botas na direção de Kapugen"[40]. Na continuação, *Julie* (1974), a protagonista tinha voltado para o mundo branco, adotado sua identidade como Julie com convicção e feito as pazes com a madrasta, apesar de continuar com seu engajamento ecológico, e no fim se reconcilia com o pai. Essa concessão é inevitável para se manter uma estrutura razoavelmente crível, o que não seria necessário com uma interpretação mais simbólica, ou mesmo mítica, do primeiro romance. Na terceira parte da trilogia, *Julie's Wolf Pack* (A Alcateia de Julie, 1997), o foco narrativo se volta para os lobos, criando um efeito de outrização completamente diferente.

O padrão de *Julie of the Wolves* repete-se em vários romances de George, como *My Side of the Mountain* (Meu Lado da Montanha, 1960) e *The Talking Earth* (A Terra Falante, 1983). No primeiro, um menino da cidade foge de uma casa disfuncional e sobrevive nas montanhas, onde um falcão e uma doninha o alimentam. O final mostra a família reunida e o começo de uma nova vida no ambiente descoberto pelo protagonista. Nas duas continuações, o apelo da vida na natureza continua, e o último romance é narrado a partir do ponto de vista do falcão. Em *The Talking Earth*, uma adolescente do povo seminole sobrevive nos *everglades* da Flórida durante um autoexílio de sua vila. Uma lontra a alimenta, e ela também faz amizade com uma pantera e uma tartaruga. A mensagem ecológica em ambos os romances lembra os livros de Julie, enfatizando e idealizando a vida simples e saudável da população indígena. Em *The Talking Earth*, Billie deixa de ser cética e se transforma em uma apoiadora veemente dos valores tradicionais, especialmente porque eles de fato a ajudaram a sobreviver. Nos romances com protagonistas femininas, o texto cria alteridade ao usar focalizadores nativos. Um protagonista masculino já é outrizado do autor implícito e, curiosamente, não é distanciado ainda mais por sua etnicidade.

A alteridade baseada no gênero é uma estratégia recorrente, contemplada em diversas outras robinsonadas femininas, em especial nas escritas por autores homens. *Island of the Blue Dolphins* (Ilha dos Golfinhos Azuis, 1960), de Scott O'Dell, alega ser baseado em uma história real, mas assim como *Robinson Crusoé* se baseia em uma história real, sua representação fictícia é o que nos interessa. No romance, narrado em primeira pessoa, Karana, uma jovem indígena, por um acidente fica para trás de seu grupo em uma ilha na costa da Califórnia no começo do século XIX. A alteridade e a posição de poder são extremamente intricadas no romance.

A protagonista está distanciada no tempo e no espaço; também está afastada do autor implícito pela idade, pelo gênero e pela etnicidade. Esses fatores a tornam mais exótica e outrizada, enquanto a voz narrativa pessoal deveria criar autenticidade e uma sensação de experiência interior.

A situação narrativa é vaga. O romance começa com "Eu lembro do dia"[41], o que indica uma narração retrospectiva, mas não esclarece se a lembrança ocorre quando ela ainda está na ilha ou quando a deixou, vinte anos mais tarde. Na cena final, a narração apresenta uma prolepse: "Foi só quando eu vim para a Missão de Santa Bárbara e conheci o padre Gonzales que descobri."[42] A questão do narratário é crucial. Pode ser que Karana esteja contando sua história para o padre Gonzales, mas não existe nenhum marcador textual direto. O posfácio do autor menciona que a verdadeira "mulher perdida da ilha de Nicolas" nunca aprendeu a se comunicar a não ser por sinais. Apesar de não darmos muita importância para essa informação extratextual, podemos imaginar que Karana tenha perdido sua capacidade verbal ao longo dos longos anos de isolamento e provavelmente não aprendeu inglês ou espanhol para contar sua história para um homem branco. Não há nenhuma indicação de que ela tenha sido alfabetizada, para acreditarmos que sua história seja um relato escrito. Apenas em uma ocasião o texto contém uma invocação a um narratário: "Talvez eu deva contar a *você* sobre a ilha para que *você* saiba como ela é e onde ficava a nossa aldeia."[43] O narratário poderia ser os próprios filhos ou netos de Karana, que com certeza precisariam de uma descrição, pois não conheceram a ilha. Além disso, o narrador explica algumas coisas que dificilmente precisaria contar para alguém de sua própria cultura: "as maçãs que nascem nos arbustos de cactos são chamadas tunas"[44]. A explicação lembra passagens semelhantes em *Julie of the Wolves*, principalmente na mudança para o tempo presente. Karana também destaca repetidas vezes os modos e os hábitos de seu povo. Dessa maneira, como narradora ela deliberadamente cria seu narratário como sendo o Outro; ou melhor, o autor implícito (homem) deixa a narradora (mulher) expressar seus valores em termos de alteridade.

Se o narratário é um homem branco (ou uma mulher branca que seja, ou qualquer outro forasteiro), é bastante improvável que Karana revelasse seu nome sagrado e secreto em sua narrativa, principalmente porque viu seu pai morrer ao fazer isso. Ela o revela para uma garota aleúte com quem fez amizade secreta, que até aquele momento não o havia revelado para o narratário. Como ela conta o segredo, podemos deduzir que o narratário seja alguém de sua confiança, e, depois de todas as traições que sofreu, em quem ela iria confiar, a não ser nos "animais bobos" ao redor dela – ou nela mesma. A interpretação mais razoável do foco narrativo é que o texto representa um discurso mental, retrospectivo e não simultâneo, criando assim mais uma hierarquia de poder, entre aquela que narra e aquela que vive a experiência. Embora a narrativa possa ser julgada como consonante mais do que como dissonante, a tensão de poder do romance é criada nas intersecções entre essas diferentes alteridades.

Depois da abertura dramática, quando os homens da ilha são, na maioria, mortos por caçadores aleútes de lontras e o restante é levado por homens brancos (por motivos nebulosos, provavelmente para serem escravizados), não acontece muita coisa durante o resto da história. Os anos passam depressa, e o narrador não mergulha nos aspectos psicológicos da sobrevivência. Podemos presumir que os pensamentos de uma garota, durante vinte anos de total isolamento, estariam mais focados em suas emoções. Naturalmente, o grande salto temporal da história não permite muitos detalhes, mas vê-se que a narrativa é desprovida de autorreflexão. Karana ocasionalmente menciona que sofre pela morte do pai e de seu irmão mais novo, que sente falta da irmã e depois da garota aleúte. Ainda assim, esses sentimentos são declarados, não representados de maneira artística; são relatados, não demonstrados. A narrativa se concentra na sobrevivência física, em encontrar alimentos e água, em construir abrigos e canoas, e especialmente em fazer armas. Karana é bastante ambivalente sobre esse último ato. "As leis de Ghalas-at proibiam a fabricação de armas pelas mulheres do grupo."[45] Ela retoma esse argumento várias vezes: "Pensei de novo sobre a lei que proibia mulheres de fazer armas"[46]; "De repente me lembrei do aviso de meu pai de que, por eu ser mulher, o arco se quebraria"[47]. Mas ela também sabe que sua sobrevivência depende de quebrar essas leis: "Decidi que não importava o que aconteceria comigo, eu faria as armas."[48] Pode-se dizer que Karana está adotando uma atitude antipatriarcal, mas essa questão também pode ser analisada por ela ser uma personagem construída como "quase feminina", sem mencionar o fato de ela ser tão explicitamente objetiva. No seu uso da linguagem, ela não hesita em repetir o verbo "matar".

Karana não é uma garota "ecológica" que encontra sua força na natureza e sente-se parte dela. Pelo contrário, de maneira tipicamente masculina, ela tem a intenção de conquistar a natureza e fazê-la servir a seus propósitos; de determinar objetivos e alcançá-los. Em outras palavras, seu gênero performativo é, pelo menos a princípio, masculino.

Conforme a história se desenvolve, o comportamento de Karana vai mudando. Sua primeira mudança em direção à feminilidade é marcada pela hesitação em matar o líder dos cães selvagens. Ela estava determinada a acabar com o bando para vingar seu irmão. O líder, um cão aleúte, também representa o inimigo humano, os aleútes que mataram grande parte de seu povo. Mas quando Karana vê o líder brigando com outro cão, um episódio prenunciado na luta entre dois elefantes-marinhos machos, ela sente compaixão e, questionando seu próprio comportamento, leva o cão ferido para casa e cuida dele. A ação não deixa dúvidas. Ao domesticar o cão, ela ganha poder sobre ele. Ao lhe dar um nome, ganha ainda mais poder, como se enfatiza em sua reflexão sobre os nomes secretos. Assim como Miyax se identifica completamente com o líder dos lobos, Karana se identifica com o cão, com frequência referindo-se a si mesma e a ele como "nós". Em um nível mais simbólico, os dois animais machos são os respectivos *animus* das protagonistas femininas, ou, para emprestar o conceito de um romance recente, seus daemones[49].

Além disso, Karana domestica (ou subjuga) pássaros, uma lontra e uma raposa. Ela diz que os animais são sua família, os filhos "tão diferentes dos que eu sempre quis ter"[50]. Essa é uma maneira de se expressar tipicamente feminina; ainda assim, esconde uma ordem de poder masculina. O domínio total de Karana sobre a natureza a transforma em um ser social andrógino. Mas sua mudança para o feminino continua. Depois de garantir sua segurança por meio de armas, Karana passa a se interessar por sua aparência e faz roupas e joias novas para si, demonstrando boa dose de vaidade feminina. Após fazer amizade com uma jovem lontra, sente que nunca mais conseguirá matar um animal. A atitude de cuidado em relação à natureza sobrepõe-se ao desejo de subjugá-la; por fim, coloca-se uma verdadeira mensagem ecológica: "é assim que me sentia sobre os animais que se tornaram meus amigos e sobre os que ainda não eram, mas que com o tempo poderiam ser"⁵¹.

Ao avistar o navio dos homens brancos, Karana se apressa em ficar atraente e adequada para o que ela acredita ser as expectativas de seus salvadores:

> Fui até o barranco, banhei-me no córrego, e vesti minha capa de pele de lontra e minha saia de penas de corvo-marinho. Coloquei o colar de pedras negras e brincos pretos. Com a argila azul, fiz a marca do nosso povo em meu nariz.⁵²

A menção ao banho é especialmente esclarecedora. Até então, o narrador nunca havia mencionado banhos ou qualquer outro hábito de higiene. A ausência de menção às funções corporais femininas é especialmente significativa, pois, ao se desenvolver de uma menina de doze anos para uma mulher adulta, é logico que Karana iria refletir sobre as mudanças em seu corpo. Mas o banho na expectativa pelos homens brancos sinaliza a consciência de Karana sobre suas próprias imperfeições. Por outro lado, ela veste suas melhores roupas e pinta o rosto de maneira a demonstrar, em sua cultura, o seu *status*.

Depois de vinte anos de crescimento e independência, Karana está preparada para voltar à sua posição desempoderada inicial. Sua prontidão para concordar com o homem branco não apenas acentua sua própria condição inferior como também indica que os aleútes (e seu líder russo) são bárbaros, desonrados e indignos.

No final, depois de uma vida inteira na ilha, na perspectiva do século XIX, Karana é descoberta e retirada de lá. Seu salvador é apresentado, com um verdadeiro efeito de estranhamento, como:

> homem com um manto cinza que tinha no pescoço uma corrente de missangas com um ornamento de madeira polida. Ele ergueu a mão e fez em minha direção um gesto no mesmo formato do ornamento que ele usava.⁵³

Karana consegue reconhecer uma corrente de missangas, algo comum entre seu povo. O crucifixo e a benção são sinais de outrização, e o gênero do redentor enfatiza ainda mais a oposição entre eles. Ainda assim, fica fascinada com o som da voz dos homens e está disposta a seguir os homens brancos para o continente. A essa altura, ela ainda tem a esperança de encontrar seu povo. Mas essa decisão já demonstra sua total submissão ao mundo masculino e "civilizado". O primeiro ato de socialização tem a ver com uma transformação superficial, quando é forçada a abrir mão de seu vestido pagão, de que tinha tanto orgulho, e usar algo que seus salvadores acreditam ser mais apropriado: "um vestido... feito a partir de duas calças que aqueles homens brancos vestiam"[54]. Essa pequena afirmação reflete três aspectos: gênero, civilização e raça. Karana não gosta da sua nova indumentária: "Queria usar minha saia de penas de corvo e minha capa de pele de lontra, que eram muito mais bonitas."[55] A essa altura, Karana já tinha desenvolvido um forte sentido de gênero e identidade étnica, e reluta em ser forçada a rejeitá-los.

A ideologia do homem branco, representada em primeira mão pelo cristianismo, triunfa sobre os valores "primitivos" de Karana. As polaridades de poder não estão a seu favor: gênero, raça, analfabetismo (e, mais ainda, a mudez), paganismo, falta de etiqueta ocidental e assim por diante. A conclusão mostra a supremacia do homem branco "civilizado" e educado. Se o final deveria ser irônico, a ironia é completamente disfarçada. Em vez disso, o romance impõe o estereótipo comum da socialização do selvagem, apesar do processo de socialização ficar subentendido. O gênero da protagonista amplifica a mensagem.

O texto demonstra claramente o padrão examinado pela teoria pós-colonial: a apropriação da voz. A narrativa finge ser construída a partir da perspectiva do oprimido, mas a alteridade inevitável cria um conflito intransponível.

Em *Island of Blue Dolphins,* o desequilíbrio de gênero entre o autor (implícito) e a narradora/protagonista contribui fortemente para a alteridade. Os problemas da performance da voz serão investigados em um capítulo mais adiante; mas antes é necessário fazer uma discussão mais ampla sobre gênero.

7 A Outrização do Gênero: Novas Masculinidades, Novas Feminilidades

Após o capítulo anterior, deve estar claro que existe uma diferença entre as tramas masculinas e femininas, e entre as estratégias de outrização na ficção para jovens adultos (*young adult* ou YA) em comparação com a literatura para leitores mais novos, em que os gêneros são mais intercambiáveis. Considerando que os ritos de passagem masculinos e femininos, sejam arcaicos ou modernos, seguem padrões diferentes, é de se esperar que a representação ficcional da masculinidade e da feminilidade reflita a situação atual, ainda que ao mesmo tempo seja afetada por outras hierarquias de poder. Como tradicionalmente a masculinidade tem prioridade nas relações de poder, pareceria natural que nos romances YA os protagonistas masculinos precisassem confirmar sua masculinidade, enquanto as protagonistas femininas precisassem negociar sua posição de poder de acordo com as regras patriarcais.

Apesar de as abordagens feministas sobre a literatura infantil terem tido um lugar de destaque por muitos anos, ainda não temos uma metalinguagem mais precisa para discutir questões relativas ao gênero e muitas vezes ficamos atrelados a definições rígidas de mulher/homem, feminino/masculino, o que com frequência depende da abordagem essencialista ou construtivista dos estudiosos. As questões levantadas pelas críticas feminista e *queer* vão muito além do conceito de gênero, elas se direcionam a questões gerais de poder e alteridade, mas a terminologia fornecida por essas teorias é limitada, uma vez que foca na binariedade mulher/homem (ou feminino/masculino) ou heterossexual/homossexual. A teoria pós-colonial apresenta ainda outra binariedade: maioria/minoria (étnica) ou imperialista/nativo, outro aspecto da hierarquia de poder. Por isso, nas discussões de gênero, eu escolho falar em análise heterológica, e não feminista ou *queer*. O termo "masculino", subordinado à cultura e em oposição ao termo biológico "homem", deve, daqui em diante, ser entendido como normativo e empoderado, enquanto "feminino" é o mesmo que desempoderado, oprimido, divergente ou silenciado.

Essa afirmação é baseada em diversas opiniões preconcebidas sobre a escrita masculina e a feminina. Estou usando esses termos exclusivamente como ponto de partida para minha discussão, e de maneira alguma defendo que esses preconceitos sejam verdadeiros. Mas as premissas vêm de estudos anteriores sobre textos gerais e infantis relacionados a gênero e nos quais se percebem certas generalizações, incluindo estereótipos de gênero[1]. Eu uso os conceitos convencionados para me referir a afirmações sobre o que os textos literários "normalmente" são ou fazem. Uma convenção significa que a maioria dos textos dentro de uma determinada cultura ou recorte temporal segue certos padrões. Por exemplo, por convenção, autores homens criam protagonistas masculinos, enquanto autoras mulheres criam protagonistas femininas. Por convenção, os protagonistas masculinos aparecem em gêneros literários voltados para a ação, enquanto as protagonistas femininas aparecem em histórias centradas nas personagens. Algumas outras opiniões pré-concebidas afirmam que a escrita masculina implica a focalização externa, o espaço narrativo aberto, a trama voltada para um objetivo, o tempo linear e a linguagem lógica e estruturada, enquanto a narração feminina implica a focalização interna, o espaço fechado, a trama difusa, o tempo não linear e a linguagem fragmentada.

É comum destacar que a construção de gênero na ficção para leitores adolescentes reflete mudanças e expectativas sociais. Meninos e jovens garotos são expostos a pressões sociais tanto quanto meninas e jovens garotas, apenas de maneiras diferentes. Enquanto as meninas, tanto na realidade quanto na literatura, sempre foram forçadas a cumprir papeis silenciosos e submissos, os jovens garotos sempre sofreram pressão para serem fortes, agressivos e competitivos. Da mesma maneira, enquanto meninas reais e literárias foram relativamente bem-sucedidas em insistir no seu direito de serem fortes e independentes, os estereótipos masculinos se mostraram bem mais resistentes. O estereótipo masculino permaneceu dominante na literatura juvenil porque prevaleceu na cultura ocidental como um todo, desde os mitos e a literatura clássica. Muitas vezes, os romances YA recentes apresentam um novo homem, sobrecarregado pelas pressões sociais e desconfortável em seu papel de gênero convencional, e o foco em primeira pessoa, frequentemente empregado na literatura YA, tenta expressar a solidão e a confusão de um adolescente no mundo dos adultos. No entanto, como a agência textual que expressa a ideologia é o autor implícito e não o narrador, há sempre um adulto empoderado por trás do jovem narrador desempoderado.

A NOVA MASCULINIDADE

Dance on My Grave (Dance Sobre o Meu Túmulo, 1982), de Aidan Chambers, entrou para a história da ficção juvenil como um dos primeiros livros a discutir a homossexualidade de maneira explícita e aberta. Mas também se tornou um criador de tendências de outra maneira, introduzindo um novo tipo de personagem masculino nos romances YA, o novo "jeito de ser homem"[2]. Por isso, trata-se de um texto apropriado para começar a discussão sobre gênero e as transformações na masculinidade e na feminilidade.

À primeira vista, *Dance on My Grave* pode parecer uma narrativa tipicamente masculina. Começa com uma dramática aventura de navegação, na qual o herói salva uma "dama em apuros" (o fato de a dama na verdade ser um jovem garoto já é outra questão), e inclui diversas corridas espetaculares de moto, uma delas resultando em uma morte violenta. Acontece um confronto entre o herói e uma gangue ameaçadora do qual o herói sai vitorioso (pela astúcia e não pela força, é verdade, mas isso é permitido em histórias de herói). Além disso, o romance é construído como um thriller: um crime foi cometido, o criminoso foi preso e levado a julgamento, e um detetive – neste caso, uma assistente social – investiga o caso. Como leitores, podemos nos adiantar na investigação porque tomamos conhecimento do relatório escrito por Hal antes mesmo da srta. Atkins. Enquanto ela tenta juntar as peças do quebra-cabeças sem sucesso, acompanhamos a investigação de Hal, cujos objetivos coincidem apenas parcialmente com os da srta. Atkins.

Por outro lado, o romance, sem dúvida, é sobre relacionamentos e os sentimentos do protagonista, características normalmente associadas ao discurso feminino. O caminho de Hal para encontrar sua identidade não passa por feitos heroicos, mas por uma análise minuciosa de suas próprias emoções. Na verdade, no relacionamento com Barry, ele não faz o papel de herói. Barry é o herói forte, inteligente e "macho-man", enquanto Hal é inseguro, emotivo e vulnerável. Analisando o romance a essa luz, parece se tratar de uma narrativa tipicamente feminina, um romance açucarado, no qual o protagonista é inferior ao homem mais forte e mais dominante, e que foca nos sentimentos confusos do protagonista a respeito desse homem. O contraste rico/pobre, ingrediente quase compulsório dos romances açucarados, também está presente.

De acordo com o estereótipo masculino, Hal se sente sufocado em casa e tenta passar a maior parte do tempo fora dela. Ele busca espaços abertos como a praia e enfrenta aventuras perigosas que simbolizam a conquista, como navegar em mares revoltos, por exemplo. Suas corridas de moto com Barry também indicam o triunfo sobre os espaços amplos. Na verdade, a moto é um kenótipo, o oposto do arquétipo, uma transformação moderna do mítico cavalo do herói, o atributo que permite movimentos rápidos e eficientes no espaço, inerente ao herói masculino. Ao mesmo tempo, os laços físicos e emocionais entre Hal e Barry surgem e se desenvolvem em casa, no espaço tradicionalmente feminino.

O fato de Hal se reconciliar consigo mesmo por meio da escrita muitas vezes é apontado em estudos heterológicos como uma estratégia libertadora. Muitos romances para meninas, modernos ou clássicos, mostram jovens garotas que lutam pelo reconhecimento por meio da escrita e assim ou encontram sua voz ou são silenciadas pelas estruturas patriarcais. A escrita de Hal é afetada por diversas posições de poder. Ele é empoderado como homem, mas desempoderado como jovem em relação aos adultos, como homossexual em relação à heteronormatividade, como um garoto da classe operária em relação aos socialmente privilegiados e como um criminoso em relação ao que é socialmente aceitável. Sua escrita é, portanto, uma ferramenta importante ao extremo, não apenas para sua própria defesa, mas também em termos de negociação de poder. Aqui emergem diversas tensões. Ao buscar educação, Hal atravessa o limite da sala de aula; ao afirmar sua orientação sexual, desafia a heteronormatividade; ao ser absorvido por meio de seu apelo escrito, retorna para a norma social. Todos esses aspectos colaboram para a construção de seu gênero performativo.

Hal, um garoto de dezesseis anos, conta a própria história, e o objetivo de seu relato escrito é, em primeiro lugar, produzir uma base legal para um processo contra ele. Hal foi acusado de ter vandalizado o túmulo de seu amigo Barry, que morreu em um acidente de moto. A história de Hal é contada como justificativa, para explicar por que ele agiu daquela maneira. Sua voz, portanto, é pública: a narrativa é criada para ser acessível a uma ampla audiência de estranhos. O discurso público, em especial o discurso escrito, tem muito mais autoridade na sociedade do que o discurso privado, o que dá mais poder a Hal. Apesar de Hal descrever acontecimentos bastante íntimos, o endereçamento público de sua confissão afeta o tom e o estilo de sua escrita. Em seu objetivo, ou sua função ilocutória, a narrativa é afetada pela tentativa do narrador de ganhar algo por meio da narração. É possível analisar a fala de Hal como uma autoterapia, o que tornaria a narrativa privada. Mas a forte presença da voz pública nos leva a enxergar a voz privada de Hal como secundária.

Hal é apresentado no romance – por ele mesmo e pelos que estão a seu redor – como um jovem intelectual, estudado e falante. Apesar de vir de uma família com pouco acesso à educação, ele demonstra grande interesse pelos estudos, em especial pela língua inglesa, e, na verdade, é encorajado a escrever sua confissão não apenas pela assistente social, a srta. Atkins, o narratário direto da história, mas também por seu professor de inglês, o sr. Osborne, o narratário indireto. O fato de a história de Hal ter um destinatário específico não é explicitado desde o começo. Mas o fato de o narratário ser implícito não significa que ele não exista. A primeira invocação do narratário só aparece na metade do romance: "Eu ia escrever páginas com mais informações sobre aquelas sete semanas. Queria que *você* entendesse como éramos quando estávamos juntos."[3] O "você" invocado diversas vezes acaba sendo nomeado: "você, srta. Atkins"[4]. Mas também se dirige a Osborne de maneira indireta, pois Hal sabe que o professor irá ler sua história. Os dois narratários são responsáveis pela autoironia da narrativa de Hal, pois ele está deliberadamente provocando a assistente social (uma mulher) e ao mesmo tempo fazendo piadas internas com seu professor (um homem).

Hal nos conta várias vezes que está escrevendo sua história e quão difícil está sendo sua empreitada. De vez em quando ele se corrige, tentando encontrar uma expressão mais adequada para seus pensamentos:

Foi assim que aconteceu.
Corrigindo: Não foi assim que aconteceu.[5]

Ele também reescreve alguns episódios da história, assim como "reencena" os acontecimentos em câmera lenta (um recurso dos filmes e da televisão, amplamente utilizado por autores de literatura juvenil depois de Chambers), e com frequência questiona a possibilidade de uma narrativa confiável. O narrador também tem permissão para alterar sua história, mas o objetivo não é tanto iluminar a lacuna entre vivenciar e narrar, mas mostrar o questionamento do narrador sobre sua própria capacidade de encontrar meios linguísticos adequados para transmitir sua experiência. Em outras palavras, o texto ilustra a tese de Lacan sobre a inadequação da linguagem em expressar estados mentais complexos. Em relação à lacuna entre vivenciar e narrar em si, é importante ter em mente que o espaço entre os acontecimentos e a narração é relativamente curto. Os espaços temporais do romance são marcados pelo recorte de jornal que se refere a "ontem" quando um jovem não nomeado foi acusado por vandalizar um túmulo. O recorte informa o leitor que "o caso foi adiado até que um relatório da investigação social pudesse ser preparado."[6] Podemos determinar o dia do julgamento como o ponto inicial do discurso (mas não da história), pois aparentemente se trata do mesmo dia em que Hal começa a registrar sua confissão como um apêndice do relatório oficial da assistente social. A analepse que nos leva de volta ao "primeiro dia"[7], "junho passado"[8], começa sete semanas antes do julgamento, apesar de não sabermos disso até a metade do livro:

> Ao todo foram sete semanas.
> Quarenta e nove dias entre eu ficar mergulhado nas algas-marinhas e ele estar morto. Ele se tornar uma Coisa.
> Mil, cento e setenta e seis horas.
> Setenta mil, quinhentos e seis minutos.
> Quatro milhões, duzentos e trinta e três mil, e seiscentos segundos.[9]

A precisa contagem do tempo enfatiza a intensidade da experiência de Hal, a importância de cada segundo. As memórias de Hal são bastante claras, e ele quer descrever os acontecimentos da maneira mais exata possível. Ele não ganha nada ao mentir ou minimizar suas ações, pelo contrário, tenta ser o mais honesto possível. Ao final do romance, o tempo da história e o tempo do discurso estão sincronizados, quer dizer, o lapso entre vivenciar e narrar diminui e acaba por desaparecer.

Pode parecer que o livro apresenta uma estrutura explicitamente feminina, com seus esboços e observações curtos, fragmentados e impressionistas. Mas existe uma diferença entre a trama, que tem a ver com a cadeia de acontecimentos, e sua organização discursiva. A trama do romance é bastante convencional, com um começo (Hal conhecendo Barry) e um fim (a morte de Barry e a profanação de seu túmulo) lógicos. A trama foca em acontecimentos externos: Barry salva Hal, eles saem juntos, andam de moto, entram numa briga e assim por diante. É no nível discursivo que surgem as reflexões de Hal, e o texto se torna fragmentado.

O próprio protagonista está longe de ser estereotipado. Hal apresenta muito mais características femininas convencionais: é passivo, não é agressivo, é dependente e vulnerável, o que é especialmente enfatizado pelo contraste com Barry. Ele também é obcecado por sua aparência, o que é expresso pelas diversas vezes em que se olha no espelho, uma cena que reverbera muitos romances clássicos com protagonistas mulheres. Em uma ocasião, Hal se disfarça de garota:

> Ele está observando uma garota com cabelo loiro volumoso e um pouco arrepiado que contornava um rosto bronzeado com um toque de blush no alto das bochechas. Ela tinha uma boca larga e generosa, e talvez um queixo proeminente demais. Ela usava um vestido de verão branco e largo...[10]

Hal adota uma identidade feminina por um curto período, mas se analisa nesse estado a partir do lado de fora, como se estivesse observando uma garota. Ele até se pergunta "se essa garota seria atraente para ele"[11]. No fim do romance, Hal se torna mais masculino, o que confirma o estereótipo masculino. Apesar da homossexualidade em si ser um questionamento do roteiro heterossexual como norma, Hal se torna uma figura masculina mais "normal" em seu desenvolvimento de objeto a sujeito, rompendo com a recorrente correlação indevida entre orientação sexual e identidade de gênero.

Enquanto a alteridade de gênero em *Dance on My Grave* é amplificada pela classe social e pela orientação sexual, outras combinações podem ser empregadas. *Vinterviken* (Baía de Inverno,

1993), do escritor sueco Mats Wahl, introduz diversas alteridades, incluindo um forte conflito aetonormativo, e todas contribuem para um conjunto intrincado de normas e desvios. O protagonista/narrador é extremamente violento e integra um forte grupo homossocial. Suas qualidades morais são dúbias, e o texto consegue alienar a personagem por causa dessas características. Mas, ao mesmo tempo, John-John é sensível e vulnerável. Também é criativo e participa de uma peça no teatro da escola. O texto vai tão longe em sua ambiguidade que apenas na metade do livro percebemos a alteridade étnica racial abordada no texto: o narrador em primeira pessoa se anuncia como negro, filho de um imigrante negro. Para o protagonista de *Vinterviken*, isso é apenas mais uma condição psicológica. A personagem com certeza é outrizada, mas a identidade étnica não é sua principal questão. A alteridade é criada pela sinergia de diversas hierarquias de poder: branco/negro, homem/mulher, rico/pobre, forte/fraco, civilizado/selvagem. John-John é talentoso e criativo, mas o racismo e a pobreza estão contra ele. Envolvido no mundo do crime, ele mantém alguns valores éticos e convicções básicos. A solução, se é que existe, está no âmbito pessoal, e não nas conquistas coletivas. John-John é uma personagem complexa, evasiva e ambivalente.

Assim como para Hal, a criatividade faz parte do processo de amadurecimento de John-John. Além disso, sua escrita não é um discurso masculino organizado, estruturado e lógico, mas sim poesia fragmentada e em devaneios. Dispersos ao longo do texto, os poemas, que lembram Walt Whitman, criam um contraste gritante com os duros acontecimentos externos, o que revela uma personagem muito mais contraditória do que o restante da narrativa pode sugerir. Os poemas apresentam o pai de John-John, mas não o pai de verdade, e sim um pai imaginário, um pai fantasma que emerge em meio às palavras.

Enquanto as novas masculinidades evoluem em direção a uma mistura mais ambivalente de características masculinas e femininas convencionais, o desenvolvimento da nova feminilidade muitas vezes se distancia radicalmente dos estereótipos. Como seria de se esperar, diversas das primeiras garotas "fortes" da ficção YA sueca foram criadas por um escritor homem, o mesmo Mats Wahl. Primeiro no romance histórico *Anna-Carolinas krig* (A Guerra de Anna Carolina, 1986) e depois em *Lilla Marie* (Pequena Marie,

1995), tanto a caracterização quanto a voz da narradora feminina em primeira pessoa parecem apenas uma simples troca de gênero. Wahl coloca uma personagem de aparência feminina no lugar de seu herói masculino favorito, o adolescente confuso e por isso violento, melhor apresentado por meio de John-John em *Vinterviken*. Anna Carolina atua dentro de uma trama tradicional de *crossdressing*, quando ocupa o lugar do irmão como recruta da Guerra dos Trinta Anos. Envolvida no combate real, a protagonista não apenas atua externamente de maneira masculina, entrando em uma sociedade homossocial, mas logo internaliza uma mentalidade masculina, referindo-se a outras mulheres como "elas" e até participa de um estupro coletivo. Suas atitudes são tipicamente masculinas, e ela gosta do poder que sua condição masculina lhe proporciona. Mas, como foi levantado em diversos estudos sobre o *crossdressing* na literatura, o resultado do carnaval é previsível. A menos que a garota disfarçada morra, ela é inevitavelmente reintroduzida na rede dos estereótipos femininos. Assim que Anna Carolina conhece um homem que ela, ou melhor, o autor implícito julga adequado, a garota retorna contente para seus trajes femininos, e ao que tudo indica também para sua maneira feminina de pensar, apesar disso nunca ser abordado. De um sujeito independente, ainda que em condições patriarcais, a jovem garota voluntariamente se torna um objeto para um personagem masculino forte e protetor, e, por extensão, para o autor implícito homem e voyeur.

A personagem feminina narradora de *Lilla Marie* é um "herói travestido" de maneira mais sutil: mentalidade, comportamento e sexualidade masculinos em um corpo feminino sem um disfarce superficial. Marie é muito forte e agressiva ao extremo, apresentando todas as características desviadas do estereótipo feminino. Seu domínio é ao ar livre. A violência é seu caminho para o poder, e ela constrói de maneira sistemática a si mesma em oposição às expectativas sociais das garotas. É socialmente aceito que os homens sejam violentos, enquanto as mulheres agressivas são vistas como um desvio da norma. A questão é se Marie, com sua atuação violenta, questiona as normas ou as confirma. Ela em definitivo não é a *tomboy* convencional que depois é domada e reconduzida para a ordem patriarcal.

Um conjunto de padrões fáceis de reconhecer aparecem no romance. Marie é fruto de um estupro, e em sua busca pela própria identidade ela tenta desesperadamente encontrar seu pai. Sua mãe operária é fraca, e seu padrasto tenta abusar sexualmente dela. Ao mesmo tempo que a própria Marie é violenta, ela também é exposta à violência devido à sua condição de menina; ela está suscetível ao desejo masculino. No entanto, a garota rejeita com veemência ser vítima e objeto sexual. Consequentemente, parece não ter uma identidade sexual e se dissocia de outras meninas até que conhece uma garota pela qual se sente atraída eroticamente. Mas a Marie masculina não toma a iniciativa, permanece passiva, enquanto a feminina e sexualmente experiente Katrin age como sedutora. Como personagem, Marie é *queer*, mas não encontra liberdade em sua posição. O autor implícito não permite que ela se desvie da heteronormatividade e mata sua namorada. Ao contrário de Hal, Marie não reconhece ou afirma ser *queer*, muito provavelmente porque a ordem heteronormativa não aprova. Em outras palavras, a ideologia masculina do romance acaba negando à Marie a equidade de ação. Da maneira como ela é construída, não há espaço para complexidade ou ambiguidade. A narração pessoal limita a análise da personagem. Como personagem, Marie é apenas inconsistente e pouco convincente, um erro artístico. A feminilidade masculina, criada pela ideologia masculina, é projetada em um corpo feminino.

Não surpreende que a criatividade seja explorada nesses romances como parte da jornada pela identidade. Entretanto, quando Marie é chamada a se expressar por meio da escrita, cria uma história romântica com nuances eróticas, de acordo com os preconceitos sobre as habilidades criativas femininas. Em comparação com a poesia imaginativa de John-John, as tentativas de Marie são rasas e não abrem caminho para a libertação. Mas parece que Marie abriu caminho para um grande número de irmãs literárias moldadas no mesmo padrão, em que se usam características estereotipadas masculinas para criar um novo estereótipo de uma pseudo-garota forte e violenta.

AS GAROTAS ASSUMEM O COMANDO

Pode parecer que as escritoras contemporâneas são extremamente sensíveis às questões de gênero, ainda mais nas obras destinadas aos jovens leitores. No entanto, uma tendência na Suécia na década de 2000 já mostrava uma fronteira bem mais palpável entre os romances YA para audiências masculinas e femininas. As antigas publicações das décadas de 1930 e 1940 direcionadas a gêneros específicos parecem irromper pelas capas pós-modernas dos romances YA publicados recentemente, e, conforme o esperado, assistimos a um novo fenômeno um tanto familiar: livros sobre personagens mulheres escritos por escritoras para leitoras[12].

I taket lyser stjärnorna (As Estrelas Estão Brilhando no Teto, 2003), de Johanna Thydell, ganhou o prestigiado prêmio August como melhor livro juvenil do ano e recebeu resenhas muito positivas. Obviamente os críticos foram induzidos ao erro por um tema paralelo do livro, uma jovem garota que tenta lidar com o câncer terminal de sua mãe. A fascinação dos leitores adultos é, de certa forma, compreensível por causa do contexto autobiográfico dessa trama secundária. Mas a mãe que definha dolorosamente em um hospital, onde a filha a visita sem falta toda semana, é de todo eclipsado pela trama principal, que pode ser vista como uma trama modelo para o novo estereótipo feminino. Na verdade, o romance apresenta todos os clichês possíveis, sem nem tentar questioná-los. Em uma análise mais detalhada, a jovem Jenna, de treze anos, tem duas preocupações principais na vida: conseguir bebidas alcóolicas para as festas de final de semana e dormir ou não com o garoto que gosta dela.

A mãe agonizante como pano de fundo parece uma maneira conveniente – e para a literatura juvenil, convencional – de se livrar das proteções parentais e permitir que a personagem experimente sozinha as tentações da vida adulta. Nos romances tradicionais para garotas, como *Little Women* (Mulherzinhas, 1868), o pai vai para a guerra e a mãe precisa partir para cuidar de seus ferimentos. Em outros casos, ambos os pais são removidos de maneira permanente da história, abrindo caminho para figuras parentais substitutas ou fictícias. Já em um romance realista contemporâneo, não é fácil matar um dos pais. Em *I taket lyser stjärnorna* é preciso que a mãe esteja confortavelmente distante para que a heroína tenha liberdade para agir. Se existe ou não uma fonte autobiográfica para esse fato, não tem significado estético.

A julgar por este romance e por outros que surgiram nos últimos anos, garotas suecas de cenários urbanos enchem a cara toda sexta-feira aos doze anos, têm sua primeira experiência sexual aos treze e são diariamente submetidas a estupros, incesto e drogas. Claro que esses acontecimentos horríveis acontecem na vida real, e claro que é mais interessante escrever sobre drogas e violência do que sobre uma vida comum e sem incidentes em uma família harmoniosa. Mas o novo estereótipo é fornecido pelos adultos, aparentemente como uma história de modelo ideal, não de advertência.

Jenna é apenas mais uma em uma sequência de personagens parecidas, expondo as ideias dos escritores adultos sobre como acreditam que suas leitoras preferem ver a si mesmas. Emma Hamberg cria um autorretrato de uma jovem em *Linas kvällsbok* (O Noitário de Lina, 2003). O título é um inteligente jogo de palavras com o termo "diário", pois a personagem-narradora afirma no início do livro que ninguém escreve um diário durante o dia, então ele deveria ser chamado de "noitário". Não importa como ela o chame, seu único problema parece ser como perder sua virgindade o quanto antes. Todas as entradas de Lina focam na sexualidade de uma maneira bastante superficial. Ela quer fazer sexo porque todo mundo já fez; principalmente porque sua melhor amiga já fez – ou pelo menos afirma ter feito. Ficar bêbada ou chapada está no topo de sua lista de prioridades. Ao que parece, esses são dois componentes essenciais para a nova feminilidade.

Ao empregar uma narradora em primeira pessoa, o autor implícito enfrenta um dilema difícil – se esforça para manter a autenticidade, e para isso usa uma perspectiva inocente e pouco sofisticada, mas ao mesmo tempo precisa trazer a mensagem educativa, então deixa a personagem discutir consigo mesma, por meio de uma voz das menos naturais para uma adolescente: "talvez não seja tão inteligente fazer sexo sem proteção"; "talvez todo mundo só finja que é divertido vomitar depois de ter bebido demais". Quando Lina pensa que está grávida, não sente nem um pouco da angústia que suas irmãs literárias da década de 1970 sentiram: escolher entre família e carreira. Para Lina, aparentemente isso não passa de uma chateação, ela não tem preocupações existenciais sobre a ideia de interromper sua gravidez. Mas, como era de se esperar, a gravidez é um alarme falso e ela não precisa tomar nenhuma decisão, uma maneira conveniente de tocar no tema sem precisar lidar com ele.

Assim como Jenna, Lina não tem interesses intelectuais: não lê, não tem hobbies ou ambições acadêmicas, nunca conversa sobre algo sério com sua amiga. Julgando pelo que ela revela sobre si mesma, é impressionante que consiga se expressar na escrita, apesar de sua linguagem ser deliberadamente pobre e infantil; ela relata acontecimentos externos sem pensar muito sobre eles. Aqui está um retrato da nova feminilidade: ignorante, imatura, solipsista, focada em sua própria sexualidade em um nível superficial, e que se vê como objeto sexual, ansiosa por satisfazer o homem. Existe uma diferença substancial do estereótipo feminino convencional que encontramos em *Mulherzinhas*, por exemplo, mas ainda assim é um estereótipo muito problemático. De certa maneira, até mais problemático, uma vez que os textos clássicos dão destaque para a libertação das jovens garotas por meio da criatividade. O diário de Lina não é um elemento convincente em termos de criatividade feminina; trata-se apenas de um mecanismo superficial, empregado como uma tentativa de se aproximar o máximo possível da "autêntica" voz adolescente.

Em *Sandor Slash Ida* (Sandor Barra Ida, 2001), de Sara Kadefors, diversos padrões heterológicos apoiam e subvertem questões de gênero. O próprio título anuncia a etnicidade de um dos dois protagonistas. Nunca fica explícito de que país os pais de Sandor são, mas seu nome é húngaro. Aparentemente, Sandor não tem qualquer identidade húngara, mas sua mãe a tem ao extremo. A maneira de educar por meio da repressão, tradicional da Europa Central, é tangível no texto. A mãe não teve sucesso em sua carreira como bailarina e transferiu suas aspirações para o filho, provavelmente sem ter consciência de que na Suécia o balé tem um *status* social diferente que na Hungria. Sandor é o estereótipo do "novo homem": não tem características masculinas convencionais; quer mesmo ser bailarino e frequenta uma escola de dança, o que faz seus colegas de escola caçoarem dele e o chamarem de "florzinha". Sua posição como imigrante de segunda geração é amplificada por meio do desempoderamento criado pela suspeita de que ele seja homossexual. A personagem é estruturada sobre um cruzamento de diversas alteridades, em que a identidade sexual se sobressai à etnicidade. Na verdade, a origem étnica de Sandor pode parecer secundária ou até mesmo completamente insignificante, mas é amplificada não só pela sua ambivalência de gênero como também pela disputa de classes apresentada no romance. A outra protagonista, cujo nome sueco é justaposto ao nome de Sandor no título, vem de uma família desfavorecida, disfuncional e suburbana, em um forte contraste com os pais ricos e bem-educados de Sandor. Assim, outro eixo de poder é acrescido à estratégica de outrização do romance.

Como técnica narrativa, o romance emprega outra forma clássica e muito popular, revivida na ficção YA sueca contemporânea: o romance epistolar. Um amigo por correspondência permite o anonimato e a possibilidade de "mudar de personalidade" de que muitos adolescentes precisam em sua busca pela identidade. A forma epistolar – atualizada para o e-mail em *Sandor Slash Ida* – é a premissa para a autodefinição das duas personagens. Tanto Sandor quando Ida se escondem atrás de personagens falsas que criaram para si mesmos na internet. Essas novas identidades refletem o desejo frequente entre os jovens de ser alguém mais importante e mais glamouroso do que são. Se Sandor é o "novo homem", Ida é a "nova mulher" e carrega o conjunto completo de características esboçadas acima: embebeda-se às sextas-feiras, sai com garotos, perde a virgindade, fofoca sobre as outras garotas, muda seu foco de lealdade com frequência, e um pai ausente e uma mãe doente também são parte do pacote. Como Sandor e Ida se conhecem on-line sob outros nomes, as identidades que assumem mostram o exato oposto do que eles são na verdade. Sandor se apresenta como um cara durão que joga futebol, bebe cerveja com os amigos e é extremamente popular com as meninas. Ida diz ser tímida e discreta, descreve uma vida calma e idílica no campo, além do hobby de cavalgar, que parece obrigatório entre as mulheres. As duas personagens, portanto, apresentam-se de maneira estereotipada e convencional, não necessariamente porque querem ser assim, mas porque isso reflete as expectativas de gênero da sociedade. Como era de se esperar, a masculinidade bruta que Sandor não tem é representada por um garoto chamado Babak. A tradicional identidade masculina violenta está ligada ao imigrante, e Sandor não apenas é convidado a se juntar a uma comunidade masculina e homossocial, mas também a afirmar sua herança: "nós", os imigrantes, em oposição a "eles", os suecos. Ao retornar a seu antigo eu, ele rejeita as duas opções. Apesar de sua suposta homossexualidade não ser confirmada, o romance apoia hierarquias de poder convencionais: a heteronormatividade, a normatividade étnica dos suecos em relação aos imigrantes e a superioridade dos ricos sobre os pobres. Sandor não é apenas um novo homem, mas um novo estereótipo étnico: ele é completamente assimilado e não sente o peso da questão de sua origem.

ENCONTRAR UMA VOZ GENUÍNA

Uma das maneiras mais ilustrativas de demonstrar as profundas mudanças na construção do gênero é comparar livros com temas, tramas e personagens parecidos escritos há mais de cem anos com os escritos hoje em dia. *Mulherzinhas* muitas vezes foi considerado um "texto modelo" de um romance doméstico no que diz respeito à estrutura da trama, à caracterização e ao foco narrativo. Entre as características associadas à escrita feminina que encontramos no romance estão, por exemplo, um arco temporal largo e cíclico, que dá conta de um ano na vida das quatro personagens e permite suas profundas transformações. A personagem múltipla é outro elemento narrativo comum na ficção doméstica, um excelente instrumento didático que permite ao autor enfatizar as características mais proeminentes das quatro irmãs em vez de combiná-las em apenas uma personagem mais complexa. A voz narrativa de autoridade é usada para manipular o leitor em direção ao julgamento correto de cada personagem, apontando suas fraquezas assim como seus desejáveis avanços. No conjunto, o romance pode servir como um exemplo perfeito das estruturas de poder e de gênero presentes na ficção YA convencional.

Katherine Paterson executa uma variação original e comovente do tema de *Mulherzinhas* em *Jacob Have I Loved* (Duas Vidas, Dois Destinos, 1980). Neste romance, uma jovem também deseja ser um garoto porque os garotos são mais valorizados no mundo em que vive. Louise se comporta de maneira pouco apropriada para uma garota e realiza uma atividade masculina, a pesca de caranguejos, para contribuir com as finanças da família. Ela faz amizade com um garoto desajeitado e solitário, que sua irmã bonita, talentosa e feminina acabará roubando dela, assim como Amy rouba Laurie de Jo. Assim como Jo, Louise sonha em sair daquele mundo restrito e sufocante da pequena ilha onde nasceu e cresceu, mas acaba vendo sua irmã Caroline ter esse privilégio, assim como Amy viaja para a Europa no lugar de Jo. No final, depois de muitos anos, Louise se casa com um homem muito mais velho, que a lembra de seu pai; assim como Jo, ela busca uma figura paterna segura e não um jovem apaixonado. Apesar de muitos elementos da trama serem parecidos, são ampliados e problematizados no romance de Paterson. A rivalidade entre irmãs, leve e inocente em *Mulherzinhas*, aqui é desenvolvida até o ciúme e o ódio autodestrutivos. A peregrinação espiritual autoimposta das irmãs March, em *Duas Vidas, Dois Destinos* se transforma na luta vã de uma jovem contra as convenções sociais. Como é de se esperar, *Duas Vidas, Dois Destinos* vai muito além em sua indignação contra a posição oprimida da mulher.

No entanto, a diferença mais radical entre os dois romances é o foco narrativo. No lugar do narrador onisciente convencional, usa-se a primeira pessoa, o que permite que a autora foque na percepção subjetiva da personagem/narradora sobre os acontecimentos. Além disso, aquela instância narrativa que tem autoridade, capaz de fazer comentários sobre o comportamento e as opiniões das personagens e manipular o leitor em direção à análise apropriada das mesmas, desaparece, e com ela o didatismo inerente da literatura YA convencional. O dilema em empregar ou não a narração em primeira pessoa em romances YA na tentativa de expressar o mundo interior de um protagonista jovem está na discrepância entre o nível cognitivo do protagonista e a complexidade dos seus estados mental e emocional, que exigem uma percepção sofisticada e um vocabulário avançado para serem expressos de maneira adequada. Aqui, a tradição da literatura juvenil como um gênero simples e sem ambiguidades entra em conflito com a busca do autor por complexidade psicológica e credibilidade.

Uma possível estratégia narrativa para contornar esse dilema é a autonarração retrospectiva. Em *Duas Vidas, Dois Destinos*, a voz narrativa pertence à Louise adulta, que, em sua memória, retorna aos dias em que tinha treze anos. Isso permite que o autor implícito faça julgamentos sobre a jovem protagonista, como quando a Louise adulta comenta sobre a sua falta de discernimento, seus enganos e suas falhas, sua falta de capacidade em avaliar as pessoas e os acontecimentos ao seu redor. Na verdade, a distância entre o eu narrador e o eu que vivencia os fatos é tão grande que a situação narrativa é quase parecida com a de um narrador onisciente. Ainda assim, existe uma diferença, pois a Louise narradora continua a ter acesso apenas a seus próprios pensamentos e sentimentos, e todo o resto que ela conta passa por seus olhos e mente. A perspectiva subjetiva em si, e especialmente essa ampliação dada pela distância entre os acontecimentos e o momento da narração, tornam o narrador pouco confiável. Apesar de aparentemente não estar contando sua história com a intenção de se apresentar sob uma luz mais favorável, ela pode omitir fatos, ou fazer julgamentos equivocados, ou sua memória pode falhar. Sua narrativa é tingida pela enorme empatia por seu eu mais novo, uma adolescente de treze anos, o que a faz tomar partido em relação à irmã gêmea. Enquanto em *Mulherzinhas* não há razão para duvidarmos da veracidade do que é contado, no caso de Louise só podemos ter certeza de que os acontecimentos são apresentados da maneira que a narradora lembra ou pensa que lembra. A jovem protagonista é outrizada pela distância entre a vivência e a narração.

Ingen Grekisk Gud, Precis (Não Exatamente um Deus Grego, 2002), de Katarina Kieri, é um *Künstlerroman*[13] juvenil feminino, que mais uma vez faz um remake da clássica heroína Jo March, colocando-a na atmosfera desinteressante de uma pequena cidade do norte da Suécia, tão distante das glórias e tentações dos adolescentes urbanos modernos como Jo estava longe dos perigos e das glórias da Guerra Civil. Ao contrário de Jo, Laura tem muito pouco tempo para descobrir quem é e o que está fazendo neste mundo. Na verdade, o tempo condensado da narrativa é uma das características importantes do romance, que foca em apenas algumas semanas – mas semanas repletas de turbulências emocionais.

Em um romance contemporâneo, é mais importante flagrar uma jovem personagem em meio a uma crise, quando o mundo está caindo aos pedaços, e acompanhá-la durante apenas alguns dias muito intensos, do que acompanhar um processo de mudança natural que acontece ao longo de meses ou anos. Pode-se pensar que o texto condensa coisas demais no tempo exíguo de uma história, mas uma avalanche de acontecimentos como essa é o que muitas vezes se passa na vida real, quando uma constatação leva a outra, em uma angustiante cadeia de reações. Esse estado emocional concentrado intensifica a empatia do leitor. "Por que demora tanto tempo para a gente crescer?", a protagonista grita para o vazio escuro e frio a seu redor. "Por que temos que viver tantos anos para aprender como tudo funciona, mas não podemos assumir a responsabilidade por nós mesmos, pelo nosso lugar no universo? Por que precisamos nos tornar parte de um padrão que talvez preferíssemos evitar?" A resposta do próprio texto para essas perguntas consiste em mostrar como Laura cresce de repente, no intervalo de algumas semanas, quando sua vida regrada se transforma em uma total confusão. Mas em vez de seguir o mesmo caminho longo e doloroso de suas irmãs literárias em direção ao autoconhecimento, Laura quer descobrir sua identidade aqui e agora; ela não tem tempo para esperar, porque a vida de uma adolescente contemporânea é muito mais frenética do que a das irmãs March.

Assim como Louise, Laura é uma protagonista única — as personagens coletivas parecem ter desaparecido completamente da ficção YA séria — e uma personagem muito mais complexa do que as quatro irmãs March juntas. O objetivo de um romance contemporâneo não é enfatizar uma característica humana específica para mostrar como uma irmã supera sua vaidade, seus caprichos ou sua falta de feminilidade. Como personagem, Laura é contraditória e multifacetada. Se *Mulherezinhas* apresenta logo no começo uma descrição completa das heroínas e comenta seus comportamentos para encaminhar o leitor para o julgamento correto, aqui o leitor precisará ler o livro inteiro para conhecer Laura. Nem podemos ter certeza se a conhecemos como ela realmente é ou como ela imagina ser. Como Laura também é a narradora, não há uma distância entre o eu que narra e o eu que vivencia; a história de Laura se desenrola diante de nossos olhos conforme vai acontecendo. Na verdade, o livro poderia ter sido um diário, e não existe nenhuma indicação sequer de que a narradora tenha algum conhecimento prévio do que vai acontecer. Ela não tem tempo para refletir ou para enfeitar sua história de acordo com seus próprios interesses; não existe distância temporal que afete sua memória, e ela não tem a experiência da vida adulta para julgar o que está acontecendo dentro de si ou a seu redor.

Pode-se presumir que tal estratégia narrativa seja restritiva para a autora, que precisa limitar-se à própria experiência de vida, adaptando-a ao nível de uma garota de quinze anos para que não soe falsa. Mas, como personagem e como narradora, Laura tem uma grande vantagem em comparação a Jo March. Ela vive em uma sociedade ocidental moderna, tem boa educação e acesso aos meios de comunicação de massa, incluindo a internet, o que lhe dá melhores condições para analisar a si mesma do que a heroína tradicional do romance doméstico. Isso faz de Laura uma narradora convincente. Ao contrário de Lina, que escreve um diário, ela tem talento verbal (é editora do jornal da escola e escreve poesia) e recebe muitos incentivos na escola. Isso permite que o texto use um vocabulário diversificado, mais reflexões sofisticadas e irônicas sobre si mesma, sem precisar lançar mão da retrospecção, como *Duas Vidas, Dois Destinos*.

O principal conflito da história gira em torno da paixão de Laura por seu novo e jovem professor, não exatamente um deus grego, mas bonito e talentoso – ele escreve no jornal local e toca saxofone – e, mais importante de tudo, ele encoraja Laura a sonhar em se tornar escritora. Ele até a ajuda a ter uma resenha publicada sobre sua obra. Laura entende mal os sinais que recebe dele. Ela tem quinze anos, nunca se apaixonou, está esperando pelo "cara certo", então é natural que se apaixone por esse homem charmoso. Em seus devaneios sobre o professor, não percebe que um colega de classe está obviamente atraído por ela, apesar de sentir prazer em compartilhar com ele seus interesses por poesia e música.

No romance de Kieri, existe tanto um professor Bhaer quanto um Laurie, tanto um Capitão Wallace[14], duplicado por Joseph Wojtkiewicz[15], quanto um Call[16]. Mas seus papéis na construção da feminilidade moderna diferem de maneira radical. Enquanto é perfeitamente normal que Jo se case com um professor mais velho ou que Louise se case com um velho viúvo com filhos, Laura, a narradora sensível e irônica consigo mesma, tem consciência do absurdo da situação de uma garota de quinze anos que se apaixona por um homem adulto. Para enfatizar isso, introduz-se uma trama paralela, que tem uma função diferente das tramas paralelas das quatro irmãs em *Mulherzinhas*. A melhor amiga de Laura, Lena, inesperadamente reage de maneira negativa às cautelosas reflexões de Laura sobre sua paixão, e Laura depois descobre o porquê. O pai de Lena acabou de abandonar sua família para viver com uma mulher muito mais jovem. "São pessoas como você que destroem as famílias", Lena acusa Laura – de maneira bastante injusta, na verdade. Laura fica arrasada, não apenas porque Lena sempre fora sua melhor amiga, mas porque a família de Lena parecia perfeita quando comparada com sua família emocionalmente distante e intelectualmente rasa. Além disso, a parceria prévia das duas em oposição às "novas garotas" provocadoras da escola se desfaz quando elas se afastam. Laura se encaminha para ser objetificada; Lena mantém sua integridade.

Como personagem, Laura não tem ninguém para guiá-la em suas tentativas de entender o que está acontecendo. Ao invés de tentar apoiar a amiga, Laura a deixa se distanciar cada vez mais. Isso é expresso de maneira sutil, sem que a narradora faça menção direta. Como não há uma instância narrativa onisciente, o leitor conhece apenas a versão da jovem protagonista, sem sequer ter acesso a uma retrospectiva dos acontecimentos. Laura não consegue julgar seu próprio estado de paralisia, quando por exemplo nunca mais liga para Lena, não a cumprimenta quando se encontram por acaso na cidade, ou não fala com ela na escola. Não há palavras para descrever o arrefecimento vago e difuso entre as duas garotas.

Por meio de uma simples descrição de trama, o desespero de Laura pode parecer com o desespero de dezenas de outras adolescentes literárias, mas o texto emprega uma linguagem nova e fresca para descrevê-lo. A linguagem é muito importante no romance, pois – como em *Mulherzinhas* – mostra o caminho de uma jovem rumo à própria integridade por meio da escrita. No entanto, enquanto Jo March é diminuída e silenciada pelo homem cujas opiniões ela, por acaso, valoriza, Laura ouve, nas últimas páginas do livro, seu colega de classe Stefan interpretar a canção que ela tinha escrito, enquanto o objeto de sua paixão, o professor, o acompanha no saxofone. A tensão de poder entre a jovem e o adulto é subjugado por seu interesse mútuo pelas artes. Com o apoio firme de seus amigos homens, Laura, uma jovem moderna, encontra sua própria voz.

Talvez melhor do que qualquer outro elemento narrativo, esse final mostra a profunda mudança na maneira com que uma nova feminilidade livre de estereótipos é construída em comparação com os modelos do passado. Laura não fica famosa da noite para o dia nem ganha um concurso de música com sua primeira canção. Stefan e Laura talvez se tornem um casal, mas não necessariamente, e mesmo que se tornem, não é provável que vivam felizes para sempre, uma vez que têm apenas quinze anos. A profunda decepção de Laura com os pais também não desaparece. A mãe se torna cada vez mais isolada e deprimida, enquanto o pai continua tão indiferente e distante quanto antes. E os típicos sonhos adolescentes sobre um grande amor – a que a própria Laura se refere de maneira pertinente como "paixões adolescentes" – aos poucos se transformam em respeito e gratidão pelo apoio que o professor demonstra. Quando nos despedimos de Laura, ela está em um limiar, mas nada foi resolvido ou acomodado em um passe de mágica.

Ainda assim, é a voz da jovem narradora que ilustra de maneira mais explícita o dilema do romance juvenil contemporâneo. Quando a voz adulta desaparece, os jovens leitores são abandonados sem orientação sobre como entender e julgar os acontecimentos e as personagens. Não temos pistas de como compreender o estado mental de Laura ou se podemos acreditar que ela seja capaz de se autoanalisar. Enquanto a personagem-narrador em primeira pessoa não é confiável por definição, no sentido de que sempre expressa uma visão subjetiva, Laura não é confiável não porque esteja tentando se mostrar sob uma luz mais favorável ou porque se esqueceu de como é ser jovem, mas simplesmente por ser inexperiente demais para expressar suas emoções ou mesmo interpretar de modo adequado as ações dos outros. O caos completo é derramado sobre as páginas, deixando o leitor resolvê-lo junto com a protagonista. Naturalmente, isso cria uma demanda muito maior no leitor do que as narrativas tradicionais em que a resolução era feita pela instância narrativa adulta.

A feminilidade que emerge desse caos é desprovida de características estereotipadas, apesar de Laura e Jo March terem muito em comum. Uma das principais razões para isso é a complexidade da personagem, que lhe permite traços de personalidade contraditórios e variáveis. Laura é, em outras palavras, multifacetada demais para ser um estereótipo, seja do tipo novo ou do velho. Ainda assim, a experiência na qual o romance se baseia e que oferece aos leitores é inequivocamente feminina.

Em 2004, Katarina Kieri publicou um romance, *Dansar Elias? Nej!* (Elias Dança? Não!, 2014), no qual ela usa um narrador em primeira pessoa masculino, que, sem surpresas, apresenta um retrato extremo e quase exagerado do "novo" doce, inseguro e introspectivo garoto. Tanto como personagem quanto como voz narrativa, Elias parece muito uma construção literária, um quase homem, uma vez que sua performance de gênero é feminina. É difícil dizer se isso é consequência do gênero da autora, mas a performatividade de Elias lembra as meninas masculinas criadas por autores homens.

E, em 2005, Aidan Chambers publicou *This Is All* (Isso é Tudo, 2005), o romance que deveria completar sua exploração em diversos volumes da condição contemporânea dos adolescentes e que apresenta uma voz e uma consciência femininas, como que para contrabalancear seus narradores e protagonistas masculinos anteriores. O primeiro dilema com que a heroína adolescente de Chambers se depara é como perder sua virgindade. Se em algum momento Chambers inspirou seus colegas com sua descrição da nova masculinidade, aqui parece que ele vai na esteira das escritoras mulheres que reproduzem o novo estereótipo feminino.

Algumas das questões relacionadas ao poder que surgiram neste capítulo são: os romances YA refletem o que os autores adultos acreditam ser a experiência genuína dos adolescentes contemporâneos? Ou oferecem orientação e conselho de adultos espertos para os adolescentes ingênuos? Ou, assim como grande parte da literatura infantil, expressam as memórias nostálgicas dos autores adultos a respeito de suas próprias adolescências e juventudes? Seja como for, dificilmente mostram a visão dos adolescentes contemporâneos a respeito de si mesmos. A ideologia que os romances expressam parece que se baseia na alteridade, na percepção que o autor tem de seus protagonistas como "o Outro". Mais uma vez temos o inevitável dilema de escrever para leitores mais jovens, a posição de poder desigual entre o emissor e o receptor.

Em muitos dos romances discutidos neste capítulo, o foco narrativo em primeira pessoa amplifica ou subjuga o efeito da construção de gênero. O próximo capítulo fará uma análise mais profunda sobre como a alteridade é manifestada por meio do foco narrativo determinado pelo gênero.

8 A Outrização da Voz: Crossvocalização e Performance

Trata-me por Isabel. Há alguns anos – não importa quantos ao certo –, tendo pouco ou nenhum dinheiro no bolso e sem nada em especial que me interessasse em terra firme, pensei em navegar um pouco e visitar o mundo das águas.[1]

Este eloquente teste mostra como uma mudança aparentemente pequena no nome do narrador no capítulo "Trata-me por Ishmael", de *Moby Dick* (1851), afeta nossa percepção. Um nome masculino ou feminino associado ao narrador cria de imediato expectativas. Enquanto é natural que o narrador homem do romance de Melville se lance em aventuras no mar, com a permutação de gênero, o leitor é colocado em um lugar de hesitação a respeito do gênero literário e do tom da narrativa. Normalmente não se espera que uma mulher "navegue um pouco" quando não tem nada melhor a fazer, e o leitor não consegue ter certeza sobre o que esperar na narrativa. A voz feminina não combina com a conotação das frases iniciais.

A narratologia feminista e *queer*[2] busca compreender se as estratégias narrativas de determinada obra estão relacionadas às suas questões de gênero, incluindo, mas não apenas, o gênero biológico do autor implícito, o do narrador e o do protagonista. A narração masculina, assim como a masculinidade no capítulo anterior, representa a voz narrativa dominante, empoderada, conservadora, conformista e normativa, em oposição à uma narração oprimida e, portanto, potencialmente subversiva. Uma voz masculina implica a confirmação das normas de poder existentes, enquanto uma voz feminina as questiona e subverte. Isso pouco tem a ver com o gênero do autor; no entanto, estudos feministas das literaturas clássica e moderna mostraram que autoras frequentemente foram forçadas a empregar certas estratégias para que suas vozes fossem ouvidas[3]. Nos estudos sobre narração e sua relação com o gênero dentro da literatura infantil, acrescenta-se outro aspecto heterológico: a aetonormatividade.

A narratalogia relacionada ao gênero coloca questões sobre a relação entre gênero e diversos aspectos da narração, tais como a voz narrativa, o ponto de vista e a focalização. Uma das principais questões discutidas é se as estratégias narrativas masculinas e femininas são de fato diferentes, e se forem, como exatamente essa diferença se reflete no texto. Um aspecto disso é a narração crossgênera, na qual autores homens usam narradoras e focalizadoras femininas[4]. Curiosamente, os exemplos de narração crossgênera em primeira pessoa (heterovocalização, ou crossvocalização) são raros. Na grande maioria das narrativas para crianças ou jovens em primeira pessoa, a instância narrativa é do mesmo gênero que o autor, e alguns exemplos já foram discutidos em capítulos anteriores (*Dance on My Grave*; *Kensuke's Kingdom*; *Duas Vidas, Dois Destinos*; *Ingen Grekisk Gud, Precis*). Ainda assim existem exceções nas quais a crossvocalização é utilizada: uma escritora mulher escolhe um narrador masculino em primeira pessoa (*The Outsiders*; *Dansar Elias? Nej!*; *Dear Mr. Henshaw*; *The Secret Diary of Adrian Mole, Aged 13¾* [O Diário Secreto de um Adolescente]), ou um escritor homem escolhe uma narradora feminina (*Island of the Blue Dolphins*; *The True Confessions of Charlotte Doyle*; *Lilla Marie*; *This Is All*). A questão é, no entanto, se o gênero biológico do narrador automaticamente cria uma voz genuína, ou se a voz é performativa (em analogia com o gênero performativo de Butler)[5]. Uma questão subsequente é se uma narradora crossvocalizada necessariamente se torna subversiva, e, em contraste, se uma voz masculina segue os padrões masculinos de confirmação das normas existentes. Em outras palavras, uma narradora feminina em primeira pessoa pode falar com uma voz masculina, e vice-versa. A voz performativa implica uma instância narrativa que se comporta ("performa") de acordo com certa posição de poder, seja afirmativa ou subversiva.

Em termos de poder, a crossvocalização tem diversas consequências. Um autor homem que escolhe uma voz feminina *desce* na hierarquia de poder, isto é, narra a partir de uma posição desempoderada, amplificada pela costumeira assimetria que existe entre o autor adulto e a personagem jovem. Ao mesmo tempo, os autores adultos devem, de maneira consciente ou inconsciente, empoderar seus jovens protagonistas, já que a premissa básica da literatura infantil é substituir a normatividade da criança e do jovem pela normatividade do adulto. Isso significa que o autor homem que emprega a crossvocalização precisa compensar a posição duplamente oprimida da jovem garota personagem/narradora, primeiro como uma mulher que desvia da norma masculina e em segundo lugar como uma criança/jovem que desvia da norma adulta. Tais compensações podem ser encontradas em diversas estratégias que serão investigadas neste capítulo.

Uma autora mulher que escolhe uma voz narrativa masculina *ascende* na hierarquia de poder; a voz ganha grande autoridade. No entanto, uma autora adulta tem mais poder se comparada a seu protagonista jovem; as duas estruturas de poder estão em conflito entre si. A posição de poder do narrador em primeira pessoa pode ser ainda mais destacada pelo empenho comum da literatura infantil em empoderar a criança ou o jovem. Para atingir um equilíbrio, uma autora mulher vai precisar se submeter ao poder de seu narrador. Aqui também podemos examinar quais as estratégias disponíveis para criar e amplificar a posição de poder hierárquica e assimétrica, ou para questioná-la e obscurecê-la. Isso pode ser feito por meio do gênero literário, do tema, do cenário, da estrutura, da caracterização e do foco narrativo.

A VOZ PÚBLICA E A PRIVADA

Há ainda outra distinção essencial a ser considerada na narratologia relacionada ao gênero: a distinção entre a voz pública e a privada, isto é, uma narrativa direcionada a um público específico ou uma narrativa que é em essência autorreflexiva e não parte da intenção de ser examinada por um estranho[6]. Já tratamos de alguns exemplos, como a narração pública em *Dance on My Grave* e em *Kensuke's Kingdom*, e a narração privada/mental em *Duas Vidas, Dois Destinos* e *Ingen Grekisk Gud, Precis*. Como as mulheres foram, ao longo da história, submetidas ao silenciamento por parte do *establishment* masculino e a narração pública exige certas estratégias narrativas que não precisam ser empregadas na escrita privada, irei considerar que a voz pública é predominantemente masculina (podendo não ser de um homem) e a voz privada, predominantemente feminina, apesar de numerosas e óbvias exceções.

Ainda que o tema de um romance muitas vezes seja claramente pessoal, com frequência existem destinatários públicos explícitos para o discurso do narrador. Em *Boikie, You Better Believe It* (Boikie, Você Não Vai Acreditar, 1994), de Dianne Hofmeyr, Daniel, o narrador, escreve em um diário, mas tem a intenção de que ele seja lido: "Decidi começar este livro hoje por causa do meu pai e do que ele fez ontem. Penso que, se vou ter filhos um dia, eles deveriam ler tudo o que eu escrevi."[7] Assim, a narrativa é pelo menos em parte pública, pois Daniel está pensando em um público leitor específico. E também é privada, pois tem como objetivo o autoconhecimento: "Estou escrevendo para tentar entender a minha vida."[8] Ao contrário de muitos autores fictícios de diários, como Hal, de *Dance on My Grave*, Daniel não é encorajado por um adulto que o apoia em sua escrita, e não é especialmente ligado à expressão verbal. Na verdade, admite: "Preciso pegar um dicionário emprestado na biblioteca da escola. Não sou muito bom com as palavras."[9] Mesmo assim, pouco antes de fazer essa declaração, ele menciona e escreve os nomes bíblicos de Belsazar e Nabucodonosor, claramente fascinado por seus sons, o que indica sua curiosidade natural pela linguagem. Daniel pertence a um grupo desprivilegiado e silenciado. Como muitas mulheres no passado do Ocidente, Daniel, que vive na África do Sul contemporânea, dificilmente pode sonhar com uma educação superior. A autora expressa uma experiência compartilhada pelas mulheres e não pelos homens, por estar escrevendo a partir de uma posição desempoderada.

Charlotte tem treze anos em *The True Confessions of Charlotte Doyle* (As Verdadeiras Confissões de Charlotte Doyle, 1992), de Avi, e descreve os acontecimentos fora do comum a bordo de um navio cruzando o oceano Atlântico durante o verão de 1832. O título faz alusão ao tradicional gênero literário masculino das confissões, e o adjetivo "true" ("verdadeiras") enfatiza a honestidade e a confiabilidade da história – um posicionamento que requer uma análise mais profunda. Apesar de Charlotte ter frequentado a Escola Barrington para Aprimoramento de Meninas, podemos partir do princípio de que sua educação não foi muito além da caligrafia básica.

Ao contrário de Daniel, que começa um diário porque precisa se expressar, Charlotte é forçada por seu pai a manter um diário pois essa atividade era considerada apropriada para jovens de classes privilegiadas da época. No caso de Charlotte, também se trata de mantê-la ocupada com um passatempo adequado durante a travessia do oceano, porque outras ocupações femininas, como o bordado, a música ou a dança, são claramente difíceis a bordo de um navio. O pai também declara sua intenção de ler o diário quando chegarem a Providence. O relato de Charlotte é público, pois ela escreve partindo do princípio de que ele com certeza será examinado por outra pessoa. Isso não impede Charlotte de apresentar os detalhes mais íntimos de sua existência, como a sensação de vestir uma roupa de marinheiro folgada. É discutível se uma jovem se arriscaria a escrever detalhes tão indiscretos em uma narrativa destinada ao olhar de um homem adulto. Podemos, por exemplo, comparar o relato de Charlotte com o de Jerusha Abbot, em *Daddy-Long-Legs* (Papai-Pernas-Longas, 1912), de Jean Webster, que também é destinado a um homem adulto e por isso evita qualquer detalhe pessoal. *Daddy-Long-Legs* é escrito por uma autora mulher, e a homovocalização leva a voz a atuar de maneira feminina, prudente e bem-comportada em relação ao narratário homem. O texto crossvocalizado de *The True Confessions* cria uma base diferente. Charlotte pode ser deliberadamente provocativa, sabendo que sua indiscrição vai irritar o pai; ele de fato fica indignado com o diário, porém mais pelo conteúdo em geral, que ele vê como um monte de besteiras, e nunca fala sobre os detalhes constrangedores. Mesmo assim podemos questionar o grau de indiscrição que uma jovem se permitiria em um texto endereçado aos olhos de seu pai, ainda mais sendo uma jovem da década de 1830.

Ao mesmo tempo, um detalhe significativo está, de maneira bastante perceptível, ausente na história de Charlotte, o que pode ser atribuído à natural falta de intimidade do autor com experiências tipicamente femininas. Durante os vários meses de travessia, ela não menciona sua menstruação uma única vez sequer. A menstruação também nunca é mencionada nas cartas de Jerusha para seu benfeitor homem. Em 1912, os temas relacionados ao corpo eram um tabu na ficção juvenil. Na ficção YA contemporânea, é natural que as narradoras se refiram a sua primeira menstruação como um acontecimento importante em suas vidas, enquanto os narradores masculinos podem mencionar diversas vezes suas ejaculações noturnas e ereções constrangedoras. Charlotte talvez seja muito nova para menstruar; mas essa seria uma experiência apropriada para enfatizar sua situação precária em um ambiente masculino rude e isolado. De qualquer maneira, a voz pública de Charlotte, voltada a um olhar masculino, não menciona nada relacionado à menstruação.

Tanto em *Boikie* quanto em *The True Confessions*, as narrativas são apresentadas como relatos escritos. O discurso escrito é logo percebido como público, já que em nossa cultura a palavra escrita tem o *status* de um documento. Talvez seja categórico demais defender que a cultura escrita seja masculina e a oral seja feminina, mas estudos da linguagem relacionados ao gênero corroboram com essa ideia[10]. Para a psicanálise lacaniana, o discurso verbal e estruturado, especialmente o discurso escrito ("simbólico"), também é masculino, enquanto o discurso não verbal, pré-verbal ("imaginário"), é feminino. Na cultura ocidental, as narrativas criadas por escritores homens sempre tiveram um *status* superior ao das narrativas orais, como os contos folclóricos, muitas vezes preservados por mulheres. O conceito de *genderlect* oferece mais uma ferramenta analítica para avaliar os usos masculino e feminino da linguagem. A linguagem masculina costuma ser concebida como aquela que é organizada, racional e precisa, repleta de noções abstratas, enquanto a linguagem feminina seria fragmentada, concreta, emocional e rica em imagens. Ela também tem subtextos escondidos, ou palimpsestos. Portanto, é tentador afirmar que em ambos os romances o discurso masculino (escrito e público) é utilizado, não importando o gênero do protagonista.

Outra questão – talvez mais importante – seja como o texto apresenta o acesso do homem e da mulher à linguagem. A teoria feminista mostrou como as mulheres são, na literatura escrita por homens, sistematicamente diminuídas e silenciadas, e como as escritoras mulheres tentaram apontar diferentes saídas para a opressão. Charlotte parece que é estimulada pelo *establishment* masculino a escrever, mas ela não tem nenhuma credibilidade em sua narrativa. O pai de Charlotte não acredita em suas histórias e assim reprime sua criatividade. Não importa se a narrativa de Charlotte é verdadeira ou não. Os dois romances mostram claramente que o narrador homem é empoderado por meio da linguagem, enquanto, para a mulher, a competência verbal é uma desvantagem. O autor homem que faz a crossvocalização mostra como a narração feminina é questionada e rejeitada, confirmando as convenções existentes. A autora mulher que faz a crossvocalização cria uma personagem masculina a quem falta a linguagem, como as figuras femininas, mas que ainda assim percebe a importância da linguagem para o *status* social de uma pessoa. E assim a autora rompe a convenção. A voz performativa é decisiva nesses exemplos.

Não surpreende que muitos romances crossvocalizados utilizem as formas epistolares e do diário, com suas oscilações entre o público e o privado, ainda que decididamente escritas. Ao que parece, o diário fictício como forma narrativa permite a criação de uma voz infantil ou adolescente genuína; mas, assim como em qualquer estratégia, isso não acontece de modo automático. Pelo contrário, os diários fictícios são especialmente difíceis pois quase não existe distância entre a experiência e a narração em si, como já mostramos na discussão a respeito de *Boikie*. Para parecer genuína, a voz em primeira pessoa precisa ser adaptada para os níveis cognitivo, emocional, existencial e linguístico que o protagonista em tese domina. Com frequência, a forma do diário é usada sem motivação, mais como um tributo à tradição popular. Se o objetivo do diário for criar autenticidade, ele parecerá supérfluo em um romance que se concentra em eventos externos. Alguns textos utilizam grafias pouco complexas, estruturas de frases simplificadas demais, comentários ingênuos, vocabulário limitado e linguagem forçadamente jovem ao buscar criar um senso de autenticidade, mas o efeito muitas vezes é o oposto. Um diário fictício deve representar os pensamentos e sentimentos mais privados; portanto, deveria ser autorreflexivo o suficiente para justificar o formato. Ao mesmo tempo, ao contrário de um diário "real", um diário fictício precisa ter uma trama, ainda que escondida por trás da descrição de eventos aparentemente externos. Mesmo um diário fictício mais fragmentado contém alguma forma de resolução e desfecho. Ainda assim, a fragmentação é associada à escrita feminina, enquanto as tramas estruturadas e organizadas são consideradas masculinas. Um romance em forma de diário direcionado para o público jovem inevitavelmente se equilibra entre tentativas de autenticidade e a necessidade de alteridade.

Escritores homens de diários são um fenômeno mais ou menos recente na literatura infantil, aparentemente por causa da ideia preconcebida de que em geral são as meninas que mantêm diários. Autoras que empregam escritores homens de diários seguem as convenções masculinas. *The Secret Diary of Adrian Mole Aged 13¾* (O Diário Secreto de um Adolescente, 1982), de Sue Townsend, descreve uma personagem um pouco esquisita, enquanto o conteúdo do diário foca mais em acontecimentos externos. A crossvocalização inviabiliza uma descrição profunda da psique de um jovem protagonista do sexo oposto ou uma subjetividade mais complexa. A crossvocalização de Kevin Major em *Diana: My Autobiography* (Diana: Minha Autobiografia, 1993) – que não é um diário, mas a estrutura se aproxima – atinge o efeito por meio de uma estratégia parecida com a do *Diário Secreto*: a narradora feminina é apresentada como boba, ingênua e fútil. Quase parece que o autor implícito debocha de sua narradora – um símbolo tangível de alteridade –, o que se percebe em especial na comparação com o romance do mesmo autor que tem um narrador masculino, *Dear Bruce Springsteen* (Querido Bruce Springsteen, 1987).

Dear Mr. Henshaw (Querido Senhor Henshaw, 1983), de Beverly Cleary, é um dos pouquíssimos diários fictícios que tiram o melhor proveito da ferramenta ao demonstrar o desenvolvimento intelectual e emocional da personagem, apresentando desde tentativas esquisitas de expressar acontecimentos externos até uma consciência autorreflexiva complexa. O protagonista tem diversas características femininas e sua voz atua como feminina, mais ainda porque a linguagem e a escrita se tornam um caminho para a criação de uma identidade mais forte. Ao escrever a partir de uma posição de poder inferior, a autora consegue expressar o empoderamento do protagonista crossvocalizado.

O romance epistolar *Letters From Inside* (Cartas de Dentro, 1994), de John Marsden, tem duas vozes crossvocalizadas que parecem idênticas, o que em si pode ser crível no contexto em que duas adolescentes trocam comentários superficiais sobre a vida familiar, a escola e os namorados. No entanto, a questão da verossimilhança se torna supérflua ao longo da parte final metaficcional do livro, que nos leva a reavaliar por completo as personagens, os acontecimentos e os focos narrativos. O jogo pós-moderno com as subjetividades flutuantes permite que as vozes atuem de maneira arbitrária, uma vez que não há substância por trás delas; são construções puramente verbais. A metaficção torna as personagens rasas e elimina os parâmetros de integridade: o gênero das personagens e das vozes narrativas se torna completamente irrelevante.

CONFIABILIDADE E AUTORIDADE

O argumento anterior aponta para a conclusão de que a narração pública, em especial a escrita, tem mais autoridade do que a privada, oral ou mental. A questão da confiabilidade e autoridade do narrador está ligada à relação entre o discurso do narrador e o da personagem. Consideramos o narrador mais confiável quando seu discurso está claramente separado do discurso da personagem, como nas falas ou nos pensamentos diretos ou indiretos. Além disso, não se questiona o acesso do narrador onisciente às informações apresentadas. Em formas mistas, tais como o discurso indireto livre e em especial a psiconarração, quando é difícil ou impossível decidir se a fonte da afirmação é o narrador ou a personagem, o nível de confiabilidade do narrador é consideravelmente menor. Em narrações pessoais, a situação se torna ainda mais complexa, pois o texto se refere a ambas agências, o narrador e a personagem, em primeira pessoa. As narrações pessoais não são confiáveis por definição, pois são subjetivas e influenciadas pelas características, humores e estados mentais do narrador. Em *The Catcher in the Rye* (O Apanhador no Campo de Centeio, 1951), Holden Caulfield apresenta-se como o pior mentiroso do mundo, e apesar de essa descrição ser uma ironia consigo mesmo, a confiança do leitor no narrador de certa maneira diminui. O discurso pessoal é menos onisciente (e, portanto, tem menos autoridade) e é mais autor-reflexivo do que a narração impessoal. A questão metafísica do acesso do narrador às informações não pode ser ignorada nesses casos; surgem diversas ferramentas narrativas, tais como: "Como descobri mais tarde...".

Ainda assim, existe uma diferença significativa no grau de confiabilidade dos narradores em primeira pessoa. Em *The True Confessions*, as relações entre a experiência e a narração em si são um tanto obscuras. Em seu "aviso importante", um típico prefácio fictício com efeito metaficcional, a narradora Charlotte atenta seus possíveis leitores para o fato de que sua narrativa "não é *Story of a Bad Boy*, nem *What Katy Did*"[11]. *The Story of a Bad Boy* (A História de um Menino Mau), de Thomas Bailey Aldrich, foi publicado em 1869; *What Katy Did* (O Que Katy Fez), de Susan Coolidge, em 1872. Charlotte, que tem treze anos em 1832, quando suas aventuras acontecem, teria de ter mais de cinquenta anos para conhecer os livros a que se refere. É possível que a referência a dois clássicos juvenis tenha uma função metaficcional e não mimética, e é mais do que possível que o autor não tenha feito nenhum cálculo relacionado à idade de sua heroína na época da narração (ou não conhecia a data de publicação dos intertextos).

Existem, no entanto, outros indicativos de que Charlotte está contando sua história muito depois dos acontecimentos nela narrados, além de sua afirmação explícita a respeito. No mesmo prefácio, a narradora diz: "Naquela época, meu nome *era* Charlotte Doyle. E apesar de ter mantido meu nome, não sou... a *mesma* Charlotte Doyle."[12] O indicador temporal "naquela época" em si não significa um lapso temporal significativo, nem a afirmação de que a personagem mudou. Mas o prefácio termina com Charlotte nos dizendo como recebeu um caderno para escrever um diário. "Ter escrito um diário *naquela época* é o que me permite contar *agora, em detalhes,* tudo o que aconteceu durante aquela viagem fatídica...".[13] O contraste entre "aquela época" e "agora" amplia a sensação de um lapso temporal significativo; na verdade, se as aventuras tivessem acontecido em um período relativamente recente, Charlotte não precisaria destacar o fato de que está confiando mais no seu diário do que em sua memória para nos relatar os "detalhes". Fazer referência a um documento ostensivamente autêntico é uma ferramenta de metaficção bem conhecida que por si só subverte a confiabilidade. Depois, a narradora nunca retorna ao nível metadiegético do prefácio, mas conclui a narrativa ao fugir do pai opressor e retornar para a liberdade do alto-mar. A situação da personagem Charlotte no "agora", isto é, no momento da narração, continua obscura.

Mas o fato de Charlotte ter seu diário da viagem consigo quando está contando sua história muitos anos depois a torna uma narradora mais confiável? Ao contrário de Holden, Charlotte declara: "Eu pretendo contar a verdade como *eu* a vivi."[14] No entanto, os acontecimentos descritos no romance não batem exatamente com as nossas expectativas gerais e narrativas. Charlotte é exatamente a "Isabel" que substitui o gênero no teste comunicativo de Lanser, jogada em uma trama masculina. Na verdade, se o título fosse *The True Confessions of Charles Doyle* e a agência narrativa fosse masculina, teríamos muito mais confiança no narrado. Ao ler o diário de Charlotte, o pai da garota fica furioso com suas fantasias malucas e impróprias. Seguindo a linha de pensamento do pai, as aventuras de Charlotte são exercícios de escrita imaginativa, cujo objetivo é provocar seu pai e questionar sua própria posição oprimida, mas é mais provável que sirvam meramente para enfeitar a existência tediosa e sem incidentes a qual ela tem direito como mulher. Podemos argumentar que o final do romance é a prova contrária a essa interpretação, pois Charlotte veste suas roupas de marinheiro mais uma vez e foge pela janela para voltar ao navio – uma ação excepcionalmente subversiva contra os estereótipos de gênero existentes. Mas podemos também nos perguntar por que esse trecho específico das confissões de Charlotte deveria ser mais verdadeiro do que a história que o precedeu. Como o texto contém elementos explicitamente metaficcionais, que sempre servem para subverter a confiabilidade do narrador, tendemos a aceitar a acusação do pai de que a narrativa de Charlotte é uma fabulação, julgando, assim, a narradora como de todo não confiável.

De qualquer modo, a narradora Charlotte está separada da personagem Charlotte de treze anos, o que dá mais autoridade à agência narrativa adulta, mas diminui sua confiabilidade. Nesse contexto, o lapso entre o homem adulto, autor do século XX, e a protagonista feminina adolescente do século XIX parece menos importante, e a masculinidade óbvia da voz performativa é obscurecida.

Daniel, de *Boikie You Better Believe It*, pode ser percebido como um narrador mais ou menos simultâneo. Digo mais ou menos pois o narrador não está exatamente fazendo notas enquanto as coisas acontecem, como alguns narradores metaficcionais fazem de maneira explícita. Na maioria dos casos, Daniel registra os acontecimentos à noite, quando volta para casa, e às vezes expõe que alguns dias se passaram desde o evento que descreve. O narrador Daniel nunca sabe o que vai acontecer a seguir, o ato narrativo está entrelaçado com a história. Daniel é um narrador intradiegético, enquanto Charlotte é extradiegética, contando a história de uma posição externa e já sabendo o resultado dos eventos que narra.

A situação narrativa, a relação entre o eu que narra e o eu que vivencia, é crucial para a nossa interpretação. Narradores pessoais são homodiegéticos por definição, ou seja, aparecem como personagens em suas próprias narrativas. Além disso, como as narrativas focam na própria vida do narrador, os narradores são autodiegéticos, protagonistas em suas próprias histórias. Poderíamos partir do pressuposto de que um narrador em primeira pessoa sempre é a personagem principal, mas não é o caso. A narração pessoal pode implicar em uma grande variedade de opções, desde os narradores-testemunha, que registram o fluxo externo de acontecimentos ou apresentam a história de outra pessoa, até os narradores solipsísticos, que focam em seus próprios sentimentos e experiências. Mas mesmo os narradores autodiegéticos podem ser diferentes no que diz respeito ao grau de introspecção. Charlotte nunca vai além do registro dos acontecimentos externos ou talvez um registro de sua própria reação a eles. Daniel basicamente descreve acontecimentos externos, mas dentro de certo limite ele também analisa suas reações.

Boikie, entretanto, não apresenta nenhuma brecha que poderia revelar o narrador como não confiável. Como um narrador simultâneo, ele não demonstra nenhuma falha de memória, não há motivos para que oculte ou distorça a realidade e suas descrições essencialmente externas dos acontecimentos não permitem um toque muito subjetivo de sua experiência, o que, de maneira paradoxal, empresta à sua voz um *status* mais confiável e de autoridade. Não há motivos para concluir que as vozes masculinas sejam mais confiáveis do que as femininas. O único argumento nesse sentido pode ser que, no final das contas, os homens têm mais autoridade em nossa sociedade, e por isso suas narrativas são, por definição, mais críveis do que as narradas por mulheres. A função perlocutória da narração, isto é, o efeito que o narrador pretende alcançar, está mais ou menos ausente em *Boikie*. Enquanto a voz de Charlotte é performativamente masculina, o narrador biologicamente masculino em *Boikie* é apresentado como mais confiável, apesar de ele mesmo refletir sobre a questão:

> É cansativo tentar entender a minha vida. Me esforço para pensar meus pensamentos e depois colocar no papel o que estou pensando. E como sei o que eu realmente estou pensando? Porque não posso ver meus pensamentos. [15]

A convenção associa a narração masculina à focalização externa, e a narração feminina, à focalização interna. Tanto *Confessions* quanto *Boikie* empregam uma focalização essencialmente externa e raras vezes vão além do ponto de vista literal, o que os exime da construção de uma subjetividade complexa. Em outras palavras, as personagens são opacas, apesar de narradas por si mesmas.

Personagens homofocalizados são potencialmente mais transparentes, como vimos na discussão sobre *Dance on My Grave, Duas Vidas, Dois Destinos* e *Ingen Grekisk Gud, Precis.*

IDENTIDADE DE GÊNERO E GÊNERO LITERÁRIO

Como já afirmado antes, a questão dos padrões masculinos e femininos nos textos literários vai muito além do gênero biológico das personagens ou dos narradores. A correlação entre a identidade de gênero e o gênero literário já foi levantada diversas vezes. Autores podem escolher de maneira consciente ou inconsciente gêneros literários que correspondam a seus padrões de identidade de gênero em geral, e um autor que faz a crossvocalização pode escolher um gênero literário que permita negligenciar ou contornar as discrepâncias entre a identidade de gênero do autor e a do narrador.

A convenção diz que a escrita masculina é orientada pela ação, e a escrita feminina, pelas personagens; que a escrita masculina foca em acontecimentos externos e nas aventuras do herói, enquanto a feminina se preocupa com os relacionamentos e a autorreflexão. Entre os gêneros literários tipicamente masculinos estão a fantasia de heróis, o terror, o romance policial e o thriller, a ficção científica, os romances de guerra, os romances de pirataria e roubo, mais as histórias de fronteira e do Velho Oeste. Entre os gêneros literários tipicamente femininos estão as histórias de amor e os romances familiares e domésticos. De maneira geralista, o gênero literário masculino é a aventura, e o feminino, a história de amor. Portanto pode parecer que o retrato de uma personagem feminina em *The Island of the Blue Dolphins* (A Ilha dos Golfinhos Azuis), uma narrativa robinsonada tipicamente masculina, quebre as normas, apesar de que em uma análise mais detalhada a crossvocalização pode ser explorada exatamente porque o gênero não apenas permite, mas pressupõe uma perspectiva externa.

The True Confessions pode parecer um simples caso de permutação de gênero, bastante comum na literatura "pulp fiction" de aventura contemporânea: uma personagem feminina é colocada em uma trama masculina e representa o papel de um herói masculino, tornando-se uma quase-mulher. A situação de Charlotte certamente lembra a de *Treasure Island* (Ilha do Tesouro, 1883), no qual um jovem se vê em um navio cheio de bandidos. No entanto, o romance também adere à longa tradição do romance picaresco feminino, um gênero literário masculino que utiliza uma protagonista e uma narradora. As premissas do escritor em tais narrativas é apresentar os acontecimentos externos, não tentar entrar na mente da heroína. Em geral, um pícaro é um herói romântico (na terminologia de Frye), e, como tal, privado de características psicológicas. Assim, *The True Confessions* usa um gênero literário masculino, apesar da protagonista mulher, também sem precisar se adaptar à narração feminina. No prefácio fictício de sua narrativa, Charlotte nega a afinidade de sua história com os gêneros para meninos ou meninas malcriados. "Se opiniões fortes e ação lhe ofendem, não siga com a leitura"[16], ela avisa seus prováveis leitores, declarando assim que a narrativa será voltada para a ação, e talvez até seja violenta. A crossvocalização desafia menos as regras em *The True Confessions*, assim como em *Island of the Blue Dolphin*, uma vez que aparece em gêneros literários masculinos e de aventura, pressupondo uma trama masculina orientada para a ação e um cenário ao ar livre.

Os romances de S.E. Hinton em que ela se utiliza da crossvocalização, *The Outsiders* (The Outsiders: Vidas Sem Rumo, 1967) e *That Was Then, This Is Now* (Aquilo Foi Antes, Isso É Agora, 1971), apresentam o convencional gênero literário masculino "bonzinhos versus malvados". Como é comum, a autora de carne e osso esconde seu gênero atrás de suas iniciais. Os romances estão entre os primeiros exemplos de crossvocalização na ficção YA, e como Hinton tinha dezessete anos quando publicou *The Outsiders*, a aetonormatividade é irrelevante na hierarquia de poder como um todo. O gênero indefinido do autor e a escolha por um narrador/protagonista homem eleva a autoridade dos romances. O foco está na diferença de classes, na amizade e no amor que ultrapassam os limites sociais, na ambivalência de um jovem a respeito de sua lealdade com sua origem e o desejo de ascensão social(um tema reminiscente do romance operário popular). As narrativas são perceptivelmente masculinas, quase tudo acontece ao ar livre, a força física tem prioridade e os conflitos são resolvidos por meio da violência. As estruturas de poder nos romances refletem as tensões entre ricos e pobres, entre a classe dominante e a operária. O narrador pertence ao grupo oprimido, o que significa que a autora expressa solidariedade com os marginalizados pela sociedade. Apesar de os protagonistas não poderem ser facilmente submetidos à permutação de gênero, a voz atua de maneira feminina uma vez que narra a partir de uma posição inferior. Mas os textos evitam a autorreflexão e não deixam as personagens penetrarem muito em seus próprios sentimentos, até porque no momento em que os romances foram publicados um novo estereótipo de homem gentil seria visto como uma quebra da norma.

Boikie, You Better Believe It é uma história doméstica que se concentra no relacionamento entre pais e filho, na amizade, no primeiro amor e na autorreflexão. Existe certa violência, porém não mais do que seria aceitável em um romance para garotas. Como de costume, a reação do protagonista à violência é mais intensa que a violência em si. Na verdade, Daniel não testemunha a briga, mas há uma vasta descrição dos esforços da personagem em encontrar um hospital para o pai, além de suas emoções e ansiedade. Da mesma maneira, em *Dear Mr. Henshaw* e *Diário de um Adolescente*, os narradores surgem em um gênero literário tipicamente feminino, que foca em relacionamentos e não em ação e acontecimentos. A relação entre pais e filho é um bom exemplo. Seria natural presumir que, para um protagonista masculino, sua libertação do pai é a questão mais importante em seu desenvolvimento psicológico, enquanto que para uma garota é a libertação da mãe[17]. Por consequência, poderíamos esperar que os narradores masculinos focassem em seus relacionamentos com seus pais, e as narradoras femininas, no relacionamento com suas mães. Além disso, um padrão masculino inclui uma aceitação submissa da autoridade parental, enquanto um padrão feminino determina que o protagonista, principalmente se for feminino, questione bastante o script normativo de gênero. Em *The True Confessions*, o conflito entre pai e filha é construído como se fosse um conflito entre pai e filho. *Boikie*, por outro lado, apresenta o conflito entre pai e filho como se fosse razoavelmente sem questões, em que os problemas do relacionamento são resolvidos de maneira emocional, algo que se liga mais ao arquétipo Ocidental feminino. Da mesma maneira, o romance crossvocalizado *Dear Mr. Henshaw* descreve o relacionamento entre pai e filho como tipicamente feminino.

Autoras muitas vezes escolhem o gênero literário do romance histórico para alienar o narrador crossvocalizado. Em *Preacher's*

Boy (O Filho do Pastor, 1999), de Katherine Paterson, o narrador masculino apresenta suas aventuras, que consistem em acontecimentos externos, muitas vezes empolgantes e dramáticos; há pouca autorreflexão, nenhuma subjetividade complexa ou questões de confiabilidade. Os narradores pessoais dessas e de outras histórias parecidas se tornam testemunhas, e não sujeitos que passam pela experiência, o que significa que a narração não depende do gênero do narrador; o narrador é uma agência sem gênero, reminiscente do narrador dramático impessoal ("objetivo"). É significativo que a mudança da homovocalização em *Roll of Thunder, Hear My Cry* (Trovão, Ouça Meu Grito, 1976), de Mildred Taylor, para a crossvocalização em sua continuação, *Mississippi Bridge* (Ponte Mississipi, 1990), tenha acontecido sem esforços. Ambos os narradores em primeira pessoa são narradores-testemunha que apresentam um relato detalhado e emocionalmente neutro dos acontecimentos externos, e as duas vozes soam idênticas. As histórias poderiam ter sido contadas com uma voz impessoal, o que poderia ser confirmado com um teste comutativo.

Entre algumas outras convenções relacionadas ao nível da história nos romances estão a construção do tempo e do espaço, além da estrutura da trama. O uso do espaço narrativo liga-se de maneira íntima com a questão do gênero literário. Frequentemente o espaço masculino é percebido como externo, enquanto o espaço feminino é interno; o espaço masculino é aberto, e o feminino, fechado ("reclusão" é um tropo recorrente na ficção feminina); o campo de atividade masculina é sempre longe de casa, enquanto a esfera feminina é a casa, o lar; a preocupação masculina é conquistar a natureza, enquanto a feminina é "compreender" e estar em harmonia com a natureza. As personagens masculinas veem a casa como restritiva, enquanto as personagens femininas a veem como segura e protetora.

Charlotte aparece fora do espaço feminino convencional, em um ambiente mais adequado a um menino. Ela não apenas está confinada à companhia exclusiva de homens, mas acaba sendo forçada a deixar a relativa segurança de sua cabine e entrar no espaço extremamente masculino do convés. Charlotte é levada pelas circunstâncias a assumir um papel masculino, portanto parece natural que ela apareça em um espaço masculino. Daniel atua dentro de um espaço doméstico tipicamente feminino, apesar de existirem algumas cenas – inclusive uma violenta – que se passam nas ruas. Se fizermos os paralelos simples: urbano = cultura = masculino, enquanto rural = natural = feminino, veremos que o cenário urbano é masculino por definição, e apesar da situação política instável da África do Sul, que serve como pano de fundo para os acontecimentos do romance, o cenário é bastante idílico. Daniel está feliz em seu espaço e não expressa nenhum desejo de partir. Seu espaço é restrito, nunca vai além da vizinhança mais próxima. Ao contrário dos protagonistas masculinos de Hinton, ele não tem vontade de ter poder sobre seu espaço, por exemplo, tornando-se o líder de uma gangue de rua. Pelo contrário, ele se esconde da violência das ruas na segurança de um salão de beleza — um espaço expressamente feminino, e por convenção pouco natural para um jovem garoto, mas bastante típico para a nova masculinidade. A narrativa foca nas incertezas de Daniel, incluindo sua óbvia imaturidade e sua relutância em conquistar grandes espaços ao ar livre.

Em termos de composição, as tramas masculinas são morais, no sentido de uma progressão da imperfeição em direção ao aperfeiçoamento; e as tramas femininas são românticas, vão do desejo à realização. As narrativas masculinas focam em acontecimentos externos e atos heroicos, enquanto as femininas têm a ver com relacionamentos e reflexões. Além disso, as tramas masculinas são estruturadas, lógicas, cronológicas, fortemente causais e voltadas para objetivos; enquanto as narrativas femininas são fragmentadas e difusas. As tramas masculinas são "narrativas grandiosas", enquanto as femininas são "pequenas narrativas"[18]. *Boikie* tem a trama menos convencional, da qual estão completamente ausentes os elementos padrões de composição como a apresentação, a complicação, o clímax e o desfecho. Ao contrário disso, é uma cadeia desestruturada de acontecimentos sem ligação de causa, uma reminiscência da vida como ela é. Como a causalidade é o marcador mais importante da narratividade, *Boikie* apresenta um baixo grau de narratividade, e por isso é mais subversivo em relação à norma. *The True Confessions* foca nas experiências físicas e no aperfeiçoamento moral do protagonista.

Finalmente, algumas opiniões consagradas sobre a temporalidade afirmam que o tempo masculino é linear, comprimido e que progride depressa, enquanto o tempo feminino é circular (ou seja, leva a protagonista de volta ao ponto de partida), dependente das estações do ano, repetitivo e prolongado. Um exame mais atento mostra que a temporalidade predominante tanto em *The True Confessions* quanto em *Boikie* é, como era de se esperar, masculina.

ANDROGINIA, *CROSSDRESSING* E METAMORFOSE

A esta altura, deveria estar claro que o gênero biológico do protagonista tem pouca relevância para a caracterização masculina ou feminina. A caracterização masculina confirma os estereótipos de gênero consagrados, enquanto a caracterização feminina os desafia. Por sua vez, isso quer dizer que se as personagens masculinas e femininas permanecem inalteradas ou desenvolvem-se em direção a estereótipos mais fortes, tal caracterização é masculina. Isso é importante, pois as personagens, principalmente as femininas, podem ser representadas como se a princípio desafiassem os estereótipos, mas ao longo da trama podem ser trazidas de volta para o padrão de gênero prescrito. Para analisar a posição do autor em relação aos estereótipos, poderíamos usar esquemas que já existem, que apresentam os homens como fortes, ativos, violentos, agressivos, competitivos e independentes, e as mulheres como fracas, passivas, emotivas, submissas e abnegadas.

Ao olhar para si enquanto jovem, Charlotte faz a seguinte descrição: "Aos treze anos, eu não passava de uma menina, não tinha começado a tomar forma, e menos ainda a ter o coração de uma mulher."[19] A visão não apenas é desconectada, como também extremamente objetificadora. A perspectiva é masculina no sentido de que o focalizador observa a mulher em vez de pensar sobre ela, o que se torna ainda mais óbvio na comparação com outra representação parecida, mas muito mais irônica consigo mesma: "Aos treze anos, eu era alta, de ossos largos, e tinha delírios sobre a beleza e o amor."[20]

Para contornar a caracterização estereotipada em textos crossvocalizados, muitas estratégias podem ser utilizadas. A androginia está associada à escrita feminina. Na literatura, a androginia como fenômeno social, pode assumir formas como um desvio do comportamento social normativo, uma atividade escolhida, transexualidade social (desejo de atuar socialmente como o sexo oposto), homossexualidade, sem falar no *crossdressing*[21]. A androginia é um dos modos mais eficientes de questionar as normas sociais relacionadas ao gênero, e a performance da androginia masculina demonstra claramente a superioridade do homem em todos os níveis da sociedade. Isso torna a androginia uma estratégia narrativa feminina, mas que pode ser usada por ambos para confirmar ou subverter estereótipos.

Charlotte se encontra em uma situação na qual o *crossdressing* é a única estratégia de sobrevivência possível. Isolada como a única passageira em um transatlântico com um capitão e uma tripulação de moral duvidosa, e tendo causado involuntariamente a morte de um homem, ela se livra de suas roupas femininas assim como de suas maneiras polidas e se junta à tripulação para compensar o mal que causou. Muito antes disso, um cozinheiro benevolente oferece um conjunto de roupas de marinheiro a Charlotte, que aceita, mas diz que não seria apropriado usá-las por ser uma dama. Mais tarde, na segurança de sua cabine, as experimenta e as acha "surpreendentemente confortáveis"[22]. Apesar do texto não mencionar, imaginamos que Charlotte tenha sido submetida à tortura das roupas femininas ocidentais da década de 1830, que incluíam espartilhos e sapatos apertados. Ao experimentar roupas de marinheiro, práticas e largas, ela é confrontada simbolicamente com a desigualdade de gênero e se prepara para dar o primeiro passo em direção à libertação. No entanto, quando o curso dos acontecimentos de fato a força a vestir roupas de homem, a experiência é menos agradável: "Devagar e com medo, me forcei a tirar meus sapatos, minhas meias, meu avental e finalmente meu vestido e minhas roupas de baixo… As calças e a camisa pareciam duras, pesadas, como uma pele que não era minha."[23] Ao chegar em Providence, Charlotte, que conseguiu passar pela difícil experiência de ser um marinheiro de convés sob as ordens de um capitão desumano, precisa mais uma vez mudar sua identidade por meio de suas roupas.

A análise dos estereótipos, no entanto, depende da interpretação geral da história. Podemos concordar com o pai de Charlotte e ver as aventuras da garota como o produto de sua imaginação, enquanto ela, como muitas de suas irmãs literárias, retorna obedientemente ao papel que seu pai e a sociedade determinaram para ela. Mas se a mudança andrógina de Charlotte aconteceu mesmo, seria muito profunda para ser simplesmente camuflada por uma mudança de roupas. Depois de ter experimentado a liberdade e a independência, ela não consegue aceitar a opressão que o pai lhe impõe. Como guardou suas roupas masculinas como um lembrete de seu novo eu, voltar para seu papel é fácil. Essa interpretação tornaria o romance bastante desafiador em termos de transgressão de gênero. Mas há ainda outro aspecto. A narrativa afirma sem hesitação que as roupas e os comportamentos masculinos dão muito mais liberdade para a personagem, além de uma identidade mais forte. Isso significa que o texto de fato confirma o estereótipo e que a protagonista não atende aos preceitos de uma mulher "de verdade", mas de um "herói travestido". Em outras palavras, o gênero performativo de Charlotte é masculino, apesar de ser apresentada como uma menina. Além disso, ela parece rejeitar sua feminilidade, o que é um excelente exemplo do conceito de abjeção, a aversão de uma mulher em relação ao próprio corpo, que ela inconscientemente considera incompleto e inadequado se comparado ao de um homem[24]. Além disso, Charlotte ilustra o arquétipo literário feminino do "crescimento grotesco"[25]; e o texto enfatiza que o *status* de uma mulher melhora quando ela adota um papel masculino. Mas a narradora Charlotte nunca reflete sobre as desigualdades de gênero.

Daniel tem muitas características femininas e pode ser visto socialmente como um transexual, ansiando por desempenhar um papel que a sociedade reservou para o gênero oposto. Ele é gentil, emotivo, interessado em sua aparência, trabalha como ajudante em um salão de beleza e evita conflitos. Isso, no entanto, não quer dizer que os estereótipos estejam sendo questionados. Pelo contrário, Daniel é apresentado como um novo estereótipo de um homem com características associadas ao feminino que se sente expulso da comunidade masculina. O texto demonstra que um homem que se comporta como uma mulher não tem chance de ser aceito socialmente. Por isso, o objetivo de Daniel é afirmar sua masculinidade. Ainda assim, ele está mais próximo de um estereótipo feminino do que de um masculino, embora a trama o leve a um despertar de sua percepção sobre sua identidade masculina.

Outra estratégia possível na caracterização seria empregar personagens semióticas em vez de miméticas, isto é, personagens metaficcionais feitas de palavras, desprovidas de substância psicológica. Em geral, como também foi visto na análise de *The*

True Confessions, a metaficção oferece pré-requisitos favoráveis para a crossvocalização, pois reduz a função mimética da narrativa. Quando *The Outsiders* termina com a mesma frase com que começou, o efeito gera uma exigência de credibilidade muito menor. *Lady: My Life as a Bitch* (Lady: Minha Vida Como uma Cadela), de Melvin Burgess, quase pode ser categorizado como uma fantasia em sua representação mimética. As narrativas de metamorfose têm sido analisadas como um modo específico, e tanto seu impacto libertador quanto convencional foram demonstrados[26]. A protagonista/narradora feminina do romance se transforma em uma cadela, o que se mostra uma ferramenta muito eficiente para alienar o sujeito. A metamorfose inviabiliza qualquer questão relativa à confiabilidade e à credibilidade. Apesar de a protagonista manter sua inteligência humana — que se deteriora gradativamente conforme a história se desenrola — e apesar de não existir nenhuma tentativa de usar a linguagem como meio de expressar o estado mental da protagonista, a situação é outrizada o suficiente para encobrir as questões da crossvocalização. Em outras palavras, como nem o autor nem o leitor têm nenhuma experiência com a voz narrativa "genuína" de um cão, a autoridade da narrativa automaticamente se torna maior. A dupla posição desempoderada da garota é compensada pela liberdade que ela alcança por meio da metamorfose (que lembra o empoderamento de Charlotte por meio do *crossdressing*). O romance também apresenta um raro exemplo de uma protagonista que não permanece desempoderada ao final da trama carnavalesca. Pelo contrário: Sandra se torna cada vez mais feliz e confiante em sua nova existência e no fim deixa de buscar maneiras de voltar à sua forma original. Ela também desfruta totalmente de sua sexualidade irrestrita. No entanto, isso só é possível porque a garota se transforma em um animal, uma posição de poder inferior à do ser humano. A transformação da protagonista e o consequente movimento dentro da hierarquia de poder se torna ambivalente. Na hierarquia criança/adulto, ela cresce, torna-se forte e independente. Metaforicamente, é o retrato de uma crise da puberdade, que inclui a libertação sexual e a revolta contra a proteção dos pais. Uma interpretação feminista criticaria o desprezo e o medo do escritor homem em relação a uma mulher selvagem e incontrolável. No entanto, na hierarquia de poder ser humano/animal, Sandra desce para uma posição consideravelmente inferior (cachorros, assim como os porcos, costumam ser considerados inferiores a muitos animais, o que se reflete no uso dessas palavras como ofensas). É fácil esse aspecto escapar de nossa atenção, exatamente porque Sandra é empoderada ao extremo em outros níveis. Como a garota permanece como uma cadela para sempre, a trama fica sem solução e não retorna para sua ordem de poder inicial, o que só é possível porque, em sua forma canina, ela não representa ameaça para a sociedade humana dominada pelos homens.

Por fim, existem textos nos quais o gênero do narrador é deliberadamente oculto. *The Turbulent Term of Tyke Tiler* (O Turbulento Semestre de Tyke Tiler, 1977), de Gene Kemp, usa a possibilidade da narração pessoal para esconder o gênero do narrador. Um narrador impessoal normalmente é obrigado a se referir às personagens como "ele" ou "ela". Um narrador pessoal pode permanecer ambivalente e deixar o leitor na dúvida, de maneira permanente ou temporária. Enquanto algumas personagens travestidas podem enganar aqueles a seu redor em relação a seu verdadeiro gênero, ao mesmo tempo que o leitor compartilha de seu segredo, as personagens em *Tyke Tiler* conhecem o gênero do narrador, enquanto os leitores só conseguem fazer inferências a partir da performance de gênero do narrador. O nome de Tyke não oferece nenhuma indicação, nem o nome do escritor. O gênero performativo de Tyke é, sem dúvida, masculino, e a voz também se comporta de maneira masculina. Se o narrador é um menino, não há desvio na performance e estamos lidando com um livro convencional sobre garotos malcriados. Mas, no final das contas, a narradora é uma menina, o que torna sua performance de gênero desafiadora e contestadora, enquanto a voz ainda é masculina. Como a autora é uma mulher, o jogo com a voz e o gênero se torna criativo e subversivo.

SUBJETIVIDADE E PERFORMANCE

É muito gratificante comparar dois ou mais textos do mesmo autor com tramas ou temas parecidos que usam tanto a crossvocalização quanto a homovocalização, como fiz brevemente com *Diana: My Autobiography* e *Dear Bruce Springsteen*, ou *Roll of Thunder* e

Mississippi Bridge. Infelizmente, poucos autores têm oferecido tais exemplos aos críticos. Há uma diferença substancial na voz performativa de *The True Confessions of Charlotte Doyle* e *Nothing But the Truth*, dependendo dos diferentes gêneros literários, e não do gênero do narrador. Se comparada com a narradora autorreflexiva, pouco confiável e distante de *Duas Vidas, Dois Destinos*, a voz masculina de *Preacher's Boy* atua completamente de acordo com as convenções, em uma trama de aventura com uma composição objetiva, focada em acontecimentos externos.

Parece que, no que diz respeito à homovocalização, o foco narrativo não tem problemas em relação ao gênero. A voz do narrador não precisa ser outrizada, e a subjetividade construída por meio do narrador do mesmo gênero é relativamente descomplicada. Diversos gêneros literários, temas e tramas podem ser empregados: o narrador pode ser tanto distante quanto intradiegético; tanto fazer uma autorreflexão quanto ser um observador, com todas as variações possíveis entre eles.

No entanto, assim que passamos para a crossvocalização, ou seja, para as posições desiguais de poder, os desvios se tornam óbvios. Uma voz feminina atua no modo masculino de maneira tangível, e vice-versa, a menos que outros aspectos do texto escondam o conflito. Ao utilizar a crossvocalização, a subjetividade do texto é deliberadamente construída como o Outro. Por um lado, isso parece natural, uma vez que é de se esperar que um autor homem construa uma posição de sujeito feminino como o Outro e vice-versa. Por outro lado, as teorias heterológicas apontam as dificuldades quase intransponíveis para superar a distância entre o Eu e o Outro na construção de uma posição de sujeito. Depois de mais investigações, pode-se chegar à conclusão de que uma crossvocalização feminina/masculina bem-sucedida é mais comum do que uma masculina/feminina. Também existem alguns exemplos de romances com diversos narradores que alternam entre a homo e a heterovocalização, como *Junk* (Viciado, 1996), de Melvin Burgess, no qual uma análise mais detalhada revela que as vozes masculina e feminina atuam exatamente da mesma forma. Em *Jogo da Velha*, escrito por uma mulher em posição desempoderada, as vozes narrativas feminina e masculina diferem de modo radical. A explicação aparentemente está na posição de poder. Ao escrever a partir de uma perspectiva desempoderada, as autoras mulheres têm muito mais experiência de alteridade e podem demonstrar mais solidariedade com personagens jovens, e em especial com um narrador do gênero oposto. As autoras mulheres subjetivam o eu narrativo, confirmam sua posição como um sujeito forte e independente. A hierarquia de poder adulto/criança é mais perceptível para uma autora mulher do que a masculina/feminina, e a escolha do gênero do narrador é ditada em primeiro lugar pela tentativa de descrever um processo de amadurecimento, um caminho em direção à subjetividade. Um romance com um protagonista masculino pode facilmente ser feminista, no sentido de sua subversividade[27].

Um autor homem escreve predominantemente a partir de uma posição de poder superior e objetifica sua narradora feminina, criando-a como o Outro, a exótica, a distante, a incompreensível, a andrógina, a não completamente humana (literalmente em *My Life as a Bitch*, por exemplo). A alteridade adulto/criança intensifica o efeito. Isso é uma generalização, mas a tendência é óbvia. Devo, no entanto, apressar-me a acrescentar que não coloco nenhum aspecto de avaliação neste julgamento.

9 A Outrização da Ideologia: A Literatura a Serviço da Sociedade

Como já foi demonstrado, os contos de fada e as fantasias têm um enorme potencial subversivo. A natureza da subversão, no entanto, pode variar radicalmente de acordo com a sociedade na qual os textos aparecem, pois serão afetados pela ideologia dominante. Neste capítulo, mostrarei como funcionava certo tipo de fantasia na antiga União Soviética, uma sociedade na qual a arte e a literatura subordinavam-se de modo extremo à ideologia oficial. Nestas histórias, os jovens protagonistas são desempoderados por meio de seu encontro com a magia. Depois, farei uma comparação entre a literatura infantil soviética e algumas obras brasileiras de realismo mágico, também criadas sob um regime totalitário, mas que apresentam características subversivas muito mais marcantes.

O conto de fada e a fantasia escritos durante o regime comunista da União Soviética (1917-1991) expressam os dogmas da classe dominante mas, ao mesmo tempo, carregam mensagens subversivas para aqueles que olharem atentamente. As estratégias subversivas são uma característica inerente da literatura soviética em geral, muitas vezes chamada de "linguagem esopiana", em referência à fábula esópica, em que os leitores eram encorajados a procurar mensagens escondidas nas entrelinhas. Esse jogo de esconde-esconde entre autores e leitores tinha como objetivo driblar a censura, mas a longo prazo afetou a maneira como os escritores construíam suas narrativas, incluindo a escolha do gênero literário. O conto de fada e a fantasia provaram ser um excelente meio tanto para propagar quanto para questionar os dogmas oficiais[1].

Grande parte da fantasia soviética é convencional no que diz respeito à estrutura da trama, utilizando o motivo de uma criança comum transportada para um mundo alternativo e seguindo o padrão tradicional dos contos folclóricos: o herói chega a um país oprimido por um tirano ou arrasado por um dragão e o liberta do mal. Pode-se questionar se os escritores incluíam elementos de sátira política em suas narrativas de maneira consciente ou não, e é interessante pensar como algumas delas davam destaque para seus tiranos cheios de falsidade.

Diversas fantasias soviéticas seguem um padrão menos explorado pelos escritores ocidentais: aquele em que um agente mágico que realiza desejos aparece em um mundo comum. Edith Nesbit foi a única autora ocidental importante que explorou esse motivo de maneira consistente. Escolhi algumas histórias soviéticas escritas entre o fim dos anos 1930 e 1960 para examinar como esse motivo foi empregado pelos escritores para educar e criar jovens leitores no espírito prescrito pelo regime. Os casos oferecem bons exemplos de exercício do poder por meio da ideologia. Em geral, a criança é construída como se não tivesse educação e socialização, enquanto os adultos são porta-vozes de visões e valores "corretos". A análise heterológica aplicada a esses textos se mostra frutífera.

LIÇÕES DE MORAL SIMPLES

Tsvetik-Semitsvetik (A Flor Arco-Íris, 1940), de Valentin Kataiev, é um bom exemplo de conto que aplica lições de moral utilizando ponto de vista dos adultos retratados na história. Atendendo o pedido de sua mãe, Jenia vai comprar pãezinhos. Na volta para casa, a garota se distrai – um comportamento impróprio para uma jovem cidadã soviética, por isso ela precisa ser punida. O texto convida imediatamente os leitores a se juntarem ao exercício de poder, condenando a protagonista e demonstrando sua própria superioridade. A alteridade da protagonista criança é estabelecida desde o começo. Enquanto Jenia observa o mundo ao redor, um cachorro come os pãezinhos, e, ao correr atrás dele, a garota vai parar em uma rua que não conhece. Como determina a estrutura do conto de fada, a protagonista precisa ser submetida a um teste. Uma fada madrinha aparece e lhe dá uma flor com pétalas com as sete cores do arco-íris. Cada pétala lhe concederá um desejo. Como é de se esperar, Jenia usa a primeira pétala para voltar para casa em segurança com os pãezinhos. Ela é obrigada a usar a pétala seguinte quando quebra o vaso favorito da mãe e deseja que ele fique inteiro novamente. Então ela decide fazer um melhor uso de seus desejos, mas, como acontece com o herói dos contos folclóricos, isso se mostra mais difícil do que ela esperava. Primeiro, ela tenta impressionar os meninos da vizinhança, pede para ir para o polo Norte, e depende da magia da flor para voltar para casa. Depois, ela fica com inveja dos brinquedos das meninas, deseja todos os brinquedos do mundo e precisa usar mais um pedido para se livrar deles. Assim, Jenia desperdiça sua flor mágica com pedidos bobos e superficiais, e aprende uma dura lição. É fácil reconhecer a trama dos três desejos dos contos folclóricos, na qual o último pedido precisa ser usado para cancelar as consequências inesperadas dos dois primeiros. Exatamente como os destinatários dos contos folclóricos, os leitores implícitos devem se sentir superiores à protagonista. Essa hierarquia de poder é típica da literatura soviética oficial como um todo, mas especialmente enfatizada na literatura dirigida ao público infantil e jovem.

Porém, ao contrário do herói dos contos folclóricos, Jenia ganha uma última chance. Ela ainda tem mais um desejo e, ao encontrar um menino com deficiência nas pernas, não hesita em usar a última pétala para "curá-lo". É um típico exemplo de final feliz em um conto de fada soviético, no qual a personagem que tinha algumas falhas morais no começo se mostra nobre e generosa no fim da narrativa. O escopo limitado desse conto não permite um desenvolvimento pleno da personagem, pois está focado em ações e acontecimentos, mas a evolução da protagonista é o ponto central aqui. A personagem é empoderada por sua socialização e serve como modelo a ser seguido, não como exemplo de advertência.

Troye na ostrove (Três em uma Ilha, 1959), de Vitali Gubarev, desenvolve o mesmo tema dos pedidos imprudentes em outro tipo de narrativa. O protagonista, Boris, descobre que o lenço de sua avó, que tem um nó em uma das pontas, pode realizar desejos. Como a maioria das personagens de fantasia em tal situação, Boris se sente dominado por essa sensação de poder ilimitado. Assim como Jenia, de *A Flor Arco-Íris*[2], ele não consegue pensar em nenhum desejo adequado. Para convencer sua amiga Mila de que é de verdade um mago onipotente, ele faz a pele de seu colega de classe Iuri se tornar negra. Então os três decidem ir para uma ilha deserta. Boris demonstra seu poder criando gêiseres de refrigerante, mas mesmo assim seus amigos não se impressionam. Para entusiasmá-los, Boris pede um navio pirata, o que causa muitas complicações, mas o tempo todo Boris está confiante de que o poder do lenço poderá levá-los de volta para a segurança de suas casas assim que quiserem. Quando o lenço cai nas mãos dos piratas, os amigos se veem em uma situação incerta. Esse episódio pode soar parecido com o de *Cinco Crianças e um Segredo*, de Edith Nesbit, no qual as crianças fazem um pedido para ir para um castelo fortificado, mas nesse caso as personagens sabem que a magia terminará ao anoitecer. Boris e seus amigos ficam desamparados e reféns de uma situação criada pelo desejo vaidoso, ingênuo e romântico do protagonista por aventura. A história sugere que uma imaginação livre é prejudicial e pouco saudável, pelo menos se você for um cidadão soviético, e o Partido sabe o que é melhor para você.

Boris descobre o poder mágico do lenço depois de uma discussão com a mãe por não ter feito as tarefas domésticas e a lição de casa. Ele fica feliz em usar magia para cumprir as obrigações que precisava, e sua maior motivação para fugir para uma ilha deserta é escapar dessas tarefas. Assim que seus amigos ficam com fome, Boris pede sorvete e bolo, e quando Iuri sugere que pesquem, Boris faz um peixe aparecer do nada. Ele nem deixa Mila cozinhá-lo, para a grande decepção da garota. Empolgado com seu poder, Boris está decido a criar um paraíso onde ninguém precise trabalhar, e patos assados voem direto para dentro da boca – uma ideia comum na antiga lenda da Cocanha, mas desconhecida da doutrina comunista. Aqui, o narrador didático sugere que os amigos de Boris são moralmente superiores ao garoto porque preferem se valer da esperteza e de suas próprias mãos para sobreviver. Como era de se esperar, a longo prazo as habilidades dos amigos se provam mais úteis. Por exemplo, eles conseguem acender uma fogueira sem fósforos e realizam outros "milagres" sem precisar da magia, aproveitando de verdade a aventura à la Robinson Crusoé. As habilidades de escoteiro de Iuri são especialmente úteis quando Boris perde o lenço.

Assim, o protagonista se torna onipotente por causa de um agente mágico, mas descobre que esse poder só traz solidão, pois seus amigos ficam entediados e o abandonam. O poder ilimitado o torna diferente dos outros e, portanto, alienado. A ideologia soviética oficial prescrevia a conformidade absoluta; ninguém deveria ser mais inteligente, rico ou bem-sucedido do que os outros. O próprio trabalho pode ser uma virtude, mas é muito mais virtuoso se realizado de maneira coletiva. A entidade Iuri/

Mila, equilibrada em termos de raça e gênero, representa a comunidade invencível, e Boris representa o indivíduo equivocado. As estruturas de poder são explícitas.

Os piratas personificam o inimigo ideológico. O narrador não deixa de tocar no tema racial quando os piratas tratam Iuri com a pele negra como se fosse um escravizado. Na tentativa de demonstrar a moralidade depravada dos piratas, eles são apresentados como vilões estereotipados, que bebem e xingam muito, e não se importam de jogar sujo. Mas, de maneira sutil, o texto mostra uma semelhança entre Boris e os piratas, pois ele evita o trabalho honesto, assim como eles, e confia na mágica, assim como eles confiam na pirataria. O paralelo entre o protagonista e seus inimigos fica muito mais explícito porque ele tenta derrotá-los com os métodos deles, enganando e mentindo. Por exemplo, para derrotar o capitão pirata, Boris deseja ser o homem mais forte do mundo. E não surpreende que o pirata então o convide para se tornar capitão. Boris fica horrorizado e não aceita, mas a moral, expressa por um dos piratas, é de que não existe uma diferença muito grande entre roubar e ser um mago: ambas não são formas honestas de ganhar a vida. Na verdade, o pirata, imaginando um futuro despreocupado e confortável para Boris, ressalta: "Você deve admitir, senhor, que é muito bom não precisar trabalhar e ter tudo". Quando Boris tenta reclamar, o pirata pergunta: "Você gosta mesmo de trabalhar, senhor?"[3] O leitor é lembrado de que na verdade Boris tinha fugido para a ilha para escapar do que ele achava ser uma carga de trabalho insuportável. Assim, o protagonista não apenas é submetido a um julgamento moral, mas, no contexto soviético, a um julgamento político: ele irá sucumbir às ideias do capitalismo, devidamente representadas por um bando de gângsteres? Como é natural, Boris consegue passar no teste, dentro do verdadeiro espírito de sua pátria mãe, mas ao longo de seu percurso precisará ouvir algumas verdades de seus companheiros.

Enquanto Iuri é inventivo e corajoso, demonstrando as melhores qualidades da juventude soviética, Mila demonstra verdadeira bravura quando se aventura pelo território dos piratas para recuperar o lenço mágico. Também é Mila quem dá lições de moral, descrevendo a vaidade e o egoísmo de Boris sem meias-palavras. A certa altura, quando Boris está completamente entediado com a vida na ilha, ela diz: "Bom, se você não sabe fazer nada, vai ficar entediado". Aqui Mila expressa a diferença entre a falsa onipotência de Boris ("ele pode fazer qualquer coisa") e o trabalho que faz bem para a sociedade, a pedra fundamental da ideologia comunista. Mila elogia Iuri várias vezes por sua inteligência e suas habilidades, enfatizando o contraste entre o verdadeiro e o falso herói. E como se isso não fosse suficiente, o próprio Boris começa a resumir suas experiências em frases como "Esses monstros não vão nos derrotar. Não é como mágica?" e "Eu sei que o trabalho é o maior mágico do mundo".

A conclusão que se espera dos leitores é a de que realizar desejos em benefício próprio é moralmente errado, porque a única maneira de alcançar a felicidade é por meio do trabalho que faz bem para a sociedade, e como Boris não pode colocar a serviço da sociedade o poder que descobriu por acaso, ele deve ficar sem esse poder. Mas certamente pareceria inadequado transferir o agente mágico para as mãos dos vilões, apesar de os piratas não saberem do poder mágico do lenço. Também não seria apropriado dá-lo para as personagens exemplares, Mila e Iuri, já que os dois jovens representam a ideologia comunista que empodera sem a necessidade de magia. Portanto, a perda da magia precisa ser definitiva e irreversível. A avó de Boris, que era a dona do lenço, disse a ele certa vez que o poder estava no nó (uma referência à prática de fazer nós como forma de lembretes). Quando Mila desfaz o nó sem querer, a magia se dissolve. Boris volta para casa, mas descobre, para sua surpresa, que os piratas o seguiram. A magia do lenço acabou, não há como pedir que eles vão embora. Parece que ele se tornou prisioneiro de sua própria imaginação. Aqui o narrador utiliza o conveniente mecanismo do protagonista que acorda, conhecido das fantasias juvenis menos sofisticadas e questionado por J.R.R. Tolkien.

Apesar de a trama ser mais complicada do que em *A Flor Arco-Íris*, a mensagem da história é basicamente a mesma. Boris aprendeu que a onipotência não faz ninguém feliz, que se deve pagar um preço por desejos descuidados e egoístas, que é preferível trabalhar do que não fazer nada, que apenas o fruto do trabalho pode dar prazer e que a verdadeira amizade é mais importante do que o poder. Mas, assim como Jenia, Boris emerge de suas aventuras quase inalterado, pois é convenientemente liberado das consequências de seus atos. Na verdade, ele nunca pensa na possibilidade de que seus amigos poderiam ficar na ilha para sempre. Como as aventuras supostamente não passaram de um sonho, todos os resultados dos desejos de Boris são anulados. Esse é um pensamento reconfortante; mas o impacto da experiência de Boris é consideravelmente reduzido, ou mesmo destruído. Ao contrário de Jenia, ele nem precisa provar que é digno por meio de um ato final altruísta.

Já defendi em outros lugares que a literatura infantil soviética era basicamente utópica no sentido de que apresentava a infância como segura e feliz, e, além disso, que esse estado de felicidade, proporcionado pelo regime comunista, era retratado como eterno e inabalável[4]. O tema da realização dos desejos amplifica o tema utópico geral ao empoderar a criança com o mecanismo de se tornar quase onipotente, uma ferramenta típica das histórias carnavalescas. Nos livros infantis, o empoderamento da criança ou do jovem por meio de um agente mágico questiona a autoridade do adulto, e, por extensão, a autoridade como um todo. Ao que parece, a fantasia soviética tem o potencial de ser excepcionalmente subversiva, uma vez que foi produzida sob um regime totalitário. Mas de maneira paradoxal as convenções da literatura infantil, que demandam a submissão e a socialização da criança, entram em conflito com o efeito libertador carnavalesco da ferramenta. As tramas dos contos de fada e das fantasias soviéticas servem exclusivamente a propósitos didáticos, e no final as personagens precisam aprender lições de moral, cuja essência é não se destacar na multidão ou, em alguns casos, adaptar-se à massa à qual na origem não se pertencia. A lição aprendida com a onipotência temporária, como claramente observado em *Três em uma Ilha*, é negativa ao extremo, e o efeito subversivo é aniquilado pelas mensagens didáticas dos livros.

O REVERSO DA NORMATIVIDADE

Outra estratégia para minimizar o impacto carnavalesco e subversivo das histórias é inverter os papeis. *Starik Hottabich* (O Velho Hottabich, 1938), de Lazar Lagin, é livremente baseado na premissa central de *The Brass Bottle* (A Garrafa de Bronze, 1900), do britânico F. Anstey, que narra o aparecimento de um gênio em um contexto moderno. O restante da trama é formado em parte para agradar ao público jovem (muitas preocupações do protagonista de Anstey giram em torno de sua namorada) e em parte para ensinar as lições ditadas pela doutrina educacional soviética. O protagonista Volka (Vladimir), de treze anos, encontra um jarro lacrado ao nadar no rio Moscou. Quando abre o jarro, aparece um gênio, transbordando gratidão por seu salvador. Caído em desgraça com o rei Salomão e punido com a prisão, o gênio se apresenta como Hassan Abdurahman Ibn-Hottab e se proclama a serviço eterno do jovem mestre.

A trama se desenrola em diversas direções, tocando em várias questões importantes para a literatura infantil soviética. A primeira é a mais convencional e facilmente reconhecível em outras histórias: Volka faz pedidos estúpidos com consequências catastróficas. As desventuras começam com Hottabich (em russo, literalmente "o filho de Hottab", ou Ibn-Hottab) oferecendo-se para ajudar Volka em sua prova oral de geografia. Volka não tem motivos para estar ansioso: ele estudou bastante e está confiante. Mas não consegue resistir à tentação, e quando lhe fazem uma pergunta sobre a Índia, Hottabich, falando através do garoto, surpreende o professor com um relato medieval, oriental e semimítico, que inclui a visão de um mundo plano apoiado em seis elefantes e uma tartaruga gigante. Divertida para o leitor e bastante constrangedora para a personagem, essa cena anuncia a simples moral de que trapacear é errado. Como Psammead nas histórias de Edith Nesbit, Hottabich muitas vezes não entende os desejos de seu mestre; no entanto, ao contrário de Psammead, ele erra não por despeito, mas por causa de sua própria ignorância e falta de aptidão. Depois de tantos séculos no jarro, sua magia está um pouco enferrujada. De forma bem parecida com as personagens de Nesbit, Volka também descobre que as maravilhas dos contos de fada ficam deslocadas no mundo moderno. Entre outras coisas, descobre que tapetes voadores não são o meio de transporte confortável como sugerem os contos.

No entanto, o conflito entre a magia e a realidade é levado muito além, com evidentes implicações morais e políticas. Nesse romance, o processo de socialização é deslocado do protagonista criança para o próprio gênio. A primeira coisa que Hottabich precisa fazer para sobreviver no mundo moderno é trocar seus trajes (compostos de um turbante e sapatos pontudos) por roupas mais discretas. Dessa maneira, ele é levado a abrir mão de uma parte essencial de sua individualidade para se adaptar à sociedade a que foi involuntariamente introduzido. Assim, mais uma vez o conformismo é prescrito como uma virtude maior. Além das conotações gerais, esse episódio também pode se referir às muitas nações asiáticas incorporadas – contra suas vontades – ao vasto Império Soviético e forçadas a abrir mão de seus costumes e patrimônios históricos em nome do pretenso multiculturalismo soviético, na prática, um imperialismo impiedoso.

O estilo de vida urbano e moderno representado por Volka é claramente retratado como superior ao que Hottabich estaria acostumado. Apresentado às tecnologias modernas, ônibus, trens, cinema, telefones e outras maravilhas, e, como era de se esperar, as toma como feitos do demônio em pessoa. No entanto, prova ser um discípulo rápido e interessado: não apenas se acostuma com carruagens sem cavalos e imagens em movimento, como também aprende a ler e escrever, e se integra à sociedade ocidental normativa. O regime soviético afirmava ter dado uma educação adequada aos povos da Ásia Central, confortavelmente esquecendo que a cultura oriental produziu obras primas da literatura muitos séculos antes da existência do Estado soviético. Pelo contrário, a literatura oriental tradicional foi menosprezada pelas autoridades, e as nações da Ásia Central foram forçadas a adotar o alfabeto cirílico no lugar de seus tradicionais alfabetos persa e árabe.

Hottabich fica feliz em se inserir na cultura da gloriosa União Soviética. Como era de se esperar, um dos primeiros textos escritos que ele lê atentamente é o jornal da Juventude Comunista, o que significa absorver a ideologia junto com a gramática. Torna-se um ávido leitor de jornais e coleciona fatos e opiniões dessas fontes. Aprende as regras dessa nova comunidade e está ansioso por obedecê-las. Aos poucos, abandona seu discurso oriental, considerado extravagante, e adota tanto o estilo coloquial dos adolescentes quanto a retórica oficial. Os diversos momentos em que o gênio retoma hábitos antigos são acidentais, e obviamente preservados no final do romance, em nome de um efeito cômico.

O confronto superficial entre culturas é, no entanto, menos importante do que os profundos mal-entendidos ideológicos. Hottabich vem de uma sociedade governada pelos ricos e poderosos. Ao tentar agradecer a seu salvador da maneira apropriada, presenteia Volka com três palácios cheios de ouro e joias, mais uma caravana de elefantes, camelos e escravizados. Além dos presentes criarem um enorme caos nas ruas, Volka fica horrorizado e tenta explicar ao generoso doador que a propriedade privada foi abolida na União Soviética e que a escravidão é imoral. "Em nosso país", ele diz, "todos os palácios pertencem às Escolas Distritais" (para um leitor esclarecido, esse é um comentário irônico, uma vez que todos os palácios e mansões foram de fato confiscados e se tornaram propriedade municipal logo depois do golpe de Estado bolchevique de 1917). No entanto, Hottabich não se convence. "A Escola Distrital pode ser uma pessoa boa e nobre", ele responde, "mas a Escola Distrital me libertou do jarro?" Dessa maneira, Hottabich honra o direito individual de ser reconhecido, enquanto Volka tenta sem sucesso explicar que a sociedade tem prioridade sobre o indivíduo. Sem querer, o autor traz à tona um conflito com o qual muitos cidadãos soviéticos tiveram dificuldades de lidar. Por um lado, jovens leitores, ao lado de Volka, com certeza ficam fascinados com a perspectiva de ter todos os seus desejos atendidos e, com a história, podem deixar que sua imaginação corra solta pelas imagens de riqueza material. Por outro lado, a intenção do texto, ditada pela ideologia, é mostrar que o desejo pela propriedade é incompatível com a boa moral. Na verdade, enquanto Volka recorre diversas vezes à ajuda do gênio tanto para partir em aventuras quanto para se salvar delas, nunca lhe passa pela cabeça pedir um bem mundano, demonstrando ser um representante exemplar dos princípios soviéticos. Quando Hottabich tenta convencê-lo de que ter dinheiro significa ter poder, fama e amigos, Volka declara com orgulho que amigos não podem ser comprados com dinheiro, e que a única fama que vale a pena é a conquistada por meio do trabalho honesto. Ele explica pacientemente a seu benfeitor que não faz sentido comprar a fábrica em que seu pai trabalha, pois ela já é de seu pai e de todo o Estado soviético.

O conflito entre as diferenças nas visões de mundo continua ao longo do livro, mas Hottabich progride e acaba aderindo pelo menos aos elementos mais básicos do dogma comunista. A introdução do agente mágico, portanto, é usada menos para oferecer ao protagonista um número ilimitado de desejos atendidos, e mais para criar um estranhamento por meio do qual a superioridade da moral comunista possa ser demonstrada.

As circunstâncias em que Hottabich se encontra lembram vários temas muito explorados na ficção, assim como na ficção infantil. É a situação do "selvagem" ou da "criança bestial" trazida à "civilização"; ou do viajante no tempo, que se desloca do passado para o tempo moderno. Em ambos os casos, muitas vezes a "civilização" é apresentada como preferível – um posicionamento questionado com força, nos últimos tempos, pela crítica pós-colonial. No romance, o conceito de civilização está intimamente ligado ao Estado soviético vitorioso. Além disso, ao contrário de muitos visitantes ficcionais de mundos mágicos alternativos que vieram ao nosso mundo e o acharam chato e sem graça, Hottabich fica fascinado com as maravilhas que descobre na Moscou do século XX e termina a história como um entusiasta e amador do rádio.

No fim, a reviravolta central da trama advém do irmão de Hottabich, que, como ele, foi punido pelo rei Salomão, aprisionado em um jarro e jogado ao mar. A busca pelo irmão leva Hottabich e seus jovens amigos a viajar pelo mundo, promovendo encontros com as injustiças sociais, às quais ele começa a reagir com uma indignação verdadeiramente comunista. Entre outras coisas, há um confronto entre Hottabich e um milionário americano grotesco e estereotipado, do qual Hottabich sai como o vencedor moral e físico. A essa altura, ele representa a União Soviética e sua ideologia. Retomando minha referência anterior às nações asiáticas conquistadas, o "atrasado" (na linguagem soviética) e muçulmano Hottabich se adaptou por completo aos novos tempos e aos novos costumes, provando ser um defensor fiel do comunismo mundial. Ele também demonstra solidariedade com a classe operária oprimida da Europa Ocidental. Quando o irmão perdido é encontrado por um milagre, os leitores testemunham o impressionante contraste entre o novo Hottabich e o ideologicamente atrasado Omar. Hottabich agora age como um guru esclarecido, enquanto Omar permanece firme com sua visão de mundo supostamente ultrapassada, e ao fim recebe sua merecida punição, como convém, e sai da história.

Então, apesar de ser inquestionável o empoderamento do jovem protagonista pela presença do agente mágico, é o agente, e não o protagonista, que é submetido ao desempoderamento que vem a seguir. No final, não consta que Hottabich perdeu seu poder mágico, mas fica implícito que não o usa com frequência e, acima de tudo, não o usa para propósitos bobos e egoístas. E Volka nunca é visto rejeitando a assistência de seu ajudante de maneira consciente e ativa, nem as crianças de *Cinco Crianças e um Segredo*. Mas fica subentendido que ele amadureceu por suas aventuras e está preparado para viver sem ajuda da magia, pois não existe nada que ele possa desejar que o generoso Estado soviético não possa lhe oferecer. Na verdade, Volka age como guia e professor de Hottabich ao longo de todo o romance, bem como porta-voz das morais soviéticas. Essa reversão de papeis é algo fora do comum na literatura infantil: a criança aparecer como mais sábia e moralmente superior, enquanto o adulto, por meio de circunstâncias especiais, é desacreditado e recebe o papel de alguém ignorante e confuso. Nesse aspecto, *O Velho Hottabich* difere não apenas de seu modelo direto, *A Garrafa de Bronze*, mas também dos romances infantis ocidentais modernos que apresentam gênios.

CONDENANDO O PASSADO

Tanto *Três em uma Ilha* quanto *O Velho Hottabich* são explicitamente didáticos, apesar de o didatismo estar embalado com cuidado na aventura e no nonsense. *Shol Po Gorodu Volshebnik* (O Mago Caminhou Pela Cidade, 1963), de Iuri Tomin, ao contrário, alcança uma profundidade psicológica considerável e deixa mais questões para a reflexão do leitor. Em um começo convencional, Tolik (Anatoly), o protagonista, encontra um agente mágico, uma caixa de fósforos em que cada fósforo pode realizar um desejo. A ingenuidade desse dispositivo mais uma vez lembra a inteligente restrição da magia em Edith Nesbit. Ao descobrir o poder dos fósforos, Tolik, como muitas outras personagens de fantasia antes dele, também percebe logo que o número de desejos é limitado e que deve usá-los com sabedoria. Suas primeiras ações demonstram o excesso carnavalesco costumeiro, em desejos egoístas e imaturos, como um taco de hóquei no gelo e outros bens materiais valiosos aos olhos de um menino. Tolik também deseja ser o melhor do mundo no hóquei no gelo e no xadrez, domar um leão no zoológico e compreender sua lição de casa sem precisar estudar. Seus desejos de conquistar o sucesso sem esforço são parecidos com o desejo de Boris de fugir do trabalho, o que aos olhos do oficial "Estado dos trabalhadores" soviéticos era um pecado imperdoável.

Até aqui, trata-se de uma história banal e previsível. Mas existem dimensões éticas que tornam o livro diferente, e a personagem, mais complexa. Lá no fundo, Tolik sabe que tudo o que está fazendo é errado. Tornar-se um campeão mundial por meio da magia é trapaça, e é claro que ele não fica feliz com isso. Também se sente culpado ao mentir, vangloriar-se e abusar do poder diante de vítimas inocentes apenas por diversão. E, mais importante, ele sabe que precisa contar para Misha, seu melhor amigo, sobre a caixa de fósforos, e na verdade dividir os fósforos com ele. Mas algo o impede, e é fácil rotular esse "algo" de ganância, egoísmo, vaidade – qualidades inaceitáveis que já vimos sendo condenadas nos protagonistas de outros livros. Finalmente, Tolik chega à terrível conclusão – não muito diferente de Boris – de que, apesar de ser oficialmente onipotente, é péssimo nas relações humanas. Desentendeu-se com Misha, perdeu todo o respeito de seus colegas de classe e a confiança de seu pai. Apesar de ser poderoso, Tolik está profundamente infeliz. Mas, como leitores, não temos certeza se devemos sentir empatia ou condenar o herói infeliz. Como Tolik é uma personagem mais contraditória do que Boris, nossos sentimentos são ambivalentes, e criamos a expectativa de que logo será submetido a uma punição horrorosa. A segunda parte do romance mostra mais sutileza e inventividade do que outros romances que já discutimos aqui. Devemos, no entanto, voltar ao começo da história e à maneira como Tolik conseguiu o agente mágico para entender as implicações. Ao escapar de um policial mal-encarado depois de ter atravessado a rua apesar do semáforo vermelho, Tolik se vê em um lugar estranho, diante de um misterioso menino de olhos azuis e cercado de montanhas de caixas de fósforos. Assim, o verdadeiro vilão é introduzido à história, apesar de que não iremos encontrá-lo de novo por um bom tempo. Tolik rouba uma caixa, sai correndo e nunca mais pensa no menino, até ele ser invocado por seu oponente por meio da magia e ser obrigado a entregar a caixa de fósforos já usada pela metade.

O menino de olhos azuis – que nunca recebe um nome que não seja o autodeclarado Mago, e portanto é visto como o mal universal – teve sucesso com algo que os heróis dos contos de fada em geral não têm: ao encontrar o agente realizador de desejos, seu primeiro desejo é ter um milhão de caixas de fósforos mágicas, que ele estava contando meticulosamente quando Tolik o surpreendeu. O encontro era bastante improvável, pois, como se descobre depois, o garoto vive no passado.

A implicação do passado é óbvia para qualquer um familiarizado com a União Soviética. O passado se refere ao passado pré-comunista, e "uma pessoa do passado" reuniria todas as supostas qualidades negativas desse período: individualismo, ganância, prepotência, desprezo pelas outras pessoas e assim por diante. O menino de olhos azuis se torna o epítome desse passado (oficialmente) odioso: um capitalista implacável cujas ações e morais subordinam aos interesses materiais. Ao terminar de contar seus bens – um símbolo bastante claro –, o menino preenche seu mundo vazio com artefatos que seriam atraentes para os jovens leitores. Indo bastante além de pedir um taco de hóquei ou uma bicicleta, ele pensa grande e pede a maior loja de brinquedos, a melhor sorveteria, palácios e museus famosos. Como um monumento à sua própria vaidade, o menino mora em uma casa com quarenta e quatro andares e cem quartos em cada andar, que ele está sempre enchendo com novas aquisições. Tem trinta carros e o mesmo número de barcos. Assim, o romance condena o consumismo, um dos piores vícios de acordo com a doutrina comunista. Em um tempo em que carros particulares eram raros e poucas famílias tinham seu próprio apartamento, para não falar em casas, o luxo da existência do menino só poderia causar irritação.

Mas o menino de olhos azuis vai muito além de providenciar para si essa riqueza material. Ele ainda assegura sua paz de espírito apagando a memória de seus pais e amigos, e de sua vida anterior em geral. Assim, ele não apenas existe fora do tempo, como fora da sociedade, de qualquer rede de trabalho ou qualquer obrigação social. Ele se separou do resto do mundo de propósito. O desejo por coisas materiais fica interligado com a pobreza espiritual. Mas até para uma personagem tão racional e fria como o menino de olhos azuis falta uma coisa que não pode ser comprada com dinheiro: um amigo. Assim, ele deseja que Tolik seja levado até ele, esperando que o comportamento bobo a respeito da caixa de fósforos revele uma alma gêmea. "Eu gosto de você", repete várias vezes, "porque você é como eu, ganancioso e egoísta." Ele se oferece para apagar a memória de Tolik, mas como a trama exige que o desejo do protagonista de voltar para casa permaneça intacto, isso não acontece. Misha, o melhor amigo de Tolik, que tem uma ligação mais tangível com a vida real, também é capturado no passado. Mas o menino de olhos azuis não tem dúvida sobre o *status* moral de Misha e o usa como refém para ganhar a afeição de Tolik. Assim como em *Três em uma Ilha*, o companheiro é usado como um contraste à ética instável do protagonista.

Nesse confronto, Tolik tem a chance de se mostrar como um verdadeiro jovem comunista: rejeita os presentes e a amizade do menino, e depois de várias manobras complicadas consegue fugir do "passado" para o "presente" junto com Misha, isto é, das duvidosas tentações do passado capitalista para o presente promissor e o futuro do comunismo vitorioso.

A lição moral e psicológica que Tolik aprende é mais complexa do que aquela das personagens dos romances discutidos antes. Ele não abre mão de seu poder de maneira voluntária, nem o perde por acidente. Precisa sucumbir a um oponente mais poderoso e por isso precisa encontrar qualidades morais mais elevadas para ganhar a luta. O confronto é entre a riqueza material e a espiritual, e, como em todos os livros infantis soviéticos, a espiritual se mostra mais vigorosa. O menino de olhos azuis é abandonado no passado com suas riquezas, um passado que a literatura soviética encoraja seus leitores a desprezar e condenar. Ao contrário de Hottabich, parece que o menino de olhos azuis não pode ser salvo. Mas considero significativo que o vilão da história seja um jovem e não um adulto, o que talvez pudesse parecer mais natural em termos de fins subversivos (como ilustrado pelos piratas em *Três em uma Ilha* e pelo americano ganancioso em *Hottabich*). Aparentemente, o texto adverte que também podem existir indivíduos com mentalidade do passado entre a geração jovem. "Cuidado com as pessoas com a cor azul da ganância em seus olhos", explica o narrador didático em seu posfácio ao livro. Claro que é possível e totalmente legítimo interpretar o menino de olhos azuis em termos psicanalíticos, como a "sombra" de Tolik, o lado que ele precisa superar. Mas eu ainda prefiro uma interpretação mais mimética, e talvez até mais alegórica, uma vez que faz mais sentido no contexto soviético. Na verdade, as duas leituras se complementam.

Além disso, depois de Tolik vencer seu inimigo e voltar para casa, é submetido a mais um julgamento. Bem no começo de seu empoderamento, ele fez um pedido desastroso para que sua mãe concordasse com tudo o que ele quisesse. O garoto genuinamente gostou quando ela lhe deu total apoio e preparou seus pratos favoritos, arrumou sua cama e sua mochila da escola, comprou presentes caros, deu uma boa mesada, aprovou todos os seus atos e ficou do seu lado contra o pai. Mas ao retornar do passado, quando as coisas, de acordo com as convenções do gênero literário, deveriam ter voltado ao normal, Tolik descobre, para seu desespero, que a mãe ainda está sob o encantamento. Isso dá mais uma oportunidade ao narrador para avisar os leitores sobre os resultados fatais de desejos descuidados, e nesse caso o resultado é mais perturbador do em qualquer outro livro discutido até aqui, uma vez que o desejo envolve o relacionamento mais sensível que uma criança pode ter. Ao contrário de Boris, Tolik não fica totalmente livre das consequências de suas ações. Ele ainda tem uma chance final para mostrar que de fato evoluiu do ponto de vista moral. Existe um último fósforo mágico milagrosamente escondido atrás de uma almofada do sofá. Sem hesitar, Tolik o usa para eliminar os resultados de todos seus desejos anteriores – mais uma vez, de maneira muito parecida com o herói das histórias folclóricas ou com uma personagem de fantasia.

Ao tentar encontrar um denominador comum para essas histórias tão diferentes (em tantos aspectos), além da similaridade superficial do tema da realização de desejos, podemos afirmar que todas apresentam um padrão oposto ao da fantasia carnavalesca ocidental. Enquanto normalmente a fantasia carnavalesca empodera os protagonistas crianças e lhes dá a autoconfiança necessária para lidar com problemas depois que o tempo do "feitiço" acaba, nas fantasias soviéticas que analisei, o impacto é o oposto. O empoderamento temporário por meio de desejos mágicos força os jovens protagonistas a descobrir seus defeitos, levando-os a se ajustar às normas da sociedade e minimizar os desejos individuais. Se o herói carnavalesco "normal" desenvolve sua personalidade por meio de aventuras mágicas, os heróis soviéticos aprendem que a individualidade e a preocupação consigo mesmo são qualidades prejudiciais, não levam a nada de bom e devem ser eliminadas. Se um leitor sofisticado talvez ainda conseguisse encontrar alguns elementos subversivos nessas histórias, interpretando sua mensagem objetiva como irônica, eu diria que tais interpretações estão em grande parte "nos olhos de quem vê". A fantasia soviética reflete com clareza a ideologia dominante e propaga os valores inerentes a ela. E, como tal, ela serviu com lealdade aos objetivos da sociedade em que foi criada.

IDEOLOGIA E REALISMO MÁGICO

Em contraste, Lygia Bojunga e Ana Maria Machado, duas reconhecidas autoras brasileiras de literatura infantil, são extrema e conscientemente subversivas. Escrevendo dentro da tradição do realismo mágico, as duas autoras usam as convenções do gênero literário da mesma forma que os autores norte-americanos e europeus usam a fantasia: uma condição da realidade carnavalesca suspensa, na qual a criança tem mais liberdade e é empoderada de uma maneira que o realismo absoluto não permitiria. As duas ampliam o nosso senso comum de tempo e espaço, do cotidiano e do extraordinário. Ana Maria Machado faz grande uso da mitologia e do folclore, mesclando a narrativa oral com a mais bela linguagem literária, repleta de alusões, metáforas e um imaginário complexo. A personagem de *De Olho nas Penas* (1981), que aos oito anos já viveu em cinco países por causa da perseguição política, pode encontrar seus antepassados, reais e míticos, graças a uma combinação de sonhos e imaginação, e testemunha a cruel destruição da população originária pelos colonizadores europeus. Seu destino pessoal é apresentado como sendo intimamenFim da Eternidadete ligado aos destinos de todas as pessoas. A história traz sua mensagem subversiva por meio do disfarce do sonho, que por sua vez carrega uma atmosfera de conto de fada.

Por outro lado, *História Meio ao Contrário* (1978) se passa completamente na esfera dos contos de fada, com um rei e uma rainha, um príncipe corajoso e uma princesa teimosa; mas é fácil reconhecer a sociedade descrita, com seu déspota presunçoso, seus servos submissos e as pessoas comuns que precisam lidar com as loucuras do governante. Realidade e conto de fada facilmente trocam de lugar no universo literário de Machado; na verdade, são apenas duas faces do mesmo mundo. Até seus protagonistas sabem disso: é natural para a jovem de *Beijos Mágicos* (1992) acreditar que sua nova madrasta é uma bruxa, porque as madrastas sempre são bruxas malvadas nos contos de fada, e não é óbvio que seu pai está sob o efeito de algum encantamento? No papel de leitores, como podemos ter certeza de que Nanda está errada? Talvez sua madrasta seja mesmo uma bruxa. E como podemos ter certeza de que o amigo imaginário em *O Menino Pedro e Seu Boi Voador* (1979) é na verdade imaginário quando ele é tão real para o menino? Com Machado, estamos sempre na zona nebulosa entre a realidade e a imaginação. E é nesse espaço liminar que uma criança pode ser empoderada.

Da mesma maneira, nos livros de Bojunga encontramos crianças empoderadas por uma visão especial, que nota coisas e criaturas que os adultos não conseguem ver, como Raquel, em *A Bolsa Amarela* (1976), que faz uma amizade improvável com um galo, um alfinete e um guarda-chuva. O livro demonstra, por meio dos insights de Raquel, que os adultos têm mais poder do que as crianças, e Raquel deseja crescer logo, da mesma forma como deseja ser um menino. Ainda assim, ela é forte e independente porque é uma criança e uma menina. E, assim como muitas de suas irmãs literárias, Raquel também descobre o poder libertador da escrita. O ato de escrever e a linguagem escrita têm mais autoridade e, portanto, em geral são usurpados pelos adultos. Raquel aprende a usar sua escrita para fins subversivos.

Alexandre, de *A Casa da Madrinha* (1978), também supera as injustiças do mundo adulto por meio da imaginação. Nesse livro, o poder adulto é demonstrado de maneira mais evidente na doutrinação a que o pavão de Alexandre fora submetido na escola. Assim como o galo com pensamentos costurados em *A Bolsa Amarela*, o pavão se torna um símbolo da criança oprimida.

As personagens de Bojunga, cada uma à sua maneira, lutam contra as regras e os regulamentos que os adultos impuseram a elas. Em *Seis Vezes Lucas* (1995), o maior dilema de Lucas é o relacionamento complicado com o pai autoritário e seu medo de não ser capaz de viver de acordo as expectativas dos adultos, ao mesmo tempo que o garoto também enxerga os defeitos e as inseguranças da vida adulta. Em *Corda Bamba* (1979), fazem com que Maria esqueça a memória traumática da morte dos pais, mas os sonhos a ajudam a fazer as pazes com esse acontecimento. Pelos sonhos e pela imaginação, o que lembra a obra de Ana Maria Machado, a menina aprende a explorar sua paisagem interna e a libertar-se da tirania da avó. Em *Meu Amigo Pintor* (1987), Claudio reflete sobre o suicídio de um homem. Mais uma vez, a criança se mostra mais forte do que o adulto. A principal característica de Lygia Bojunga é sua capacidade de penetrar profundamente na psique da criança, conseguindo usar uma linguagem simples e acessível para expressar estados mentais complexos, verdades inconfessáveis e emoções secretas. Cada livro é um estudo do destino humano elaborado com precisão e imensa empatia, um retrato sofisticado de uma criança que lida com a perda, a dor e o sofrimento.

Um livro de Ana Maria Machado em especial, *Palavras, Palavrinhas e Palavrões* (1998), explora o caráter convencional da linguagem e o poder que ela dá aos adultos sobre as crianças. O livro nos faz questionar "Como uma criança pequena pode compreender que palavras como 'pinto' e 'asno' são aceitáveis quando denotam animais, mas não em outros casos?" E como ela se sente quando confrontada com palavras compridas e incompreensíveis como AGRESSIVIDADE, REPRESSÃO ou MANIFESTANDO ANSIEDADE? Oprimida pelos adultos insensíveis, a menina decide parar de falar por completo, uma metáfora persuasiva para os dissidentes silenciados. Apesar de os jovens leitores provavelmente não entenderem isso, os adultos co-leitores irão compreender. No entanto, os jovens leitores com certeza irão entender os sentimentos de resignação e abandono da protagonista, especialmente porque ela acredita que todos os seus problemas com a linguagem vêm do fato de ela não ser um menino: meninos podem falar palavrão, mas as meninas não. Dessa maneira simples, o narrador nos torna conscientes da natureza sexista da linguagem na sociedade – algo que os sociolinguistas conhecem bem, mas que as crianças pequenas também enfrentam todos os dias.

O impacto subversivo das escritoras brasileiras depende do uso da sinergia entre as condições heterológicas, que incluem raça, gênero, classe e idade. Mas outra característica importante tanto na obra de Bojunga quanto na de Machado são as protagonistas femininas fortes, sejam jovens ou velhas. Mencionei Raquel e Maria, além da personagem questionadora e determinada de Machado em *Palavras, Palavrinhas e Palavrões* e da enteada desconfiada em *Beijos Mágicos*, assim como a corajosa e inteligente pastora de *História Meio ao Contrário*. Já *Bisa Bia Bisa Bel* (1982), de Machado, é uma exploração mágica e envolvente das ligações invisíveis entre as gerações de mulheres de uma mesma família, que vai muito além do tema convencional do amigo imaginário. A foto da bisavó de Isabel se transforma de maneira mística em parte dela mesma, uma pessoa real e viva dentro dela, que na verdade está morta há muitos anos. Além disso, e sendo talvez algo mais perturbador, existe uma terceira voz que de repente aparece dentro de Isabel e prova ser sua bisneta de um futuro distante, quase impossível de imaginar. Essas ligações entre o passado e o futuro ajudam a protagonista a encontrar seu lugar no mundo, sua identidade em relação aos outros, como parte de um todo muito maior. Multiplicidade, heterogeneidade, ambiguidade – todos os rótulos da chamada literatura pós-moderna – são facilmente reconhecíveis ali. Esse é um exemplo de como uma criança pode ser empoderada, e não desempoderada, por meio de seus laços com os adultos, mas isso só pode ser feito dentro das convenções do realismo mágico.

10 A Outrização das Espécies: O (Ab)Uso dos Animais

Narrativas sobre brinquedos animados e animais humanizados que vivem em simbiose com uma criança humana têm excelentes premissas para o efeito carnavalesco. Normalmente, os animais e os brinquedos são inferiores à criança em termos de força e inteligência. Isso inclui tanto as crianças ficcionais na narrativa quanto as próprias leitoras. Não é por acaso que os animais mais comuns nos livros infantis são pequenos: ratos, coelhos, porquinhos-da-índia e gatinhos. Na companhia de brinquedos e pequenos animais, a criança pode se sentir forte, inteligente e protetora. Nenhum panorama da literatura infantil pode ignorar o fato de que as personagens animais aparecem com muito mais frequência nos livros infantis do que nos demais livros. Sem contar os mitos e as fábulas, apenas um punhado de romances adultos apresentam protagonistas animais. E.M. Forster afirma que "em geral, os atores de uma história são humanos", e continua: "Outros animais foram introduzidos, mas com sucesso limitado, pois até agora sabemos muito pouco sobre sua psicologia."[1] É improvável que Forster tivesse intimidade com a literatura infantil, mas ele estava certo sobre um aspecto: quando os animais surgem como personagens literárias, são descritos com características humanas, tanto do ponto de vista do comportamento quanto do intelectual. Mesmo quando os animais são apresentados em seu habitat natural, suas emoções e pensamentos são padronizados de acordo com modelos humanos.

Tal antropomorfismo pode, no entanto, variar muito. Espécies diferentes podem existir em uma simbiose antinatural, dotadas com a fala e a mente humanas, comunicando-se entre si de acordo com as exigências da trama. Animais podem ser representados em um relacionamento próximo com humanos, ou com pelo menos um humano que pode entender o animal, falar com ele e o considerar um amigo pessoal. Na literatura infantil, tais personagens, assim como os brinquedos, normalmente são interpretados como o amigo imaginário da criança, uma figura compensatória, uma projeção dos conflitos internos da criança, como já foi demonstrado na discussão sobre o *Ursinho Pooh*. No entanto, as histórias mais complexas mostram animais como híbridos, em que os limites entre o animal e o humano são flutuantes.

A visão de que os animais, em especial os antropomorfizados, são personagens adequadas à literatura infantil é comum. Isso se baseia na vaga suposição de que "crianças amam animais". Eu nunca vi nenhuma pesquisa empírica sobre o comportamento de crianças reais em relação a animais, nem sobre a preferência de jovens leitores por animais em suas histórias, portanto essa suposição deve ser um dos muitos preconceitos sem fundamento. Alguns estudiosos foram bem céticos sobre essa afirmação, destacando a atitude desdenhosa de agrupar animais e crianças como "pequenos", "inferiores" e basicamente "não humanos"[2]. Outra explicação pode ser pedagógica: a forma animal distancia o conflito, um facilitador para o leitor lidar com o mesmo. Dessa maneira, os animais se tornam instrumentos de estranhamento, assim como o modo fantástico, e de fato muitas vezes as histórias com animais são tratadas como uma subcategoria da fantasia. Na grande maioria delas, os animais são usados para empoderar a criança humana, tanto a personagem quanto a leitora, que se sentem superiores aos animais. Essa afirmação é confirmada pelo fato de que, entre os animais mais populares em livros para crianças, estão pequenas criaturas como ratos, coelhos, gatos e macacos. Uma explicação possível é que personagens pequenas e indefesas empoderam a criança, que se sente grande, forte e capaz, mas uma razão igualmente plausível é que os animais pequenos, assim como os bichos de pelúcia, são "fofos" e, portanto, considerados adequados para os livros infantis. Existem algumas exceções, como *Histoire de Babar, le Petite Elephant* (A História de Babar, o Pequeno Elefante, 1931), de Jean de Brunhoff – note o epíteto "pequeno", apesar de aplicado a um animal de grande porte. Um hipopótamo, outra fera grande e ainda mais perigosa, não consegue competir com Babar em popularidade, apesar de os hipopótamos também serem apresentados em livros infantis como personagens fofas e adoráveis. Qual é a atração desses quadrúpedes gigantes, desengonçados e, francamente, muito feios?

Veronica (1961), de Roger Duvoisin, começa com uma afirmação verdadeira, apesar de inesperada: "Às vezes os hipopótamos podem chamar muito a atenção."³ A imagem colorida mostra um hipopótamo gigante cercado por um grupo de crianças. Podemos aceitar essa licença poética, ainda que os hipopótamos normalmente não permitam que humanos façam carinho neles, mas a questão é que quase não se pode ignorar um hipopótamo quando se encontra um. No entanto, o texto continua, Veronica era uma hipopótamo que não chamava a atenção, vivendo entre mães e pais hipopótamos, tios e tias hipopótamos, irmãos e irmãs hipopótamos, primos e primas hipopótamos. Como muitas personagens da literatura infantil, Veronica não está satisfeita em ser mais uma; quer ser diferente e de preferência famosa. Como muitas outras personagens, ela sai de casa em busca de um lugar em que possa se sentir única. Esse começo lembra o início do primeiro livro, *A História de Babar*, e, exatamente como o elefante, Veronica vai para uma grande cidade. Ali ela de fato causa muita comoção e se destaca. A solução vem, assim como na história de Babar, na forma de uma senhora rica e gentil. Mas em *A História de Babar* o encontro leva à socialização do elefante, o que inclui andar ereto, usar roupas, comer à mesa e dirigir carros. Em *Veronica*, a hipopótamo é levada de volta para seu mundo, mas já não pode ser confundida na multidão. Está de pé sobre as patas traseiras e conta suas aventuras para um grande público de admiradores.

Veronica é descrita em seu ambiente natural, apesar de ser agraciada com uma mente humana e fazer uma curta visita à civilização. Os hipopótamos em *George and Martha* (George e Martha, 1972), de James Marshall, são completamente antropomorfizados: usam roupas, andam sobre duas patas, moram em casas e comem comida humana. A trama consiste em pequenos episódios simples que são o melhor exemplo da questão central do uso de animais em histórias para crianças. Normalmente parte-se do princípio de que os animais, assim como os objetos animados, representam as crianças, isto é, são personagens crianças disfarçadas (não há dúvida disso em *Veronica*). No entanto, isso está longe de ser universal. O uso de animais permite contornar alguns aspectos inevitáveis nas narrativas com personagens humanas, tais como idade e condição social. Martha e George são duas crianças que brincam juntas, ou são adultos, ou talvez dois idosos que se visitam e se divertem juntos? As opções não mudam nada nas histórias, mas a questão permanece sem resposta. Além disso, podemos nos perguntar se a forma do hipopótamo é significativa ou se as personagens poderiam ser cachorros, gatos ou ursos. As ilustrações fazem piadas sobre os corpos desajeitados, por exemplo, quando Martha toma banho em uma banheira que é pequena demais para ela. No mínimo, isso é uma lembrança da existência da obesidade, e alguns jovens leitores podem ficar magoados, apesar de as personagens parecerem completamente satisfeitas consigo mesmas. Não existem outras personagens que possam rir ou persegui-las por causa de seu peso. George prega uma peça em Martha quando ela se olha no espelho, mas ele poderia fazer isso mesmo se ela não fosse gorda. Os hipopótamos podem ser totalmente intercambiados nessas histórias.

Esses exemplos ilustram duas abordagens para o emprego de animais, e ambas permitem à criança se sentir superior. Ao longo deste capítulo, vou explorar a alteridade significativa das personagens animais, trazendo para a discussão alguns dos gatos literários mais famosos e outros menos conhecidos, desde animais bobos que se passam por ajudantes mágicos até heróis propriamente ditos. O retrato de gatos como criativos e sábios está refletido, por exemplo, no romance filosófico de E.T.A. Hoffmann, *The Life and Opinions of Cat Murr* (A Vida e as Opiniões do Gato Murr, 1820). Na literatura infantil, não importa se o gato representa a criança ou atua como um ajudante ou um antagonista, com frequência é apresentado como sendo inferior aos seres humanos.

GATOS COMO ADEREÇOS

Os gatos domésticos aparecem nos primeiros mitos e contos populares como a representação das mais elevadas divindades, como a deusa egípcia Bast, cujo culto estava ligado à alegria e ao casamento. O gato também era representado na mitologia egípcia como uma das muitas encarnações do rei solar Rá, que luta contra uma serpente má e acaba por matá-la. A fusão entre o gato e o matador de dragões deixou traços tanto no folclore oriental como no europeu, no qual muitas vezes o tema foi invertido e o gato, especialmente o gato preto, tornou-se uma das muitas transformações do antagonista, enquanto o herói também pode se transformar em um gato, em algumas situações. Essa ambiguidade resulta na posição dupla dos gatos na cultura popular, em que são representados tanto como benevolentes quanto como maus[4].

O uso prático dos gatos como caçadores de ratos contribuiu para sua reputação positiva, o que está refletido no conto popular inglês de Dick Whittington. Dick é órfão e ajudante de cozinha na casa de um rico mercador em Londres. Ele enfrenta todo tipo de dificuldades, incluindo hordas de ratos no sótão em que dorme. Usando sua única e última moeda, ele compra um gato de uma menina de rua e pode dormir tranquilo. No entanto, o mercador logo exige que, como o costume dita, todos os empregados da casa enviem um item com seu navio. Dick só tem o gato para enviar, e isso se torna sua sorte. O navio vai parar no continente adricano, onde um rei local paga muito dinheiro pelo maravilhoso animal que pode livrar o país dos roedores. O gato nunca recebe um nome e Dick não nutre sentimentos por ele; o gato tem apenas um objetivo pragmático. Quando o gato é tirado do garoto, Dick não sente sua falta, apenas lamenta que voltará a ser importunado por pestes.

Durante a Idade Média na Europa, o gato passou a ser associado a poderes malignos, o que em parte tinha a ver com crenças populares na promiscuidade dos gatos, e em parte na associação cristã com o diabo. Tais atitudes levam à conexão dos gatos com as bruxas; na verdade, os gatos pretos, num racismo enraizado, aparecem com frequência junto com os corvos em contos populares como companheiros das bruxas, e as bruxas também se transformam em gatos, algo que se reflete nos livros de Harry Potter quando a professora McGonnagal ocasionalmente assume a forma de um gato. Um gato monstruoso e malvado aparece nas histórias do Rei Artur. A visão dos gatos como algo maligno levou a incríveis crueldades contra eles. Durante a caça às bruxas, os gatos eram queimados juntos com suas donas. Ao mesmo tempo, existem evidências de gatos serem emparedados em casas recém-construídas para trazer sorte.

No começo do século XIX, a reputação do gato foi absolvida, e eles se tornaram bichos de estimação populares entre as famílias de classe média e alta, o que, entre outras coisas, está refletido em diversas canções de ninar, fábulas, desenhos animados, histórias infantis e livros ilustrados. Os gatos se tornaram personagens boas e muitas vezes dóceis, adaptadas à leitura considerada adequada para as crianças e as famílias. A maioria das histórias de gato mais modernas está em livros ilustrados, que retratam os animais antropomorfizados, representando humanos. Assim como nos livros de George e Martha, a forma é arbitrária e intercambiável. Quase não vale a pena mencionar a quantidade de felinos esfregando-se nos pés de seus donos ou ronronando em seus colos, apenas para criar uma atmosfera. Em centenas de livros, uma criança ganha um gatinho como bicho de estimação. Ocasionalmente, pode aparecer um gato preto, com frequência de maneira equivocada, cuja dona é uma bruxa.

Em *The Cat and the Devil* (O Gato e o Diabo, 1957), de James Joyce, o gato parece ser um papel menor, mas, em uma análise atenta, percebe-se que a história parodia o mito de Fausto, em que um gato é oferecido em sacrifício no lugar de uma mulher; além disso, a ação do gato não é voluntária, e por isso menos sublime. O diabo determinou "o primeiro que cruzar a ponte", mas, como em muitos contos populares, foi enganado. Se tivesse dito "o primeiro ser humano", lorde Mayor teria de oferecer-lhe um de seus súditos. Em vez disso, o homem astuto manda um gato atravessar a ponte, o que, ao que tudo indica, não faz nenhuma diferença, pois os gatos não devem ter alma e, portanto, não precisam temer o diabo. Na edição inglesa de 1980, ilustrada por Roger Blachon, a última página dupla mostra o gato brincando alegremente com a ponta do rabo do diabo, e este último irritado. Ainda assim, a história com certeza acentua a associação entre o diabo e o gato, apesar de Blachon ter escolhido retratar um gato branco e não preto.

GATOS COMO GATOS

O conto etiológico de Rudyard Kipling "The Cat That Walked by Himself" (O Gato Que Andava Sozinho, 1902)[5] retrata a natureza do gato como um ser independente e em que não se pode confiar, em oposição ao cachorro, apresentado como o verdadeiro melhor amigo do homem. O gato é, em suas próprias palavras, "nem um amigo, nem um servo," é "o Gato que anda sozinho, e todos os lugares são iguais para ele." A negociação entre o Gato e os humanos, de acordo com a história, inclui a obrigação de manter a casa livre de ratos e ser bonzinho com os bebês, desde que eles não puxem seu rabo com muita força. Em troca disso, o Gato pode ficar dentro de casa quando quiser, deitar perto da lareira e "beber o leite branco e morno três vezes ao dia para todo o sempre".

Muitas histórias representam animais como animais, descrevendo o típico comportamento animal e apenas ocasionalmente atribuindo a eles a inteligência dos humanos, ou, com menos frequência, emoções humanas. Um dos precursores dessa linha foi Ernest Thompson Seton, com a comovente história "The Slum Cat" (A Gata do Gueto). O autor escreve no prefácio de sua coletânea *Animals Heroes* (Animais Heróis, 1905):

> Um herói é um indivíduo com dons e conquistas fora do comum. Seja homem ou animal, essa definição se aplica; e são histórias como essas que encantam a imaginação e os corações daqueles que as escutam. Neste volume, cada uma das histórias... é baseada na vida real de um verdadeiro herói animal.[6]

A gata é usada como um focalizador no sentido de que a narrativa acompanha sua perspectiva, mas não é atribuída à gata nenhuma característica humana, e seu comportamento inato é descrito de maneira precisa. O distanciamento narrativo é empregado para apontar a perspectiva, como quando, por exemplo, um trem é descrito por meio da percepção da gata, sem ser mencionado explicitamente. De modo característico, a Gata do Gueto não tem nome, embora seja de se esperar que seus donos lhe dessem um; mas o texto destaca seu ponto de vista referindo-se a ela genericamente apenas como Pussy ou Kitty[7]. Também se especula quais emoções a gata *pode* sentir em certas situações, traduzindo-as para termos humanos. Assim, com sua primeira ninhada de gatinhos, a pequena Gata do Gueto "sentiu todo o júbilo que uma mãe animal pode sentir, toda a alegria, e ela os amou e os lambeu com uma ternura que deve ter sido uma surpresa para ela mesma, caso tivesse o poder de pensar tais coisas"[8]. Além disso, o texto tenta expressar sua consciência da visão, da audição, do toque e especialmente do olfato de maneira que pareça tão autêntico quanto um texto possa entrar no interior de uma personagem ficcional, animal ou humana. O trecho a seguir exemplifica a reafirmada independência da gata e seu amor pela liberdade ao morar no gueto, enquanto rememora o quanto era paparicada em uma casa rica:

Ela tinha toda a comida que queria, mas ainda assim não estava feliz. Ela desejava tantas coisas que quase não sabia o que era. Tinha tudo... sim, mas queria alguma outra coisa. Comida e bebida à vontade... sim, mas o leite não tem o mesmo gosto quando você pode beber o quanto quiser de um pires; ele precisa ser roubado de um balde de lata quando sua barriga estiver roncando de fome e sede, senão não tem o mesmo gosto... não é leite.[9]

A citação naturalmente pode ser interpretada de maneira alegórica, como se fosse aplicada a seres humanos; porém é mais provável que seja uma tentativa genuína de penetrar na natureza do animal.

GATOS COMO MALANDROS

Talvez os textos nos quais determinadas características felinas são apresentadas em combinação com certas características humanas, a princípio inteligência e fala, sejam os mais interessantes. Essas habilidades criam uma personagem híbrida humana-animal, na qual os dois aspectos são ampliados. Nos contos de fada e histórias em que os gatos aparecem como ajudantes do herói, eles são inicialmente empoderados em comparação a seus mestres, e acabam levando-os ao poder.

O mais famoso conto de fada com um gato é, sem dúvidas, o "O Gato de Botas" (ou "O Gato Mestre"), uma figura malandra apresentada na coleção de Charles Perrault, mas conhecida também em outras culturas nas quais um papel semelhante às vezes é desempenhado por animais diferentes, como uma raposa nos contos populares eslavos. A história tem fortes tons edipianos. O jovem precisa matar simbolicamente o pai, representado pelo ogro, para reclamar sua herança, roubada pelos irmãos. O papel do ajudante animal é assistir a seu mestre com astúcia e inteligência. O jovem, enganado pelos irmãos, não vê o potencial de sua porção da herança, mas o gato surpreende seu mestre por conseguir falar. Além disso, o notável gato logo demonstra outra habilidade que o aproxima dos seres humanos: pode andar sobre duas patas. E também pede ao mestre um par de botas, um pedido inusitado, em especial porque a explicação do gato é "para que eu possa correr no meio da lama e dos espinheiros". Obviamente, a razão é bem diferente: as roupas fazem a pessoa, e as roupas humanas transformam o animal em humano. Na verdade, com essa transformação que parece simples, o Gato de Botas é empoderado além da imaginação, apesar de (ou exatamente por causa disso) ele manter sua esperteza, agilidade e habilidade de caça felinos. Vale notar que ele mata o ogro transformado em rato usando suas habilidades animais naturais, e não as humanas. Tudo isso reforça a natureza misteriosa e dupla do gato. No final, quando o Gato de Botas se torna um lorde importante, junto com seu mestre, ficamos sabendo que ele "desde então nunca mais correu atrás de um rato, a não ser por diversão". Esse comentário irônico mostra que ainda há um animal por trás do cavalheiro refinado vestindo roupas caras.

"O Gato de Botas" é, de longe, a versão mais conhecida do conto, mas ele ressurgiu em livros ilustrados, recontos, filmes, desenhos animados e peças de teatro. Essa versão, porém, é antecedida em vários séculos por outras histórias em que uma gata fêmea, muitas vezes uma princesa encantada, vai atrás de seus próprios objetivos ao fazer seu mestre ficar rico e bem estabelecido socialmente. Assim, a história está ligada a um ciclo de contos de fada que apresentam o tema de uma noiva ou um noivo mágicos. Não é por acaso que, em "O Gato de Botas", o gênero do ajudante mágico é reverenciado. Espera-se que um gato macho seja aventureiro e malandro. As gatas, como já foi mencionado, são associadas à bruxaria, à mudança de forma, ao mistério e à sexualidade[10].

O gato vigarista, no entanto, permaneceu no foco da atenção dos escritores. A coletânea de Lloyd Alexander *The Town Cats and Other Tales* (Os Gatos da Cidade e Outras Histórias, 1977) é outro bom exemplo. Nele encontramos gatos que ajudam humanos contra intrusos malvados, gatos que são confidentes de damas em apuros, gatos que desafiam governantes poderosos, gatos que executam as tarefas diárias para seus donos, gatos que ajudam grandes pintores (inclusive usando seus rabos como pincéis) e um gato que se mostra inadequado para ser aprendiz justamente por suas características felinas. Em todas as histórias, o limite entre gatos e humanos é enfatizado pelas roupas. Como o Gato de Botas, Pescato, o gato da cidade, ganha poder ao se vestir como prefeito e encena um verdadeiro carnaval ao permitir que gatos ajam como pessoas e vice-versa. Mais uma vez, brinca-se com a natureza dupla dos gatos.

Graças a sua natureza malandra, os gatos podem facilmente ser empregados como figuras carnavalescas, capazes de transformar a ordem em caos e questionar as autoridades mais elevadas. O gato americano mais famoso é *O Gatola da Cartola*, de Dr. Seuss, que incorpora tanto o aspecto malandro quanto o do ajudante mágico do gato popular. Nessa história dinâmica, o caos invade a vida cotidiana, todas as regras são abolidas e a casa inteira fica literalmente de pernas para o ar. Isso é o carnaval em sua forma mais pura: selvagem, descontrolado e *nonsense*.

O Gatola pode ser interpretado como a imaginação lúdica da criança liberta assim que os adultos saem de casa. Ele questiona todas as normas da ordem adulta e faz malabarismos impossíveis. O uso que Gatola faz da linguagem é elaborado; mas ele não brinca com a lógica pura e sim demonstra a natureza arbitrária da linguagem, um dos principais instrumentos de poder que os adultos empregam para oprimir as crianças. Por exemplo, Gatola promete mostrar duas coisas às crianças. Para a linguística, a palavra "coisa" é um embreante, isto é, uma expressão cujo conteúdo só pode ser determinado pela situação ("uma coisa" pode denotar quase qualquer coisa, apesar de ser muito mais usada para seres inanimados). No entanto, ao virar a página, a expressão adquire outro significado concreto e tangível, pois se refere a duas criaturas vivas. A "coisa" deixa de ser um embreante e se torna um significante comum, enquanto os significados, Coisa Um e Coisa Dois, são retratados na ilustração, traduzindo em imagem a abstração concreta. Além de tudo, Gatola e as duas Coisas invadem o lugar mais sagrado, o quarto da mãe, onde as crianças provavelmente não têm autorização para entrar, e o viram de cabeça para baixo – um símbolo perfeito do ataque à autoridade parental.

Como de costume, o mundo adulto está presente e tenta supervisionar e prevenir a invasão caótica, na forma do peixe. Talvez o peixe também possa ser visto como a voz da consciência da criança, sua racionalidade adulta, quando diz: "Você não deveria estar aqui / quando *nossa* mãe não está." (grifo nosso)[11] Mas essa presença adulta parece muito fraca para impedir as brincadeiras malucas; o peixe é literalmente destronado quando o Gatola o derruba e o prende em um bule de chá. No entanto, assim que a mãe está se aproximando, o Gatola e todas as consequências de suas travessuras de tirar o fôlego desaparecem como se nunca tivessem existido, o que não é o mesmo mecanismo de acordar de um sonho. Na verdade, a criança toma consciência do perigo e reprime sua própria imaginação, literalmente capturando as duas Coisas com uma rede. O menino então dá ordens para o Gatola: "Hora de você me ouvir. / Leve já as duas Coisas / elas precisam sumir!"[12] E o Gatola não apenas faz isso, mas também coloca tudo em ordem de novo. Isso é a criança reconhecendo o poder do adulto, do mundo organizado dos adultos, no qual não existe lugar para o Gatola ou para as duas Coisas. Apesar de o levante ser autorizado (a mãe deixa as crianças brincando sozinhas) e canalizado com cuidado, tem um efeito emancipatório. "Sally e eu / não sabíamos o que dizer./ Será que deveríamos contar / o que tinha acabado de acontecer?"[13] Ao terem segredos guardados de sua mãe, um mundo secreto só delas, as crianças subverteram seriamente a autoridade da mãe.

GATOS COMO GUIAS

Na fantasia moderna, os gatos são amplamente representados como ajudantes mágicos ou detentores de poderes mágicos, ajudando o herói especialmente na passagem entre o universo cotidiano e o mágico. Os gatos são descritos como personagens noturnas, cheias de segredos, misteriosas; meio animais, meio divinas. Isso os deixa em uma posição superior em relação aos humanos. O ditado que diz que gatos têm nove vidas[14] é usado de maneira criativa em *Time Cat* (Gato do Tempo, 1963), de Lloyd Alexander, que sugere que um gato pode viajar por nove tempos históricos, algo que o gato preto Gareth de fato faz, levando com ele Jason, o menino protagonista. A viagem no tempo é deliberada: Gareth leva Jason para nove aventuras, naturalmente em períodos em que os gatos eram importantes, como o Antigo Egito, a Britânia romana, a antiga Irlanda cristã, o Japão, a Europa medieval, com a caça às bruxas, e assim por diante. Eles até mesmo testemunham a criação da primeira pintura de Leonardo da Vinci, para qual o gato atua como modelo. A maioria dos episódios foca nos eventos que introduziram o gato doméstico em uma cultura em particular, como os primeiros gatos no Peru, durante a conquista espanhola. Em quase todos os lugares, as habilidades práticas dos gatos como caçadores de ratos são enfatizadas, mas as superstições contra os bichanos também são trazidas à tona:

Não existe nenhum tipo de medo ou perversidade que não atribuam ao gato... Dizem que gatos trazem tempestades de granizo e ventos. Gatos têm olho gordo, enfeitiçam quem quer que os encarem. Gatos ficam invisíveis ou voam. Assumem a forma de uma bruxa, e a bruxa assume a forma de um gato.[15]

O romance se transforma em um pequeno manual sobre a história dos gatos, mas também demonstra seus poderes místicos especiais, como a incrível habilidade de desaparecer e reaparecer. Ao mesmo tempo, os mecanismos típicos da fantasia são atribuídos ao ajudante mágico: Jason sempre está vestindo roupas apropriadas onde quer que chegue e também consegue entender qualquer língua: "Talvez isso tudo seja parte dos estranhos poderes do gato."[16] Como personagem, o menino é plano, usado simplesmente como recipiente do conhecimento, assim como o leitor. Por exemplo, sua inferência explícita é: "Se os dias no Egito foram os melhores tempos para um gato... os dias na vila [medieval] devem ter sido os piores."[17] O gato é empregado como um agente mágico, que poderia muito bem ser uma varinha mágica. No entanto, ele participa ativamente das aventuras e às vezes parece mudar o rumo da história, além de ainda advertir o menino: "Você ficaria sozinho, sem nenhum tipo de proteção... O que acontecesse, aconteceu. E você não poderia mudar de ideia no meio do caminho."[18] Jason de fato se envolve em muitas aventuras perigosas, mas no fim o gato o leva para casa em segurança. A explicação racional do sonho é dada, mas existe, como em muitos romances de fantasia, uma pequena indicação de que a viagem no tempo no fundo foi real.

A pluralidade das vidas dos gatos ecoa em *The Lives of Christopher Chant* (As Vidas de Christopher Chant, 1988), de Diana Wynne Jones. Uma das ideias recorrentes nos romances de fantasia de Jones é a heterotopia, a multiplicidade infinita de mundos alternativos, mundos separados que podem lembrar o nosso próprio mundo mas são diferentes; às vezes só um pouco, em alguns casos diferentes de maneira substancial, dependendo do desenvolvimento de cada mundo. O ponto de partida é que, em algum momento, nos primórdios da história, os mundos se afastaram; assim, nenhum mundo é mais "real" do que o outro. A diferença entre os mundos significa que, em alguns deles, a mágica é uma característica comum. Apesar do mecanismo de viagem entre mundos em *The Lives of Christopher Chant* parecer óbvio e, como era de se esperar, reservado à criança, logo se torna evidente que um gato tem um papel importante nos transportes mágicos. O tio malvado de Christopher usa sua habilidade mágica para trazer mercadorias valiosas de outros mundos, como sangue de dragão, carne de sereia, cogumelos alucinógenos, e também armas mortais que não existem em seu mundo. A certa altura, tio Ralph manda Christopher trazer um gato sagrado do tempo de Asheth, uma deusa adorada em um dos mundos paralelos (e obviamente inspirada pelas divindades felinas do Oriente). Christopher, em sua inocência e ingenuidade infantil, acredita que seu tio mágico apenas faz experimentos com a transposição de objetos e seres vivos entre mundos; no entanto, logo fica claro que tio Ralph tem outros objetivos: mágicos de seu mundo pagam fortunas por intestinos, unhas ou olhos de gatos de Asheth. O gato laranja Throgmorten escapa e reaparece na história mais tarde, tornando-se o companheiro de Christopher em sua existência bastante solitária no castelo de Chrestomanci e, no fim, se revela um mágico poderoso. Como é comum na obra de Jones, no início o gato aparece como malvado e mal-humorado, enquanto o verdadeiro vilão parece amável e generoso. A realidade de que as aparências enganam é apenas uma das lições que o protagonista aprende. Christopher tem nove vidas, uma qualidade atribuída apenas aos escalões mais altos da ordem dos mágicos. Throgmorten, que obviamente também tem nove vidas, está em pé de igualdade não apenas com Christopher, mas com o próprio Chrestomanci. Ainda assim, de uma maneira misteriosa, Throgmorten parece estar envolvido em cada episódio em que Christopher perde uma vida, então sua verdadeira natureza mostra-se mais complexa do que poderia ser descrita em termos de bem e mal. No final das contas, ele é um gato de Ashteh, a deusa da vingança.

Coraline (Coraline, 2002), de Neil Gaiman, oferece uma resposta dialógica a *Alice no País das Maravilhas*, na qual estão presentes todos os sinais da literatura pós-moderna. Neste romance, assim como na história de Alice, encontramos portas e chaves, espelhos, jardins bonitos, passagens sombrias e criaturas bizarras. Se *Alice* pode ser considerado sombrio, *Coraline* se mostra ainda mais sombrio, e enquanto Alice acorda confortavelmente de seu pesadelo, o pesadelo de Coraline a persegue até a realidade. Alice encontra suas mães (ou madrastras) simbólicas do mal, a Rainha de Copas e a Rainha Vermelha, mas de que maneira essas mulheres podem refletir o verdadeiro conflito entre mãe e filha é algo que só se pode especular, sendo talvez de pouca importância. Para Coraline, a outra mãe é um reflexo perfeito de sua mãe real, mas em um espelho sinistro. O outro mundo não é apenas absurdo, mas virtualmente aterrorizante; e enquanto Alice, em toda sua vulnerabilidade, não enfrenta escolhas morais, a vida de Coraline depende de decisões acertadas. Mas nem assim ela consegue se sentir a salvo e segura. Quem é a figura que oferece orientação, como fez o Gato de Cheshire à Alice? A figura protetora surge no primeiro capítulo, quando Coraline se muda para uma casa nova: "Encontrou ainda um gato preto insolente, que ficava nos muros e nos troncos das árvores, observando-a."[19] A posição elevada do gato lembra a do Gato de Cheshire e também a de Humpty Dumpty. Além disso, o gato faz parte dos dois mundos, o real e o espelhado, criado pela outra mãe do mal de Coraline. Diferente dos outros habitantes do outro mundo, mas assim como a própria Coraline, o gato não é um duplo refletido, ele pode de fato transitar entre os dois mundos: "Eu não sou o outro. Eu sou eu... Vocês, pessoas, são muito dispersas. Gatos, por outro lado, andam sempre juntos."[20] Ao ser questionado por Coraline, o gato explica que gatos não têm nomes e completa: "*Vocês*, pessoas, têm nomes. É porque vocês não sabem quem são. Nós sabemos quem somos, então não precisamos de nomes."[21] A integridade do gato contrasta com a confusão de identidade de Coraline, quando ela, novamente de modo muito parecido com Alice, "Não sabia onde estava nem tinha muita certeza de *quem* era"[22]. Não surpreende que o gato consiga falar no outro mundo, mas não no mundo real, apesar de Coraline se perguntar "se todos os gatos de onde ela vinha também sabiam falar, mas prefeririam não fazê-lo"[23]. As habilidades naturais dos gatos se mostram vantajosas quando ele mata um rato mau. Mesmo sendo preto, ele não é um protetor da mãe malvada e ajuda Coraline, apesar de no início ser vago sobre os lugares, assim como o Gato de Cheshire:

– Por favor, me diga, que lugar é esse?
   O gato olhou de relance.
– É aqui – respondeu o gato.

– Isso eu sei. Mas como você chegou aqui?
– Da mesma forma que você. Andando. Assim. [24]

O gato pode parecer uma personagem limiar bastante convencional, uma primeira impressão que se mostra equivocada. Quando as passagens de volta para a realidade são fechadas pelo desejo da outra mãe, o gato fica impotente, e é Coraline que acaba salvando os dois. Mas nesse romance, assim como em muitos outros, a habilidade do gato de romper fronteiras fluidas entre mundos alternativos é explorada com maestria.

GATOS COMO ADOLESCENTES CONFUSOS

As imagens de animais mais complexas são aquelas nas quais características animais e humanas se amalgamam a ponto de desafiar a simples categorização. *The Last Black Cat* (O Último Gato Preto, 2001), de Eugenios Trivizas, uma das relativamente raras histórias de gato que empregam o foco em primeira pessoa, é uma alegoria do Holocausto. Em uma ilha não nomeada, uma sociedade secreta decide exterminar todos os gatos pretos. As razões são as de sempre: superstições de que os gatos pretos trazem azar; mas o significado é evidente e pode, naturalmente, ser aplicado a outros genocídios e discriminações raciais. Quando todos os gatos pretos são assassinados, o próximo passo é dizimar todos os gatos cinzas, depois todos os gatos com manchas pretas e no fim todos os gatos da ilha. Tendo sobrevivido de maneira milagrosa, o narrador felino conta sua história como um aviso para as futuras gerações. Ao mesmo tempo que se pode argumentar que, nesse romance, os gatos podem ser substituídos por qualquer outra espécie, é a suposta ligação dos gatos com o mal, sua outridade e o preconceito contra os gatos que tornam a história plausível. Naturalmente, o romance também pode ser lido como uma simples aventura sobre amor e amizade, lealdade e traição; mas ainda assim suas intenções ideológicas são óbvias.

Durante os últimos anos, os leitores têm testemunhado uma tendência notável nos romances juvenis sobre comunidades felinas, desde o comovente *Forest: Journey from the Wild* (Selva: Jornada da

Natureza, 2001), de Sonya Hartnett, ao tragicômico *Varjak Paw* (Pata de Varjak, 2003), de S.F. Said, sem falar na mistura cativante de uma história infantil sobre animais e uma fantasia mística na série *Warrior Cats* (Gatos Guerreiros), de Erin Hunter, que começa com *Into the Wild* (Na Natureza Selvagem, 2003). A série também pode ser lida como uma alegoria, ou até uma metáfora, que segue o enredo típico de um romance de gangues adolescentes, assim como *The Outsiders*, de S.E. Hinton. A trama principal se resume a: um jovem de uma família respeitável sonha com a liberdade e a independência da vida nas ruas. Ele encontra alguns jovens de uma gangue que vivem de roubos e brigas com outras gangues. Sem pensar muito sobre o assunto, nosso herói troca sua vida segura e despreocupada pela liberdade romântica e sexual que a vida com a gangue pode trazer. A princípio, é perseguido e tratado como um intruso, mas logo aprende os costumes e o jargão da gangue; ele conquista alguns amigos e um inimigo, e o sábio líder da gangue está do seu lado. Em um confronto decisivo com uma gangue rival, ele mostra seu valor e é completamente aceito pela nova comunidade.

Para equilibrar o duro realismo social em *Gatos Guerreiros*, fortes elementos do oculto são entrelaçados à história, como a adoração a ancestrais celestiais, uma movimentada viagem para um antigo lugar de culto, um transe divino e a figura de um xamã ("gato medicinal"). Essas características, muitas vezes encontradas em fantasias, dificilmente apareceriam em uma história de gangues realista, mas homenageiam a mistura de gêneros típica da literatura contemporânea. O herói, no início chamado de Ferrugem mas depois adotado pela comunidade de gatos com o nome de Coração de Fogo (o nome também é um elemento arquetípico), tem poucas características psicológicas. Não sente remorso por abandonar sua casa e nunca se arrepende disso. Ele é o único focalizador do romance, mas de vez em quando permite-se ao leitor fazer suposições antes da personagem. É inteligente e enfrenta certo conflito interno relacionado à lealdade e à honra; mas suas reflexões concentram-se nas ações. De um ponto de vista mimético, é ridículo esperar que gatos tenham uma rica vida espiritual, mas, com as premissas gerais do romance, isso é, sua dimensão alegórica, a personagem poderia ser mais esférica para gerar empatia. Por outro lado, a orientação plana da personagem é a regra e não a exceção em um romance de gangues, então o jovem Coração de Fogo está longe de ser único. Na verdade, continua a longa linhagem de heróis arquetípicos que precisam passar por uma iniciação para serem aceitos em determinada comunidade. Tanto o cenário quanto a missão são glorificados sem questionamentos. Os desvios, ou melhor, o fato de usar gatos como personagens no lugar de seres humanos, é um mero detalhe. Em vez de roubar, os gatos vão caçar ratos; usam garras e dentes no lugar de facas e revólveres. Os medos do jovem gato em relação à castração desaparecem depois que os gatos selvagens explicam as consequências, mas isso pode ser traduzido como a restrição da sexualidade de um adolescente dentro das limitações da família. Fora isso, as disputas de território, a rivalidade, a lealdade e a traição, a hierarquia estrita dentro do clã, os códigos de honra, os prêmios e as punições lembram muito diversos romances com protagonistas humanos. O livro é um exemplo do (ab)uso de gatos como um disfarce para os seres humanos, uma vez que a aparência felina não é inerente à trama. Isso com certeza adiciona emoção e pelo menos certa novidade à trama batida, que atrai tanto os amantes dos gatos como os amantes de aventuras. Mas o livro sem dúvidas aliena o leitor por meio da aparência e das condições de vida das personagens, que tanto podem ser atraentes como repulsivas.

Por outro lado, *Forest*, apesar de na superfície parecer com a série *Gatos Guerreiros*, já sinaliza a diferença decisiva em seu título: a jornada de Coração de Fogo é *em direção à* floresta, a de Kiam é *a partir da* natureza. A lealdade de Kiam está completamente arraigada no mundo domesticado, e sua missão, contra todas as dificuldades, é voltar para casa. Assim a personagem é duplamente outrizada, primeiro como animal, depois como um animal que trai sua natureza. Ao descrever o mundo humano pelos olhos de um animal inteligente – um caso peculiar de distanciamento –, o narrador permite que o leitor, familiarizado com esse mundo, drible a percepção de Kiam e assuma que o dono do gato está morto e não há ninguém para recebê-lo quando ele voltar para a casa que chama de lar. Essa mudança na posição do sujeito não impede de maneira nenhuma a empatia do leitor, mas, paradoxalmente, a amplia. Os leitores percebem que o protagonista não tem nenhuma chance no universo fictício do romance; ao contrário dos filhotes de gatos dos quais tem de cuidar, ele não será capaz de se adaptar à vida na natureza, não tanto por estar acostumado ao conforto, mas por causa de suas fortes convicções. É bastante significativo que Kiam morra depois de levar um tiro de um humano, que seu fim venha da mesma agência para a qual ele demonstrara lealdade incondicional. A morte por completo inesperada da personagem, descrita com um distanciamento de cortar o coração, inevitavelmente altera o ponto de vista nas páginas finais do romance, além de distanciar o leitor; mas o novo foco neutro, ou onisciente, também nunca se estabelece. Apesar de antes os leitores terem se sentido impelidos a compartilhar da subjetividade do protagonista, no fim espera-se que o olhem de lado e literalmente o deixem para trás, enquanto seus companheiros mais afortunados ganham terreno em direção à floresta. A conclusão realista joga uma sombra retrospectiva sobre a construção de todo o texto, ampliando o efeito distanciador sem prejudicar a empatia.

Forest é um exemplo raro do uso de animais na ficção que alcança um perfeito equilíbrio entre a zoomorfização do humano e a antropomorfização do animal. O romance não é uma alegoria, nem uma simples transposição do mundo humano para o mundo animal. O equilíbrio entre humano e animal contribui para a proporção correta de distanciamento e empatia, de forma que provoca uma posição de sujeito muito independente.

11   A Outrização Visual: Estruturas de Poder nos Livros Ilustrados

Os livros ilustrados têm um grande potencial para subverter o poder adulto e questionar a ordem existente. Os dois níveis narrativos, o verbal e o visual, permitem o contraponto e a contradição entre as estruturas de poder apresentadas por palavras e imagens. Poucos criadores de livros ilustrados empregam de maneira deliberada a interação dinâmica entre palavra e imagem, mas, mesmo quando a relação é aparentemente duplicada, as imagens podem expandir e reforçar as afirmações ideológicas das palavras. Neste capítulo, vou explorar alguns livros ilustrados nos quais a tensão entre palavras e imagens amplia a posição do texto em relação às hierarquias de poder.

Em *Where the Wild Things Are* (Onde Vivem os Monstros, 1963), de Maurice Sendak, a personagem Max, durante sua jornada imaginativa em que "ele navegou noite e dia/ semana vem semana vai/ durante quase um ano/ para onde vivem os monstros", é coroada como "rei de todos os monstros" e se diz que "mais monstruoso do que ele não havia"[1]. Considerando que, desde o início, ele é desempoderado e oprimido – negam comida a ele e o exilam em seu quarto –, a ascensão ilustra de modo perfeito o carnaval: o inferior se torna superior. No final, ele volta para o mundo em que sua mãe tem o poder de lhe dar ou negar comida. Max dominou os monstros (sua própria agressividade), mas, como uma criança, está a mercê de sua mãe. Na última ilustração, ele não apenas perdeu a coroa, mas está perdendo sua roupa de lobo, o instrumento inicial de seu empoderamento para se tornar um monstro. O conflito permanece não resolvido e se confirma a superioridade do adulto.

Quando Max começa "a bagunça geral", o texto verbal silencia de repente. No lugar dele, três páginas duplas sem texto refletem o que acontece na imaginação do menino quando sua agressividade é reproduzida em seu mundo interno, depois de ter sido mandado para a cama "sem comer nada". As imagens assumem quando as palavras já não são suficientes para expressar emoções fortes: raiva, ansiedade, solidão, medo e alegria. Claro que palavras poderiam *descrever* o que Max e os monstros estão fazendo nas páginas duplas sem texto, mas não afetariam os sentidos do leitor da mesma maneira imediata e eficiente que as imagens. São exatamente os sentidos, no plural, pois podemos ouvir os gritos de Max assim como os rugidos de admiração dos monstros. Em sua fantasia, o menino usa os mesmos mecanismos de poder que sua mãe usou com ele: manda os monstros para a cama sem jantar. O oprimido se torna o opressor.

O livro ilustrado como uma forma especial de arte é capaz de expressar emoções que o próprio jovem protagonista ainda não tem linguagem para articular. Quando a mãe de Max, irritada com suas malcriações, o chama de "MONSTRO!", ele responde com "OLHA QUE EU TE COMO!" Com essa frase ele está tentando expressar uma variedade de emoções, desde "eu te odeio... agora" até "eu te amo e sei que você sempre vai me amar", e tudo o que está no meio do caminho. Max é novo demais para ser capaz de verbalizar seus sentimentos contraditórios, e o texto, em vez de usar um narrador onisciente que explicaria como o menino se sente e por quê, se vale da narração visual, traduzindo a raiva e a frustração em imagens sem correspondência direta com as palavras. É significativo que os monstros respondam da mesma maneira ao exercício de poder de Max, enquanto imploram: "Oh, por favor, não vá embora... nós vamos comer você... gostamos tanto de você!" Expondo suas emoções, Max tenta explicar que "olha que eu te como" é o mesmo que "eu te amo". A pose do monstro mais próximo de Max nessa página dupla lembra a pose de Max durante uma de suas bagunças no começo do livro.

Max é apresentado em um conflito aberto com sua mãe, que tem o poder de dar ou negar não apenas comida, como nos é dito de maneira explícita, mas também o que a comida simboliza: carinho, atenção e amor. No final da história, a mãe, apesar ceder com uma refeição quentinha, ainda pode negar atenção e amor ao filho, uma vez que ele está mais uma vez sozinho em seu quarto – que, por acaso, não parece um quarto de criança, devido a suas cores sóbrias, uma cama gigante e a ausência de brinquedos. A imagem reflete a percepção subjetiva de Max do quarto como uma prisão, e não sua aparência real; mas, se a última ilustração deveria expressar reconciliação, o cenário não sustenta isso. Como foi observado diversas vezes, a mãe só está presente no texto verbal, como uma voz que grita, condenando o comportamento inadequado do menino. Podemos supor, no entanto, que ela deu a roupa de lobo para Max brincar e assim iniciou a bagunça do menino. Ao chamá-lo de "monstro", ela oferece uma imagem verbal que ele usa para criar sua imagem mental de fuga. Aparentemente, ela está muito ocupada para perceber que seu filho está usando objetos inapropriados para brincar: uma cortina, um martelo e um prego, mais alguns livros grossos. Da mesma forma, ela não percebeu que o menino havia enforcado seu ursinho – um sinal de alterações emocionais –, ou que tinha desenhado um monstro e pregado o desenho na parede. Todos esses detalhes são mostrados visualmente. Assim, a mãe é retratada como uma autoridade onipotente, onipresente, porém indiferente. Seu poder mostra-se especialmente ameaçador por meio de sua ausência visual. O pai de Max não é sequer mencionado, seja visual ou verbalmente, a menos que interpretemos a ação "sendo mandado" como se tivesse vindo do pai invisível. Em algumas interpretações, o pai é simbolicamente representado como um dos monstros que tem dedos do pé humanos e não garras. Se for assim, o monstro chifrudo não é uma imagem paterna agradável na imaginação do menino, e, em uma das páginas duplas sem texto, Max está montado nas costas do monstro, enquanto ele está inclinado, relutante, porém submisso. O pai ausente é conquistado.

Outside Over There (Lá Fora Logo Ali, 1981), de Sendak, é outro livro em que o conflito criança/adulto e o mundo interior da criança são apresentados com uma linguagem visual complexa e sutil. Demonstra um contraponto empolgante às agressões masculinas de Max e mostra o pavor de uma menina ligado a um tema tipicamente feminino. Os pais de Ida a abandonaram: seu pai, de maneira literal, pois ele está "longe no mar", e a mãe, emocionalmente. O texto nos informa que a mãe "está no caramanchão", o que por si só não deveria parecer perigoso, mas a imagem revela sua ausência emocional. Ela virou as costas para Ida e o bebê que chora; está surda para o mundo à sua volta. Podemos nos perguntar se isso é uma característica objetiva ou a imagem interna que Ida faz da mãe, e, se for assim, uma imagem permanente ou daquele momento em particular. Está bem de acordo com a percepção da realidade de uma criança pequena igualar o pai longe no mar à mãe no caramanchão, uma vez que ambos os casos são questões de um sentimento subjetivo de rejeição parental.

Como já foi destacado muitas vezes, a história acontece durante alguns momentos entre as imagens da página de rosto e a última página do livro. Assim como Max, Ida faz uma viagem interna. As imagens e as paisagens que encontra pelo caminho refletem seu mergulho profundo no inconsciente, o que não pode ser expresso em palavras. Em *Onde Vivem os Monstros*, a emoção dominante é a raiva, que acaba se transformando em reconciliação e falta, expressos verbalmente como falta "de coisa boa de comer" mas também de estar "em algum lugar onde alguém gostasse dele de verdade". A falta de Max é solipsista, o que é enfatizado pelo fato de que não existem outros atores na história além de sua raiva visualizada. A emoção dominante em *Outside Over There* é a ansiedade, um sentimento bem menos egoísta, projetado para fora e que engloba as pessoas mais próximas de Ida: o pai no mar, a mãe em sofrimento, a irmãzinha indefesa. Ao contrário da raiva e até mesmo do medo, que têm um alvo em particular, a ansiedade é vaga e difusa. A raiva de Max assume a aparência visual de criaturas gigantescas e peludas com olhos, chifres, dentes e garras. Mas exatamente por causa dessas formas concretas, por mais horríveis que sejam, eles podem ser dominados. Max doma os monstros "com o truque mágico de olhar os olhos amarelos deles sem piscar nem uma vez" – uma batalha física por poder que Max aprendeu com sua mãe. O desespero de Ida por causa da ausência do pai no perigoso mar, da passividade da mãe e da vulnerabilidade da bebê assume a forma de figuras disformes e sem rosto – não existem olhos para os quais olhar. Os duendes não atacam nem ameaçam comer Ida; se esgueiram pelos cantos, se escondem em suas largas capas acinzentadas, engatinham até a janela e atacam alguém com quem Ida mais se preocupa, a bebê. Quando a mãe ignora as filhas – e essa ainda é a visão subjetiva da menina –, Ida sente total responsabilidade pela irmã, ao mesmo tempo que também se sente culpada quando os duendes levam a bebê e deixam uma impostora no lugar. O texto não diz nada sobre os sentimentos de Ida, exceto uma afirmação prática: "Ida tocou sua maravilhosa trompa para embalar a bebê – mas nunca a olhou". Nas páginas anteriores, Ida segura com força a bebê nos braços, olhando apreensiva para os duendes que se aproximam, que aparecem pela primeira vez no texto verbal na página em que sequestram a bebê. A trama, no entanto, começa no falso rosto, na página de rosto e na página da dedicatória, nas quais as imagens dos duendes representam o desconforto de Ida.

Ida, uma menina, não recebe nenhuma recompensa tangível na forma de um jantar quentinho como Max, um menino, recebe. Em vez disso, seu consolo é uma carta do pai, que diz: "Estarei em casa um dia, e minha corajosa e inteligente Ida deve cuidar da bebê e da mamãe para o papai, que sempre vai amá-la." Espera-se que a menina não apenas cuide da irmã, mas também da própria mãe, uma vez que a autoridade patriarcal ordena que ela faça isso. Empoderada por sua jornada, tendo demonstrado coragem e esperteza excepcionais, Ida volta para a mãe no caramanchão. É verdade que a mãe mudou sua posição enfastiada e indiferente, abriu os braços para as filhas e, na última página dupla, abraça Ida, mas sem olhar para ela, absorta na carta. As imagens dizem que, depois que Ida enfrentou o horrível argumento com os duendes, voltou a sentir segurança e fé de que seus pais sempre estarão lá e a amarão (pelo menos o pai). Enquanto a segurança de Max está ligada a uma refeição quente, que sua mãe pode usar como uma maneira de exercer seu poder, a segurança de Ida está completamente ligada à sua autoestima: quando ela abraça sua irmã na última página, os duendes desapareceram. A história de Max foca nele mesmo; a história de Ida é sobre cuidado, responsabilidade e sacrifício. Poucos livros ilustrados capturaram a diferença entre a percepção masculina e a feminina de maneira tão sutil.

HEROÍSMO, DESOBEDIÊNCIA E CONFORMISMO

Em *The Tale of Peter Rabbit* (A História de Pedro Coelho, 1902), de Beatrix Potter, o pequeno herói se aventura, naturalmente contra a proibição da mãe, a explorar um território novo, desconhecido e empolgante. Faz o que qualquer herói dos contos populares fez antes dele, e muitas personagens da literatura infantil fizeram depois dele, com diversos resultados. O narrador antecipa o fracasso do protagonista ao condená-lo desde o começo: "Pedro, que era muito travesso...".[2] Essa é a voz da normatividade adulta; a partir do ponto de vista do adulto, as três irmãs, Flopsy, Mopsy e Rabo-de-Algodão, "que eram coelhinhas comportadas, foram passear junto à estrada para colher amoras"[3], comportam-se de acordo com a norma prescrita, enquanto o malcriado Pedro, que "foi correndo para a horta do Sr. McGregor"[4], quebra a norma e questiona o poder adulto. Na ilustração, ele aparece no centro da imagem, ocupando grande parte de sua área, com uma postura orgulhosa e sorriso satisfeito. No entanto, ao entrar em território inimigo, ele não está autorizado a vingar a morte prematura e horrível do pai, como estaria um herói mítico ou dos contos de fada. Não lhe é permitido demonstrar coragem ou esperteza, ele não encontra nenhum tesouro. Pelo contrário, ele é humilhado diversas vezes: primeiro fica doente por causa de sua gula, depois, perseguido pelo sr. McGregor, é capturado em uma rede e no fim – e talvez de maneira mais significativa – perde suas roupas, transformando uma criatura inteligente e antropomorfizada em um animal comum e bobo[5]. A linguagem corporal desse híbrido animal-humano, apresentada nas ilustrações, reflete sua condição inferior: é menor que seu inimigo e seu rosto fica distorcido de medo. Em diversas imagens, é representado de cabeça para baixo, um símbolo da inversão de poder; e várias vezes é espremido da maneira menos digna para passar por pequenas aberturas. As imagens ampliam de maneira significativa a sensação de degradação da personagem. Ao invés de voltar para casa como um herói glorioso, Pedro volta fisicamente exausto e moralmente derrotado; e o que recebe de sua mãe não é nem uma palavra de consolo, mas mais punições: ir para a cama sem jantar e um chá de camomila abominável para curar seu estômago. É o triunfo completo da normatividade adulta: à criança não é permitido sequer um gostinho de liberdade e poder durante sua jornada, enquanto suas irmãs obedientes são recompensadas com "pão, leite e amoras".

Curious George (*George, o Curioso*, 1941), de H.A. Rey, conta a história de um macaquinho feliz que retiram à força e sem nenhum aviso de seu habitat natural, levam para uma sociedade da qual ele não conhece as regras, mas, mesmo assim, esperam que as obedeça. A história não nos conta se George foi separado de seus pais biológicos, mas diz que ele era feliz onde estava. A interação entre palavras e imagens é decisiva – e enganadora. A página definidora do livro mostra George em uma perspectiva onisciente, porém neutra, uma vez que ele é retratado no mesmo nível do observador. Ele não é inferior nem superior ao narrador ou ao observador. Essa posição neutra é confirmada pelas palavras: "Este é George. Ele morava na África". A mudança de tempo verbal sinaliza imediatamente uma distância entre o narrador e a narrativa e prepara para a transição para o modo mais didático das três frases a seguir: "Ele era muito feliz. Mas ele tinha um defeito. Ele era muito curioso". A afirmação "Ele era muito feliz" é ambivalente: pode muito bem ser a autoavaliação do protagonista ("George se considerava feliz"), a afirmação de um narrador onisciente ("Eu sei que George era feliz") ou uma inferência objetiva do narrador ("Acredito que George era feliz"). Como a ilustração mostra George sorrindo contente enquanto balança em um galho e come uma banana, a última interpretação é a mais plausível. A afirmação "Mas ele tinha um defeito. Ele era muito curioso" é uma avaliação. A voz adulta fez um julgamento sobre a criança, condenando-a como desobediente e teimosa. Essa atitude de desaprovação claramente reflete a visão implícita conservadora do autor a respeito da infância. Hoje em dia é mais provável que encorajássemos a curiosidade da criança, tratando-a de maneira positiva e interessada, enquanto em *George, o Curioso* essa qualidade é indesejável. Na edição revisada de 1969, o texto foi alterado para: "Ele era um bom macaquinho, sempre muito curioso". A felicidade explícita não está mais presente (na ilustração, George continua sorrindo), talvez para diminuir a atitude violenta do adulto. O narrador agora atribui qualidades positivas a George, ainda que com certa condescendência, amplificada pelo diminutivo "macaquinho". A curiosidade não é mais apresentada como um defeito; ao contrário, faz parte de ser bom.

Ainda assim, a figura adulta usa a curiosidade infantil para enganá-lo. O texto verbal na página seguinte diz: "Um dia George viu um homem. Ele usava um grande chapéu de palha amarelo". As palavras "George viu" expressam literalmente o ponto de vista da personagem: partilhamos de sua perspectiva e por ela vemos o homem com o chapéu amarelo. Já a perspectiva visual da imagem se inverte: apesar de um pouco alterada, partilhamos o ponto de vista literal do homem, olhando para George a uma distância considerável. Isso corresponde à próxima frase: "O homem também viu George". As imagens reforçam a mudança de perspectiva da criança por meio do narrador onisciente – provavelmente adulto – para o homem adulto, um portador da civilização, interpretação ampliada por ele carregar uma arma, uma câmera e binóculos, símbolos de poder e conhecimento. Além disso, também temos a permissão de compartilhar imediatamente dos pensamentos do homem: "'Que macaco bonitinho', ele pensou". Ao partilhar dos pensamentos do homem somos envolvidos em seu plano de capturar George; assim, fomos manipulados a abandonar nossa posição inicial de sujeito e passamos para o lado do homem adulto e civilizado. As duas próximas páginas duplas, nas quais George é capturado, nos levam de volta ao nível de percepção da personagem, especialmente porque vemos apenas um pé e as mãos do homem. No entanto, como sabemos os planos do homem – já que recebemos seu pensamento "Gostaria de levá-lo comigo para casa" – e vemos através da ingenuidade e da falta de atenção de George, virtualmente compartilhamos da perspectiva autoritária e irônica do narrador adulto.

O homem com o chapéu amarelo se compromete a ser um pai substituto para George. Seria natural esperar que o homem, que nunca é nomeado durante a história, mantendo-se longe de qualquer laço mais próximo, demonstrasse afeto em relação a seu filho adotivo e o fizesse feliz e confortável. Ao contrário, o homem captura George por meio da esperteza, afasta-o do mundo a que está acostumado ("George estava triste", o texto nos informa, e as ilustrações confirmam isso, ao mostrar a expressão facial de George), leva-o a bordo de um grande navio – um lugar perigoso e desconhecido para uma criança pequena – e o dispensa após uma conversa curta: "Agora, vá correr e brincar, mas não se meta em encrenca". De que modo uma criança pequena saberia como não se meter em encrenca nesta conjuntura? O texto diz: "Os macaquinhos esquecem com facilidade", mas o adulto não deveria ter alguma responsabilidade sobre a criança que adotou de forma tão casual? Ainda que o restante do texto verbal focalize a personagem tanto externa quando internamente (mencionando sentimentos de curiosidade, medo e alegria de George) e as ilustrações repliquem as palavras, persiste a sensação geral de uma perspectiva onisciente e didática. A posição ideológica do narrador firma-se do lado do adulto. Muitas vezes George é colocado em diversas situações com as quais não consegue de lidar e, em todas elas, é abandonado pelo adulto, o que culmina com sua prisão. Isso pode ser visto como um detalhe engraçado, mas revela a relação entre o adulto e a criança. Mesmo depois que George escapa da prisão (graças à sua ingenuidade) e se envolve em muitas outras travessuras, o homem com o chapéu amarelo ainda não assume nenhuma responsabilidade pela socialização de George e o coloca atrás das grades com o comentário hipócrita e complacente: "Que ótimo lugar para o George morar!" (o que significa: "Eu sei que George gostava do zoológico porque era um ótimo lugar"). Ao contrário de cuidar da criança que ele arrancou com tanto entusiasmo de seu ambiente natural, o adulto a coloca em uma instituição, agindo a partir da convicção de que está defendendo o melhor interesse dela. A criança malcriada é socializada, e o narrador adulto expressa sua satisfação. Porque a criança, George, está disfarçada de macaco, podemos pensar que as estruturas de poder que encontramos nesse livro não são relevantes; mas definitivamente são, e é essencial identificá-las e analisá-las

Em *A História de Babar*, de Jean de Brunhoff, a mãe do pequeno elefante é assassinada por caçadores. Tal como um herói de contos de fada, o órfão parte em busca de seu destino em outro lugar, é adotado por uma senhora rica e excêntrica e tem de se adaptar ao modo de vida dela. O processo de aquisição dos hábitos e comportamentos humanos por Babar passa por usar roupas, viver dentro de uma casa, dormir em uma cama, comer à mesa e manipular ferramentas e máquinas. Ele demonstra destreza em todas essas atividades. Quando, em *Le Voyage de Babar* (A Viagem de Babar, 1932), o "ex-selvagem" é privado desses símbolos da "civilização" e tratado como um animal burro, ele se sente profundamente humilhado. Ao retornar à selva, Babar leva consigo seus hábitos e valores recém-adquiridos. É empoderado pelo conhecimento e pela experiência do mundo adulto — e, devemos acrescentar, do mundo ocidental, branco, masculino, de classe média. Babar é apresentado à civilização, e não apenas a acolhe, mas a impõe aos outros. Em uma cena importante, ele está de pé e usa roupas, enquanto seus súditos ainda estão sem roupas e de quatro. Em *Le Roi Babar* (O Rei Babar, 1933), Babar precisa derrubar a floresta para construir uma cidade para seus súditos (algumas edições omitem a ilustração que mostra seu ato ecologicamente ofensivo), o que resulta em um povoado sem graça e comum, com cabanas idênticas e dois monstruosos prédios públicos: um Escritório da Indústria e um Salão da Diversão. A escola é uma das prioridades, junto com diversas outras instituições sociais. O movimento dos livros de Babar dissemina o desenvolvimento da personagem que vai de um ser selvagem a um civilizado, de colonizado a colonizador, ou, se aplicarmos as ferramentas heterológicas, da anormalidade à norma. Outrora uma criança abandonada e oprimida, Babar é coroado rei, casa-se e tem seus próprios filhos. Mais uma vez o poder reproduziu a si mesmo.

Em todos os livros que discutimos aqui, a superioridade adulta é confirmada de maneira inquestionável. Apesar de Max ser empoderado e entronado por meio de sua imaginação criativa, ele ainda está à mercê do desejo da mãe. Apesar de Pedro demonstrar coragem e inteligência, além de ter uma boa dose de sorte, ele é trazido de volta a uma posição de dependência em relação ao adulto. E Babar torna-se, ele mesmo, um adulto.

SONHOS (DES)EMPODERADORES

As histórias que relatam sonhos foram objeto de diversos estudos interessantes com diferentes abordagens[6], mas não especificamente do ponto de vista das relações de poder. O clássico livro ilustrado dinamarquês *Palle alene i Verden* (Paulo Sozinho no Mundo, 1942), de Jens Sigsgaard e Arne Ungermann, mostra como as normas adultas são rapidamente reestabelecidas depois que a criança experimentou o poder ilimitado em um sonho. A história começa com um menino acordando em seu quarto. Nada no texto ou nas ilustrações sugere algo além dos eventos que de fato acontecem: um cenário realista, uma personagem humana e nenhum detalhe verbal ou visual que represente o extraordinário. Não há códigos gráficos que insinuem que o menino ainda está dormindo e sonhando. Mas, no final das contas, Paulo está sozinho no mundo inteiro e pode fazer o que quiser – uma situação de empoderamento completo da criança, usada para objetivos explicitamente didáticos. Paulo descobre que consegue dirigir um bonde e um caminhão de bombeiros, pilotar um avião, comer todo o doce que quiser em uma loja, pegar todo o dinheiro que quiser no banco e fazer o que bem entender com ele: "Ele pode comprar uma faca e uma gaita e um guindaste e uma pequena bicicleta e uma espada e um carrinho de mão e um carro e um avião e tudo o que existe no mundo". A imagem replica e amplia a realização dos desejos.

Na última página dupla, as palavras nos informam, enfatizando o impacto por meio de letras maiúsculas, que as aventuras de Paulo foram um sonho. A história coloca diversas questões éticas: é moralmente correto pegar dinheiro de um banco ou doces de uma loja apesar de se estar sozinho no mundo? Quando o protagonista acorda de seu sonho, está livre das responsabilidades por seus atos, e a subversividade do carnaval é amenizada. Em termos de poder, a criança onipotente da narrativa onírica é brutalmente trazida de volta à realidade, em que é impotente. Paulo descobre por meio de seu sonho que é incompetente para cuidar das coisas sozinho. A última imagem o mostra chorando desesperado em sua cama. Em uma edição revista de 1954, a imagem final foi substituída por uma em que Paulo brinca alegremente em um parque com algumas crianças, o mesmo parque em que ele se vê sozinho no sonho. As duas imagens levam a história para direções opostas. A primeira expressa a frustração das expectativas não atendidas; a segunda retrata o alívio de que o pesadelo acabou. Essa segunda edição, que se tornou a padrão, ensina uma lição mais adulto-normativa do que a original.

Outra história, *Hey, Get Off Our Train!* (Ei, Saia do Nosso Trem!, 1989), de John Burningham, oferece uma maneira muito mais sutil de questionar a autoridade adulta e apresentar a criança empoderada. Em *Palle alene i Verden*, os adultos são apresentados apenas de maneira indireta, como uma voz didática. Já a primeira página do livro de Burningham mostra a mãe do menino apontando para ele de maneira extremamente autoritária e dizendo: "Você não está mais brincando com aquele trem, está? Vá para a cama agora mesmo. Você sabe que precisa acordar cedo amanhã para ir para a escola". Não há nada que indique que o menino foi mandado para cama sem jantar, como Max, em *Onde Vivem os Monstros*, mas a mãe é apresentada como severa e insensível. O cachorro de pano, que logo irá acompanhar o menino em sua viagem de trem imaginária, está pendurado nas mãos da mãe, provavelmente indicando que ela não aprova a ligação do filho com esse típico objeto de transição. Ela continua: "Aqui está o seu cachorrinho de pano. Eu achei debaixo de uma almofada na sala de estar." A mãe não está feliz com o fato de o filho invadir o território dos adultos e o manda dormir. Não há nenhum sinal de afeto entre mãe e filho.

As palavras, assim como as imagens, sugerem que o menino de fato empreende uma jornada, acompanhado por seu cachorro e recolhendo um animal atrás do outro: um elefante, uma foca, um grou, um tigre e um urso-polar. No entanto, ao contrário do livro anterior, a imagem incita uma interpretação onírica, porque a situação apresentada – um menino dirigindo uma locomotiva e diversos animais inteligentes falando – está além do escopo da experiência cotidiana. Se aceitamos que Paulo dirige o bonde e o caminhão de bombeiros, é exatamente porque suas ações mostram sua falta de habilidade natural. O trem de brinquedo representado na primeira página do livro de Burningham sinaliza de imediato a natureza da aventura que está por vir. Existem diversas outras maneiras pelas quais as palavras e as imagens marcam a passagem da realidade para o sonho ao longo de diversas páginas duplas. Quando a mãe entrega o cachorro para o menino, as palavras chamam nossa atenção para esse detalhe que, do contrário, passaria desapercebido. Duas páginas duplas à frente, o cachorro de pano ganhou vida e é retratado do mesmo tamanho que o menino. A perspectiva da página dupla logo a seguir se aproxima do trem de brinquedo, mas ainda mostra o menino em sua cama ao fundo. A minúscula imagem do menino é visível na locomotiva, mas não fica claro, uma vez que ele está, ao mesmo tempo, dormindo em sua cama. A paisagem enevoada, imaginativa e simbolicamente carregada, da página dupla sem palavras durante a jornada enfatiza a natureza onírica dos acontecimentos. Ao contrário de *Palle alene i Verden*, não existem acontecimentos dramáticos que levem ao despertar repentino, a narrativa é silenciosa e poética. Com exceção do padrão repetitivo, a trama é vaga e não tem estrutura ou resolução.

O texto verbal consiste exclusivamente de diálogos; dessa maneira não existe nenhuma ação narrativa explícita que manipula o leitor a adotar determinada interpretação. Tal ação narrativa nos informa que Paulo estava sonhando. A última ilustração em *Hey, Get Off Our Train!*, que mostra o menino acordado em sua cama e sua mãe chamando-o na porta, amplia a interpretação objetiva. O trem de brinquedo está novamente ao fundo, confirmando o retorno são e salvo do sonho para a realidade. Sem o texto verbal, não haveria dúvida de que a história fora um sonho do menino. No entanto, de repente a mãe pergunta ao menino se ele tem algo a ver com "um elefante na sala, uma foca na banheira, um grou na lavanderia, um tigre nas escadas e um urso-polar perto da geladeira". O poder da mãe sobre o menino e sua insatisfação com suas brincadeiras infantis são seriamente subvertidos pelos produtos de sua imaginação que se tornaram realidade.

PODER E AMBIGUIDADE

Os exemplos que já discutimos refletem com clareza a visão sobre a criança e a infância que prevalecem em seus respectivos tempos e culturas, assim como as praticadas por seus respectivos autores. Todos eles confirmam o poder adulto, apesar de alguns serem levemente subversivos. Nas seções a seguir, analisarei alguns textos escandinavos para demonstrar como a normatividade adulta pode ser exemplificada por meio de palavras e imagens.

"O que faremos com a pequena Jill?", perguntam os pais da garotinha na primeira página dupla do livro de Fam Ekman com o mesmo título (1976). "Jill passa o dia inteiro sentada em uma cadeira", o texto nos informa. A cadeira é gigante e ocupa todo o espaço do verso da página, a menina está desaparecendo no canto, de costas para o observador, em uma pose que sugere medo e insegurança. Um único bloco de montar e um sapato no carpete podem simbolizar a escassez na vida da menina; mas também podem ser interpretados com suas tentativas falhas de adentrar o espaço adulto. A cadeira é um móvel projetado para adultos; o bloco e o sapato, partes do espaço da criança, intrometeram-se por algum tempo no domínio adulto. As figuras dos pais, de pé, hesitantes, perto da porta, são minúsculas se comparadas com a cadeira. Eles estão desproporcionalmente longe da criança, distanciados e insignificantes, apesar de sua preocupação.

Os pais decidem dar algo à menina para distraí-la e penduram um quadro na parede. Na página dupla, Jill não aparece; é óbvio que ela não participa da decisão ou da ação; o quadro não é algo que ela deseje. No verso da página a seguir, os pais conversam entre si; na frente, estão ocupados pendurando o quadro. Não demonstram nenhum interesse pela filha, e não lhes passa pela cabeça dar a ela amor e carinho no lugar de um quadro.

O quadro mostra uma menina sozinha sentada em um banco debaixo de uma árvore. A imagem não sugere diretamente que a menina seja um reflexo de Jill – apesar de a forma oval do quadro lembrar a de um espelho –, mas sugere um reflexo do estado mental da menina, sua solidão corresponde à ausência dos pais na imagem. Jill está de pé, de costas para o observador, então não conseguimos ver seu rosto nem adivinhar se está feliz, satisfeita, confusa ou triste. Seus braços estão pendurados passivamente ao lado do corpo. Na página seguinte, no entanto, ela coloca as mãos nas costas, em uma postura mais determinada, e está batendo o pé com impaciência (por acaso, uma lembrança da postura de Max, em *Onde Vivem os Monstros*). O texto verbal expressa que Jill está pensando no que pode fazer com o quadro. Irritada, ela afirma que a menina pintada não consegue nem falar. De maneira previsível, a menina responde que pode sim, e na sequência Jill pergunta o que pode fazer por ela.

Aqui, Jill verbaliza sua própria falta de atenção e conforto, transferindo-os para sua imagem refletida (me abstenho de fazer associações lacanianas). Assim como em muitos outros livros, a solução está em um bicho de estimação; mas a menina pintada não quer um gato ou um cachorro, quer um cavalo – um animal muito mais poderoso e talvez masculino, frequentemente um atributo heroico.

As páginas duplas a seguir mostram Jill procurando um cavalo. Ela é representada em um tamanho pequeno em comparação com a imagem da cidade, e parece perdida. O cenário pode ser sua fuga mental, apesar de não haver nada para sustentar essa interpretação. Quando a noite chega, Jill se refugia em um museu. A maioria das análises sobre esse livro focam nesta parte, que mostra obras de arte famosas em um típico jogo pós-moderno com conexões intertextuais, ou melhor, intervisuais, interpictóricas. Para a minha análise, o fato de Jill ainda estar sozinha é mais importante; ela experimenta uma nova identidade, mudando a sua própria, o que é simbolizado por suas roupas, que, de maneira mais objetiva, a fazem sentir muito frio. Ela entra com facilidade em diversos quadros e é convidada para tomar uma xícara de café, pega um cobertor emprestado de uma senhora e é orientada a seguir até o final do corredor para encontrar um cavalo. As molduras dos quadros se dissolvem quando ela entra neles: os limites entre o mundo de Jill e os mundos pintados são fluídos. Finalmente, ela encontra uma estátua de cavalo e a leva para casa, para entregar para sua amiga pintada. Agora o cavalo esculpido do museu entra no quadro que está no seu quarto. Jill ainda está enrolada no cobertor que pegou com a senhora pintada no museu. Todas as molduras estão quebradas, apesar de não haver indícios de que a história tenha acontecido na imaginação de Jill. Em sua realidade, Jill ainda está abandonada. Ao ser convidada pela menina pintada para se juntar a ela, não hesita, e as duas meninas saem cavalgando felizes em direção à paisagem além da pintura.

A última página dupla replica a primeira, com a diferença de que Jill não está na cadeira e o pai responde: "Fizemos o que podíamos" à pergunta "O que faremos com a pequena Jill?" Existem muitas possibilidades de interpretação do final. Uma criança que literalmente se torna invisível por causa da negligência dos pais é um tema recorrente na literatura infantil escandinava. Mas permanece a questão de se os pais dominaram a criança por completo ou se ela foi empoderada por sua imaginação e escapou da opressão dos adultos. Ao contrário de Max, Jill não volta para a indiferença dos pais, mas mergulha em seu mundo interior e é assim derrotada. Em uma visão mais otimista, ela, mais uma vez de modo diferente de Max, criou um refúgio permanente na natureza.

A fuga, no entanto, não é a melhor maneira de lidar com os problemas, e poucos criadores de livros ilustrados se aventuraram a finais tão ambivalentes. Uma estratégia mais esperançosa é apresentada em *Bak Mumme bor Moni* (Por Trás de Mami Vive Moni, 2000), de Gro Dahle e Svein Nyhus. O livro relata os horrores de um bom menino assombrado por um monstro que monta um enorme cavalo preto de dezesseis patas, solta fumaça e pode se transformar em um gigante em dez segundos. As imagens repetem adequadamente o que as palavras expressam, mas ao vestir o monstro com as mesmas calças verdes xadrez que o menino, sugerem que a criatura é parte da imaginação do menino. O livro se torna uma comovente história de autoconhecimento, na qual as imagens assumem o controle quando as palavras já não são suficientes. O texto diz: "Em sua cabeça, Mumme tem um longo corredor", enquanto a imagem expande a simples frase em uma paisagem mental terrível, na qual as duras e infinitas fileiras de portas contrastam com os contornos arredondados do rosto da criança.

Nenhum adulto é mencionado nas palavras ou retratado nas imagens. A criança não tem contato com ninguém do mundo exterior, e, no lugar disso, canaliza suas emoções para dentro. Em vez de encontrar um gêmeo que o ajude, Mumme descobre um monstro. Ele consegue domar o cavalo intimidador e se transforma em um macaco. O macaco não se transforma em um companheiro inofensivo e amigável; pelo contrário, ameaça voltar. Mas o menino superou seus medos e agressões; ele domará o cavalo de novo se for necessário, e o terrível Moni encolherá ainda mais, até se tornar um amigo. Então, diz o texto, acompanhado por uma imagem tranquila, que Mumme será o Mumme Duplo. Incorporar o mostro a si mesmo em vez de projetá-lo para fora é uma grande vitória; mas o final é ambivalente, tanto nas palavras quanto nas imagens. Mumme vai cavalgar até a Lua, enquanto Moni fica para trás, acenando e gritando "Boa sorte!" A criança ainda está tentando fugir de sua parte má?

Apesar de Mumme não ter sua ação negada, ele é objetificado pelo autor adulto implícito e não por uma personagem adulta, como é o caso em *A História de Pedro Coelho* e alguns outros livros mencionados anteriormente. Tanto Jill quanto Mumme não são criados como sujeitos, e os autores adultos exercitam seu poder contra os protagonistas assim como contra os leitores. A maneira mais fácil de tratar essa conclusão, mas nem de longe a mais justificada, é defender que esses livros não foram criados para crianças. Na verdade, podem ser *para* crianças, mas foram escritos a partir de premissas dos adultos, e não das crianças.

Um exemplo genuinamente perturbador de negligência adulta é o *Ispigen* (A Menina do Gelo, 2001), de Bent Haller e Dorte Karrebæk. As palavras descrevem duas meninas obedientes que recebem a aprovação dos adultos, enquanto as imagens as mostram ironicamente de quatro, sendo levadas em uma coleira, implorando como um cão, e agachadas cobertas com uma pele de sapo. As palavras e as imagens não se contradizem de modo direto, ambas expressam total obediência, mas sua interação cria uma discrepância entre a voz e a visão. A figura do título, literalmente transformada em gelo pela negligência fria das duas amigas, aparece no espaço visual muito antes de ser mencionada nas palavras. Primeiro ela é isolada das duas outras meninas por uma moldura e colocada na página oposta; depois, ela está acordada na cama, com a expressão facial distorcida pelo medo, em oposição às duas outras meninas, que estão com as mãos piedosamente unidas em prece sobre o cobertor; e suas mãos passivas diante de um caderno em branco, enquanto as outras duas preencheram os delas com texto escrito. As ações das abusadoras são ilustradas no nível simbólico por um par de tesouras aproximando-se perigosamente da menina solitária, que parece inerte diante da negligência animada da tesoura. A transformação de um ser humano em uma figura de gelo e no fim em uma poça estende-se por diversas páginas duplas, e é acompanhada pela afirmação verbal objetiva de que a garota estava com frio. Assim o conflito da história é introduzido pela linguagem visual e evolui principalmente por meio das imagens, enquanto o texto é bem menos dramático. Nenhum adulto interfere contra o *bullying*, e as abusadoras demonstram a reprodução do poder: ao serem elas mesmas maltratadas (apesar de o texto tentar mostrar o oposto), se tornam opressoras. Sem a proteção adulta, a protagonista só tem como saída perecer.

O TRIUNFO DE UMA CRIANÇA

Em *Gittan och Gråvargarna* (Pati e os Lobos, 2001), de Pija Lindenbaum, uma paráfrase de *Chapeuzinho Vermelho*, a menina tímida e amedrontada se perde durante um passeio com seu grupo da creche. Talvez, como a imagem sugere, ela não esteja perdida, mas decidiu se afastar das crianças barulhentas e agitadas. Seu encontro com os lobos em uma floresta escura e o fato de domá-los lembra Max, com exceção de que os monstros representam medos e não agressões. Sua única recompensa, no entanto, é a autoconfiança, enfatizada pela última imagem do livro, na qual ela está dançando sobre o telhado de uma casa de bonecas da qual tinha medo de pular no começo do livro. Trata-se de uma grande conquista para uma criança e um grande passo em direção a uma maior autoestima, mas entrar em uma floresta escura (especialmente se imaginária) e escalar casas de boneca não estão em um lugar muito alto da escala de valores dos adultos.

Um exemplo parecido é *Lille Frøken Buks og de Små Sejre* (A Pequena Senhorita Calças e as Pequenas Vitórias, 2004), de Dorte Karrebæk. Assim como várias personagens de Karrebæk, Pequena Senhorita Calças é uma menina solitária. Talvez nem seja uma criança, já que parece viver sozinha, mas essa solidão pode ser a percepção subjetiva da criança. A protagonista tem medo do céu (porque ele pode cair), do escuro, de cachorros grandes, de pássaros, cobras, abelhas, mosquitos, carros na rua e do mar aberto. As palavras afirmam tudo isso de maneira tranquila, enquanto as ilustrações ampliam a sensação de medo ao mostrar a imagem minúscula da Pequena Senhorita Calças aos pés de uma página vertical e mais comprida do que normalmente são os livros, ou ao apresentar terríveis animais tão grandes que quebram a moldura do espaço visual. A narrativa retrata a Pequena Senhoria Calças derrotando seus medos da única maneira possível: encarando-os e desfiando-os. Ela ainda é mostrada como uma figura minúscula em um espaço gigante, mas sua postura a mostra mais ativa e confiante, liderando em vez de sendo liderada. O terrível e enorme cachorro vira um amigo e no fim admite que ele também, às vezes, tem medo. Na penúltima página, dois cachorros caminham com as caudas entre as pernas, parecem infelizes e envergonhados, enquanto a Pequena Senhorita Calças ri alegremente. A criança se mostrou mais poderosa do que os adultos se as duas outras personagens forem adultos, ou capaz de enfrentar seus medos se eles são produto de sua imaginação.

O empoderamento da criança está presente sem questionar as normas adultas, apenas como uma conquista individual. A criança supera problemas inerentes à infância, como agressões em excesso ou medos injustificados, sendo assim socializada até uma condição aceitável no mundo adulto. No nível psicológico pessoal, o desenvolvimento é louvável, mas do ponto de vista da normatividade adulta, o texto confirma a imperfeição inicial da criança e seu consequente aperfeiçoamento. Essa sutil mensagem implícita equilibra a subversão dos livros, pois o autor adulto ainda é superior à criança, tanto à personagem quanto ao leitor. Ao tornar os adultos invisíveis no mundo ficcional, os autores ocultam sua própria posição de poder. A criança é objetificada, pois o autor a observa de maneira complacente, de cima.

Poucos autores questionam suas próprias normas, mas ocasionalmente aparece uma ideia moderna de uma criança competente. Em *När Åkes Mamma Glömde Bort* (Quando a Mãe de Ake Esquece Algo, 2005), de Pija Lindenbaum, o texto afirma que a mãe do menino é "totalmente maluca pela manhã," e ela mesma diz: "Eu fico doida." O texto verbal é iterativo, ou seja, as manhãs malucas são acontecimentos recorrentes, apesar de serem descritas apenas uma vez. A imagem dinâmica que reflete a mãe literalmente se despedaçando mostra o menino usando uma máscara de dragão e brincando com dragões de brinquedo à mesa do café da manhã. O texto explica que o menino coloca a máscara para ficar longe dos gritos da mãe: "Lá dentro é um pouco silencioso." A estratégia de sobrevivência da criança é, como em outros livros, escapar para um mundo próprio.

Na próxima página dupla, a mãe se transformou em "uma espécie de dragão" rosa, que combina com a cor da camisola da mãe na primeira dupla, e com um chumaço de cabelo preso por um elástico. Trata-se de um dragão diferente do dragão da máscara protetora, mais simpático e menos agressivo, mas a imagem é evocada pela máscara e pelos brinquedos. A expressão "ficar doida" se expande visualmente para toda a trama. De maneira curiosa, o menino não fica nem um pouco surpreso com a metamorfose da mãe, o que corrobora a interpretação de que as imagens são uma transposição, por um lado do estado da mãe (que obviamente está sofrendo de uma depressão relacionada ao estresse extremo), e por outro lado da percepção do menino. As outras pessoas não acham o dragão extraordinário: a bilheteira do terrário apenas informa ao menino que animais não pagam para entrar; as crianças do parquinho reclamam quando o dragão solta fumaça, e quando ela começa a soltar fogo, chamam o caminhão dos bombeiros. A avó conforta o menino prometendo que a mãe irá voltar a sua forma usual em alguns dias. As ilustrações brincam de maneira inteligente com os limites fluidos entre ser humano e animal: o dragão anda sobre as duas patas e carrega uma bolsa, ao mesmo tempo que come insetos, ataca cachorros e dorme enrolado no chão. Em um episódio central, ela tira a roupa, assim como Pedro Coelho, perdendo mais um de seus atributos humanos.

A criança é empoderada ao agir como um responsável para a própria mãe. Ele cuida do próprio café da manhã quando a mãe esquece como cozinhar; ele liga para o escritório da mãe para dizer que ela não poderá trabalhar e a leva ao hospital, para verificar se existe algum remédio contra dragões. Ele também a salva quando não consegue parar de soltar fogo, dando a ela um balde de água em um posto de gasolina.

Na manhã seguinte, a mãe volta a ser a mesma de antes. O carnaval maluco terminou, e a criança retorna à dependência. Mas a imagem mostra uma mãe diferente da mãe estressada na primeira dupla. A mesa está limpa, duas fatias de pão pulam da torradeira; a mãe está tomando café da manhã, sorrindo calmamente. O menino a ouve dizer ao telefone que vai tirar o dia de folga e passear com o filho. Esse final idílico ilustra a reconciliação, pelo menos temporária, uma vez que essa narrativa é singulativa, e não iterativa. Como a história é contada apenas do ponto de vista do menino, não sabemos nada a respeito da experiência da mãe durante esse dia maluco, apesar de ela obviamente ter se livrado do pior estresse. O intervalo absurdo aproxima mãe e filho, o que significa que o empoderamento da criança teve um efeito positivo.

Por fim, apresento um exemplo no qual a normatividade adulta não é apenas questionada, mas totalmente desintegrada. Em *Pigen der Var go' Til Mange Ting* (A Garota Que Era Boa em Muitas Coisas, 1996), de Dorte Karrebæk, o mundo dos adultos é genuinamente repulsivo, e os adultos são retratados como irresponsáveis e pouco confiáveis. O jogo inventivo com as molduras cria uma engenhosa sensação de confinamento e pobreza.

O espaço visual fechado da primeira página dupla, com bordas brancas, sugere um cativeiro, o que é enfatizado pela linguagem corporal da personagem, passiva e abatida. Nas páginas duplas seguintes, ela escapa pela moldura restritiva para um espaço próprio, ocupando a borda na qual pode realizar as ações necessárias para cuidar de si mesma. No entanto, o desenvolvimento dentro da moldura, retratando as brigas dos pais bêbados, interfere em seu santuário visual, como sons ensurdecedores, visualizados como linhas tremidas coloridas, como penas dos travesseiros quando os pais brigam e, por fim, como uma garrafa vazia caindo pela moldura dentro da noite silenciosa e estrelada da menina.

Ao ter sua infância roubada e precisar agir como a responsável por seus próprios pais, a menina sem nome não vê outra saída para a situação a não ser crescer. Ela literalmente caminha para fora da moldura e da margem, e a última página dupla a mostra caminhando para fora do livro (a imagem na verdade mostra a parte inferior de seu corpo no canto superior direito). A moldura restritiva desapareceu, e o espaço branco negativo sugere abertura e liberdade. Ao contrário de outras personagens da literatura infantil, que só crescem quando são integradas à ordem adulta, a menina sai do mundo adulto, que se tornou muito restritivo, e vai em busca de seu próprio caminho. A história não nos conta se ela é bem-sucedida ou não, como muitas de suas irmãs literárias; mas teoricamente devemos acreditar em seu potencial.

Existe, no entanto, um aspecto do livro que acrescenta uma incerteza à narrativa. A capa e a contracapa criam um conflito distinto. Enquanto a primeira espelha o final otimista, a segunda mostra a personagem petrificada como uma boneca, da mesma maneira como é retratada no começo da narrativa. As palavras na contracapa, que podem facilmente passar por um texto comercial da editora, dizem: "Nunca é cedo demais para encontrar um bom lugar para ficar, onde se pode colher flores." Esse é o *sens morale* da história, mas podemos confiar nisso quando a imagem nos indica a situação inicial? Ou a sombria contracapa nos encoraja a virar o livro e começar a lê-lo de novo? Ou, contra todo o espírito otimista geral do livro, a libertação é apenas uma fuga imaginada? Se for isso, mesmo esse livro genuinamente subversivo é levado a reconhecer a supremacia adulta.

12 A Outrização do Leitor: A Falácia da Identificação

No ensino de literatura para o público jovem, é comum encorajá-los a se "identificar" com uma das personagens, em geral com o protagonista. Uma professora pode expressar esse estímulo perguntando: "Quem você gostaria de ser na história?" Os estudantes da literatura infantil acolhem calorosamente os textos que oferecem objetos de identificação. Esse intrigante fenômeno pode ser chamado de falácia da identificação, em analogia à famosa falácia intencional do New Criticism[1]. Talvez mais do que qualquer outra orientação crítica, a falácia da identificação revela uma inconsistência espantosa entre a pesquisa sobre literatura infantil e juvenil e a educação literária. A convicção de que os jovens leitores devem adotar a posição de sujeito de uma personagem literária é, no entanto, infundada e impede o desenvolvimento de uma leitura madura.

Estudos acadêmicos contemporâneos, em especial aqueles que tendem à narratologia e à teoria da recepção, enfatizam a importância da habilidade do leitor em se libertar da subjetividade do protagonista para poder avaliá-lo de maneira adequada[2]. Essa habilidade é uma parte essencial da competência leitora, que aprimora as apreciações ideológica e estética do texto. Curiosamente, raras vezes se discute a compulsão pela identificação (quando se discute) em estudos literários. Como poderíamos ler Dostoiévski se tivéssemos de nos identificar com Raskólnikov? Como poderíamos analisar Shakespeare se tivéssemos que de identificar com Macbeth? Como poderíamos desfrutar da ironia narrativa de Kafka se tivéssemos de nos identificar com Gregor Samsa? Bertolt Brecht questionou com força a compulsão pela identificação em sua teoria do estranhamento. Por que então os professores e até mesmo os críticos insistem que os jovens leitores precisam encontrar um objeto de identificação no texto? Por que as resenhas de livros infantis incluem com tanta frequência comentários como "Este livro é muito bom porque é fácil se identificar com a personagem principal"? Não existe uma pesquisa empírica sobre como e em que idade a falácia da identificação é superada, mas os jovens leitores precisam resistir bastante à pressão dos adultos para serem capazes de sair da posição de objeto para a de sujeito, de uma compreensão passiva da subjetividade fixa da personagem literária para uma compreensão independente e flexível.

Da mesma maneira, os escritores de obras infantis precisam desenvolver estratégias complexas para enganar críticos, professores e bibliotecários adultos, e, sem que percebam, subverter a compulsão pela identificação. Além disso, os textos literários certamente ensinam os jovens leitores a sentir *empatia* pelos outros. Mas apesar de serem capazes de sentir empatia, os leitores devem se separar das personagens literárias, assim como na vida real precisam aprender a abandonar o solipsismo e começar a interagir com outros indivíduos. Portanto é essencial compreender como a subjetividade é construída nos textos literários e como os escritores de obras infantis podem tanto promover como prejudicar que o leitor se livre da compulsão pela identificação.

A oposição entre a abordagem literária e a pedagógica se reflete nos termos que usamos. A pedagogia fala do *objeto* de identificação, um papel passivo, que acompanha o que texto oferece. Os estudos literários enfatizam o *sujeito*, o leitor como um participante ativo que interage com o texto, mas se mantém independente da ideologia por ele imposta. A diferença pode, ainda, ser descrita nos termos de Mikhail Bakhtin, como uma construção monológica da subjetividade versus uma construção dialógica[3]. Muitas vezes aderimos à ideia de ensinar as crianças a serem leitores críticos, mas enquanto forem encorajadas a se tornar objeto junto com as personagens literárias, dificilmente podemos esperar que aprendam a ser críticas em relação àquilo com que são alimentadas.

Em capítulos anteriores, mostrei como as estratégias de estranhamento afetam as posições do sujeito. Mas a subjetividade oferecida por um texto literário raras vezes é fixa e presa a uma personagem ou mesmo várias entre as que se pode escolher. Ao contrário, a subjetividade está amarrada ao narratário e especialmente ao leitor implícito, e essas ações manipulam os leitores reais em suas intepretações do texto. A palavra "manipular" não é usada no sentido pejorativo: pode tanto ter a ver com assistência quanto com interferência, e, indo além, tanto a assistência quanto a interferência podem ser mais ou menos desejáveis de acordo com o ponto de vista. De todo modo, a posição de sujeito do texto é manipulada contra a construção textual do leitor implícito.

Um dos textos favoritos para o argumento da identificação é *O Leão, a Feiticeira e o Guarda-Roupa*. Se você for mais velho, corajoso e responsável, escolha Pedro. Se você é cuidadoso e ponderado, escolha Susana. Se você é ingênuo, alegre e leal, Lúcia é a sua personagem. Se você for desagradável, malvado e gostar de doces, clique em Edmundo... Esse procedimento de fato lembra a escolha de uma personagem em um jogo de computador.

Em contextos pedagógicos, dizem que as personagens múltiplas são desejáveis na literatura infantil, uma vez que elas – para citar um exemplo genérico – "oferecem objetos de identificação para leitores de diferentes idades e de ambos os gêneros". Traduzido para uma terminologia mais avançada, o texto permite diversas posições de sujeito, cada uma firmemente ligada a uma das personagens. Uma análise mais profunda das personagens coletivas na literatura infantil demonstra que muitas vezes são usadas como ferramentas pedagógicas. Em vez de retratar uma personagem complexa, o autor divide as características da personalidade entre diversos atores, chegando ao corajoso Peter, à sensível Susana, ao traiçoeiro Edmundo e à honesta Lúcia no lugar de uma única personagem que possui muitas, e às vezes contraditórias, características. Enquanto as personagens coletivas podem ser vistas como parte da poética convencional da literatura infantil, isso apresenta uma dificuldade porque a posição de sujeito do texto está firmemente ligada a uma das personagens. Alguns leitores reais podem, por alguma razão, escolher se identificar com a personagem "errada", Edmundo, porque reconhecem nele algumas características que eles mesmo têm. Tal escolha não é mais avançada, pois pressupõe uma subjetividade fixa. Um leitor maduro irá criar uma posição de sujeito desvinculada das personagens.

O conceito pós-moderno de intersubjetividade dá mais liberdade aos leitores, uma vez que torna a posição de sujeito deliberadamente fluida, o que, por sua vez, resulta em um texto mais desafiador. No exemplo concreto das quatro crianças em *O Leão, a Feiticeira e o Guarda-Roupa*, ao invés de se identificar com uma das personagens, compartilhando de seu ponto de vista literal e transferido, espera-se que os leitores maduros escolham uma subjetividade em algum lugar entre elas, o que permitirá que analisem todas as quatro personagens a partir de premissas iguais, ao mesmo tempo que evitará a armadilha da posição de sujeito do narrador. Pois aqui está outro problema do foco narrativo: o texto pode oferecer uma subjetividade do narrador tão intensa que os leitores ficam completamente presos a ela. O narrador invasivo demais julga o comportamento das personagens, dá desculpas para a deslealdade de Edmundo, diz comentários genéricos e faz de tudo para colocar o leitor em uma posição superior às personagens. Mas como é óbvio que o narrador é um adulto, dificilmente os jovens leitores adotam a sua perspectiva.

O TERROR E A IDEALIZAÇÃO

O caso mais elementar de literatura infantil que destrói ao invés de apoiar a identificação é o conto de advertência, como o *Struwwelpeter* (João Felpudo, 1845), de Heinrich Hoffmann. Que criança em sã consciência iria se identificar com o Chupa-Dedos ou com o Gaspar Sem Sopa? Hoffmann foi duramente criticado por suas histórias brutais, enquanto outros estudiosos afirmaram de maneira tão incisiva quanto que *João Felpudo* é uma paródia[4]. Segundo esse primeiro ponto de vista, o objetivo do livro é assustar os leitores. Como todas as personagens são punidas pelo mau comportamento, deveriam despertar repugnância e não empatia. Espera-se que os leitores reajam com: "Bem feito!" O livro não oferece nenhum contraponto; as personagens crianças são malvadas por causa de suas ações enquanto os adultos são malvados porque são cruéis com as crianças. O conto de advertência cria uma distância instransponível entre as personagens e os leitores. Se, por outro lado, a obra perene de Hoffmann for entendida como uma resposta irônica aos escritores de obras infantis que são seus contemporâneos, a subjetividade do jovem leitor se torna ainda mais complexa. Afirma-se, muitas vezes com base em poucas pesquisas empíricas, que as crianças mais novas não gostam de ironia, a ferramenta retórica na qual as afirmações significam o contrário de seu valor nominal. Se isso for verdade, os jovens leitores nunca serão capazes de compreender a ironia de Hoffmann. E se de alguma forma conseguirem, precisariam mais do que nunca se afastar da história e evitar a identificação. No final das contas, esse livro ao mesmo tempo popular e desprezado desafia a identificação de maneira eficiente. Talvez seja esse o segredo de sua eterna fascinação.

O oposto das histórias de crime e castigo de Hoffmann são as crianças idealizadas que muitas vezes aparecem na ficção infantil do século XIX, crianças que não apenas se tornam melhores, mas de preferência também aperfeiçoam os adultos ao seu redor, como os protagonistas beatos de *Jessica's First Prayer* (A Primeira Oração de Jéssica, 1867), *What Katy Did* (O Que Katy Fez, 1872), *Sans Famille* (Sem Família, 1878), *Heidi* (Heidi, 1880), *Little Lord Faunteroy* (O Pequeno Lorde, 1886) ou *At the Back of the North Wind* (Por Trás do Vento Norte, 1871). Heidi, a protagonista de um livro escolar exemplo da idolatria infantil, é tão perfeita, doce, boazinha e obediente que um leitor sensível na verdade ficaria enojado se fosse forçado a se identificar com ela. A fim de apreciar essa criança angelical, espera-se que os leitores mudem sua subjetividade para que percebam a idealização como uma ferramenta deliberada de caracterização. O romance tem sido interpretado como a história de um avô e não a de uma criança[5]. Tal interpretação é sintomática. Incapaz de se identificar com uma menina de cinco anos, a crítica começa a procurar por outro objeto de identificação e, ao encontrá-lo, constrói seu argumento contra toda a razão.

Existe, no entanto, outra tradição de crianças superiores, um arquétipo amplamente empregado na literatura infantil europeia, mas menos conhecido no mundo anglo-saxão, "a criança estranha". O conceito em si remonta ao título do livro de E.T.A. Hoffmann, *Das Fremde Kind* (A Criança Estranha, 1818). A ideia da criança estranha, que não pertence ao lugar, desconhecida ou até mesmo perturbadora, dependendo de como se escolhe traduzir a palavra alemã "fremde", implica em uma figura que aparece de repente não se sabe de onde, tem qualidades sobrenaturais, afeta a vida de outras pessoas e com frequência desaparece sem explicações. Alguns exemplos de tais personagens estão em *Le Petit Prince* (O Pequeno Príncipe, 1943), de Antoine de Saint-Exupéry; *Tistou Les Poces Verts* (O Menino do Dedo Verde, 1958), de Maurice Druon; *Momo* (Momo e o Senhor do Tempo, 1973), de Michael Ende; e *Konrad* (Konrad, 1975), de Christine Nöstlinger. O Pequeno Príncipe aparece no meio de um deserto, mas não sente fome ou sede; pode ver coisas invisíveis e imaginárias; e veio de um asteroide de maneira misteriosa. Nele, o protagonista e narrador adulto, um piloto perdido no deserto, encontra sua própria criança interior. O Menino do Dedo Verde é, como o epíteto sugere, extremamente habilidoso com plantas e flores; ele pode fazer flores crescerem como por milagre sobre tanques e canhões da noite para o dia, livrando todos de uma guerra inevitável. No final do livro, o menino desaparece, e afirma-se de maneira explícita e didática na última frase: "Tistu era um anjo." Se o leitor conseguisse (com algum esforço) se identificar com o menino perfeito, quem poderia se identificar com um anjo? O Konrad de Christine Nöstlinger nasce de uma lata, encomendado por engano por uma mulher boêmia. Trata-se de um predecessor da personagem do filme *A.I.*, um robô criança pré-fabricado e perfeito, programado para ser bem comportado, obediente e sem emoções. Conforme Konrad se torna cada vez mais humano, no sentido de ser mais infantil, questionador e carinhoso, ele também transforma sua mãe adotiva e todo o seu entorno. A ideia de um boneco ou robô que se transforma em humano também pode se referir a *Pinóquio*.

Finalmente, Momo, do romance de Michael Ende, uma figura ainda mais misteriosa do que qualquer uma das apresentadas até aqui. Ela tem um incrível dom de escuta e é mais sensível à ameaça iminente do que qualquer um dos adultos que a cercam. Como de costume, seus amigos mais próximos não são crianças. Os homens cinzentos, os vilões da história, representam alguma autoridade não revelada que se deu conta de que o tempo é o aspecto mais precioso da riqueza, comumente expresso com o ditado "Tempo é dinheiro". Nesse romance, no entanto, os adultos é que se mostram ingênuos, não as crianças. Os homens cinzentos não podem existir sem o tempo que roubam; eles têm a intenção de se apropriar de todo o tempo do mundo e tornar a humanidade impotente e completamente redundante. Até mesmo as crianças às vezes são forçadas a seguir os novos modos.

Momo recupera o tempo roubado e assim demonstra sua superioridade sobre os adultos. De maneira significativa, Momo é a figura fora do espaço e do tempo; como o texto indica logo no começo, quando ela aparece do nada, no subúrbio pobre de uma grande cidade: "era impossível dizer ao certo se tinha apenas oito anos ou já estava com doze"[6]; e ainda sobre a questão da idade dela: "Tanto que eu me lembre, sempre existi."[7] Como é a

Escolhida, ela pode entrar na zona sem tempo, onde o Professor Secundus Minutus Hora distribui o tempo entre todas as pessoas do mundo. Como costuma acontecer nas histórias infantis, uma criança inocente, por virtude de sua inocência, precisa assumir o fardo de salvar o mundo.

A característica comum de todas essas personagens é que elas aperfeiçoam os adultos, o que pode ser interpretado de várias maneiras. Prefiro ver Konrad como uma afirmação da infância; já o Pequeno Príncipe revela mais uma memória nostálgica de algo perdido para sempre e, como tal, uma autoindulgência do autor adulto. O Menino Verde é uma personagem plana que lembra a personagem Diamond de MacDonald, um porta-voz da ideologia adulta; enquanto Momo é e continua sendo enigmática. Seja qual for a interpretação, essas personagens não são construídas de uma maneira que convida à identificação.

O HOLANDÊS VOADOR E OS JUDEUS ERRANTES

O gênero e o cenário também podem alienar o leitor e, assim, encorajá-lo a adotar uma posição de sujeito independente, como já discutido de alguma forma nos capítulos anteriores. Os contos de fada estão completamente distantes de nós no tempo e no espaço, o que é apoiado pelas fórmulas iniciais, como "era uma vez", "há muitos e muitos anos...". Os heróis dos contos de fada são, por definição, superiores a seus ouvintes, e ninguém poderia se identificar de verdade com João de "Jack the Giant Killer" (João, o Matador de Gigantes)[8]. A alienação é menor na fantasia, apesar de a fantasia em si, como já foi demonstrado, funcionar como uma estratégia de outrização e assim encorajar os leitores a adotarem uma posição de sujeito independente. Da mesma maneira ninguém pode realmente se identificar com João, os leitores não conseguem adotar por completo a subjetividade de Frodo Bolseiro, por exemplo, não apenas porque ele não é humano, mas acima de tudo porque os leitores não têm a mesma experiência que a personagem no mundo mágico. Espera-se que os leitores sintam compaixão quando Frodo está angustiado; eles podem fazer seus próprios julgamentos, talvez até experimentar a situação neles mesmos, mas a identificação é muito dificultada. Aliás, se compararmos as obras de J.R.R. Tolkien *The Hobbit* (O Hobbit, 1937) e *The Lord of the Rings* (O Senhor dos Anéis, 1954) em termos de identificação e subjetividade, a primeira, direcionada aos jovens leitores, tem apenas uma personagem principal e dessa maneira encoraja a identificação. A segunda volta-se para os públicos adolescente e adulto, e oferece uma variedade de personagens que se separam e têm suas próprias tramas. Ao que tudo indica, Tolkien caiu na armadilha da identificação quando escrevia para crianças, mas não para adultos.

Em alguns poucos romances de fantasia, a posição de sujeito do texto exige que a identificação seja prontamente abandonada. Em *Tuck Erverlasting* (Eternos Tuck, 1975), de Nathalie Babbitt, o sonho da imortalidade, um tema recorrente na literatura infantil, se transforma em um pesadelo. Enquanto os Tuck podem discutir entre si se sua situação é uma bênção ou uma maldição, o narrador é bastante explícito sobre a tragédia dos destinos das personagens. Os membros da família demonstram diversas atitudes diante de sua situação. Assim, o romance foca claramente no sofrimento humano ligado à maldição da vida eterna. Ressalta a alienação dos amaldiçoados: os Tuck não podem fazer amigos ou se envolver de maneira nenhuma com o mundo exterior. Por trás da narrativa, um leitor maduro irá reconhecer o motivo universal do judeu errante. Os Tuck, no entanto, não são punidos por nenhuma atitude errada ou vício, e não têm nenhuma escolha. Isso pode ser um pensamento perturbador, uma vez que estão pagando um preço terrível por um mero acidente. Mas a angústia da maldição é retirada da criança protagonista, talvez para proteger o leitor que adotaria a subjetividade de Winnie e não de outro membro da família. Essa posição é subvertida pelo epílogo do romance que retrata os Tuck visitando o túmulo de Winnie. A identificação é seriamente prejudicada, apesar de o texto seguir as convenções da literatura infantil, permitindo que a criança supere o mal apenas com a virtude de sua inocência.

Em comparação, em *The Homeward Bounders* (Caçadores de Lares, 1981), de Diana Wynne Jones, o texto abandona práticas anteriores da literatura infantil, fazendo com que o protagonista, e não uma personagem secundária, seja o portador da maldição. O livro declara abertamente sua intertextualidade, criando expectativas no leitor bem-informado: "Você já ouviu falar do Holandês

Voador? Não? Nem do Judeu Errante?"⁹ Jamie, de doze anos, se envolve por acaso em uma guerra misteriosa travada por poderes superiores desconhecidos e é "descartado", condenado a vagar por toda a eternidade entre centenas de mundos paralelos. Em suas tentativas infrutíferas de encontrar o caminho para casa, ele conhece Prometheus, Ahasuerus e o Holandês Voador, e todos se revelam "caçadores de lares" (*homeward bounders*) como ele, peões impotentes na guerra de outras pessoas.

Quando Jamie por fim encontra o caminho para casa, descobre que centenas de anos haviam se passado em seu próprio universo e todas as pessoas que conhecia estão mortas. Uma característica reconhecível do conto de fada de imortalidade, o final é muito mais perturbador do que a visita dos Tuck ao túmulo de Winnie. Na verdade, esse tipo de final é, por definição, impossível na ficção infantil convencional, pois abala a crença intrínseca da criança na estabilidade do mundo. *The Homeward Bounders* questiona essa estabilidade ilusória, mas mesmo nesse romance se permite que a criança derrote o mal, se não para ela mesma, pelo menos para aqueles que foram condenados antes dela. Enquanto o Holandês Voador desistiu, a tenacidade e a resiliência extraordinárias da juventude são demonstradas por meio da determinação de Jamie em ludibriar seus misteriosos adversários. A superioridade da infância sobre a vida adulta é mantida, e a criança é usada – talvez abusada – como uma salvadora, uma posição com a qual é difícil se identificar. Jamie precisa carregar os fardos que nenhum adulto conseguiria enfrentar, o que a torna uma personagem trágica com a qual só se pode identificar de longe.

O EU DISTANCIADO

A descoberta mais inesperada ao explorar a falácia da identificação é a narração em primeira pessoa como uma estratégia bem-sucedida ao extremo para subverter a identificação. Isso pode soar como um paradoxo: normalmente se considera a narração pessoal mais envolvente, pois permite adentrar na mente do protagonista. Mas envolver-se não é a mesma coisa que identificar-se. Os romances YA contemporâneos com frequência empregam a narração em primeira pessoa, o que supostamente cria uma voz adolescente autêntica, em especial quando se empregam jargões usados pelos jovens. Isso já foi discutido a partir de diversos ângulos nos capítulos anteriores. O foco em primeira pessoa encoraja o leitor a partilhar do ponto de vista do narrador personagem. A posição de sujeito induzida pelo texto se torna restrita quando o narrador e o protagonista são a mesma entidade. No entanto, na maioria dos casos, as narrativas em primeira pessoa demonstram uma natureza dialógica exatamente pelo fato de que a subjetividade está dividida entre o eu que vive as experiências narradas e o eu que narra. Será que os leitores conseguiriam mesmo compreender o estado mental perturbado de Holden Caulfield, de *O Apanhador no Campo de Centeio*, enquanto vaga pelas ruas de Nova York, caso escolhessem se identificar com esse adolescente perdido? Os leitores com certeza devem considerar em sua avaliação a interação com os comentários irônicos do Holden um ano mais velho, assim como a posição deles em relação às duas agências. Dessa maneira, a dissonância entre a voz narrativa e o ponto de vista na narrativa pessoal gera o efeito oposto do que poderia parecer natural: em vez de empurrar os leitores para a posição de sujeito do protagonista, faz com que observem de uma posição mais afastada.

Essa dissonância é bem mais evidente nas narrativas retrospectivas em que narradores adultos relembram a própria infância, com a sabedoria e a experiência da idade, mas também com o conhecimento factual, uma vez que no momento da narração já sabem qual será o resultado da experiência vivida durante a infância. É o caso dos romances já discutidos *Duas Vidas, Dois Destinos*, *The True Confessions of Charlotte Doyle* e *The Island of the Blue Dolphins*. A distância entre o narrador e a personagem amplia todas as demais alteridades do texto.

Em *Thursday's Child* (Criança de Terça-Feira, 2000), de Sonya Hartnett, a relação entre a personagem Harper e a narradora Harper é bastante ambígua e difícil de distinguir, o que afeta muito nossa percepção da confiabilidade da narradora. No final do romance, somos informados de que Harper tem vinte e um anos e está contanto uma história que aconteceu quando tinha entre sete e doze anos. Mesmo antes disso, a narradora Harper sistematicamente se distancia da personagem Harper dizendo coisas como: "[Tin] só tinha quatro anos naquela época"[10]; "tinha quase sete anos naquela época"[11]; "Quando eu era nova, eu nunca entendia"[12]; "agora, quando olho para trás"¹³; "durante anos, eu não entendi"¹⁴; "mais tarde eu descobri"¹⁵; "eu acho, olhando pra trás"¹⁶; "Agora eu fico triste... eu tento me perdoar"¹⁷; "Só agora, anos depois."¹⁸ Por outro lado, a narradora tenta não interferir muito na percepção imediata da criança: "Eu estava confusa. Eu não entendia o que ela dizia, não sabia por que Devon tinha rosnado, 'Eu vou matar ele, juro.'"¹⁹ As afirmações sobre a falta de capacidade da criança em entender o que está acontecendo vêm da narradora adulta e distanciam a personagem infantil de maneira eficiente. Quando a narradora afirma: "Eu acreditava no que Audrey me dizia"²⁰, significa que, conforme narra a história, se dá conta de que estava errada em confiar. Assim, a narradora adulta faz comentários repetidos sobre a inferioridade cognitiva da personagem.

Uma ferramenta eficiente para criar distância entre a personagem e a narradora reside na mudança de tempo verbal: "*é* a memória mais horrível, solitária e triste que eu *tenho*"²¹. Aqui, a narradora se refere à situação presente da narrativa, ao tempo em que conta, ou talvez escreve, sua história. Existem outras passagens reflexivas que revelam uma narradora adulta, como: "O tempo passa devagar quando você é jovem, e acelera conforme você envelhece. O verão durava uma eternidade quando eu tinha sete anos, mas agora só faz uma visita"²²; "O mundo em que você vive quando tem nove anos é diferente do mundo em que as outras pessoas vivem"²³.

De maneira mais implícita, a distância é expressa por uma linguagem que dificilmente seria usada por uma criança de sete anos proveniente de uma família desprovida de oportunidades; uma linguagem rica, cheia de metáforas e outras figuras de linguagem, com descrições magníficas e reflexões maduras. Descobrimos que Harper já encontrava refúgio na escrita quando criança e que voltou a escrever depois de adulta. Não existe nenhuma indicação de que sua narrativa seja um relato escrito, mas a invocação característica do narratário aparece bem no começo: "Agora eu gostaria de te contar sobre o meu irmão."²⁴ Partindo do princípio de que a história é escrita por uma aspirante à escritora, a Harper de vinte e um anos que vive com riqueza excessiva e não precisa se preocupar com o seu sustento, parece bastante plausível que use uma linguagem avançada para expressar sua experiência enquanto criança.

Ao mesmo tempo, como tantos narradores em primeira pessoa, ela está ciente de que não se pode confiar na memória:

> Eu nunca vi Tin como um velho ou como jovem, ele continua sendo um menino na minha mente. Tin está preso na infância para sempre, pelo menos no que diz respeito às minhas recordações... A memória é excêntrica, a maneira como empaca quando quer.[25]

A narradora admite que se lembra de algumas coisas, mas não de outras: "Eu lembro de Caffy com as bochechas rosadas na noite em que conversamos sobre Tin debaixo da casa, mas não me lembro de quando aprendeu a engatinhar."[26] A natureza seletiva da memória não é exclusividade da narradora, mas a percepção fragmentada da personagem de sete anos amplia a falta de confiança na narradora. Na verdade, a falta de credibilidade do elemento central da trama, uma criança que passa a viver debaixo da terra e se torna selvagem, leva a uma leitura metafórica, não a uma leitura mimética. Tin escavando túneis para escapar do sofrimento da vida é um ponto de partida perfeito para uma interpretação psicanalítica. Também é plausível ler a história como uma forma de Harper traduzir de maneira simbólica suas experiências traumáticas, algo que Sonya Harnett também explora em seu romance *The Ghost's Child* (O Fantasma da Criança, 2007).

Além disso, existem situações em que o discurso da narradora e o da personagem são ambivalentes.

> Deve ser terrível, pensei, ser um nada a ponto de poder ser negociado. Tin era o bichinho de estimação de Da, claro, mas eu ficava aliviada em saber...[27]

Na passagem acima, a primeira frase, em discurso direto, é dita pela narradora que expressa os pensamentos da personagem no momento em que a história acontece. A segunda frase, no entanto, é mais complicada. O julgamento "Tin era o bichinho de estimação de Da" vem de uma personagem de sete anos ou de uma narradora adulta? O "claro" apoiaria essa interpretação? A frase "eu ficava aliviada em saber" reflete a experiência imediata ou uma autoavaliação distanciada? Aqui, as subjetividades da narradora e da personagem interagem e interferem uma na outra, encorajando os leitores a se posicionarem entre elas.

Por ser uma menina de sete anos – ou até mesmo de doze, em alguns momentos – existem muitas coisas que Harper não compreende, a começar pelas relações complexas e complicadas entre os adultos em geral, mas também a covardia e a falta de responsabilidade do pai, a perfídia do vizinho rico, sr. Cable; e a natureza da ofensa que ele faz a Audrey. Como uma narradora adulta, Harper pode atribuir mais maturidade a seu eu mais jovem do que tinha na época dos acontecimentos. Ela veste suas emoções da juventude com uma linguagem mais complexa e adulta. Por outro lado, como adulta, não pode deixar de perceber que seu pai tinha a intenção de matar o sr. Cable, mas ela não permite que a personagem pense sobre isso. É praticamente impossível separar o discurso da narradora e o da personagem, o que apresenta o maior desafio desse romance e de muitos outros do mesmo tipo. Em todos esses casos, se os leitores caírem na armadilha da identificação e partilharem do ponto de vista inevitavelmente limitado da protagonista, nunca serão capazes de compreender o que está acontecendo de verdade nos romances e ficarão tão presos à subjetividade dos protagonistas que vão ignorar as repetidas falhas que os textos oferecem. Uma leitura madura de qualquer narrativa em primeira pessoa pressupõe a libertação da posição de sujeito da personagem/narradora, mesmo que a narrativa pessoal permita que o leitor adentre na mente das personagens e fique o mais próximo possível delas.

A divisão da personalidade pode ser muito mais concreta e complexa do que a distância no tempo. Em *Surrender* (Rendição, 2015), de Sonya Hartnett, dois narradores pessoais contam a mesma história de maneira antifônica, alternando capítulos, literalmente em diálogo, complementando os acontecimentos aos quais o outro não tem acesso, e de maneira ainda mais importante, corrigindo as inferências equivocadas do parceiro de diálogo. O tempo oscila entre o presente e o passado, mas nenhum dos dois é claramente definido. Além disso, também fica evidente que os dois narradores omitem partes significativas de suas histórias, deixando apenas dicas espalhadas pela narrativa. Por exemplo, ambos mencionam várias vezes que uma grande descoberta acabou de ser feita e que um crime de muitos anos foi literalmente desencavado. Os dois garotos estão envolvidos nesse crime, mas o mistério só é revelado perto do final da história.

Além disso, as duas narrativas contêm elementos de hesitação a respeito da condição de um deles, Finnigan, o menino selvagem.

Ele aparece do nada quando o protagonista (nomeado Gabriel nos cabeços dos capítulos, mas chamado de Anwell pelas outras personagens) tem dez anos de idade. Finnigan é o oposto de Anwell: obstinado, corajoso e habilidoso, livre não apenas do controle dos pais como também das amarras da sociedade. Os garotos fazem um pacto: Anwell, assumindo o nome angelical de Gabriel, será um modelo de bondade, enquanto Finnigan poderá fazer o que quiser:

– Eu farei maldades por você. Para que você não precise fazer. Você pode fazer apenas as coisas boas... Você será apenas as coisas *boas*... Você nunca vai ficar bravo ou brigar. E eu vou ser apenas as coisas *más*... Sempre vou ficar bravo e brigar. Seremos como opostos, como imagens na água...
– Reflexos, você quer dizer?
– Sim, reflexos! Os mesmos, mas diferentes. Como gêmeos... como irmãos de sangue! E quando você precisar que algo mau seja feito, como uma punição ou uma vingança, basta me pedir, e eu vou fazer...[28]

A essa altura, Finnigan ainda pode ser visto como uma versão um tanto sinistra da "criança estranha", ou talvez um fantasma, e o romance em si é uma mistura sutil de realismo psicológico e fantasia mística, na mesma linha que o bem menos deprimente *The Ghost's Child*, de Hartnett. O romance começa de maneira mais ou menos inocente, quando Anwell pega dinheiro da carteira da mãe – apenas para ele – e culpa Finnigan, um comportamento tipicamente infantil que indica o teste dos limites. Uma sequência de acontecimentos terríveis vem a seguir, incluindo repetidos incêndios criminosos, por meio dos quais Finnigan parece se vingar de todos que foram malvados com seu amigo. Diversas vezes os leitores podem perceber que Finnigan não existe, é inteiramente fruto de Anwell, cuja saúde mental está prejudicada. "Dentro de mim... eu sonhava acordado com os estragos que Finnigan poderia fazer. Meus inimigos fugiriam com o rabo entre as pernas."[29] Não se trata só de uma questão de interpretação alternativa: não há dúvida de que Finnigan é o lado obscuro de Anwell, criado para guardar seus sonhos perversos e suas memórias dolorosas. Gabriel é seu lado perfeito, quase como um simulacro. Nos capítulos "Gabriel", o narrador tanto responde pelo que aconteceu depois que conheceu – ou melhor, inventou – Finnigan, quanto por Finnigan fazendo-o voltar ainda mais para sua primeira infância. Assim, Finnigan também se torna a voz da consciência de Anwell, forçando-o a se lembrar das circunstâncias da morte de seu irmão com deficiência intelectual. O narrador "Gabriel" afirma que aquilo foi um acidente. Finnigan comenta: "Você deve se sentir muito mal por causa do seu irmão... Você deve desejar nunca ter feito uma coisa tão má."[30] Cabe aos leitores decidir se o Anwell de sete anos de idade agiu por despeito, piedade ("Você vai ficar mais seguro se morrer")[31] ou falta de cuidado; se ele está enfeitando a sua história, se não lembra bem dos detalhes, se estava confuso no momento da narrativa ou se já tinha um transtorno na época. Lá no fundo, Anwell sabe que Finnigan não existe, que deve ser mantido como um segredo e que "ninguém acreditaria"[32] mesmo. É possível que Finnigan também seja a projeção do irmão morto de Anwell, quer dizer, outra persona separada. A mente de Anwell, à qual o leitor está exposto, é completamente caótica, não basta colocar as peças do quebra-cabeça no lugar, mas sim de decidir quais são reais, quais são distorcidas e quais são pura imaginação. Em uma releitura cuidadosa, é impressionante notar quantas dicas são dadas para o leitor já no começo do texto.

No tempo presente da narrativa, Anwell tem vinte anos e está morrendo, e a partir de sua narração inicial os leitores podem ficar com a impressão de que está com câncer. Ele também fala de sua tia Sarah, que está cuidando dele, mas no final descobre-se que a mulher que ele chama de Sarah é uma enfermeira. Conta que está feliz por morrer na casa em que passou sua infância, quando na verdade está em uma instituição psiquiátrica, amarrado à cama por ser um paciente violento e perigoso. Anwell está fazendo greve de fome, pois em sua mente doente essa é a única maneira de se livrar de seu irmão gêmeo malvado: "Estou morrendo para te matar"[33]; "Não posso viver sob o seu terror"[34]. Finnigan saiu completamente do controle. Aos dezesseis anos, Anwell começa a gostar de uma garota, que o seu eu-Finnigan vê como uma ameaça: "Você me pertence... e eu não divido nada com ninguém."[35] O eu-Gabriel precisa proteger a garota de Finnigan. No entanto, os poderes de Finnigan se mostram grandes demais.

O tempo presente da narrativa então parece um tempo curto, praticamente um dia, um pouco antes de Anwell morrer, enquanto o passado é sua vida inteira, feita de pedaços disparatados, que nem são contados de maneira cronológica, todos focados no abuso e na humilhação praticados pelos pais. Em seu diálogo com Finnigan, Anwell parece se justificar. Em parte, ele transferiu sua violência extrema para seu companheiro imaginário; em parte, ele culpa seu entorno pela hostilidade e negligência. Cada vez que Finnigan ataca, o narrador "Gabriel" afirma que a vítima mereceu. E Finnigan confirma isso e absolve Anwell. Mas o crime final não é cometido por Finnigan.

O significado ambivalente do título não se refere só à capitulação final do protagonista, mas também ao nome de seu cão, que seu pai o força a matar. A existência dupla do cachorro amplia a dualidade de Finnigan: em qualquer momento, não fica claro se o cachorro está vivo ou morto, ou se, assim como Finnigan, nunca existiu. O cachorro consiste em uma simples extensão da superioridade e maldade de Finnigan. Junto com Finnigan, Surrender se torna a maldição do protagonista; mas quando Anwell abre as memórias do dia que matou seus pais, não consegue distinguir entre seus muitos eus, entre passado e presente, entre sombra e luz. O romance termina com a morte do narrador em primeira pessoa, uma opção que apenas a ficção permite. Não é preciso dizer que a identificação com a personagem está fora de questão.

O EU AMALGAMADO

Em *Blote handen* (Com as Próprias Mãos, 1995), de Bart Moeyaert, emprega-se um forte filtro narrativo, isto é, a discrepância entre o ponto de vista da personagem/narrador e o do leitor, o que afeta a posição de sujeito. Poucos textos são bem-sucedidos ao tentar preencher o espaço entre o autor adulto implícito e um narrador jovem simultâneo; *Blote handen* é uma rara exceção em que a voz narrativa nunca parece falsa. A descrição dos acontecimentos externos se alterna em uma combinação perfeita com o discurso mental da personagem. O romance começa *in media res*, sem dar nenhum histórico das personagens ou qualquer descrição do cenário ou da situação. O tempo da ação é a noite de Ano Novo, um dia mágico na mitologia e no folclore, o dia em que tudo pode acontecer. A história acontece em apenas algumas horas; na verdade, leva tanto tempo quanto se leva para contá-la. Tal concentração extrema do tempo é uma característica da literatura infantil contemporânea, diferente da infância reiterada e eterna de alguns clássicos ou da tradicional trama biográfica estendida por vários anos em outros. Ao invés disso, o romance descreve um único momento contundente, um ponto de bifurcação depois do qual a criança deixa de ser uma criança. Por meio de uma narrativa pessoal, o texto expressa uma experiência extremamente intensa, mistura de medo, vergonha e ódio. Os detalhes mais ínfimos, como o sibilar de um fogão, enfatizam a percepção focada da personagem. Poderia parecer que tal ponto de vista persistente aumenta a identificação, mas, na verdade, funciona no sentido contrário.

Na superfície, e até certo momento do romance, podemos ler o texto como uma história convencional de um menino malcriado. Como Tom Sawyer e Huck Finn, o narrador Ward e seu amigo Bernie se aventuram em território inimigo. Podemos vê-los como heróis de um conto de fada que invadem a casa de um ogro para roubar um artefato mágico. Entretanto, Ward e Bernie são personagens de um conto de fada, e o que começa como uma brincadeira evolui para algo mais sério. O ogro, sr. Betjeman, o vizinho, um monstro com uma mão de plástico, mata o cachorro de Ward. Ele é apresentado através do olhar do narrador como um homem mal e perigoso. Mas de repente, quase na metade do livro, um *flash* de memória revela que, apenas seis dias atrás, no Natal, o sr. Betjeman estava sentado à mesa de jantar da casa de Ward. Percebemos que o narrador não está nos contando a história inteira, provavelmente porque seu estado mental faz com que suprima as memórias. O que *não* é dito se torna mais importante do que o que *é* dito. O fato de o narrador omitir a parte decisiva dos acontecimentos logo distancia dele a posição de sujeito do leitor, apesar de que talvez nossa empatia ainda esteja lá. Por um lado, estamos em um complô com Ward, pois, no final das contas, ele é o herói em luta contra o mal; por outro lado, com um narrador tão pouco confiável, nos sentimos abandonados e talvez até enganados. Aos poucos, a cada frase de cada uma das muitas páginas, descobrimos por que Ward odeia o monstro, e, para um leitor informado, aparece o intertexto com Hamlet: o drama de um menino sem pai, sua mãe e o novo namorado da mãe prestes a invadir a segurança da casa da criança. Mesmo sem o intertexto, as insinuações da história são óbvias, e a tensão entre o menino e o homem, sua aversão mútua, são expressas de maneira bastante efetiva. A complexidade da história, a precisão de sua estrutura narrativa e a ausência de resolução são as ferramentas mais evidentes para subverter a identificação. Na verdade, a intolerância de Ward pode até fazer com que o leitor não goste dele, o que, no entanto, não quer dizer de jeito nenhum que o romance não possa ser apreciado.

The Curious Incident of the Dog in the Night-Time (O Estranho Caso do Cachorro Morto, 2003), de Mark Haddon, leva a falta de confiança no narrador/protagonista e a subsequente alienação um passo além. Christopher, de quinze anos, tem síndrome de Asperger, o que infelizmente é informado na contracapa do livro, enquanto o narrador nunca menciona esse fato. O garoto sabe que é diferente, mas não enfatiza a questão, pois para ele se trata de algo perfeitamente natural:

> Meu nome é Christopher John Francis Boone. Sei todos os países do mundo e suas capitais, e todos os números primos até 7.502.[36]

As pessoas com síndrome de Asperger normalmente são talentosas ao extremo, mas inseguras nas relações sociais e com questões de expressão verbal. Esta última questão torna a missão do texto quase impossível: como alguém pode expressar a experiência de um jovem com Asperger quando a linguagem é o único meio para fazê-lo? O texto reflete esse dilema por meio de dispositivos expressivos não verbais:

> Há oito anos, quando conheci Siobhan, ela me mostrou este desenho
>
>
>
> e eu sabia que significava "triste", que é como eu me senti quando encontrei o cachorro morto.
> Então ela me mostrou este desenho
>
>
>
> e eu sabia que significava "feliz", que é como eu fico quando estou lendo sobre as missões espaciais da Apollo...[37]

Com essa simples maneira, Christopher aprende a ler a expressão facial das outras pessoas, bem como a expressar os próprios sentimentos, para os quais não tem palavras. Por outro lado, ele é extremamente observador e percebe detalhes a seu redor que outras pessoas não notam, uma vez que para ele qualquer informação é tão importante quanto outra. Por exemplo, ao olhar as placas em uma estação de trem, ele as vê todas de uma vez, sem separar as informações e selecionar as partes importantes e relevantes.

Pessoas com síndrome de Asperger necessitam de organização e rotinas precisas para lidar com o dia a dia. Quando algo inesperado acontece na vida de Christopher, ele fica confuso e indefeso; por exemplo, quando encontra Wellington, o cachorro do vizinho, morto na frente da sua casa e tenta entender como isso pode ter acontecido e o porquê. O cachorro prenuncia uma turbulência ainda maior, quando Christopher descobre que sua mãe, que todos lhe disseram estar morta, na verdade está viva e o abandonou. Ele decide encontrá-la e parte em uma jornada com novas e estranhas aventuras, como encontrar a estação de trem, sacar dinheiro de um caixa eletrônico, comprar uma passagem, encontrar o trem certo, uma sequência de atividades que normalmente realizamos sem pensar. Christopher resolve cada problema por meio do planejamento cuidadoso de cada passo. Ele finge que está jogando um jogo de computador chamado "Um trem para Londres". Como é excepcionalmente bom em videogames, ele dá conta de cada passo, e expressa sua experiência com detalhes meticulosos:

E o homem perguntou:
– Simples ou ida e volta?
Eu perguntei:
– O que significa *simples ou ida e volta*?
Ele falou:
– Você quer apenas ir ou quer ir e voltar?
Eu respondi:
– Eu quero ficar lá quando chegar lá.
Ele perguntou:
– Por quanto tempo?
Eu respondi:
– Até eu ir para a universidade.
Ele disse:
– Simples, então –, e disse depois: – São 17 libras.[38]

É assim que o texto expressa a consciência de uma pessoa com Asperger, o que cria distanciamento àqueles que não convivem com a síndrome, mas convida à empatia. No final, apesar de todas as dificuldades, Christopher passa no vestibular para um curso avançado de matemática e conclui:

> Eu vou conseguir o Título de Honra da Primeira Classe e vou virar um cientista.
> Eu sei que posso fazer isso porque eu fui para Londres sozinho, porque resolvi o mistério de Quem matou o Wellington?, encontrei minha mãe, sou corajoso e escrevi um livro, o que quer dizer que eu posso fazer qualquer coisa.[39]

O autor implícito desapareceu por completo nessa narrativa, e a experiência imediata e complexa de uma pessoa jovem veio à tona. O texto não precisa exercer poder; o protagonista é empoderado precisamente por não ter consciência da própria posição.

Por acaso, nos três romances citados, o assassinato de um cachorro foi usado como uma metáfora poderosa.

O NARRADOR DISSOLVIDO

Na teoria de Gérard Genette, não há diferença entre a narração pessoal e a impessoal: os narradores impessoais focalizam uma personagem, enquanto os narradores pessoais focalizam a si mesmos. No lugar disso, Genette destaca a importância do modo narrativo, incluindo a presença do narrador na narrativa, a distância do narrador em relação à narrativa e os padrões de focalização[40]. Em vários sentidos, a intensa focalização interna funciona como uma narração pessoal, e, assim como os leitores precisam permanecer independentes do narrador pessoal, também precisam se libertar da personagem focalizada.

Em *Die Zeit der schlafenden Hunde* (O Tempo dos Cães Adormecidos, 2003), de Mirjam Pressler, Johanna, a neta de dezoito anos do homem mais rico e respeitado de uma pequena cidade na Alemanha em meados da década de 1990 descobre de repente que sua família esconde segredos. A perspectiva fica toda com a protagonista, e a estrutura temporal da narrativa é extremamente complexa, alterando de maneira abrupta entre o tempo logo após o suicídio inesperado do avô e a visita de Johanna à Israel para um projeto da escola muitos meses antes. Enquanto Johanna está tentando montar um quebra-cabeças de informações que ouve de várias pessoas, o leitor usufrui de vantagens e desvantagens em comparação à personagem. No começo do romance, Johanna dispõe de uma informação que o leitor não tem: o que aconteceu quando ela estava em Israel, o que ela ouviu de Meta Levin, a velha judia sobre a qual está escrevendo seu trabalho escolar, sem falar no que aconteceu entre ela e Doron, o neto da sra. Levin. As pistas são plantadas cuidadosamente no texto para alertar o leitor, da mesma maneira que um romance policial permite que o leitor fique um passo à frente na investigação. Por exemplo, o nome de Doron aparece várias vezes antes de descobrirmos quem é ele, e mesmo as circunstâncias de seu encontro com Johanna não são claras; são tratadas, por exemplo, como "a coisa com o Doron". No entanto, podemos suspeitar que algo aconteceu entre eles, uma vez que Johanna tem sensações ruins em relação ao namorado. Ela está reprimindo suas memórias porque são traumáticas, e resta ao leitor tentar adivinhar o que exatamente ela está tentando negar para si mesma e o porquê. Perto do final do livro, revela-se que Doran abusou de Johanna e que ela aceitou isso como uma vingança tardia contra sua família. Esse pensamento é apresentado sem nenhum outro comentário, e os leitores precisam assumir seu próprio posicionamento.

O nome da sra. Levin também aparece no começo do romance. Quando Johanna escreve cartas mentais para a sra. Levin informando sobre a morte de seu avô, os leitores não têm nenhuma informação sobre o contexto. Parece que a sra. Levin tem motivos para não gostar, ou até para odiar, o avô de Johanna. Fica claro que ela já viveu na cidade onde Johanna mora. Com algum conhecimento básico de história, não é difícil imaginar que, sendo judia, ela tenha sido forçada a sair da Alemanha e passou pelas provações dos campos de concentração. No final, recebemos uma informação essencial que a sra. Levin conta a Johanna em Jerusalém. A essa altura, um leitor atento já entendeu mais do que o focalizador está preparado para admitir. Um dispositivo eficiente para distrair a atenção do leitor é deixar as memórias e percepções de Johanna se perderem, estendendo por páginas e páginas as descrições de paisagens, da vista de seu quarto, impressões sobre os pontos turísticos de Israel, reflexões sobre seus colegas de classe, moda ou música, como se ela mesma estivesse tentando jogar um véu sobre as dolorosas memórias.

Por outro lado, é óbvio que Johanna está cega por sua total lealdade à própria família. Contaram a ela que seu avô construíra sua fortuna trabalhando duro. Ela sempre teve orgulho dele, mas não pensa sobre a própria vida idílica e protegida como a filha mimada de uma família rica, herdeira de uma riqueza incalculável. Ela estuda em uma escola privilegiada, dirige um carro caro, tem uma rica conta bancária e o que quiser comprar. Portanto, não está preparada para lidar com os golpes que virão. A primeira descoberta é a de que o negócio da família pertencia a uma família judia que foi forçada a fugir quando os nazistas chegaram ao poder. Seus pais explicam que o avô comprou o negócio dos donos anteriores de maneira honesta, ajudando-os a escapar. Um leitor bem-informado provavelmente sabe como aconteceu na verdade a expulsão dos judeus da Alemanha nazista; mas espera-se que mesmo um leitor menos informado questione se as coisas são tão simples quanto parecem. No final das contas, descobre-se que o avô foi um membro fervoroso do partido nazista, fato que a família tentou apagar, literalmente apagando as suásticas das fotos antigas. Além disso, a família de Meta Levin nunca recebeu dinheiro algum por sua propriedade e o avô de Johanna se aproveitou de sua posição para tirar vantagem dos infortúnios dos judeus. A informação choca Johanna, mas se espera que o leitor esteja preparado para tal. Johanna cresceu cercada por uma mentira. Perceber que o bem-estar da família está apoiado no comportamento duvidoso ao extremo do avô vira seu mundo de cabeça para baixo; mas os leitores não são necessariamente encorajados a simpatizar com ela. Tanto os pais de Johanna quanto a própria garota preferiram, por conveniência, não saber. A justaposição de "eu não sabia" com "eu não queria saber" reverbera ao longo do texto. O pai dela de pronto responde a todas as perguntas com "Eu não quero ouvir falar disso", revelando assim que sabia de tudo. Ele simplesmente não quer mexer no que foi deixado quieto. Em sua defesa, Johanna pensa em termos de "eu não sabia", "não me contaram". Parece que até os colegas de classe e seu namorado sabem mais do que ela. Fica a cargo do leitor julgar se ela é ingênua ou arrogante.

Mesmo depois de sua visita a Israel, ela não tem coragem de questionar seus pais, e é apenas a morte do avô que dá início ao processo de penitência: *Agora aconteceu, agora não posso mais fingir que não há nada de errado*[41]. Mas ela não está preparada para discutir a questão durante ou depois do funeral – seu pai também escolheu esconder o suicídio, aumentando as muitas camadas de mentira e desonestidade. Apenas nas últimas páginas, a garota está pronta para admitir que "acabou de descobrir o que na verdade era óbvio para ela, mesmo que não tenha se permitido perceber"[42].

Johanna revelou a verdade desconfortável por puro acaso; se não fosse assim, teria continuado a viver feliz em sua ignorância. Naturalmente, toda a questão da culpa nacional da Alemanha é levantada na história, mas por meio de uma intensa focalização isso se discute em um nível pessoal e menos abstrato. O assunto delicado não é apresentado por uma voz de autoridade (apesar de uma professora ajudar Johanna na verbalização final de seus pensamentos), mas por diversas visões e opiniões. Afinal de contas, o avô tinha sido bom para Johanna, era um bom patrão e um cidadão respeitado. Quantas gerações são responsáveis pela culpa de seus ancestrais? Johanna poderia compensar de alguma forma a velha senhora que mora em um asilo em Israel? Ela conseguiria se reconciliar com o pai, um déspota frio, totalmente focado na perpetuação do trabalho do próprio pai? É dela a responsabilidade de dividir a descoberta com seu irmão mais novo? Ou deveria protegê-lo, deixando-o na ignorância? O castigo autoimposto de ir trabalhar por um ano em Israel em vez de entrar em uma universidade de prestígio se justifica ou é apenas outra fuga, outra ilusão? O envolvimento do leitor com o dilema de Johanna, com a necessidade da garota de seguir adiante, seu desejo de expiar os pecados, não evitam um distanciamento; pelo contrário, o exigem.

Todos os exemplos deste capítulo destacam a discrepância entre o desejo de evocar empatia e a necessidade de subverter a posição de sujeito ligada à personagem fictícia. O famoso didatismo dos primórdios da literatura infantil implica, entre outras coisas, em uma subjetividade fixa, na qual as personagens ou são modelos ou são exemplos a não serem seguidos. Em ambos os casos, o leitor é aparentemente encorajado a adotar a posição do narrador, ou seja, admirar ou desprezar. A liberdade do leitor de ter uma subjetividade independente pode parecer limitada, mas de maneira paradoxal, a repulsa e a perfeição subvertem a identificação da mesma forma.

Na literatura infantil contemporânea, a tendência é criar protagonistas mais parecidos com pessoas comuns, o que significa que a subjetividade do texto muda do narrador para a personagem. É natural que os autores queiram que o leitor se envolva com as provações e as aventuras de suas personagens; senão o leitor simplesmente abandonaria o livro. No entanto, se a posição de sujeito imposta pelo texto se torna forte demais e não existem dispositivos narrativos que desloquem a subjetividade, é provável que os leitores fiquem encurralados. As diversas estratégias resumidas aqui podem apoiar uma posição de sujeito madura.

Pode-se argumentar que os jovens leitores conseguem desfrutar dos livros mesmo que compartilhem da subjetividade do protagonista. Eu certamente concordaria com isso, assim como eles podem desfrutar da leitura apenas por causa da trama, ignorando a caracterização, as implicações psicológicas, a ideologia e o estilo. No entanto, uma posição presa à personagem endossa o solipsismo, a convicção imatura da criança e do jovem de que o mundo gira em torno deles. Como mediadores de literatura, queremos que as crianças sejam capazes de se colocar no lugar de outras pessoas, de desenvolver compreensão e compaixão, que reflitam sobre si mesmas, sem falar em serem capazes de analisar ideologias. Como foi sugerido antes, a subjetividade independente é um dos maiores componentes da competência leitora. Se queremos criar crianças que sejam leitores maduros, o primeiro e mais importante passo é torná-las conscientes da falácia da identificação.

Conclusão:
A Autonegação
dos Adultos

A teoria aetonormativa apresentada e desenvolvida neste estudo é uma tentativa de complementar diversos conceitos e definições já existentes e ligados à literatura infantil. A aetonormatividade não opera no vácuo, mas está interligada a outras estruturas heterológicas, como gênero, raça, etnicidade e classe. Ao levar em consideração essas estruturas, podemos revelar como as hierarquias de poder ampliam ou obscurecem umas às outras. As normas adultas em um texto literário podem ser ofuscadas por outras alteridades que estão mais evidentes.

Os adultos nunca podem questionar completamente a própria posição de poder, e a imensa maioria dos livros infantis e juvenis nem tenta fazer tal questionamento, ignorando o assunto ou afirmando as normas adultas de maneira incondicional. A afirmação, assim como a subversão da aetonormatividade, envolve diversas estratégias, deliberadas ou inconscientes, algumas das quais foram analisadas neste estudo.

Os três elementos citados no título, poder, voz e subjetividade, ligam-se de modo íntimo a essas estratégias. Em termos de condições sociais, tanto no mundo real quanto no fictício os adultos são e sempre serão superiores às crianças e aos adolescentes. Aqui, a hierarquia de poder não é negociável, ao contrário de outras situações heterológicas (gênero, classe, sexualidade, raça), e o poder se reproduz de maneira inevitável. O amadurecimento como tema central da ficção infantil e de jovens adultos enfatiza a experiência traumática das constantes negociações de poder. Em alguns casos, a morte simbólica ou real parece ser a única solução possível, o que reflete a capitulação do autor adulto às demandas das normas adultas. Mesmo quando se permite que alguma criança triunfe, isso acontece com o apoio de pelo menos um adulto. Além disso, as soluções a nível individual não apagam as normas existentes e não necessariamente as esclarecem.

A única maneira de contornar completamente a normatividade adulta é por meio dos modos não miméticos, assim como acontece com a desconstrução de gênero na fantasia e na ficção científica adultas. No entanto, a maioria dos textos analisados neste estudo não aproveitam essa oportunidade, mas se valem do movimento circular do carnaval para criar um estado temporário de empoderamento. Isso envolve os diversos gêneros literários e os modos discutidos, tais como o conto de fada, a fantasia, a distopia ou a aventura, assim como temas e dispositivos específicos, que incluem o *crossdressing*, a metamorfose e o disfarce como animal. No que diz respeito à ficção de fantasia recente, Philip Pullman chegou perto da normatividade infantil na série Fronteiras do Universo; mas ainda assim a criança está à beira da idade adulta no final da trilogia.

Em termos de perspectiva da narrativa, a voz adulta tem – e sempre terá – mais autoridade do que a voz da criança. A opressão linguística contra a personagem criança, assim como contra o jovem leitor, é uma caraterística particular da literatura infantil, mesmo quando – ou talvez especialmente quando – é usada com objetivos educativos. Pode parecer que a voz adulta didática e onisciente seja algo do passado, mas sempre há uma agência narrativa adulta por trás de uma criança focalizadora ou de um narrador criança ou jovem em primeira pessoa. O uso de alteridades diversas, tais como o cenário ou o gênero, definitivamente ofusca a aetonormatividade.

Os livros ilustrados proporcionam um espaço maior para as negociações de poder por causa de sua natureza multimodal, em que o texto visual pode ser mais radical do que o texto verbal (e às vezes o contrário). Por outro lado, a ideologia velada é mais ambivalente nas imagens do que nas palavras. Aqui, o adulto pode se esconder atrás da narrativa visual enquanto finge estar do lado da criança na narrativa verbal. O fenômeno dos livros ilustrados "pós-modernos", que com frequência flertam com o coleitor adulto por cima dos ombros do jovem leitor, é revelador.

A subjetividade é um componente essencial do poder. Ao impor aos leitores uma determinada posição de sujeito, seja ela presa à personagem ou ao narrador, o autor implícito exerce poder sobre o leitor. Sempre que uma posição de sujeito independente surge em um texto, a aetonormatividade é submetida a análise. Por exemplo, uma voz feminina forte cria uma posição de sujeito forte que, apesar de não subverter a aetonormatividade de modo direto, questiona outras normas e, por consequência, as normas adultas. Ao subverter a compulsão que existe pela identificação, os textos criam posições de sujeito autônomas que empoderam grandemente os jovens leitores implícitos contra os autores adultos implícitos. Talvez isso seja o mais longe a que os autores adultos consigam se aventurar em sua autonegação.

Como foi demonstrado ao longo deste estudo, os escritores de literatura infantil e juvenil podem empoderar e desempoderar suas personagens crianças de diversas maneiras, mas o princípio é essencialmente o mesmo: o empoderamento é permitido sob certas condições, e quase sem exceção por tempo limitado. Qual é então o objetivo de retratar uma criança fictícia com poderes ilimitados? Isso não envolveria mentir para os jovens leitores – e mentir de uma maneira menos inocente do que é comum no Congo Belga, segundo Píppi Meialonga? Aqui "a impossibilidade da literatura infantil" mais uma vez cria barreiras para as nossas buscas, e podemos de novo nos valer da principal premissa da heterologia. Como adultos – escritores ou promotores da literatura infantil – não podemos abolir a normatividade adulta de maneira incondicional, uma vez que estaríamos subvertendo a nossa própria existência. Mas podemos, por meio do carnaval da literatura infantil, chamar a atenção dos leitores para a constatação de que as normas e as regras adultas não são absolutas. Na melhor das hipóteses, eles não vão obrigar seus filhos a comerem o insuportável mingau pela manhã.

Notas

INTRODUÇÃO
1. Ver P. Hunt, *Narrative Theory and Children's Literature*, p. 192. (N. da E.: A expressão inglesa *children's literature* abrange tanto literatura infantil quanto literatura juvenil. Nesta edição, optamos por traduzi-la como "literatura infantil", e não "literaturas infantil e juvenil", para evitar um termo demasiadamente longo, que prejudicasse a fluência leitora.)
2. Ver P. Nodelman, What Are We After? Children's Literature Studies and Literary Theory Now, *Canadian Children's Literature*, v. 31, n. 1.
3. Ibidem, p. 3.
4. Ibidem.
5. Ibidem, p. 6.
6. Por exemplo, M. Nikolajeva, *Children's Literature Comes of Age; From Mythic to Linear; The Rhetoric of Character in Children's Literature; The Aesthetic Approaches to Children's Literature*.
7. R. McGillis, *One Way, No Return*, p. 78.
8. Idem, *The Delights of Impossibility*.
9. Ver P. Hunt, *Dragons in the Department and Academic Emperors*.
10. Idem, *Children's Literature Studies*.
11. Idem, *Narrative Theory and Children's Literature; Necessary Misreadings*.
12. Ver P. Nodelman, op. cit., p. 4.
13. Ver G. Genette, *Narrative Discourse*.
14. Ver J. Zipes, *Fairy Tales and the Art of Subversion* (trad. bras.: *Os Contos de Fada e a Arte da Subversão*).
15. T. Eagleton apud P. Nodelman, op. cit., p. 9.
16. Ver N. Frye, *Anatomy of Criticism* (trad. bras.: *Anatomia da Crítica*).
17. Ver M. Bakhtin, *Theory of the Novel* III (trad. bras.: *Teoria do Romance* III); *The Bildungsroman and Its Significance in the History of Realism (Toward a Historical Typology of the Novel)*.
18. Ver Mikhail Bathkin, *Rabelais and his World*.
19. Idem, *Problems of Dostoevsky's Poetics*.
20. Idem, *Theory of the Novel* III.
21. Idem, *Theory of the Novel* II (trad. bras.: *Teoria do Romance* II).
22. Ver J. Stephens, *Language and Ideology in Children's Fiction*.
23. Ver R. McCallum, *Ideologies of Identity in Adolescent Fiction*; C. Wilkie-Stibbs, *The Feminine Subject in Children's Literature*.
24. Ver M. Hourihan, *Deconstructing the Hero*.
25. Ver M. Westwater, *Giant Despair Meets Hopeful*.
26. Ver R.S. Trites, *Disturbing the Universe*.
27. Ver K. Coats, *Looking Glasses and Neverlands*.
28. Ver J. Kristeva, *Powers of Horror*.
29. Ver J. Lacan, *Writing* (trad. bras.: *Escritos*).
30. Ver M. Foucault, *Power*.
31. Payne em P. Nodelman, op. cit., p. 7.
32. P. Hunt, *Childist Criticism*.
33. Ver P. Nodelman, *The Hidden Adult*.
34. Por exemplo, K. Coats, *Looking Glasses and Neverlands*.
35. Ver Z. Shavit, *The Ambivalent Status of Texts*.
36. Ver D. Rudd, *Theorizing and Theories*.
37. Ver J. Perrot, *Shall We Burn Our Goddess 'Theory'?*
38. Ver J. Zornado, *Inventing the Child*; R. Natov, *The Poetics of Childhood*; B.L. Clark, *Kiddie Lit. The Cultural Construction of Children's Literature in America*; J. Zipes, *Sticks and Stones*.
39. Ver F. Inglis, *The Promise of Happiness*.
40. Ver J. Rose, *The Case of Peter Pan, or The Impossibility of Children's Fiction*; K. Reynolds, *Radical Children's Literature*.
41. P. Nodelman, What Are We After? Children's Literature Studies and Literary Theory Now, *Canadian Children's Literature*, v. 31, n. 1, p. 17.
42. Ver D. Rudd, *Theorizing and Theories*.
43. Ver R. Trites, *Disturbing the Universe*.
44. Ver P. Nodelman, *Children's Literature as Women's Writing*.
45. Ver M. Certeau, *Heterologies*.
46. A. Lindgren, *Pippi in the South Seas*, p. 55 (trad. bras.: *Píppi nos Mares do Sul*, p. 81).
47. A. Lindgren, *Pippi Longstocking*, p. 38 (trad. bras.: *Píppi Meialonga*, p. 47).

CAPÍTULO I
1. Ver N. Frye, *Anatomy of Criticism* (trad. bras.: *Anatomia da Crítica*).
2. Ver S. Beckett, *Crossover Fiction*. (N. da E.: Livros sem idade, em inglês *crossover books*, são livros infantis ou juvenis que ultrapassam as barreiras das faixas etárias, sensibilizando leitores de diferentes idades e sendo, assim, "consumidos" por eles. É um fenômeno estudado pela crítica da literatura infantil contemporânea, que o aborda sob diferentes vieses como o mercado, a sociologia da infância e a suavização das hierarquias entre infância e fase adulta na contemporaneidade.)
3. Ver R.S. Trites, *The Harry Potter Novels as Test Case for Adolescent Literature*.
4. Ver J. Zipes, *Sticks and Stones*, p. 176.
5. Ver M. Hourihan, *Deconstructing the Hero*.
6. L. Paul, *What Feminist Criticism Knows about Children's Literature*.

7 Ver J.H. McGavran, *Literature and the Child*.
8 Biggles é o nome da personagem principal de uma série de livros de aventura escrita por W.E. Johns (1893-1968) e publicada no Reino Unido entre 1932 e 1968. (N. da T.)
9 J.K Rowling, *Harry Potter and the Order of Phoenix*, p. 83 (trad. bras.: *Harry Potter e a Ordem da Fênix*, p. 77).
10 Ibidem, p. 495 (trad. bras., p. 405).
11 Ibidem, p. 805 (trad. bras., p. 651).
12 Ver P. Nodelman, *Interpretation and the Apparent Sameness of Children's Literature*.
13 Ver V. Watson, *Reading Series Fiction*.
14 Ver P. Nodelman, *The Other*, p. 192.
15 Ver M. Eliade, *The Sacred and the Profane*.
16 Referência à frase da tradução latina do *Evangelho* de João, *ecce homo*, usada por Pôncio Pilatos ao apresentar Jesus aos judeus. Ela não aparece no texto da tradução brasileira. (N. da T.)

CAPÍTULO 2

1 L. Carroll, *Alice Through the Looking Glass*, p. 196 (trad. bras.: *Alice Através do Espelho*, p. 112).
2 Ibidem (trad. bras., p. 106).
3 Ibidem (trad. bras., p. 105).
4 Em tradução literal: "Maluco como um chapeleiro." É uma expressão da língua inglesa coloquial que sugere que a pessoa sofre de insanidade. (N. da T.)
5 L. Carroll, *Alice in Wonderland*, p. 90 (trad. bras.: *Alice no País das Maravilhas*, p. 109).
6 L. Carroll, *Alice in Wonderland*, p. 65 (trad. bras., p. 75).
7 Ibidem, p. 64 (trad. bras., p. 74).
8 A expressão inglesa "a cat may look at a king", que pode ser traduzida literalmente como "um gato pode olhar para um rei", expressa a ideia de que todas as pessoas têm direitos, não importa qual sua posição social. (N. da T.)
9 Em tradução literal, "sorrir como um gato de Cheshire", expressão que significa "sorrir largamente, com satisfação" e que ficou muito conhecida depois de ser usada por Lewis Carroll. (N. da T.)
10 L. Carroll, *Alice in Wonderland*, p. 17 (trad. bras., p. 12).
11 Ibidem.
12 Ibidem, p. 33 (trad. bras., p. 35).
13 Em inglês, "the driest thing I know", sendo "driest" o superlativo de "dry", "seco", em inglês também usado para qualificar um assunto ou uma conversa como "sem graça, chata, entediante". (N. da T.)
14 L. Carroll, *Alice in Wonderland*, p. 31 (trad. bras., p. 33).
15 Ibidem, p. 68 (trad. bras., p. 80).
16 Ibidem, p. 52 (trad. bras., p. 59).
17 Idem, *Alice Through the Looking Glass*, p. 205 (trad. bras.: *Alice Através do Espelho*, p. 129). (N. da T.: em inglês, Alice diz "I beg your pardon", expressão formal e polida para pedir desculpas. O rei responde "It isn't respectable to beg", em que "beg" pode significar tanto "suplicar, pedir" como "mendigar", ao que o rei se refere nesse contexto.)
18 Ibidem, p. 34 (trad. bras., p. 38). (N. da T.: no original em inglês, Alice confunde "tale", que significa "história, relato", com "tail", que significa "rabo", pelo fato de as palavras serem homófonas.)
19 Tradução nossa. Na edição brasileira, "O coelho em apuros." (N. da E.)
20 L. Carroll, *Alice in Wonderland*, p. 102 (trad. bras., p. 106). (N. da T.: no original em inglês, "Take care of the sense and the sounds will take care of themselves".)
21 Tradução nossa sempre que não for indicado uma edição brasileira. (N. da E.)
22 Ibidem, p. 94 (trad. bras., p. 113).
23 L. Carroll, *Alice in Wonderland*, p. 93 (trad. bras., p. 114).
24 Ibidem, p; 94 (trad. bras., p. 113).
25 Este trecho não consta da edição brasileira usada como referência. "Purpose" poderia ser traduzido como "propósito". Já "porpoise" é uma palavra que não existe na língua inglesa e brinca com o som de "tortoise" ("tartaruga") e "purpose". A palavra "porpoise" aparece na letra (em inglês) da primeira canção que a Tartaruga Falsa canta no capítulo "A Quadrilha da Lagosta", de *Alice no País das Maravilhas*. (N. da T.)
26 Ibidem, p. 69 (trad. bras., p. 80).
27 No Brasil, também conhecido como *Ursinho Puff*. (N. da T.)
28 A.A. Milne, *Winnie-the-Pooh*, p. 35 (trad. bras.: *Ursinho Pooh*, p. 47).
29 Ibidem, p. 35 (trad. bras., p. 52).
30 Ibidem, p. 37 e 38 (trad. bras., p. 55).
31 A.A. Milne, *Winnie-the-Pooh*, p. 38 (trad. bras., p. 55).
32 Ibidem, p. 101 (trad. bras., p. 121).
33 Ibidem, p. 110 (trad. bras., p. 131).
34 No original em inglês, a palavra é "pole", que significa "polo" e "estaca". Na tradução para o português citada, a tradutora escolheu "norte" como a palavra cujo significado Christopher Robin desconhece. (N. da T.)
35 A.A. Milne, *The House at Pooh Corner*, p. 38 (trad. bras., p. 88).
36 Ibidem, p. 78 (trad. bras., p. 92).
37 A.A. Milne, *Winnie-the-Pooh*, p. 38 (trad. bras., p. 131).
38 A obsessão de Pooh por comida não está refletida na tradução para o português. "Procedimento de rotina", no original em inglês, é "customary procedure", enquanto

"apodrecimento de cortina" é "crustimony proseedcake", palavras sem significado, mas nas quais vemos "crust", que pode ser traduzido como "casca", e "cake", como "bolo" ou "torta". (N. da T.)
39 Ibidem, p. 51 (trad. bras., p. 69).
40 A.A. Milne, *Winnie-the-Pooh*, p. 61 (trad. bras., p. 79).
41 Ibidem, p. 32 e 35 (trad. bras., p. 51 e 52).
42 Ibidem, p. 30 (trad. bras., p. 47).
43 A.A. Milne, *Winnie-the-Pooh*, p. 2 (trad. bras., p. 18).
44 Ibidem.
45 Idem, *The House at Pooh Corner*, p. 173 (trad. bras., p. 183). (N. da. T.: no original em inglês, "when Knights were Knighted".)
46 Ibidem (trad. bras., p. 176). (N. da T.: no original em inglês, "Is it a very Grand thing to be an Afternoon?", que poderia ser traduzido literalmente como "É uma coisa muito importante ser uma tarde?" No original, Pooh entende "night" [ou seja, "noite"] em vez de "knight" ["cavaleiro"], uma vez que essas palavras são homófonas. Por fim, ele escolhe uma palavra aparentemente ainda mais difícil, "afternoon", que significa "tarde".)
47 Idem, *Winnie-the-Pooh*, p. 101 (trad. bras., p. 121).
48 Ibidem, p. 102 (trad. bras., p. 122).
49 A.A. Milne, *Winnie-the-Pooh*, p. 103 (trad. bras., p. 124).
50 Ibidem, p. 47 (trad. bras., p. 66).
51 No original em inglês, "attached to it", que significa "ligado afetivamente". A palavra "attached" sozinha, porém, também significa "preso" ou "pregado", e esse outro significado aparece na ilustração que acompanha o trecho citado, na qual o menino literalmente prega o rabo de volta em Ió. (N. da T.)
52 Ibidem, p. 127 (trad. bras., p. 148 e 149).
53 A.A. Milne, *The House at Pooh Corner*, p. IX (trad. bras., p. 13).
54 Idem, *Winnie-the-Pooh*, p. 74 (trad. bras., p. 93).
55 A.A. Milne, *Winnie-the-Pooh*, p. 43 (trad. bras., p. 61).
56 Ibidem, p. 43 (trad. bras., p. 61).
57 Ibidem, p. 74 (trad. bras., p. 94).
58 Idem, *The House at Pooh Corner*, p. 84 (trad. bras., p. 98).
59 Ibidem (trad. bras.: ibidem).
60 A.A. Milne, *The House at Pooh Corner*, p. 85 (trad. bras., p. 99).
61 Ibidem.
62 Ibidem, p. 87 (trad. bras., p. 100).

CAPÍTULO 3

1 Nesta obra, o termo alteridade é compreendido como a (o)posição mútua de dois grupos. Já outrização é a forma como um grupo prioriza sua própria posição em relação a outro grupo. A alteridade – por autores adultos – de gênero, raça etc. ofusca a aetonormatividade, ou seja, a posição de poder desigual entre adultos e crianças. Segundo Nikolajeva, trata-se de uma estratégia deliberada dos autores para obscurecer sua própria posição de poder, deslocando o foco de atenção para outras alteridades. (N. da E.)
2 J. Stephens, *Language and Ideology in Children's Fiction*, p. 7.
3 D.W. Jones, *A Tale of Time City*, p. 132.
4 Ibidem, p. 172.
5 Ibidem, p. 79.
6 D.W. Jones, *A Tale of Time City*, p. 84.
7 Ibidem, p. 143.
8 D.W. Jones, *A Tale of Time City*, p. 251.
9 D.W. Jones, *A Tale of Time City*, p. 308.
10 Ibidem, p. 352.
11 A palavra latina "faber" e o sobrenome de Vivian, "Smith", têm o mesmo significado: "aquele que trabalha com ferro". (N. da T.)
12 J. Stephens, *Language and Ideology in Children's Fiction*, p. 120-157.
13 L. Sachar, *Holes*, p 5 (trad. bras.: *Buracos*, p. 5).
14 Caracterizações da personagem Jim como "dócil e conciliatório", presentes na obra, desfilam entre os principais estereótipos em torno dos negros livres e escravizados do passado, um imaginário social que infelizmente repercute até os dias de hoje na realidade brasileira. Há assim uma interseccionalidade das relações de poder da aetonormatividade com o racismo, em que a criança negra enfrenta opressões específicas e que se diferem daquelas enfrentadas pela criança branca. (N. da E.)
15 "Livros de pôneis", em tradução literal, representam um gênero da literatura infantil que surgiu no começo do século XX e continua muito popular nos países de língua inglesa. Apesar de ser anterior a esse período, *Beleza Negra*, de Anna Sewell, é considerada a obra precursora do gênero. (N. da T.)

CAPÍTULO 4

1 Ver G. MacDonald, *The Fantastic Imagination*.
2 Ver T. Todorov, *Introduction to Fantastic Literature* (trad. bras.: *Introdução à Literatura Fantástica*).
3 Ver S. Prickett, *Victorian Fantasy*.
4 Ver R. Jackson, *Fantasy*.
5 Ver G. MacDonald, *The Complete Fairy Tales*, p. 81.
6 Ver M. Bakhtin, *Theory of the Novel II*, p. 149s. (trad. bras.: *Teoria do Romance II*, p. 95).
7 G. MacDonald, *The Complete Fairy Tales*, p. 104.
8 Ibidem, p. 104.
9 Ibidem, p. 119.
10 Idem, *At the Back of the North Wind*, p. 104.
11 Idem, *The Complete Fairy Tales*, p. 120.

12 Ibidem.
13 Ibidem, p. 144.
14 Idem, *At the Back of the North Wind*, p. 47.
15 Ibidem, p. 53.
16 Ibidem, p. 151.
17 Ibidem, p. 316.
18 Idem, *The Princess and the Goblin*, p. 32.
19 Ibidem, p. 76.
20 Ibidem, p. 81.
21 Ibidem, p. 95.
22 Ibidem, p. 100.
23 G. MacDonald, *The Complete Fairy Tales*, p. 119.
24 Idem, *The Princess and the Goblin*, p. 11.
25 Ibidem, p. 12.
26 Na Inglaterra e nos Estados Unidos do século XIX, os *crossing-sweepers* (em tradução literal, "varredores de caminho") varriam o chão diante de uma pessoa em troca de gorjetas para que ela andasse pelas ruas das cidades sem se sujar. (N. da T.)
27 Idem, *At the Back of the North Wind*, p. 45.
28 N. Frye, *Anatomy of Criticism* (trad. bras.: *Anatomia da Crítica*).
29 G. MacDonald, *At the Back of the North Wind*, p. 186.
30 R. McGillis, *For the Childlike*. (N. da T.: Em *A Dish of Orts* [Um Prato de Migalhas, 1893], MacDonald declarou que "I do not write for children, but for the childlike, whether of five, or fifty, or seventy-five". Em tradução literal: "Eu não escrevo para crianças, mas para os inocentes, tenham eles cinco, quinze ou setenta e cinco [anos]".)
31 Ver B. Wall, *The Narrator's Voice*.
32 G. MacDonald, *The Complete Fairy Tales*, p. 53.
33 Idem, *The Princess and the Goblin*, p. 19.
34 Ibidem, p. 80.
35 Idem, *At the Back of the North Wind*, p. 7.
36 Ibidem, p. 96.
37 Ibidem, p. 99.
38 Ibidem, p. 332.
39 Idem, *The Complete Fairy Tales*, p. 41.
40 Idem, *At the Back of the North Wind*, p. 116.
41 Ibidem, p. 291.
42 Idem, *The Princess and the Goblin*, p. 14.
43 Ibidem, p. 50.
44 Ibidem, p. 123.
45 Ibidem, p. 141.
46 Idem, *At the Back of the North Wind*, p. 109.
47 Ibidem, p. 178.
48 Ibidem, p. 227.
49 Ibidem, p. 15. (Grifo nosso.)
50 Ibidem, p. 16.
51 Ibidem, p. 24.
52 Ibidem, p. 271. (Grifo nosso.)
53 Idem, *Phantastes*, p. 20.
54 Ibidem, p. 85.
55 Ibidem, p. 15. (Grifo nosso.)
56 Ibidem, p. 16.
57 Ibidem, p. 23.
58 Ibidem, p. 29.
59 Ibidem, p. 39.
60 Idem, *At the Back of the North Wind*, p. 10.
61 Ibidem, p. 44.
62 Ibidem, p. 182.
63 Idem, *The Princess and the Goblin*, p. 17.
64 Idem, *The Complete Fairy Tales*, p. 16.
65 Ibidem, p. 228.
66 Ibidem, p. 16.
67 Idem, *The Princess and the Goblin*, p. 19.
68 Idem, *At the Back of the North Wind*, p. 9.
69 Idem, *The Princess and the Goblin*, p. 97.
70 Idem, *At the Back of the North Wind*, p. 177.
71 Ibidem, p. 312.
72 Ibidem, p. 186.
73 Ibidem, p. 187.
74 Ibidem, p. 31.
75 Ibidem, p. 147.
76 Idem, *The Complete Fairy Tales*, p. 17.
77 Ibidem, p. 25.
78 Ibidem, p. 29.
79 Idem, *At the Back of the North Wind*, p. 130.
80 Ibidem, p. 21.
81 Ibidem, p. 24.
82 Ibidem, p. 133.
83 Ibidem, p. 63.
84 Ibidem, p. 65.
85 Ibidem, p. 296.
86 Ibidem.
87 Idem, *The Complete Fairy Tales*, p. 230.
88 Ibidem, p. 239.
89 Idem, *At the Back of the North Wind*, p.130.
90 Ibidem, p. 253.
91 S. Prickett, *Victorian Fantasy*, p. 176.
92 D.C. Thacker e J. Webb, *Introducing Children's Literature*, p. 44.
93 Ver N. Veglahn, *Images of Evil*.
94 G. MacDonald, *At the Back of the North Wind*, p. 50.
95 Ibidem, p. 195.
96 Idem, *The Complete Fairy Tales*, p. 32.
97 Ibidem, p. 44.
98 Idem, *At the Back of the North Wind*, p. 89.
99 Idem, *The Princess and the Goblin*, p. 115. (Grifo nosso.)
100 Ibidem.
101 Ibidem, p. 119.
102 Idem, *The Complete Fairy Tales*, p. 122.
103 Ibidem, p. 124.
104 Ibidem, p. 143.
105 Ver W. N Gray, *George MacDonald, Julia Kristeva and the Black Sun*.
106 Ver R.Y. Jenkins, *I Am Spinning This for You, My Child*.
107 Ver R. McGillis, *A Fairytale is Just a Fairytale*.

CAPÍTULO 5

1. Ver F. Jameson, *Archaeologies of the Future*.
2. Ver C. Hintz e E. Ostry, *Utopian and Dystopian Writing for Children and Young Adults*.
3. Y. Karlsson, *Dit Man Längtar*, p. 5.
4. Feeds são chips implantados no cérebro das personagens. (N. do T.)
5. M.T. Anderson, *Feed*, p. 47.
6. J. Robson, *The Denials of Kow-Ten*, p. 25.
7. M. Blackman, *Noughts and Crosses*, p. 33 (trad. bras.: *Jogo da Velha*, p. 31).
8. J. Robson, *The Denials of Kow-Ten*, p. 64.
9. M T. Anderson, *Feed*, p. 49.
10. Ibidem, p. 65.
11. L. Lowry, *The Giver*, p. 17 (trad. bras.: *O Doador de Memórias*, p. 20).
12. Ibidem, p. 56.
13. M. Blackman, *Noughts and Crosses*, p. 27 (trad. bras., p. 28).
14. M.T. Anderson, *Feed*, p. 267.
15. Ibidem, p. 271.
16. M. Blackman, *Noughts and Crosses*, p. 151 (trad. bras., p. 157).
17. Ibidem, p. 53 (trad. bras., p. 55).
18. M.T. Anderson, *Feed*, p. 97.
19. Ibidem, p. 111.
20. Em sueco, o nome Maria é grafado "Marja" (o "j" tem som de "i"). O acréscimo do "i" cria um estranhamento no nome. (N. da T.)
21. M.T. Anderson, *Feed*, p. 48.
22. Do inglês "Oh, my good!", cuja tradução é "Ai, meu Deus!" (N. da T.)
23. J. Robson, *The Denials of Kow-Ten*, p. 32.
24. "Para o bem de todos".
25. L. Lowri, *The Giver*, p. 127 (trad. bras., p. 131).
26. J. Robson, *The Denials of Kow-Ten*, p. 78.
27. L. Lowri, *The Giver*, p. 7 (trad. bras., p. 11).
28. Ibidem, p. 153 (trad. bras., p. 157).
29. O título original em inglês, *Noughts and Crosses*, significa, em tradução literal, "Zeros e Cruzes" e é também o nome do jogo que conhecemos em português como "jogo da velha". (N. da T.)
30. M. Blackman, *Noughts and Crosses*, p. 44 (trad. bras., p. 46).
31. Ibidem, p. 60 (trad. bras., p. 63).
32. L. Lowri, *The Giver*, p. 5 (trad. bras., p. 8).
33. Ibidem, p. 70 (trad. bras., p. 73).
34. J. Robson, *The Denials of Kow-Ten*, p. 97.
35. Ibidem, p. 135.
36. Ibidem, p. 136.
37. Ibidem, p. 26.
38. Ibidem, p. 50.
39. Ibidem, p. 55.
40. Ibidem, p. 59.
41. M. Blackman, *Noughts and Crosses*, p. 363 (trad. bras., p. 378).
42. J. Robson, *The Denials of Kow-Ten*, p. 82.

CAPÍTULO 6

1. Ver E. Said, *Orientalism*.
2. Ver P. Nodelman, *The Other*; R. McGillis, *Postcolonialism, Children, and Their Literature*; idem, *Voices of the Other*.
3. K. Paterson, *Rebels of the Heavenly Kingdom*, p. 199.
4. Ibidem, p. 16.
5. Ibidem, p. 38.
6. Ibidem, p. 58.
7. Ibidem, p. 62.
8. Ibidem, p. 65.
9. Ibidem, p. 66.
10. Ibidem, p. 97.
11. Ibidem, p. 99.
12. Ibidem, p. 104.
13. Ibidem, p. 124.
14. Ibidem, p. 36.
15. Ibidem, p. 13.
16. Ibidem, p. 101.
17. Ibidem, p. 227.
18. K. Paterson, *Of Nightingales That Weep*. p. 170.
19. J. George, *Julie of the Wolves*, p. 13.
20. Ibidem, p. 84.
21. Ibidem, p. 88.
22. Ibidem, p. 29 e 42.
23. Ibidem, p. 36.
24. Ibidem, p. 37.
25. Ibidem, p. 44.
26. Ibidem, p. 6.
27. Ibidem, p. 18.
28. Ibidem, p. 19.
29. Ibidem, p. 34.
30. Ibidem, p. 59.
31. Ibidem, p. 9. (Grifo da autora.)
32. Ibidem, p. 8.(Grifos nossos.)
33. Ibidem, p. 28.
34. Ibidem, p. 122.
35. Ibidem, p. 123.
36. Ibidem, p. 126.
37. Ibidem, p. 141.
38. Ibidem, p. 156.
39. Ibidem, p. 83.
40. Ibidem, p. 170.
41. S. O'Dell, *Island of the Blue Dolphins*, p. 1.
42. Ibidem, p. 180.
43. Ibidem, p. 9.(Grifos nossos.)
44. Ibidem, p. 27.
45. Ibidem, p. 51.
46. Ibidem, p. 80.
47. Ibidem, p. 82.

48 Ibidem, p. 54.
49 Ser ficcional da série Fronteiras do Universo, de Philip Pullman. Os daemones são espíritos protetores das personagens humanas. (N. da T.)
50 S. O'Dell, op. cit., p. 153.
51 Ibidem, p. 156.
52 Ibidem, p. 177.
53 Ibidem, p. 178.
54 Ibidem, p. 179.
55 Ibidem, p. 179

CAPÍTULO 7

1 Ver S. Gilbert e S. Gubar, *The Madwoman in the Attic;* E. Showalter, *Speaking of Gender;* D. Spender, *Man Made Language;* J. Stephens, *Gender, Genre and Children's Literature;* R.S. Trites, *Waking Sleeping Beauty;* M. Hourihan, *Deconstructing the Hero;* C. Wilkie-Stibbs, *The Feminine Subject in Children's Literature.*
2 Ver J. Stephens, *Ways of Being Male.*
3 A. Chamber, *Dance on My Grave,* p. 163.(Grifos nossos.)
4 Ibidem, p. 173.
5 A. Chamber, *Dance on My Grave,* p. 42.
6 Ibidem, n.p.
7 Ibidem, p. 9.
8 Ibidem, p. 11.
9 Ibidem, p. 155.
10 Ibidem, p. 213.
11 Ibidem, p. 214.
12 Nenhum dos textos analisados aqui foi traduzido para o inglês (ou para o português). A autora utilizou trechos do suplemento da *Swedish Book Review* 2006, que foram traduzidos livremente para o português.
13 Este é um termo alemão que significa "romance de artista" e é considerado uma subcategoria do *Bildungsroman* ("romance de formação"). Refere-se a uma narrativa que trata especificamente do amadurecimento de um artista, da juventude à idade adulta. (N. da T.)
14 O homem mais velho que volta a morar na ilha depois de adulto e pelo qual Louise se apaixona em *Duas Vidas, Dois Destinos.* (N. da T.)
15 O marido de Louise. (N. da T.)
16 O assistente do Capitão Wallace que se casa com Caroline, irmã de Louise, depois de voltar da guerra. (N. da T.)

CAPÍTULO 8

1 Utilizamos aqui a tradução de Irene Hirsch e Alexandre Barbosa de Sousa para *Moby Dick* (p. 26), publicada pela editora Cosac Naify em 2008, apenas com a troca do nome próprio. (N. da T.)
2 S.S. Lanser, *The Narrative Act: Point of View in Prose Fiction,* p. 3; idem, *Toward a Feminism Narratology;* ver ainda K. Mezei, *Ambiguous Discourse.*
3 Ver S.S. Lanser, *Toward a Feminism Narratology.*
4 Idem, *Fictions of Authority..*
5 Ver J. Butler, *Gender Trouble* (trad. bras.: *Problemas de Gênero: Feminismo e Subversão da Identidade*).
6 S.S. Lanser, *Fictions of Authority.*
7 D. Hofmeyr, *Boikie, You Better Believe It,* p. 5.
8 Ibidem, p. 5.
9 Ibidem.
10 Ver D. Spender, *Man Made Language.*
11 AVI, *The True Confessions,* p. 1.
12 Ibidem. (Grifos nossos.)
13 Ibidem, p. 3.(Grifos nossos.)
14 Ibidem, p. 1.(Grifos nossos.)
15 D. Hofmeyr, *Boikie, You Better Believe It,* p. 5.
16 AVI, *The True Confessions of Charlotte Doyle,* p. 1.
17 Ver R.S. Triter, *Disturbing the Universe,* p. 100-121.
18 Ver J.F. Lyotard, *The Postmodern Condition.*
19 AVI, *The True Confessions of Charlotte Doyle,* p. 1.
20 K. Paterson, *Jacob Have I Loved,* p. 5 (trad. bras.: *Duas Vidas, Dois Destinos,* p. 5).
21 Ver V. Flanagan, *Into the Closet.*
22 AVI, *The True Confessions of Charlotte Doyle,* p. 71.
23 Ibidem, p. 113.
24 Ver M. Westwater, *Giant Despair Meets Hopeful,* p. 65-90.
25 A. Pratt, *Archetypal Patterns in Women's Fiction,* p. 30.
26 Ver M. Lassén-Seger, *Adventures Into Otherness.*
27 Ver R.S. Trites, *Waking Sleeping Beauty.*

CAPÍTULO 9

1 Ver J. Salminen, *Fantastic in Form, Ambiguous in Content.*
2 Para facilitar a compreensão, neste capítulo as referências serão feitas a partir da tradução livre dos títulos das obras, mesmo que não tenham sido publicadas no Brasil. (N. da T.)
3 Os textos foram acessados na Internet, por isso não há indicação de paginação. (N. da T.: todos os textos deste capítulo foram traduzidos livremente do inglês a partir das traduções feitas pela autora direto do russo.)
4 Ver M. Nikolajeva, *From Mythic to Linear,* p. 61-78.

CAPÍTULO 10

1. Ver E.M. Forster, *Aspects of the Novel*, p. 43 (trad. bras.: *Aspectos do Romance*, p. 48).
2. J. Schwarcz e C. Schwarz, *The Picture Book Comes of Age*, p. 9.
3. R. Duvoisin, *Veronica*.
4. Ver K. M Briggs, *Nine Lives*; V.C. Holmgren, *Cats in Fact and Folklore*.
5. R. Kipling, *Just So Stories for Little Children*, 1902.
6. E.T. Seton, *Animal heroes*.
7. Apelidos comuns dados às gatas em inglês. Poderiam ser traduzidos como "bichana" ou "gatinha". (N. da T.)
8. Ibidem.
9. E.T. Seton, *Animal heroes*.
10. Ver M.L. von Franz, *The Cat*.
11. Dr. Seuss, *The Cat in the Hat*, p. 25 (trad. bras.: *O Gatola da Cartola*, p. 29). (N. da T.: Na edição brasileira, a tradução omite o pronome pessoal: "Você NÃO DEVERIA estar aqui/ quando a mamãe não está".)
12. Dr. Seuss, *The Cat in the Hat*, p. 52 (trad. bras., p. 56).
13. Ibidem, p. 60 (trad. bras., p. 64).
14. Nos países de língua inglesa, costuma-se dizer que os gatos têm nove vidas em vez de sete, como costumamos dizer no Brasil. (N. da T.)
15. L. Alexander, *Time Cat*, p. 152.
16. Ibidem, p. 13.
17. Ibidem, p. 156.
18. Ibidem, p. 9.
19. N. Gaiman, *Coraline*, p. 5 (trad. bras.: *Coraline*, p. 21).
20. Ibidem, p. 36 (trad. bras., p. 64).
21. Ibidem, p. 37 (trad. bras., p. 65).
22. Ibidem, p. 67 (trad. bras., p. 103).
23. Ibidem, p. 38 (trad. bras., p. 66).
24. Ibidem, p. 37 (trad. bras., p. 65)

CAPÍTULO 11

1. Ver M. Sendak, *Where the Wild Things Are* (trad. bras.: *Onde Vivem os Monstros*).
2. B. Potter, *The Tale of Peter Rabbit* (trad. bras.: *A História de Pedro Coelho*, p. 18).
3. Ibidem (trad. bras., p. 17).
4. Ibidem (trad. bras., p. 18).
5. Ver C. Scott, *Clothed in Nature or Nature Clothed*.
6. Ver M. Galbraigh, "*Goodnight Nobody*" *Revisited*.

CAPÍTULO 12

1. Ver W.K. Wimsatt e M.C. Beardsley, *The Verbal Icon*.
2. Ver J. Stephens, *Language and Ideology in Children's Fiction*, p. 47-83.
3. Ver R. McCallum, *Ideologies of Identity in Adolescent Fiction*; C. Wilkie-Stibbs, *The Feminine Subject in Children's Literature*.
4. Ver J. Zipes, *Sticks and Stones*, p. 147-169.
5. Ver M. Usrey, *Johanna Spyri's Heidi*.
6. M. Ende, *Momo*, p. 13 (trad. bras.: *Momo e o Senhor do Tempo*, p. 5).
7. Ibidem, p. 14 (trad. bras., p. 7).
8. Trata-se de um conto bastante violento e sangrento do condado britânico da Cornualha. Na história, um jovem mata diversos gigantes durante o reinado do rei Artur. (N. da T.)
9. D.W. Hones, *The Homeward Bounders*, p. 7.
10. S. Hartnett, *Thursday's Child*, p. 9.
11. Ibidem, p. 10.
12. Ibidem, p. 21.
13. Ibidem, p. 36.
14. Ibidem, p. 39.
15. Ibidem, p. 88.
16. Ibidem, p. 174.
17. Ibidem, p. 182.
18. Ibidem, p. 204.
19. Ibidem, p. 169.
20. Ibidem, p. 113.
21. Ibidem, p. 16. (Grifos nossos.)
22. Ibidem, p. 36.
23. Ibidem, p. 83.
24. Ibidem, p. 7.
25. Ibidem, p. 7.
26. Ibidem, p. 36.
27. Ibidem, p. 19.
28. S. Hartnett, *Surrender*, p. 43.
29. Ibidem, p. 54.
30. Ibidem, p. 42.
31. Ibidem, p. 62.
32. Ibidem, p. 41.
33. Ibidem, p. 224.
34. Ibidem, p. 227.
35. Ibidem, p. 169.
36. M. Haddon, *The Curious Incident of the Dog in the Night-Time*, p. 2 (trad. bras.: *O Estranho Caso do Cachorro Morto*, p. 3).
37. Ibidem (trad. bras., p. 3).
38. Ver M. Haddon, *The Curious Incident of the Dog in the Night-Time*, p. 189 (trad. bras., p. 202-203).
39. Ibidem, p. 268 (trad. bras., p. 268).
40. G. Genette, *Narrative Discourse*.
41. M. Pressler, *Die Zeit der schlafenden Hunde*, p. 13.
42. Ibidem, p. 176.

Bibliografia

Fontes Primárias

ALDRICH, Thomas Bailey. *The Story of a Bad Boy*. New York: Echo Lobraray, 2006.
ALCOTT, Louisa May. *Little Women*. Harmondsworth: Penguin, 1994. (Trad. bras.: *Mulherzinhas*. Trad. Julia Romeu. São Paulo: Penguin-Companhia, 2020.)
ALEXANDER, Lloyd. *Time Cat*. New York: Dell, 1963.
____. *The Town Cats and Other Stories*. New York: Dell, 1977.
____. *The First Two Lives of Lukas-Kasha*. New York: Dutton, 1978.
____. *The Remarkable Journey of Prince Jen*. New York: Dutton, 1991.
ANDERSEN, Hans Christian. *The Complete Fairy Tales and Stories*. New York: Doubleday, 1974. (Trad. bras: *Contos de Hans Christian Andersen*. Trad. Silva Duarte. São Paulo: Paulinas, 2011.)
ANDERSON, M.T. *Feed*. Cambridge: Candlewick, 2002.
ANSTEY, F. *The Brass Bottle*. New York: Appleton, 1900.
AVI. *The True Confessions of Charlotte Doyle*. New York: Avon, 1992.
____. *Nothing but the Truth*. New York: Avon, 1992.
ASIMOV, Isaac. *The End of Eternity*. London: HarperCollins, 2000. (Trad. bras.: *O Fim da Eternidade*. Trad. Susana Alexandria. 2. ed. São Paulo: Aleph, 2019.)
BABBIT, Natalie. *Tuck Everlasting*. New York: Farrar, 1975.
BAUM, L. Frank [1900]. *The Wonderful Wizard of Oz*. New York: HarperCollins, 2000. (Trad. bras.: *O Mágico de Oz*. Trad. Sérgio Flaksman. Rio de Janeiro: Zahar, 2013.)
BLACKMAN, Malorie. *Noughts and Crosses*. London: Doubleday, 2001. (Trad. bras.: *Jogo da Velha*. Trad. Alves Calado. Rio de Janeiro: Galera Record, 2007.)
BOJUNGA, Lygia. *A Bolsa Amarela*. Rio de Janeiro: AGIR, 1976.
____. *A Casa da Madrinha*. Rio de Janeiro: AGIR, 1978.
____. *Corda Bamba*. Rio de Janeiro: Civilização Brasileira, 1979.
____. *O Sofá Estampado*. Rio de Janeiro: Civilização Brasileira, 1980.
____. *O Meu Amigo Pintor*. Rio de Janeiro: José Olympio, 1987.
____. *Seis Vezes Lucas*. Rio de Janeiro: AGIR, 1995.
BURGESS, Melvin. *Junk*. London: Andersen, 1996.
____. *Lady: My Life as a Bitch*. London: Andersen, 2001.
BURNETT, Frances Hodgson. *Little Lord Fauntlroy*. London: Penguin, 1995. (Trad. bras.: *O Pequeno Lorde*. Trad. Tatiana Belinky. São Paulo: Editora 34, 2014.)
BURNINGHAM, John. *Hey, Get Off Our Train!* New York: Crown, 1989.
CARROLL, Lewis. *Alice's Adventures in Wonderland*. *The Penguin Complete Lewis Carroll*. Harmonsworth: Penguin, 1982. (Trad. bras.: *Alice no País das Maravilhas*. Trad. Nicolau Sevcenko. São Paulo: Sesi-SP, 2018.)
____. *Through the Looking Glass*. *The Penguin Complete Lewis Carroll*. Harmonsworth: Penguin, 1982. (Trad. bras.: *Alice Através do Espelho*. Trad. Alexandre Barbosa de Souza. São Paulo: Sesi-SP, 2018.)
CHAMBERS, Aidan. *Dance on My Grave*. London: Random House, 1995.
____. *This is All: The Pillow Book of Cordelia Kenn*. London: Bodley Head, 2005.
CLEARLY, Beverly. *Dear Mr. Henshaw*. New York: Morrow, 1983.
COLLODI, Carlo. *The Adventures of Pinnochio*. Trad. Anne Lawson. Oxford: Oxford University Press, 1996. (Trad. bras.: *As Aventuras de Pinóquio: História de um Boneco*. Trad. Ivo Barroso. São Paulo: Sesi-SP Editora, 2020.)
COOLIDGE, Susan. *What Katy Did*. London: Penguin, 1997.
COOPER, Susan. *The Dark Is Rising*. London: Chatto & Windys,1973. (Trad. bras.: *Os Seis Signos da Luz*. Trad. Lilian Palhares. São Paulo: Novo Século, 2007.)
DAHLE, Gro; NYHUS, Svein. *Bak Mumme bor Moni*. Oslo: Cappelen, 2000.
DE BRUNHOFF, Jean. *The Story of Babar, the Little Elephant*. New York: Random House, 1937. (Trad. bras.: *A História de Babar, o Pequeno Elefante*. Trad. Heloisa Prieto. São Paulo: Companhia das Letrinhas, 1992.)

_____. *Bonjour, Babar!* New York: Random House, 2000.
DRUON, Maurice. *Tistou of the Green Thumbs.* Trad. Humphrey Hare. New York: Scribner, 1958. (Trad. bras.: *O Menino do Dedo Verde.* Trad. Dom Marcos Barbosa. Rio de Janeiro: José Olympio, 2017.)
DUVOISIN, Roger. *Veronica.* New York: Knopf, 1961.
EKMAN, Fam. *Hva Skal Vi Gjøre Med Lille Jill?* Oslo: Cappelen, 1976.
ENDE, Michael. *Momo.* New York: Doubleday, 1985. (Trad. bras.: *Momo e o Senhor do Tempo.* Trad. Mônica Stahel. São Paulo: WMF Martins Fontes, 2012.)
GAIMAN, Neil. *Coraline.* New York: HarperCollins, 2002. (Trad. bras.: *Coraline.* Trad. Bruna Beber. Rio de Janeiro: Intrínseca, 2020.)
GANDOLFI, Silvana. *Aldabra or the Tortoise Who Loved Shakespeare.* London: Arthur A. Levine, 2004. (Trad. bras.: *Aldabra, a Tartaruga que Amava Shakespeare.* Trad. Mario Fondelli. Rio de Janeiro: Rocco, 2003.)
GEORGE, Jean Graighead. *My Side of the Mountain.* London: Harper, 1960.
_____. *Julie of the Wolves.* London: HarperCollins, 1972.
_____. *The Talking Earth.* London: HarperCollins, 1983.
_____. *Julie's Wolf Pack.* London: HarperCollins, 1997.
GUBAREV, Vitaly. *Troye na ostrove.* Disponível em: <http://www.lib.ru/TALES/GUBAREW/gubarev.txt>. Acesso em: maio 2023.
HADDON, Mark. *The Curious Incident of the Dog in the Night-Time.* London: Vintage, 2004. (Trad. bras.: *O Estranho Caso do Cachorro Morto.* Trad. Luiz Antônio Aguiar. Rio de Janeiro: Record, 2004.)
HALLER, Bent; KARREBÆK, Dorte. *Ispigen.* København: Høst & Søn, 2001.
HAMBERG, Emma. *Linas Kvällsbok.* Stockholm: Bonnier, 2003.
HARTNETT, Sonya. *Thursday's Child.* Sydney: Penguin, 2000.
_____. *Forest. Journey From the Wild.* Sydney: Penguin, 2001.
_____. *Surrender.* Sydney: Penguin, 2005.
_____. *The Ghost's Child.* Sydney: Penguin, 2007.
HINTON, S.E. *The Outsiders.* Harmondsworth: Penguin, 1997. (Trad. bras.: *The Outsiders: Vidas Sem Rumo.* Trad. Ana Guadalupe. Rio de Janeiro: Intrínseca, 2020.)
_____. *That Was Then, This Is Now.* Harmondsworth: Penguin, 1998.
HOFFMANN, E.T.A. *The Life and Opinions of Tomcat Murr.* London: Penguin, 1999. (Trad. bras.: *Reflexões do Gato Murr.* Trad. Maria Aparecida Barbosa. São Paulo: Estação Liberdade, 2013.)
_____. *Das fremde Kind.* Berlin: Rohrwall, 2001.
_____. *Tales of Hoffman.* London: Penguin, 2004.
_____. *The Nutcracker and Mouse King.* London: Penguin, 2007. (Trad. bras.: *O Quebra-Nozes e o Rei dos Camundongos.* Trad. Luís S. Krausz. In. *O Quebra-Nozes.* Rio de Janeiro: Zahar, 2018.)
HOFFMANN, Heinrich. *Struwwelpeter.* New York: Dover, 1995. (Trad. bras.: *João Felpudo, ou Histórias Divertidas Com Desenhos Cômicos do Dr. Heinrich Hoffmann.* Trad. Cláudia Cavalcanti. São Paulo: Iluminuras, 2011.)
HOFMEYR, Dianne. *Boikie, You Better Believe It.* Cape Town: Tafelberg, 1994.
HUNTER, Erin W. *Into the Wild.* London: HarperCollins, 2003.
JONES, Diana Wynne. *The Homeward Bounders.* London: Macmillan, 1981.
_____. *The Lives of Christopher Chant.* London: Methuen, 1988. (Trad. bras.: *As Vidas de Christopher Chant.* Trad. Eliana Sabino. São Paulo: Geração Editorial, 2002.)
_____. *Castle in the Air.* London: Methuen, 1990. (Trad. bras.: *O Castelo no Ar.* Trad. Raquel Zampil. Rio de Janeiro: Galera Record, 2021.)
_____. *A Tale of Time City.* London: HarperCollins, 2000.
JOYCE, James. *The Cat and the Devil.* London: HarperCollins, 2000. (Trad. bras.: *O Gato e o Diabo.* Trad. Dirce Waltrick do Amarante. São Paulo: Iluminuras, 2013.)
KADEFORS, Sara. *Sandor Slash Ida.* Stockholm: BonnierCarlsen, 2001.
KARLSSON, Ylva. *Dit Man Längtar.* Stockholm: Alfabeta, 2001.
KARREBÆK, Dorte. *Pigen der Var go' Til Mange Ting.* København: Forum, 1996.
_____. *Lille Frøken Buks og de Små Sejre.* København: Gyldendal, 2004.
KATAYEV, Valentin. *Tsvetik-Semitsvetik.* Disponível em: <http://www.2lib.ru/getbook/5081.

KEMP, Gene. *The Turbulent Term of Tyke Tiler*. Harmondsworth: Penguin, 1979.
KIERI, Katarina. *Ingen Grekisk Gud, Precis*. Stockholm: Rabén & Sjögren, 2002.
____. *Dansar Elias? Nej!* Stockholm: Rabén & Sjögren, 2004.
KINGSLEY, Charles. *The Water Babies*. London: Wordfsworth, 1994.
KIPLING, Rudyard. *The Complete Just So Stories*. Disponível em: <http://www.gutenberg.org/ebooks/2781>. Acesso em: maio 2023.
KORCZAK, Janusz. *King Matt the First*. Trad. Richard Lourie. Intro. Bruno Bettelheim. New York: Farrar, Straus and Giroux, 1986. (Trad. bras.: *Rei Mateusinho Primeiro*. Trad. Deusdedit Pontes Lobato. São Paulo: Melhoramentos, 1971.)
KUJIER, Guus. *The Book of Everything*. Trad. John Nieuwenjuizen. London: Arthur A Levine, 2006. (Trad. bras.: *O Livro de Todas as Coisas*. Trad. Mirella Traversin Martino. São Paulo: WMF Martins Fontes, 2005.)
LAGIN, Lazar. *Starik Hottabich*. Disponível em: <http://www.lib.ru/LAGIN/hottab.txt>. Acesso em: maio 2023.
LE GUIN, Ursula. *A Wizard of Earthsea*. New York: Parnassus, 1968. (Trad. bras.: *O Feiticeiro de Terramar*. Trad. Ana Resende. Rio de Janeiro: Arqueiro, 2016.)
LEWIS, C.S. *The Lion, the Witch and the Wardrobe*. London: The Bodley Head, 1950. (Trad. bras.: *O Leão, a Feiticeira e o Guarda-roupa*. Trad. Paulo Mendes Campos. São Paulo: WMF Martins Fontes, 2009.)
____. *The Horse and His Boy*. London: The Bodley Head, 1954. (Trad. bras.: *O Cavalo e Seu Menino*. Trad. Paulo Mendes Campos. São Paulo: WMF Martins Fontes, 2019.)
____. *The Magician's Nephew*. London: The Bodley Head, 1955. (Trad. bras.: *O Sobrinho do Mago*. Trad. Paulo Mendes Campos. São Paulo: WMF Martins Fontes, 2014.)
LINDENBAUM, Pija. *Gittan och Gråvargarna*. Stockholm: Rabén & Sjögren, 2000. (Trad. bras.: *Pati e os Lobos*. Trad. Fernanda Sarmatz Åkesson. São Paulo: Companhia das Letrinhas, 2014.)
____. *När Åkes Mamma Glömde Bort*. Stockholm: Rabén & Sjögren, 2005.
LINDGREN, Astrid. *Pippi Longstocking*. Trad. Tina Nunnelly. Oxford: Oxford University Press, 2007. (Trad. bras.: *Píppi Meialonga*. Trad. Maria de Macedo. São Paulo: Companhia das Letrinhas, 2016.)
____. *Pippi in the South Seas*. Trad. Gerry Bothmer. Harmondsworth: Penguin, 1997. (Trad. bras.: *Píppi nos Mares do Sul*. Trad. Maria de Macedo. São Paulo: Companhia das Letrinhas, 2016.)
____. *Karlsson on the Roof*. Trad. Sarah Death. Oxford: Oxford Univversity Press, 2008. (Trad. bras.: *Karlsson no Telhado*. Trad. Fernanda Sarmatz Akesson. São Paulo: Companhia das Letrinhas, 2016.)
LOWRY, Lois. *The Giver*. New York: Doubleday, 1993. (Trad. bras.: *O Doador de Memórias*. Trad. Maria Luiza Newlands. Rio de Janeiro: Arqueiro, 2014.)
MACDONALD, George. *The Princess and the Goblin*. London: Penguin, 1964.
____. *The Princess and Curdie*. London: Penguin, 1966.
____. *At the Back of the North Wind*. London: Penguin, 1984.
____. *The Complete Fairy Tales*. London: Penguin, 1999.
____. *Lilith*. Grand Rapids, MI: Eerdman, 2000.
____. *Phantastes*. Grand Rapids, MI: Eerdman, 2000.
MACHADO, Ana Maria. *História Meio Ao Contrário*. São Paulo: Ática, 1978.
____. *O Menino Pedro e seu Boi Voador*. São Paulo: Ática, 1979.
____. *De Olho nas Penas*. São Paulo: Salamandra, 1981.
____. *Bisa Bia Bisa Bel*. São Paulo: Salamandra, 1982.
____. *Beijos Mágicos*. São Paulo: FTD, 1992.
____. *Palavras, Palavrinhas e Palavrões*. São Paulo: Quinteto, 1998.
MAJOR, Kevin. *Dear Bruce Springsteen*. Toronto: Doubleday, 1987.
____. *Diana: My Autobiography*. Toronto: Doubleday, 1993.
MALOT, Hector. *The Foundling*. New York: Harmony, 1986. (Trad. bras.: *Sem Família*. Trad. Virgínia Lefrève. Curitiba: Editora e Livraria do Chain, 2010.)
MARSDEN, John. *Letters from the Inside*. Sydney: Macmillan, 1991.
MARSHALL, James. *George and Martha*. New York: Houghton Mifflin, 1972.

MCCAUGHREAN, Geraldine. *The Kite Rider*. Oxford: Oxford University Press, 2001.
MILNE, A.A. *Winnie-the-Pooh*. London: Methuen, 1965a. (Trad. bras.: *Ursinho Pooh*. Trad. Monica Stahel. 2. ed. São Paulo: WMF Martins Fontes, 2018.)
_____. *The House At Pooh Corner*. London: Methuen, 1965b. (Trad. bras.: *O Ursinho Pooh Constrói uma Casa*. Trad. Monica Stahel. 2. ed. São Paulo: WMF Martins Fontes, 2018.)
MOEYAERT, Bart. *Bare Hands*. Trad. David Colmer. Asherville, NC: Front Street, 2005.
MOLESWORTH, Mary. *The Cuckoo Clock*. London: Jane Nissen, 2002.
MORPURGO, Michael. *Kensuke's Kingdom*. London: Heinemann, 1999.
NESBIT, Edith. *The Story of the Amulet*. London: BiblioBazaar, 2007.
_____. *The House of Arden*. London: Penguin, 1986.
_____. *The Phoenix and the Carpet*. London: Wordsworth, 1995.
_____. *The Railway Children*. London: Penguin, 1995. (Trad. bras.: *Os Meninos e o Trem de Ferro*. Trad. Ana Maria Machado. São Paulo: Salamandra, 2008.)
_____. *The Enchanted Castle*. London: Penguin, 1999. (Trad. bras.: *O Castelo Encantado*. Trad. Márcia Soares Guimarães. São Paulo: Autêntica, 2012.)
_____. *Five Children and It*. London: Penguin, 2004. (Trad. bras.: *Cinco Crianças e um Segredo*. Trad. Marco Maffei. São Paulo: Editora 34, 2006.)
NÖSTLINGER, Christine. *Konrad*. New York: Avon, 1982. (Trad. bras.: *Konrad, o Menino da Lata*. Trad. Karina Janinni. São Paulo: Biruta, 2013.)
O'DELL, Scott. *Island of the Blue Dolphins*. Boston: Houghton Mifflin, 1960.
PARK, Linda Sue. *A Single Shard*. Oxford: Oxford University Press, 2001. (Trad. bras.: *Por um Simples Pedaço de Cerâmica*. Trad. Eneida Vieira Santos. 4. ed. São Paulo: WMF Martins Fontes, 2016.)
PATERSON, Katherine. *The Sign of the Chrysanthemum*. New York: HarperCollins, 1973.
_____. *Of Nightingales That Weep*. New York: HarperCollins, 1974.
_____. *The Master Puppeteer*. New York: HarperCollins, 1975. (Trad. bras.: *O Mestre das Marionetes*. Trad. Ana Maria Machado. São Paulo: Salamandra, 2006.)
_____. *Rebels of the Heavenly Kingdom*. New York: Dutton, 1983.
_____. *Jacob I Have Loved*. New York: HarperCollins, 1980] (Trad. bras.: *Duas Vidas, Dois Destinos*. Trad. Ana Maria Machado. São Paulo: Salamandra, 2016.)
_____. *Preacher's Boy*. New York: HarperCollins, 1999.
PEARCE, Philippa. *Tom's Midnight Garden*. Oxford: Oxford University Press, 2008. (Trad. bras.: *O Jardim da Meia-noite*. Trad. Cícero Sandroni. São Paulo: Moderna, 1998.)
PERRAULT, Charles. Puss in Boots. Disponível em: <http://www.surlalunaefairytales.com/puss-boots/index.html>. Acesso em: maio 2023. (Trad. bras.: *O Gato Mestre, Contos da Mamãe Gansa ou Histórias do Tempo Antigo*. Trad. Leonardo Fróes. São Paulo: Editora SESI-SP, 2018.)
POTTER, Beatrix. *The Tale of Peter Rabbit*. London: Waerne, 1902. (Trad. bras.: *A História de Pedro Coelho*. Trad. Rosana Rios. 2. ed.. São Paulo: Edições Barbatana, 2018.)
PRESSLER, Mirjam. *Let Sleeping Dogs Lie*. Trad. Erik J. Macki. Asheville: Front Street, 2007.
PULLMAN, Philip. *The Fireworker Maker's Daughter*. London: Doubleday, 1995. (Trad. bras.: *A Filha do Fabricante de Fogos de Artifício*. Trad. Heloisa Maria Leal. Rio de Janeiro: Bertrand Brasil, 2007.)
_____. *Northern Lights*. London: Scholastic, 1995. (Trad. bras.: *A Bússola de Ouro*. Trad. Eliana Sabino. São Paulo: Suma, 2017.)
_____. *The Subtle Knife*. London: Scholastic, 1997. (Trad. bras.: *A Faca Sutil*. Trad. Eliana Sabino. São Paulo: Suma, 2017.)
_____. *The Amber Spyglass*. London: Scholastic, 2000. (Trad. bras.: *A Luneta Âmbar*. Trad. Eliana Sabino. São Paulo: Suma, 2017.)
ROBSON, Jenny. *The Denials of Kow-Ten*. Cape Town: Tafelberg, 1998.
ROWLING, J.K. *Harry Potter and the Philosopher's Stone*. London: Bloomsbury, 1997. (Trad. bras.: *Harry Potter e a Pedra Filosofal*. Trad. Lia Wyler. Rio de Janeiro: Rocco, 2000.)
_____. *Harry Potter and the Chamber of Secrets*. London: Bloomsbury, 1998. (Trad. bras.: *Harry Potter e a Câmara Secreta*. Trad. Lia Wyler. Rio de Janeiro: Rocco, 2000.)
_____. *Harry Potter and the Prisoner of Azkaban*. London: Bloomsbury, 1999. (Trad. bras.: *Harry Potter e o Prisioneiro de Azkaban*. Trad. Lia Wyler. Rio de Janeiro: Rocco, 2000.)

_____. *Harry Potter and the Goblet of Fire*. London: Bloomsbury, 2000. (Trad. bras.: *Harry Potter e o Cálice de Fogo*. Trad. Lia Wyler. Rio de Janeiro: Rocco, 2001.)
_____. *Harry Potter and the Order of the Phoenix*. London: Bloomsbury, 2003. (Trad. bras.: *Harry Potter e a Ordem da Fênix*. Trad. Lia Wyler. Rio de Janeiro: Rocco, 2003.)
_____. *Harry Potter and the Half-Blood Prince*. London: Bloomsbury, 2005. (Trad. bras.: *Harry Potter e o Enigma do Príncipe*. Trad. Lia Wyler. Rio de Janeiro: Rocco, 2005.)
_____. *Harry Potter and the Deathly Hallows*. London: Bloomsbury, 2007. (Trad. bras.: *Harry Potter e as Relíquias da Morte*. Trad Wyler. Rio de Janeiro: Rocco, 2007.)
SACHAR, Louis. *Holes*. New York: Dell, 1998. (Trad. bras.: *Buracos*. Trad. Eduardo Brandão. São Paulo: Editora Martins Fontes, 2009.)
SAID, S.F. *Varjak Paw*. London: David Fickling, 2003.
SAINT-EXUPÉRY, Antoine de. *The Little Prince*. London: Wordsworth 1995. (Trad. bras.: *O Pequeno Príncipe*. Trad. Mário Quintana. São Paulo: Melhoramentos, 2017.)
SALINGER, Jerome D. *The Catcher in the Rye*. Philadelphia: Chelsea House, 2000. (Trad. bras.: *O Apanhador no Campo de Centeio*. Trad. Caetano W. Galindo. São Paulo: Todavia, 2019.)
SENDAK, Maurice. *Where the Wild Things Are*. New York: Harper, 1963. (Trad. bras.: *Onde Vivem os Monstros*. Trad. Heloisa Jahn. São Paulo: Cosac Naify, 2014.)
_____. *Outside Over There*. New York: Harper & Row, 1981.
SETON, Ernest Thompson. *Animals Heroes*. Disponível em: <http://www.gutenberg.org/etext/2284>. Acesso em: maio 2023.
SEUSS, Dr. *The Cat in the Hat*. New York: Random House, 1957. (Trad. bras.: *O Gatola da Cartola*. Trad. Bruna Beber. São Paulo: Companhia das Letrinhas, 2017.)
SIGSGAARD, Jens; UNGERMANN, Arne. *Paul Alone in the World*. St Louis: McGraw-Hill, 1964.
SPYRI, Johanana. *Heidi*. London: Wordsworth, 1993. (Trad. bras.: *Heidi, a Menina dos Alpes*. Trad. Karina Jannini. São Paulo: Autêntica, 2017.)
STRETTON, Hesba [1867]. *Jessica's First Prayer*. London: Kessinger, 2004.
TAYLOR, G.P. *Shadowmancer*. London: Faber, 2004. (Trad. bras.: *Shadowmancer*. Trad. Maria Alice Máximo. Rio de Janeiro: Objetiva, 2004.)
TAYLOR, Mildred D. *Roll of Thunder, Hear My Cry*. New York: Dial, 1976.
_____. *Mississippi Bridge*. New York: Dial, 1990.
THYDELL, Johanna. *I taket lyser stjärnorna*. Stockholm: Natur och Kultur, 2003.
TOLKIEN, J.R.R. *The Hobbit*, Boston: Houghton Mifflin, 1997. (Trad. bras.: *O Hobbit*. Trad. Reinaldo José Lopes. Rio de Janeiro: Harpers Collins, 2019.)
_____. *Lord of the Rings*. Philadelphia: Chelsea House, 1999. (Trad. bras.: *O Senhor dos Anéis*. Trad. Ronald Kyrmse. Rio de Janeiro: Harpers Collins, 2019.)
TOMIN, Iuri. *Schol po Gorodu Volschebnik*. Disponível em: <http://www.lib.ru/TALES/TOMIN/>. Acesso em: maio 2023.
TOWNSEND, Sue. *The Secret Diary of Adrian Mole. Aged 13 ¾*. London: Mandarin, 1982. (Trad. bras.: *O Diário Secreto de um Adolescente*. Trad. Miguel Carvalho de Moura. Rio de Janeiro: Bertrand Brasil, 1988.)
TRAVERS, Pamela. *Mary Poppins*. London: HarperCollins, 2008. (Trad. bras.: *Mary Poppins*. Trad. Joca Reiners Terron. Rio de Janeiro: Zahar, 2017.)
TRIVIZAS, Eugene. *The Last Black Cat*. Trad. Sandy Zervas. London: Egmont, 2005.
TWAIN, Mark. *The Adventures of Tom Sawyer*. Harmondsworth: Penguin, 1985. (Trad. bras.: *As Aventuras de Tom Sawyer*. Trad. Alexandre Barbosa de Souza. Rio de Janeiro: Nova Fronteira, 2019.)
_____. *The Adventures of Huckleberry Finn*. New York: Penguin, 1995. (Trad. bras.: *As Aventuras de Huckleberry Finn*. Trad. Alexandre Barbosa de Souza. Rio de Janeiro: Nova Fronteira, 2020.)
WAHL, MATS. *Anna-Carolinas Krig*. Stockholm: Bonniers Junior, 1986.
_____. *Vinterviken*. Stockholm: Bonniers Junior, 1993.
_____. *Lilla Marie*. Stockholm: BonnierCarlsen, 1995.
WEBSTER, Jean. *Daddy-Long-Legs*. London: Penguin, 1995.

Fontes Secundárias

AUERBACH, Erich. *Mimesis. The Representation of Reality in Western Literature*. 4. ed. Princeton: Princeton University Press, 1974. (Trad. bras.: *Mimesis*. Trad. Equipe Perspectiva. São Paulo: Perspectiva, 1998.)

BAKHTIN, Michail. *Rabelais and His World*. Cambridge: MIT Press, 1968.

_____. Epic and Novel. In: *The Dialogic Imagination*. Austin: University of Texas Press, 1981. (Trad. bras.: O Romance Como Gênero Literário. *Teoria do Romance III: O Romance como Gênero Literário*. Trad. Paulo Bezerra. São Paulo: Editora 34, 2019.)

_____. From the Prehistory of Novelistic Discourse. *The Dialogic Imagination*. Austin: University of Texas Press, 1981. (Trad. bras.: Sobre a Pré-História do Discurso Romanesco. *Teoria do Romance III: O Romance como Gênero Literário*. Trad: Paulo Bezerra. São Paulo: Editora 34, 2019.)

_____. Forms of Time and Chronotope in the novel. *The Dialogic Imagination*. Austin: University of Texas Press, 1981. (Trad. bras.: *Teoria do romance II: As Formas do Tempo e do Cronotopo*. Trad. Paulo Bezerra. São Paulo: Editora 34, 2018.)

_____. Discourse in the Novel. *The Dialogic Imagination*. Austin: University of Texas Press, 1981. (Trad. bras.: *Teoria do Romance III: A Estilística*. Trad. Paulo Bezerra. São Paulo: Editora 34, 2015.)

_____. *Problems of Dostoevsky's Poetics*. Manchester: Manchester University Press, 1984.

_____. The Bildungsroman and Its Significance in the History of Realism (Toward a Historical Typology of the Novel). *Speech Genres and Other Late Essays*. Austin: University of Texas Press, 1986.

_____. Author and Hero in Aesthetic Activity. *Art and Answerability: Early Philosophical Essays*. Austin: University of Texas Press, 1990.

BECKETT, Sandra. *Crossover Fiction: Global and Historical Perspectives*. London: Routledge, 2008.

BRIGGS, Katharine M. *Nine Lives. Cats in Folklore*. London: Routledge & Kegan Paul, 1980.

BUTLER, Judith. *Gender Trouble: Feminism and the Subversion of Identity*. 2. ed. New York: Routledge, 1999. (Trad. bras.: *Problemas de Gênero: Feminismo e Subversão da Identidade*. Trad. Renato Aguiar. Rio de Janeiro: Civilização Brasileira, 2003.)

CERTEAU, Michel de. *Heterologies. Discourse on the Other*. Minneapolis: University of Minnesota Press, 1986.

CLARK, Beverly Lyon. *Kiddie Lit. The Cultural Construction of Children's Literature in America*. Baltimore: The Johns Hopkins University Press, 2003.

COATS, Karen. *Looking Glasses and Neverlands*. Iowa City: University of Iowa Press, 2004.

_____. Keepin' It Plural: Children's Studies in the Academy. In: HUNT, Peter. (ed.). *Children's Literature: Critical Concepts in Literary and Cultural Studies*. London: Routledge, 2006. v. 2.

ELIADE, Mircea. *The Sacred and the Profane*. New York: Harper & Row, 1961.

FLANAGAN, Victoria. *Into the Closet: Cross-Dressing and the Gendered Body in Children's Literature and Film*. New York: Routledge, 2007.

FORSTER, E.M.: *Aspects of the Novel*. San Diego: Harcourt, Brace, 1985. (Trad. bras.: *Aspectos do Romance*. Trad. Sergio Alcides. Rio de Janeiro: Globo, 2005.)

FOUCAULT, Michel. *Power: Essential Works of Michel Foucault 1954–1984*. London: Penguin, 2002. v. 3.

FRYE, Northrop. *Anatomy of Criticism. Four Essays*. Princeton: Princeton University Press, 1957. (Trad. bras.: *Anatomia da Crítica: Quatro Ensaios*. São Paulo: É Realizações, 2014.)

GALBRAIGHT, Mary. "Goodnight Nobody" Revisited: Using an Attachment Perspective to Study Picture Books about Bedtime. *Children's Literature Association Quarterly*, v. 23, n. 4, Winter 1998–1999.

GENETTE, Gérard. *Narrative Discourse: An Essay in Method*. Ithaca: Cornell University Press, 1980. (Trad. bras.: Discurso da Narrativa: Ensaio do Método. *Figuras III*. São Paulo: Estação Liberdade, 2017.)

GILBERT, Sandra M.; GUBAR, Susan. *The Madwoman in the Attic. The Woman Writer and the Nineteenth-Century Literary Imagination*. New Haven: Yale University Press, 1977.

GRAY, William N. George MacDonald, Julia Kristeva and the Black Sun. *Studies in English Literature: 1500–1900*, v. 36, n. 4, 1996.

HINTZ, Carrie; OSTRY, Elaine (eds.). *Utopian and Dystopian Writing for Children and Young Adults*. New York: Routledge, 2003.

HOLMGREN, Virginia C. *Cats in Fact and Folklore*. New York: Howell, 1996.

HOURIHAN, Margery. *Deconstructing the Hero. Literary Theory and Children's Literature*. London: Routledge, 1997.

HUNT, Peter. Narrative Theory and Children's Literature. *Children's Literature Association Quarterly*, v. 9, n. 4, Winter, 1984-1985.

____. Necessary Misreadings: Directions in Narrative Theory for Children's Literature. *Studies in the Literary Imagination*, v. 18, n. 2, 1985.

____. Dragons in the Department and Academic Emperors: Why Universities are Afraid of Children's Literature. *Compar(a)ison*, v. 2, 1995.

____. Children's Literature Studies. *Canadian Children's Literature*, v. 32, n. 1, 2006.

____ (ed.). Childist Criticism: The Subculture of the Child, the Book and the Critic. *Children's Literature: Critical Concepts in Literary and Cultural Studies*. London: Routledge, 200. v. 2.

____ *Criticism, Theory and Children's Literature*. London: Blackwell, 1991. (*Crítica, Teoria e Literatura Infantil*. São Paulo: Cosac Naify, 2010.)

INGLIS, Fred. *The Promise of Happiness. The Value and Meaning in Children's Fiction*. Cambridge: Cambridge University Press, 1981.

JACKSON, Rosemary. *Fantasy: The Literature of Subversion*. New York: Methuen, 1981.

JAMESON, Fredric. *Archaeologies of the Future: The Desire Called Utopia and Other Science Fictions*. London: Verso, 2005.

JENKINS, Ruth Y. "I am Spinning This for You, My Child": Voice and Identity Formation in George MacDonald's Princess Books. *The Lion and the Unicorn*, v. 28, n. 3, 2004.

KRISTEVA, Julia. *Powers of Horror: An Essay on Abjection*. New York: Columbia University Press, 1982.

____. *Revolution in Poetic Language*. New York: Columbia University Press, 1984.

LACAN, Jacques. *Ecrits: A Selection*. New York: Norton, 1977. (Trad. bras.: *Escritos*. Rio de Janeiro: Zahar, 1998.)

LANSER, Susan Sniader. *The Narrative Act: Point of View in Prose Fiction*. Princeton: Princeton University Press, 1981.

____. *Fictions of Authority. Women Writers and Narrative Voice*. Ithaca: Cornell University Press, 1992.

____. Toward a Feminism Narratology. *Style* , v. 20, n. 3, Fall 1986.

LASSÉN-SEGER, Maria. *Adventures into Otherness. Child Metamorphs in Late Twentieth-Century Children's Literature*. Åbo: Åbo Akademi University Press, 2006.

LURIE, Alison. *Don't Tell the Grownups. Subversive Children's Literature*. Boston: Little, Brown, 1990.

LYOTARD, Jean-Francois. *The Postmodern Condition: A Report on Knowledge*. Minneapolis: Minnesota University Press, 1984.

MACDONALD, George. The Fantastic Imagination. *Fantasists on Fantasy*. BOYER, R.H.; ZAHORSKI, K.J. ed. New York: Avon, 1984.

MAY, Jill P. *Children's Literature and Critical Theory*. New York: Oxford University Press, 1995.

MCCALLUM, Robyn. *Ideologies of Identity in Adolescent Fiction: The Dialogic Construction of Subjectivity*. New York: Garland, 1999.

MCGAVRAN, James Holt (ed.). *Literature and the Child. Romantic Continuations, Postmodern Contestations*. Iowa City: University of Iowa Press, 1999.

MCGILLIS, Roderick (ed.). *For the Childlike. George MacDonald's Fantasies for Children*. Metuchen: Scarecrow, 1992.

____. *The Nimble Reader. Literary Theory and Children's Literature*. New York: Twayne, 1996.

———. Postcolonialism, Children, and Their Literature. *Ariel*, v. 28, n. 1, 1997.
———(ed.). *Voices of the Other: Children's Literature and the Postcolonial Context.* New York: Garland, 2000.
———. A Fairytale is Just a Fairytale: George MacDonald and the Queering of Fairy. *Marvels & Tales*, v. 17, n. 1, 2003.
———. The Delights of Impossibility: No Children, No Books, Only Theory. In: HUNT, Peter. (ed.). *Children's Literature: Critical Concepts in Literary and Cultural Studies.* London: Routledge, 2006. v. 2.
———. One Way, No Return: Let's See Where is Here. *Canadian Children's Literature*, v. 32, n. 1, 2006.
MEZEI, Kathy (ed.). *Ambiguous Discourse. Feminist Narratology and British Women Writers.* Charlotte: The University of North Carolina Press, 1996.
NATOV, Roni. *The Poetics of Childhood.* New York: Routledge, 2003.
NIKOLAJEVA, Maria. *Children's Literature Comes of Age: Towards a New Aesthetic.* New York: Garland, 1996.
———. *From Mythic to Linear: Time in Children's Literature.* Lanham: Scarecrow, 2000.
———. *The Rhetoric of Character in Children's Literature.* Lanham: Scarecrow, 2002.
———. *The Aesthetic Approaches to Children's Literature: An Introduction.* Lanham: Scarecrow, 2005
NODELMAN, Perry. Children's Literature as Women's Writing. *Children's Literature Association Quarterly*, v. 13, n. 1, 1988.
———. The Other: Orientalism, Colonialism, and Children's Literature. *Children's Literature Association Quarterly*, v. 17, n. 1 Spring 1992.
———. Fear of Children's Literature: What's Left (or Right) After Theory? BECKETT, Sandra (ed.). *Reflections of Change.* Westport: Greenwood, 1997.
———. What Are We After? Children's Literature Studies and Literary Theory Now. *Canadian Children's Literature*, v. 31, n. 1, 2005.
———. Interpretation and the Apparent Sameness of Children's Literature. HUNT, Peter (ed.). *Children's Literature: Critical Concepts in Literary and Cultural Studies.* London: Routledge, 2006. v. 1.
———. *The Hidden Adult. Defining Children's Literature.* Baltimore: The Johns Hopkins University Press, 2008.
PAUL, Lissa. Enigma Variations. What Feminist Criticism Knows about Children's Literature. HUNT, Peter (ed.). *Children's Literature: Critical Concepts in Literary and Cultural Studies.* London: Routledge, 2006. v. 3.
PERROT, Jean. Shall We Burn Our Goddess "Theory"? *Canadian Children's Literature*, v. 32, n. 1, 2006.
PRATT, Annis et al. *Archetypal Patterns in Women's Fiction.* Bloomington: Indiana University Press, 1981.
PRICKETT, Stephen. *Victorian Fantasy.* Hassocks: Harvester Press, 1979.
REYNOLDS, Kimberley. *Radical Children's Literature: Future Visions and Aesthetic Transformations in Juvenile Fiction.* Basingstoke: Palgrave Macmillan, 2007.
ROSE, Jacqueline. *The Case of Peter Pan, or The Impossibility of Children's Fiction.* London: Macmillan, 1984.
RUDD, David. Theorizing and Theories: The Conditions of Possibility of Children's Literature. In: HUNT, Peter. *Children's Literature: Critical Concepts in Literary and Cultural Studies.* London: Routledge, 2006. V. 2.
SAID, Edward W. *Orientalism.* New York: Pantheon, 1978.
SALMINEN, Jenniliisa. *Fantastic in Form, Ambiguous in Content: Secondary Worlds in Soviet Children's Fantasy Literature.* Turku: Turku University Press, 2009.
SCHWARCZ, Joseph; SCHWARZ, Chava. *The Picture Book Comes of Age.* Chicago: American Library Association, 1991.
SCOTT, Carole. Clothed in Nature or Nature Clothed: Dress as Metaphor in the Illustrations of Beatrix Potter and C.M. Barker. *Children's Literature*, v. 22, 1994.
SHAVIT, Zohar. The Ambivalent Status of Texts: The Case of Children's Literature. *Poetics Today*, 173. 1980.
SHOWALTER, Elaine. *Speaking of Gender.* New York: Routledge, 1989.

SPENDER, Dale. *Man Made Language*. London: Pandora, 1998.
STEPHENS, John. *Language and Ideology in Children's Fiction*. London: Longman, 1992.
____. Gender, Genre and Children's Literature. *Signal*, v. 79, 1996.
STEPHENS, John (ed.). *Ways of Being Male: Representing Masculinities in Children's Literature and Film*. New York: Routledge, 2002.
THACKER, Debora Cogan; WEBB, Jean. *Introducing Children's Literature. From Romanticism to Poststructuralism*. London: Routledge: 2002.
TODOROV, Tzvetan. *The Fantastic: A Structural Approach to a Literary Genre*. Cleveland: The Press of Case Western Reserve University, 1973. (Trad. bras.: *Introdução à Literatura Fantástica*. Trad. Maria Clara Correa Castello. 4. ed. São Paulo: Perspectiva, 2014.)
TRITES, Roberta Selinger. *Waking Sleeping Beauty. Feminist Voices in Children's Novels*. Iowa City: University of Iowa Press, 1997.
____. *Disturbing the Universe. Power and Repression in Adolescent Literature*. Iowa City: University of Iowa Press, 2000.
____. The Harry Potter Novels as Test Case for Adolescent Literature. *Style*, 35. 2001, 3.
USREY, Malcolm. Johanna Spyri's Heidi: The Conversion of a Byronic Hero. *Touchstones: Reflections on the Best in Children's Literature*. West Lafayette: Children's Literature Association, 1985. v. 3.
VEGLAHN, Nancy. Images of Evil: Male and Female Monsters in Heroic Fantasy. *Children's Literature*, v. 15, 1987.
VON FRANZ, Marie-Louise. *The Cat: A Tale of Feminine Redemption*. Toronto: University of Toronto Press, 1999.
WALL, Barbara. *The Narrator's Voice. The Dilemma of Children's Fiction*. London: Macmillan, 1991.
WATSON, Victor. *Reading Series Fiction: From Arthur Ransome to Gene Kemp*. New York: Routledge, 2000.
WEINREICH, Torben. *Children's Literature: Art or Pedagogy?* Roskilde: Roskilde University Press, 2000.
WESTWATER, Martha. *Giant Despair Meets Hopeful. Kristevian Readings in Adolescent Fiction*. Alberta: University of Alberta Press, 2000.
WILKIE-STIBBS, Christine. *The Feminine Subject in Children's Literature*. New York: Routledge, 2002.
WIMSATT, William K.; BEARDSLEY, Monroe C. *The Verbal Icon. Studies in the Meaning of Poetry*. London: Methuen, 1954.
ZIPES, Jack. *Fairy Tales and the Art of Subversion*. New York: Wildman, 1983. (Trad. bras.: *Os Contos de Fada e a Arte da Subversão*, São Paulo: Perspectiva, 2023.)
____. *Sticks and Stones. The Troublesome Success of Children's Literature from Slovenly Peter to Harry Potter*. New York: Routledge, 2001.
ZORNADO, John. *Inventing the Child. Culture, Ideology, and the Rise of Childhood*. New York: Garland, 2000.

Índice

Os conceitos centrais e recorrentes do presente estudo não constam deste índice, a não ser a introdução inicial, como alteridade, carnaval, estranhamento, heterologia, normatividade, alteridade, poder e subjetividade.

Adela Cathcart (George MacDonald) 78
aetonormatividade xiii, 11, 27, 60, 165, 271–272
Aldabra, a Tartaruga Que Amava Shakespeare (Silvana Gandolfi) 73
Alexander, Lloyd 31, 124, 217–220
alfabetização. *Ver* literacia
Alice Através do Espelho (Lewis Carroll) 35, 37, 39
Alice no País das Maravilhas (Lewis Carroll) xiii, 34, 35–44, 48, 56, 77, 78, 81, 92, 221
"Allrakäraste Syster" (Querida Irmã, Astrid Lindgren) 68
Andersen, Hans Christian 82, 97, 123
Anderson, M.T. 100–121
androginia 93, 140, 182–188
animais 140–141, 186, 209–226
Animals Heroes (Ernest Thompson Seton) 215
Anna-Carolinas krig (A Guerra de Anna Carolina, Mats Wahl) 150
Anstey, F. 195
antropomorfismo 209–226, 232
Apanhador no Campo de Centeio, O (J.D. Salinger) 173, 256
Asimov, Isaac 62
A Single Shard (Por um Simples Pedaço de Cerâmica, Linda Sue Park) 124
"At the Back of the North Wind" (Nas Costas de Vento Norte, George McDonald) 77–97, 251
Auerbach, Erich 55
Aventuras de Huckleberry Finn, As (Mark Twain) 72
Aventuras de Pinóquio, As (Carlo Collodi) 58, 252
Aventuras de Prydain, As (Lloyd Alexander) 31
Aventuras de Tom Sawyer, As (Mark Twain) 12, 70, 72
Avi 168–186

Babbitt, Natalie 254
Bakhtin, Mikhail xiii, 4–5, 13–14, 20, 69, 78, 248
Bak Mumme bor Moni (Por Trás de Mami Vive Moni, Gro Dahle; Svein Nyhus) 241–242
Beijos Mágicos (Ana Maria Machado) 205
Bisa Bia Bisa Bel (Ana Maria Machado) 207
Blachon, Roger 214
Blackman, Malorie 99–121
Blote handen (Com as Próprias Mãos, de Bart Moeyaert) 262–264
Boikie, You Better Believe It (Boikie, Você Não Vai Acreditar, Dianne Hofmeyr) 168–184
Bojunga, Lygia xiii, 205–208

Bolsa Amarela, A (Lygia Bojunga) 206
Brecht, Bertolt 247
Burgess, Melvin 185–188
Burningham, John 237–238

carnaval 5, 13–15, 18–34
Carroll, Lewis xiii, 35–44, 91
Casa da Madrinha, A (Lygia Bojunga) 206
Castle in the Air, The (O Castelo Animado, Diana Wynne Jones) 124
Cat and the Devil, The (O Gato e o Diabo, James Joyce) 214
"Cat That Walked by Himself, The" (O Gato Que Andava Sozinho, Rudyard Kipling) 214
Certeau, Michel de xiii, 10
Chambers, Aidan 145–150
Cinco Crianças e um Segredo (Edith Nesbit) 58, 95, 192, 200
classe 10, 107–111, 119, 132, 146, 149, 155, 178, 207, 271
Cleary, Beverly 172
Collodi, Carlo 58
contos de fada 3, 77–97, 189, 253
Coolidge, Susan 173
Cooper, Susan 18
Coraline (Neil Gaiman) 221–223
Corda Bamba (Lygia Bojunga) 206
cristianismo 33, 125–128
Crônicas de Nárnia (C.S. Lewis) xiii, 24, 33, 92
crossdressing 129–130, 151, 182–183, 186
crossover (sem idade) 18, 56
"Cross Purposes" (Motivos Cruzados, George McDonald) 78–97
crossvocalização, heterovocalização 165–188
Cuckoo Clock, The (O Relógio Cuco, Mary Molesworth) 91

Daddy-Long-Legs (Papai-Pernas-Longas, Jean Webster) 169
Dahle, Gro 241
Dance on My Grave (Dance Sobre o Meu Túmulo, Aidan Chambers) 145–150, 166, 167–168, 177
Dansar Elias? Nej! (Elias Dança? Não!, Katarina Kieri) 163, 166
Dark Is Rising, The (Os Seis Signos da Luz, de Susan Cooper) 18
Dear Bruce Springsteen (Querido Bruce Springsteen, Kevin Major) 172, 186

Dear Mr. Henshaw (Querido Senhor Henshaw, de Beverly Cleary) 166, 172, 179
de Brunhoff, Jean 210, 235
Denials of Kow-Ten, The (As Negações de Kow-Tem, 1998), de Jenny Robson 99–121
De Olho nas Penas (Ana Maria Machado) 205
Diana: My Autobiography (Diana: Minha Autobiografia, Kevin Major) 172, 186
Diário Secreto de um Adolescente, O (The Secret Diary of Adrian Mole, Aged 13¾, Sue Townsend) 166, 171, 179
Dickens, Charles 80
distopia 99–121
Dit Man Längtar (De Onde Você Tem Saudades, Ylva Karlsson) 99–121
Dostoiévski, Fiódor 83, 247
Dr. Seuss 218
Druon, Maurice 251
Duas Vidas, Dois Destinos (Katherine Paterson) 157–161, 166, 167, 177, 187, 256
Duvoisin, Roger 210

Earthsea, romances de (*Terramar*, Ursula Le Guin) 18
Ekman, Fam 239–242
Eliade, Mircea 29
Emil und die Detektive (Emil e os Detetive, de Erich Kästner) 75
Enchanted Castle, The (O Castelo Encantado, Edith Nesbit) 58
Ende, Michael 252–253
estereótipo 23, 99–121, 143–164, 165–188
Estranho Caso do Cachorro Morto, O (Mark Haddon) 264–266
etnicidade 11, 107–111, 119, 133–142, 143, 155–157, 207, 271

fantasia 17–34, 55–70, 189–205, 217–223, 253–255
Feed (M.T. Anderson) 99–121
ficção seriada 28–31
Fim da Eternidade, O (Isaac Asimov) 62
Firework Maker's Daughter, The (A Filha do Fabricante de Fogos de Artifício, Philip Pullman) 124
First Two Lives of Lukas-Kasha, The (As Duas Primeiras Vidas de Lukas-Kasha, Lloyd Alexander) 124
Forest: Journey from the Wild (Selva: Jornada da Natureza, Sonya Hartnett) 223–226
Forster, E.M. 209
Foucault, Michel xii, 5, 9–10
Frank Baum, L. 58
Fremde Kind, Das (A Criança Estranha, E.T.A. Hoffmann) 84, 251
Fronteiras do Universo, série (1995-2000, Philip Pullman) 18, 24, 33, 272
Frye, Northrop 4, 17, 24–273, 83, 178

Gaiman, Neil 221–223
Gandolfi, Silvana 73
Garrafa de Bronze, A (The Brass Bottle, F. Anstey) 195, 200

"Gata do Gueto, A" (The Slum Cat, Ernest Thompson Seton) 215–216
"Gato de Botas, O" (Charles Perrault) 216–217
Gatola da Cartola, O (Dr. Seuss) 218–219
gatos 212–226. *Ver também* animais
gênero (artístico, genre) 4, 15, 17, 23–26, 55–75, 146, 177–182, 272
gênero (*gender*) 10, 23, 91–97, 107–111, 133–142, 143–188, 207, 229–231, 271
Genette, Gérard 3, 266
George and Martha (George e Martha, James Marshal) 211–212
George, Jean Graighead 133–137
George, o Curioso (H.A. Rey) 232–234
Ghost's Child, The (O Fantasma da Criança, Sonya Hartnett) 258–259
"Giant's Heart, The" (O Coração do Gigante, George McDonald) 78–97
Giver, The (O Doador de Memórias, Lois Lowry) 99–121
"Golden Key, The" (A Chave de Ouro, George McDonald)) 79–97
Gubarev, Vitali 191–195

Haddon, Mark 264–266
Haller, Bent 242
Hamberg, Emma 154
Harry Potter e a Câmara Secreta (J.K. Rowling) 19
Harry Potter e a Ordem da Fênix (J.K. Rowling) 20, 27, 30
Harry Potter e as Relíquias da Morte (J.K. Rowling) 30
Harry Potter e o Cálice de Fogo (J.K. Rowling) 30
Harry Potter e o Enigma do Príncipe (J.K. Rowling) 33
Harry Potter, série (J.K. Rowling) xiii, 17–34, 55, 213
Hartnett, Sonya 223–226, 256–262
Heidi (Johanna Spyri) 251
Het Boek van Alle Dingen (O Livro de Todas as Coisas, Guus Kuijer) 74–75
heterofocalização 92, 97
heterologia 10
heteronormatividade 11, 17, 109, 119, 131, 146, 152, 156
heterovocalização. *Ver* crossvocalização
Hey, Get Off Our Train! (Ei, Saia do Nosso Trem!, John Burningham) 237
Hinton, S.E. 178, 224
História de Babar, A (Jean de Brunhoff) 210, 235
História de Pedro Coelho, A (Beatrix Potter) 231–232, 235, 242, 245
História Meio ao Contrário (Machado, Ana Maria) 205–206
Hobbit, O (J.R.R Tolkien) 254
Hoffmann, E.T.A. 57, 81, 84, 212, 251
Hoffmann, Heinrich 250–251
Hofmeyr, Dianne 167–184
Holes (Buracos, Louis Sachar) 70–71
Homem de Areia, O (E.T.A. Hoffmann) 82
Homeward Bounders, The (Caçadores de Lares, Diana Wynne Jones) 254–255

homofocalização 92, 97
homovocalização 167–188
Horse and His Boy, The (O Cavalo e seu Menino, de C.S. Lewis) 123
Hourihan, Margery 1
House of Arden, The (A Casa dos Arden, Edith Nesbit) 58
Hunter, Erin 224–225
Hunt, Peter xi, xii, 1–5

identificação 247–270
ideologia 189–208
ilustrados, livros 227–246
Ingen Grekisk Gud, Precis (Não Exatamente um Deus Grego, Katarina Kieri) 159–164, 166–167, 177
Into the Wild. Ver Gatos Selvagens
Island of the Blue Dolphins, The (Ilha dos Golfinhos Azuis, Scott O'Dell) 137–142, 166, 177, 256
Ispigen (A Menina do Gelo, Bent Haller; Dorte Karrebæk) 242
I taket lyser stjärnorna (As Estrelas Estão Brilhando no Teto, Johanna Thydell) 153

Jameson, Fredric 3, 100
Jessica's First Prayer (A Primeira Oração de Jéssica, Hesba Stretton) 251
J.K. Rowling 17–34
João Felpudo (Heinrich Hoffmann) 250
Jogo da Velha (Noughts and Crosses, Malorie Blackman) 99–121, 187
Jones, Diana Wynne 18, 61–66, 124, 220–221, 254–255
jovens adultos, ficção para 143–188
Joyce, James 214
Julie (Jean George) 136
Julie of the Wolves (Julie dos Lobos, Jean George) 133–137
Julie's Wolf Pack (A Alcateia de Julie, Jean George) 137
Jung, Carl Gustav 83, 92
Junk (Viciado, Melvin Burgess) 187

Kadefors, Sara 155–157
Kafka, Franz 74, 247
Karlsson, Ylva 99–121
Karrebæk, Dorte 242, 243
Kästner, Erich 75
Kataiev, Valentin 190
Kemp, Gene 186
Kensuke's Kingdom (O Reino de Kensuke, de Michael Morpurgo) 131–133, 166
Kieri, Katarina 159–164
King Matt the First (Rei Mateusinho Primeiro, Janusz Korczak) 13
Kingsley, Charles 78, 91
Kipling, Rudyard 214
Kite Rider, The (O Empinador de Pipas, Geraldine McCaughrean) 125
Konrad (Christine Nöstlinger) 251–253

Korczak, Janusz 13
Kristeva, Julia 5, 97
Kuijer, Guus 74

Lacan, Jacques 5, 48, 91, 97, 148, 170
Lady: My Life as a Bitch (Lady: Minha Vida Como uma Cadela, Melvin Burgess) 185–186
Lagin, Lazar 195–200
Last Black Cat, The (O Último Gato Preto, Eugene Triviza) 223
Leão, a Feiticeira e o Guarda-Roupa, O (The Lion, the Witch and the Wardrobe, C.S. Lewis) 24, 26, 59, 249
Le Guin, Ursula 18
Letters From Inside (Cartas de Dentro, John Marsden) 172
Lewis, C.S. 59, 124
Life and Opinions of Cat Murr, The (A Vida e as Opiniões do Gato Murr, E.T.A. Hoffmann) 212
"Light Princess, The" (A Princesa Flutuante, George MacDonald) 78–97
Lilith (George MacDonald) 77, 82
Lilla Marie (Pequena Marie, Mats Wahl) 150
Lillebror Och Karlsson På Taket (Karlsson no Telhado, Astrid Lindgren) 68
Lille Frøken Buks og de Små Sejre (A Pequena Senhorita Calças e as Pequenas Vitórias, Dorte Karrebæk) 243
Linas kvällsbok (O Noitário de Lina, Emma Hamberg) 154
Lindenbaum, Pija 243–245
Lindgren, Astrid 13, 67–70
linguagem 35–53, 111–115, 207, 218
literacia 52, 71, 126, 130, 133, 136, 197
"Little Daylight" (Pequena Luz do Dia, George MacDonald) 80–97
Little Lord Fauntleroy (O Pequeno Lorde, Frances Hodgson Burnett) 251
Lives of Christopher Chant, The (As Vidas de Christopher Chant, Diana Wynne Jones) 18, 124, 220–221
Lowry, Lois 99–121
Lukács, György xi
Lurie 14
Lurie, Alison 14

MacDonald, George 57, 77–97, 253
Machado, Ana Maria xiii, 205–208
Magician's Nephew, The (O Sobrinho do Mago, C.S. Lewis) 59
Mágico de Oz, O (L. Frank Baum 58, 92
Major, Kevin 172
Malot, Hector 75
Marshall, James 211
Mary Poppins (Pamela Travers) 27, 58
Master Puppeteer, The (O Mestre das Marionetes, Katherine Paterson) 129–130
May, Jill 1
McCaughrean, Geraldine 125
McGillis, Roderick 1–2, 7

Menino do Dedo Verde, O (Maurice Druon) 251–253
Menino Pedro e Seu Boi Voador, O (Ana Maria Machado) 206
metamorfose 272
Metamorfose (Franz Kafka) 74
metamorfose, transformação 74, 182, 185
Meu Amigo Pintor (Lygia Bojunga) 206
Milne, A.A. 44–53
Mississippi Bridge (Ponte Mississipi, Mildred D. Taylor) 180, 187
Moeyaert, Bart 262–264
Molesworth, Mary 91
Momo (Momo e o Senhor do Tempo, Michael Ende) 251–253
Morpurgo, Michael 131–133
Mulherzinhas (Little Women, Louisa May Alcott) 157–163
My Side of the Mountain (Meu Lado da Montanha, Jean G. George) 137

När Åkes Mamma Glömde Bort (Quando a Mãe de Ake Esquece Algo, Pija Lindenbaum) 244
narração, perspectiva narrativa, voz narrativa, narrador 11, 85–91, 116–119, 133–142, 144–145, 147–164, 165–188, 215, 223–226, 227–235, 247–270, 272
Nesbit, Edith 23, 58, 60, 79, 84, 92, 95, 123, 190, 192, 196, 200
Nodelman, Perry xi, xii, 1–3, 8, 15
Nöstlinger, Christine 251–253
Nothing But the Truth (Nada, Exceto a Verdade, Avi) 187
Nyhus, Svein 241–242

objetificação 94–95, 182, 188, 241–242
O'Dell, Scott 137–142
Of Nightingales That Weep (Sobre Rouxinóis Que Choram, Katherine Paterson) 129–131
Onde Vivem os Monstros (Maurice Sendak) xiii, 45, 227–231, 235, 237–240
orientalismo 123–131
"O Rouxinol" (Hans Christian Andersen) 123
Outside Over There (Lá Fora Logo Ali, Maurice Sendak) 229–231
Outsiders, The (The Outsiders: Vidas Sem Rumo, S.E. Hinton) 166, 178

Palavras, Palavrinhas, Palavrões (Ana Maria Machado) 207
Palle alene i Verden (Paulo Sozinho no Mundo, de Jens Sigsgaard; Arne Ungermann) 236
Park, Linda Sue xiii, 124
"Pastora e o Limpa-Chaminés, A" (Hans Christian Andersen) 123
Paterson, Katherine 125–131, 157–161, 180
Pati e os Lobos (Pija Lindenbaum) 243
Pearce, Philippa 61
Pequeno Príncipe, O (Antoine de Saint-Exupéry) 251–253
performance 140, 142, 165–188
Perrault, Charles 216

Perrot, Jean 7
Peter Pan (J.M. Barrie) 34, 67, 84
Phantastes (George MacDonald) 77, 82
Phoenix and the Carpet, The (A Fênix e o Tapete, Edith Nesbit) 58
Pigen der Var go' Til Mange Ting (A Garota Que Era Boa em Muitas Coisas, Dorte Karrebæk) 245
Píppi Meialonga (Astrid Lindgren) xiii, 12, 66–70, 74, 273
Potter, Beatrix 231–232
Preacher's Boy (O Filho do Pastor, Katherine Paterson) 179, 187
Pressler, Mirjam 266–270
Prickett, Stephen 91
"Princess and Curdie, The" (A Princesa e Curdie, George MacDonald) 77–97
Princess and the Goblin, The (A Princesa e o Góblin, George MacDonald) 77
Propp, Vladimir 95
Pullman, Philip 18, 33, 56, 124, 272

Quebra-Nozes e o Rei dos Camundongos, O (E.T.A. Hoffmann) 57, 81–82

Rabelais, François 13
Railway Children, The (As Crianças da Ferrovia, Edith Nesbit) 95
realismo 55, 70–75
realismo mágico 55, 73, 189, 205–208
Rebels of the Heavenly Kingdom (Rebeldes do Reino Celestial, Katherine Paterson) 125–129
Remarkable Journey of Prince Jen, The (A Notável Jornada do Príncipe Jen, Lloyd Alexander) 124
Rey, H.A. 232–236
robinsonada 131–142, 177
Robson, Jenny 99–121
Roll of Thunder, Hear My Cry (Trovão, Ouça Meu Grito, Mildred Taylor) 180, 186
Rowling, J.K. 17–34, 56
Rudd, David 7, 9

Sachar, Louis 70–71
Said, Edward 123
Said S.F. 224
Saint-Exupéry, Antoine de 251–252
Sandor Slash Ida (Sandor Barra Ida, Sara Kadefors) 155–156
Sans famille (Sem Família, Hector Malot) 75, 251
Schmidt, Annie G.M. 75
Scott, Carole xi
Seis Vezes Lucas (Lygia Bojunga) 206
Sendak, Maurice 45, 227–231
Senhor dos Anéis, O (The Lord of the Rings, J.R.R. Tolkien) 31, 254
Seton, Ernest Thompson 215
sexualidade 30, 145, 152–157
Shadowmancer (Shadowmancer: O Feiticeiro das Sombras, G.P. Taylor) 60

Shakespeare, William 247
Shavit, Zohar 7
Shol Po Gorodu Volshebnik (O Mago Caminhou Pela Cidade, Iuri Tomin) 200–205
Sign of the Chrysanthemum, The (O Signo do Crisântemo, Katherine Paterson) 129
Sigsgaard, Jen 236–238
"Snow Queen, The" (A Rainha da Neve, Hans Christian Andersen) 82
Starik Hottabich (O Velho Hottabich, Lazar Lagin) 195–200, 203
Stephens, John 4, 55, 70
Story of a Bad Boy, The (A História de um Menino Mau, Thomas Bailey Aldrich) 173
"Story of Dick Whittington, The" 213
Story of the Amulet, The (A História de um Amuleto, Edith Nesbit) 27, 58, 60, 123
Surrender (Rendição, Sonya Hartnett) 259–262

Tale of Time City, A (Uma Lenda da Cidade do Tempo, Diana Wynne Jones) 61–66
Talking Earth, The (A Terra Falante, Jean George) 137
Taylor, G.P. 60
Taylor, Mildred D. 180
That Was Then, This Is Now (Aquilo Foi Antes, Isso É Agora, S.E. Hinton) 178
The True Confessions of Charlotte Doyle 256
This Is All (Isso é Tudo, Aidan Chambers) 164, 166
Thursday's Child (Criança de Terça-Feira, Sonya Hartnett) 256–260
Thydell, Johanna 153
Time Cat (Gato do Tempo, Lloyd Alexander) 219–220
Todorov, Tzvetan 77, 80–81
Tolkien, J.R.R. 194, 254
Tomin, Yuri 200–205
Tom's Midnight Garden (O Jardim da Meia-Noite, Phillipa Pearce) 61
Town Cats and Other Tales, The (Os Gatos da Cidade e Outras Histórias, Lloyd Alexander) 217
Townsend, Sue 171

Travers, Pamela 58
Três em uma Ilha (Troye na ostrove, Vitali Gubarev) 191–195, 200, 203
Trites, Roberta xii, 9–10
Trivizas, Eugenios 223
True Confessions of Charlotte Doyle, The (As Verdadeiras Confissões de Charlotte Doyle, Avi) 166–188
Tsvetik-Semitsvetik (A Flor Arco-Íris, Valentin Kataiev) 190–191
Tuck Everlasting (Eternos Tuck, Nathalie Babbitt) 254
Turbulent Term of Tyke Tiler, The (O Turbulento Semestre de Tyke Tiler, Gene Kemp 186
Twain, Mark 70–72

Ungermann, Anne 236–238
Ursinho Pooh, O; *Ursinho Pooh Constrói uma Casa*; e série (A.A. Milne) xiii, 34, 44–53, 56, 210
utopia 100, 195. *Ver também* distopia

Varjak Paw (Pata de Varjak, S.F. Said) 224
Veglahn, Nancy 92, 94
Veronica (Roger Duvoisin) 210–212
Viagens de Gulliver, As (Jonathan Swift) 78
Vinterviken (Baía de Inverno, Mats Wahl) 149–151
voz 165–188

Wahl, Mats 150–152
Warrior Cats (Gatos Guerreiros, Erin Hunter) 224–226
Water Babies (Bebês da Água, de Charles Kingsley) 78, 91
Weinreich, Torben 8
What Katy Did (O Que Katy Fez, Susan Coolidge) 173, 251
What Shall We Do with Little Jill (O Que Faremos Com a Pequena Jill?, Fam Ekman) 239–242
Whitman Walt 150

Zeit der schlafenden Hunde, Die (O Tempo dos Cães Adormecidos, Mirjam Pressler) 266–270
Zipes, Jack 3–4

Agradecimentos

A primeira publicação que pode ser identificada como o núcleo da presente obra apareceu na revista sueca *Bonniers Litterära Magasin* (2003), sob o título "Why Does Pippi Sleep with Her Feet on Her Pillow? Queer, Carnival and Children Literature". Uma versão estendida, "Children's Literature: Art, Pedagogy and Power", foi apresentada no Terceiro Workshop Nórdico sobre Pesquisa de Literatura Infantil (Third Nordic Workshop in Children's Literature Research), em Reykjavik, Islândia, em outubro de 2004, e publicada logo a seguir em dinamarquês, como "Børnelitteratur: kunst, pædagogik og magt", em *På Opdagelse i Børnelitteraturen* (2005). Meu discurso ao aceitar o prêmio Grimm, "Children's Literature: Subject, Voice and Power", proferido em Osaka, Japão, em novembro de 2005, foi publicado na IICLO *Bulletin* (2006).

O argumento sobre o uso da teoria foi desenvolvido em "What Is Theory, and Why and How We Could, or Should, Use It", na revista *Canadian Children's Literature* (2006), e o conceito de aetonormatividade foi apresentado pela primeira vez em um artigo em uma conferência em São Paulo, Brasil, em julho de 2008, e em seguida foi publicado como "Theory, Post-Theory, and Aetonormative Theory" na edição especial da revista *Neohelicon: Acta comparationis litterarum universalum* (2009).

A versão inicial do capítulo um foi publicada em sueco na *Tidskrift för Litteraturvetenskap* (2003) e desenvolvida para o inglês em "Harry Potter and the Secrets of Children's Literature", publicado em *Critical Perspectives on Harry Potter* (2008), reimpressa com a permissão gentil da Taylor & Francis.

O capítulo dois é baseado no artigo "'When I Use a Word It Means Just What I Choose It to Mean': Power and (mis)communication in literature for young readers"[1], reimpresso com a permissão gentil da John Benjamins Publishing Company, Amsterdam/Philadelphia.

A seção do capítulo três sobre *A Tale of Time City*, de Diana Wynne Jones, foi desenvolvida a partir da conferência de abertura "Time and Totalitarism", na Conferência Internacional de Artes

---

1   J. Finch et al. (eds.), *Humane Readings*.

Fantásticas (International Conference on the Fantastic in Arts), em Orlando, em março de 2009. A seção sobre Astrid Lindgren fez parte da apresentação nas conferências sobre o centenário de Astrid Lindgren em Zagreb, Croácia, e em Ljubljana, Eslovênia, em abril de 2007, sob o título "Why Does Pippi Sleep With Her Feet on Her Pillow, Or Subversions of Power on Astrid Lindgren's Works". O artigo foi publicado em croata e em esloveno.

O capítulo quatro foi inicialmente apresentado na Conferência do Centenário de MacDonald (MacDonald Centenary Conference), em Worcester, Reino Unido, em julho de 2005, e publicado como "Voice, Gender and Alterity in George MacDonald's Fairy Tales", na *The Noble Unrest: Contemporary Essays on the Work of George MacDonald* (2007). Reimpresso com permissão da Cambridge Scholars Publishing.

O capítulo cinco é uma versão bastante revisada da conferência de abertura "Stereotypes of Dystopia: *The Denials of Kow-Tem* in International Context", apresentada na terceira Conferência Sobre Literatura Infantil Sul-Africana, em Potchefstroom, em setembro de 2007.

O capítulo sete nasceu de uma palestra de abertura na conferência A Criança e o Livro (The Child and the Book), na Antuérpia, Bélgica, em abril de 2005, publicada como "New Masculinities, New Femininities: Swedish Young Adult Fiction Towards the Twenty First Century", em *Changing Concepts of Childhood and Children's Literature* (2006). Foi complementado com a introdução para a edição especial da *Swedish Book Review* (Supplement 2016), "Girls Take Over in Swedish Young Adult Fiction".

As principais ideias sobre crossvocalização desenvolvidas no capítulo oito foram apresentadas em uma conferência na Universidade de Örebro, Suécia, em novembro de 2002, e publicadas em dois ensaios em sueco que parcialmente se sobrepõem: "Auktoritära män och otillförlitliga kvinnor: Genus och berättande" (Homens Autoritários e Mulheres Não Confiáveis: Gênero e Narração), na *Berättaren: Em Gäckande Röst i Texten* (2003); e "Crossvokalisering och subjektivitet: Den performativa rösten i litteraturen" (Crossvocalização e Subjetividade: a Voz Performativa na Literatura), na *Tidskrift för Litteraturvetenskap* (2003). Depois foram desenvolvidos no artigo "Crossvocalization and Performance", na conferência Abordagens Críticas Modernas para a Literatura

Infantil (Modern Critical Approaches to Children's Literature), em Nashville, EUA, em abril de 2003, e no artigo "Stemme, magt og genus i børnelitteraturen" (Voz, Poder e Gênero na Literatura Infantil), na revista dinamarquesa *Passage* (2005).

Grande parte do capítulo nove foi publicada como "Fairy Tales in Society's Service", na *Marvels & Tales Journal of Fairy--Tales Studies 16* (2002), reimpresso com a permissão da Wayne State University Press.

Partes do capítulo dez, que tratam das representações literárias dos gatos, foram apresentadas como uma aula inaugural na Universidade de Worcester, em maio de 2007, e publicadas como "Devils, Demons, Familiars, Friends: Towards a Semiotics of Literary Cats", na *Marvels & Tales 23* (2009), reimpresso com a permissão da Wayne State University Press.

O capítulo onze é uma versão expandida do artigo "Power and Subjectivity in Picturebooks", apresentado na conferência "New Impulses in Picturebook Research" (Novos Impulsos na Pesquisa do Livro Ilustrado), em Barcelona, Espanha, em setembro de 2007.

O principal conceito do capítulo doze, a falácia da identificação, foi apresentado pela primeira vez no discurso de abertura como "The Identification Fallacy: Perspectives and Subjectivity in Children's Literature", na conferência Infâncias 2005 (Childhoods 2005), em Oslo, Noruega, em junho de 2005. O conceito também foi usado em uma publicação sueca no artigo "Bakom rösten. Den implícita författaren i jagberätterlser" (Além da Voz: o Autor Implícito nas Narrativas em Primeira Pessoa), na *Barnboken* (2008), e em "The Identification Fallacy: Perspective and Subjectivity in Children's Literature", em *Telling Children's Stories: Narrative Theory and Children's Literature* (a ser impresso pela University of Nebraska Press).

Algumas análises de texto específicas foram apresentadas na palestra de abertura "Comparative Children's Literature – What is There to Compare?" na Children's Literature International Summer School, na Universidade de Roehampton, Reino Unido, em julho de 2007, e em seguida publicado na *Papers: Explorations into Children's Literature* (2008).

Eu gostaria de agradecer a todos os organizadores das conferências que me convidaram para apresentar artigos, e também a todos os editores que encomendaram capítulos e ensaios, me estimulando a desenvolver novas ideias.

Preciso também dar crédito ao meu trabalho de seis anos como jurada do Astrid Lindgren Memorial Award (ALMA), que me deu a oportunidade única de conhecer uma grande variedade de autores infantis internacionais que eu não teria descoberto de outra maneira.

Muitos colegas ao redor do mundo fizeram comentários valiosos sobre o meu trabalho, e eu gostaria de enfatizar especialmente a importância da Nordic Network for Children's Literature Research, financiada pela Nordic Academy of Advanced Studies, uma comunidade de pesquisadores bem estabelecidos e em começo de carreira que ofereceu um ambiente intelectual extremamente favorável. Também gostaria de agradecer a Jean Webb, Kimberley Reynolds, Rod McGillis, David Rudd, Perry Nodelman, Nina Christensen, Janina Orlov, Elina Druker, Karen Coats, Mike Cadden e André Moura. Como sempre, meu agradecimento mais caloroso a Jack Zipes, por seu apoio incansável.

Durante o trabalho neste livro, fui agraciada com o maior prêmio que um pesquisador na minha área pode receber, o International Brothers Grimm Award pelo conjunto de conquistas nos estudos da literatura infantil, concedido pelo International Institute for Children's Literature em Osaka, Japão. Esse reconhecimento foi de grande importância para minhas pesquisas que vieram a seguir.

A pesquisa inicial para este livro foi subsidiada por uma bolsa de pesquisa interna da Universidade de Estocolmo. O seu término não teria sido possível sem a generosa alocação de tempo de pesquisa da instituição a que sou afiliada agora, a Faculdade de Educação da Universidade de Cambridge, no Reino Unido. Portanto, parece adequado expressar minha gratidão a Morag Styles, que encorajou e apoiou minha decisão de me mudar para Cambridge.

Este livro foi impresso na cidade de São Bernardo do Campo,
nas oficinas da Paym Gráfica e Editora, em junho de 2023,
para a Editora Perspectiva.